MÉMOIRES

DU DUC

DE SAINT-SIMON

VIII

TYPOGRAPHIE DE CH. LAHURE
IMPRIMEUR DU SÉNAT ET DE LA COUR DE CASSATION
RUE DE VAUGIRARD, 9, A PARIS

MÉMOIRES

COMPLETS ET AUTHENTIQUES

DU DUC

DE SAINT-SIMON

SUR LE SIÈCLE DE LOUIS XIV ET LA RÉGENCE

COLLATIONNÉS SUR LE MANUSCRIT ORIGINAL PAR M. CHÉRUEL

ET PRÉCÉDÉS D'UNE NOTICE

PAR M. SAINTE-BEUVE DE L'ACADÉMIE FRANÇAISE

TOME HUITIÈME

PARIS

LIBRAIRIE DE L. HACHETTE ET Cie

RUE PIERRE-SARRAZIN, N° 14

1856

MÉMOIRES

DE

SAINT-SIMON

CHAPITRE PREMIER.

1710. — Première conversation tête à tête avec M. le duc d'Orléans, à qui je propose de rompre avec Mme d'Argenton. — Cérémonial du premier jour de l'an des fils et petits-fils de France. — Continuation de la même conversation. — J'écris à Besons sur le bureau du chancelier, à qui cela m'oblige de faire confidence du projet, et qui l'approuve. — Concert pris entre Besons et moi. — Deuxième conversation avec M. le duc d'Orléans, le maréchal de Besons en tiers.

Les quatre premiers jours de l'année 1710 se passèrent en choses qui méritent une espèce de journal, parce que, outre la part que j'y eus, elles servirent de fondement à une suite d'événements considérables. Le premier jour de cette année, qui fut un mercredi, rappela M. le duc d'Orléans pour les cérémonies et les visites de cette journée. Je le vis après les vêpres du roi, il m'emmena aussitôt dans son arrière-cabinet obscur, sur la galerie, où la conversation fut d'abord coupée et tumultueuse, comme il arrive d'ordinaire après une longue absence, après quoi je lui demandai de ses nouvelles avec le roi, Monseigneur et les personnes royales. Il me répondit assez en l'air, ni bien ni mal, et sur ce que je lui répliquai que ce n'étoit pas assez, il me dit qu'il avoit donné à Saint-Cloud une fête à l'électeur de Bavière, où il y avoit eu quantité de dames, entre autres Mme d'Arco, mère du chevalier de Bavière, où il n'avoit pas cru mal faire de faire trouver Mme d'Argenton; que le roi néanmoins l'avoit trouvé mauvais, et le lui avoit dit après quelques jours de bouderie; que cela s'étoit passé ensuite et qu'il étoit avec lui à l'ordinaire. Je lui demandai ce qu'il entendoit par cette expression *à l'ordinaire*, qui ne m'expliquoit rien au bout de quatre mois d'absence, sur quoi il se mit à battre la campagne comme un homme qui craint d'approfondir. Je le pressai, et, comme il vit que j'en savois davantage, il me demanda ce qu'on m'en avoit dit. Je ne crus pas devoir lui taire ce que j'en avois appris. Je lui dis franchement que j'étois bien informé qu'il étoit fort mal avec le roi, et si mal qu'il étoit difficile d'y être pis; que le roi étoit outré contre lui de tout point; que Monseigneur l'étoit infiniment davantage, et le montroit aussi avec beaucoup moins de ménagements; qu'à leur exemple, le gros du monde s'éloignoit de lui, et que j'avois appris sur tout cela tant de fâcheux détails, que je lui avouois que j'en étois au désespoir. Il m'écouta attentivement, et, après avoir laissé quelque temps la parole tombée, il convint de tout ce que je venois de lui dire. Il ajouta qu'il sentoit bien que c'étoit là les effets de l'impression de son affaire d'Espagne, qui nonobstant sa simplicité avoit été empoisonnée par des fripons; que le malheur étoit qu'il n'y pouvoit que faire, et qu'il falloit bien que le temps raccommodât tout. Je le regardai avec fermeté, et lui répondis qu'il y avoit des choses que le temps effaçoit, et d'autres que le temps imprimoit de plus en plus; que son affaire d'Espagne étoit malheureusement de cette dernière sorte par sa nature, et par l'expérience, qui lui montroit très-sensiblement qu'il étoit plus éloigné du roi et de Monseigneur qu'au premier jour de la fin publique de cette affaire ; qu'il n'avoit pas besoin de réflexions pour s'en apercevoir, et que cette triste vérité ne pouvoit être contestée.

A ce propos, il rentra fort en lui-même, et me l'avoua. Il convint de son embarras avec eux, et de leur peine avec lui qui redoubloit la sienne, et qui le retiroit de plus en plus d'auprès d'eux. J'en pris occasion de tirer de lui le même aveu sur l'abandon si entier de tout le monde, qui après l'autre ne fut pas difficile. Il s'en plaignit à moi avec assez d'amertume, et, sur ce qu'il y mêla quelque aigreur, je lui représentai qu'en un temps aussi despotique que ce règne, toute la cour, et par elle, tout le monde régloit ses démarches sur les mouvements qu'on ne cessoit de chercher dans le roi, premier mobile de toutes choses ; que souvent c'étoit bassesse, ordinairement flatterie, mais qu'ici c'étoit juste terreur, puisque chacun n'étoit que trop informé de la cause des manières du roi à son égard, si différentes maintenant de ce qu'elles avoient toujours été, et que quelque dure, quelque étrange, quelque inouïe que fût la solitude qu'il éprouvoit, il ne pouvoit avec raison le trouver mauvais de personne, ni en espérer la fin que par le changement du roi à son égard, qui entraîneroit au moins pour l'extérieur celui de Monseigneur, et celui de tout le monde. Cette vive repartie jeta ce prince dans une consternation qui m'émut et qui m'encouragea. J'étois entré chez lui en résolution de le mettre en voie de s'ouvrir avec moi pour le sonder et lui jeter de loin des propos qu'il pût entendre, mais non dans le dessein de rompre la glace. En ce moment, je me dépouillai de toute crainte et de toute considération précédente, et je me déterminai à saisir l'occasion si elle se présentoit à moi de bonne grâce, comme je prévoyois qu'il pouvoit arriver et comme en effet elle se présenta peu de moments après.

M. le duc d'Orléans, pénétré de la peinture que je venois de lui faire de sa situation, et qu'il ne pouvoit alors se dis-

simuler à lui-même, se leva après un profond silence de
quelque temps et se mit à faire quelques tours de chambre.
Je me levai aussi, et appuyé à la muraille, je l'examinois
attentivement lorsque, levant la tête et soupirant, il me demanda : « Que faire donc ? » comme un homme qui, après
avoir profondément pensé, croit répondre sur-le-champ.
Alors, voyant l'occasion si belle et si naturelle, je la saisis
sans balancer. « Que faire, répondis-je, que faire ? d'un ton
ferme et significatif, je le sais bien, mais je ne vous le dirai
jamais, et c'est pourtant l'unique chose à faire. — Ah ! je
vous entends bien, » répliqua-t-il comme frappé de la foudre, et, redoublant « je vous entends bien, » il s'alla jeter
sur un siége à l'autre bout du cabinet. Sûr à l'instant qu'il
m'avoit en effet entendu, étourdi moi-même du grand coup
que je venois de frapper, je me retournai un peu vers la
muraille pour m'en remettre moi-même, et pour lui épargner l'embarras d'être regardé dans ces premiers moments.
Le silence fut long ; je l'entendois se remuer impétueusement sur sa chaise, et j'attendois en peine par où la conversation reprendroit. Cependant les soupirs se mêlèrent à l'agitation du corps, et jugeant de là que les réflexions cuisantes
avoient plus de part à toute cette agitation qu'une colère
sèche, je me tournai vers lui, et, les yeux baissés avec embarras, je rompis le silence qui devenoit trop long, et lui
dis, pour presser le combat dont je me doutois en lui, que
ce qui m'étoit échappé étoit l'effet d'un concert pris entre
Besons et moi, que je croyois être les deux hommes qui lui
fussent plus étroitement attachés, et qui par ceci même lui
en donnoient une preuve bien signalée ; que, pénétré de ce
que j'avois appris en sortant de mon carrosse, venant de la
Ferté, et de ce qui m'avoit été répété de tous les lieux les
plus sûrs et les plus considérables où je pouvois atteindre,
je m'étois tourné de toutes parts pour chercher une sortie à
son état funeste et enseveli ; que je n'en avois pu découvrir
nul autre ; que, accablé de sa difficulté, je m'étois ouvert de

ma pensée au maréchal de Besons, qui l'avoit ardemment embrassée comme une ressource assurée, mais unique ; que nous avions résolu de la lui venir proposer ensemble, et pris rendez-vous chez moi à Paris pour convenir de tout, mais que la difficulté de l'entreprise nous ayant effrayés l'un et l'autre par les réflexions que nous avions faites dans l'entre-deux, nous étions demeurés d'accord que nous chercherions séparément à le faire parler, à profiter de son ouverture pour aller aussi avant que nous le jugerions convenable sur-le-champ, et que, si l'occasion se présentoit, elle seroit saisie, et que celui des deux à qui cela arriveroit, décèleroit le complot et son compagnon. Je me tus après ce court récit ; il n'augmenta pas l'agitation corporelle, mais les soupirs, et prolongea son silence. Je me retournai un peu pour lui laisser plus de liberté, et de temps en temps je disois en monosyllabes, comme m'encourageant moi-même : « Il n'y a que cela à faire, c'est l'unique porte, » et d'autres mots semblables. Enfin, après longtemps, M. le duc d'Orléans se leva, vint à moi, et avec une amertume qui ne se peut rendre : « Que me proposez-vous là ? me dit-il. — Votre grandeur, lui dis-je, et le seul moyen de vous remettre comme vous devez être, et mieux que vous n'avez jamais été. » Quelques moments après, j'ajoutai : « Oh ! que je voudrois que Besons fût ici ! » Il fut quelque temps sans répondre, puis me dit, mais d'un ton fort concentré en lui-même : « Mais il est ici. — Quoi, dis-je, à Versailles ? — Oui, me dit-il, il me semble que je l'ai vu ce matin chez le roi. — Eh bien ! monsieur, repartis-je, voulez-vous l'envoyer chercher ? » Il fut un moment sans répondre ; je le pressai, il y consentit. Aussitôt je sortis, et je dis à ses gens qu'il demandoit le maréchal de Besons.

Comme nous attendions la réponse on vint annoncer Mgr le duc de Bourgogne : c'est l'usage du premier jour de l'an que les fils de France rendent aux petit-fils de France, non à aucun prince du sang, la visite qu'ils en ont reçue le matin pour la bonne année. Nous sortîmes des cabinets pour l'aller recevoir. La visite se passa debout dans la chambre du lit, et dura moins d'un quart d'heure. M. le duc d'Orléans s'y posséda si bien, que je ne me fusse jamais douté de rien si j'avois ignoré ce qui venoit de se passer. La visite achevée, ils entrèrent par le cabinet de M. le duc d'Orléans dans celui de Mme la duchesse d'Orléans pour la même visite; de la porte j'entrevis la duchesse de Villeroy, que j'appelai pour me tenir compagnie dans ce cabinet de M. le duc d'Orléans où j'étois demeuré seul. Elle y vint à demi rechignée, disant qu'elle aimoit trop Mme la duchesse d'Orléans pour pouvoir se souffrir dans ce cabinet-là. Je répondis par des plaisanteries. Comme elle entendit que la visite finissoit, elle me proposa d'aller souper chez elle avec son mari et le duc de La Rocheguyon, pour causer. Je voulus m'excuser, parce que j'étois engagé chez Pontchartrain; mais elle le trouva mauvais, et ne voulut point rentrer que je ne lui eusse promis d'aller chez elle.

J'avois entendu, lorsque M. le duc d'Orléans alla recevoir Mgr le duc de Bourgogne, qu'on lui avoit rendu réponse qu'on n'avoit point trouvé le maréchal de Besons, et qu'il avoit dit qu'on allât chez Voysin, où il étoit souvent. J'attendis son retour de la conduite de Mgr le duc de Bourgogne, résolu de pousser doucement ma pointe, et de l'abandonner peu à lui-même. Il ne tarda pas à revenir. Je lui demandai s'il avoit réponse de Besons : il me dit qu'il étoit retourné à Paris; et sur ce que j'en parus chagrin comme d'un contre-temps fâcheux, il me répondit comme un peu moins en malaise, que cela se retrouveroit toujours bien. J'eus d'abord envie de lui proposer de l'envoyer chercher à Paris; mais à l'air et à la réponse, je craignis qu'il ne me dît de n'en rien faire, et je pris mon parti de ne plus parler du maréchal, mais de lui écrire le soir même, dont bien me prit. Je remis doucement M. le duc d'Orléans sur le propos qu'avoit interrompu la visite, moins pour le presser que pour l'y accoutumer. Je lui représentai que ces sortes d'engagements ne pouvoient être aussi longs que la vie; qu'il étoit arrivé en un âge où cela devenoit très-messéant; que le nombre d'années et l'éclat avec lequel celui-ci se soutenoit, ne lui permettoit plus de le pousser plus loin; que la situation où il se trouvoit fixoit le moment de le finir; qu'il pouvoit se souvenir qu'il ne m'étoit guère arrivé de lui donner là-dessus d'atteintes, et que les deux ou trois seules fois que je m'y étois échappé ç'avoit été bien délicatement; que je n'aurois jamais pensé à lui proposer positivement une rupture sans le besoin pressant que j'y voyois, qui avoit enfin surmonté toutes mes craintes et mes répugnances, qui étoient telles qu'il devoit regarder la violence que je me faisois comme le plus grand effort par lequel je lui pusse marquer mon attachement. Il écouta tout sans m'interrompre que par de profonds soupirs, et quand j'eus cessé de parler, il me dit qu'il comprenoit bien qu'on ne prenoit pas plaisir à faire des propositions pareilles; qu'il sentoit bien ce qui m'y avoit déterminé, et l'obligation qu'il m'en devoit avoir. Alors content d'en être venu là dès la première fois, je ne voulus pas trop presser les choses de peur de nuire à mon dessein, en rebutant peut-être. Je laissai languir la conversation pour donner lieu aux réflexions intérieures, et pressé par l'heure, je pris congé; il voulut me retenir; mais, comme j'avois mon dessein, je lui dis que j'avois un peu affaire n'ayant fait presque que passer par Versailles en revenant par la Ferté; que aussi bien il étoit tantôt l'heure qu'il allât voir Monseigneur chez Mme la princesse de Conti, où, malgré l'attachement pour Mme la Duchesse, Monseigneur alloit tous les soirs par un reste d'habitude et de considération.

Faute de mieux, l'asile offert chez le chancelier n'étant pas encore prêt, j'allai dans son cabinet où, le trouvant seul, je lui demandai permission d'écrire un mot pressé sur son bureau. J'y mandai en deux mots à Besons que l'affaire venoit d'être entamée, que je le priois de se trouver le lendemain à la messe du roi, que je lui conterois tout, et que nous prendrions nos mesures ensemble pour achever une œuvre si nécessaire. Comme j'achevois d'écrire, le duc de Tresmes et le maréchal de Tessé entrèrent dans le cabinet ensemble, devant qui le chancelier sonna pour faire fermer le billet. J'y mis le dessus et je l'allai porter à un de mes gens pour partir sur-le-champ. Ces messieurs qui venoient d'entrer virent bien que j'avois affaire, ne doutèrent pas que ce ne fût au chancelier, et sortirent un moment après que je fus rentré. Ils me laissèrent seul avec lui, et, par là, dans la nécessité de la confidence. Sa surprise fut grande, il loua fort ma pensée, mon courage, mon dessein; blâma les craintes quoiqu'à son avis même fondées, de ma mère et de ma femme, par l'excellence de l'œuvre et l'importance dont elle étoit à la situation de M. le duc d'Orléans, telle enfin que nulle considération ne devoit arrêter, sans qu'il se flattât trop du succès, nonobstant celui de cette première journée. J'allai de là souper chez la duchesse de Villeroy, qui, en sortant de table, dans une autre pièce, tandis que son mari et son beau-frère n'étoient pas encore rentrés où nous étions, me dit encore un mot de son aversion du lieu où elle m'avoit convié. Je me mis à rire, et à répondre que cette disposition ne lui dureroit peut-être pas encore longtemps; que ce qui l'en éloignoit ne me déplaisoit pas moins, et que peut-être n'étois-je pas inutilement où elle m'avoit vu. « Bon, reprit-elle avec impétuosité, voilà de belles espérances, pouvez-vous me dire cela? » Là-dessus les deux ducs entrèrent, et nous nous mîmes à causer de toutes autres choses.

Le lendemain jeudi 2, comme je m'habillois, je reçus la réponse du maréchal de Besons. La vue d'une lettre me déplut, dans la pensée que c'étoit une excuse; en l'ouvrant je fus plus content. Il me mandoit que j'étois le meilleur ami qui fût au monde, et qu'il se trouveroit au rendez-vous. Je m'en allai à la messe du roi, et je rencontrai Besons dans la galerie, qui m'attendoit. Je le surpris beaucoup par le récit de ce qui s'étoit passé la veille. Il se récria fort sur ma hardiesse, et quoique les choses lui parussent bien plus avancées qu'il n'eût osé l'espérer, il ne se promit encore nul succès; mais il convint qu'il falloit pousser vigoureusement ce que j'avois si fortement commencé, et surtout tâcher d'emporter ce que nous nous étions proposé sans lâcher prise, ni quitter de vue M. le duc d'Orléans, jusqu'à ce que nous l'eussions obligé à faire ce grand effort sur lui-même, ou que nous pussions juger que nous n'en viendrions pas à bout. Le roi rentré chez lui, Besons et moi allâmes chez M. le duc d'Orléans. L'usage du renouvellement de l'année y avoit attiré quelque peu de monde qu'il expédia bientôt et s'enferma avec nous dans ce même arrière-cabinet, où je l'avois entretenu la veille. Comme nous y allions entrer, quelqu'un demanda à dire un mot à Besons, et cependant M. le duc d'Orléans me regardant en souriant : « Avouez, me dit-il, que vous avez envoyé querir Besons ? » Je souris aussi et le lui avouai ; j'ajoutai que j'avois eu envie de le lui proposer la veille, mais qu'ayant fait réflexion qu'il me diroit peut-être de n'en rien faire, j'avois mieux aimé lui taire mon dessein, et que ce qui m'avoit hâté de sortir de chez lui, étoit pour écrire au maréchal à temps qu'il reçût mon billet avant d'être retiré. Le prince convint que je l'avois pénétré, et que, s'il eût su ce dessein, il m'eût prié de n'en rien faire. Dans ce moment, Besons revint. Nous entrâmes dans l'arrière-cabinet, et nous nous assîmes.

Alors je pris la parole, et l'adressant au maréchal, je lui fis une seconde fois le récit de ce qu'il s'étoit passé la veille, non pour l'instruire de ce qu'il savoit déjà, mais pour entrer en matière, et l'exposer ainsi au tiers sans avoir l'air de la rebattre à M. le duc d'Orléans, à qui pourtant je la voulois de nouveau faire entendre. Besons regarda le prince, lui demanda ce qu'il lui sembloit d'un ami tel que je me montrois l'être, lui dit la résolution qu'à mon instigation lui et moi avions prise ensemble, puisque nous avions molli, enfin, qu'il louoit et admiroit mon courage, de l'avoir exécutée. Il ajouta ensuite un raisonnement court, mais juste et fort pour le déterminer, et se tut après pour le laisser parler. Les propos de M. le duc d'Orléans ne furent rien de suivi, mais les élans d'un homme qui souffre une violence étrange, et qui s'en fait même pour la souffrir. Après l'avoir laissé quelque temps rêver, soupirer, se plaindre, je lui dis que je souffrois moi-même autant que lui, d'avoir à l'attaquer sur un chapitre aussi sensible ; que de cela même il devoit juger à quel point de nécessité à tous égards indispensables il se trouvoit réduit à se vaincre ; que j'étois parti pour ma campagne, très en peine de la situation en laquelle je le laissois, et à la cour et dans le monde, mais qu'à mon retour j'avois été navré de douleur d'apprendre quel progrès en mal ces quatre mois avoient produit ; qu'il n'étoit plus question de se flatter, qu'il falloit qu'il considérât son état devenu intolérable ; qu'il en falloit sortir par quelque voie que ce fût, et que toute voie lui étoit fermée, hors celle que je lui avois présentée ; qu'elle étoit dure, cruelle, mais unique ; qu'après tout il falloit bien qu'il se séparât un jour de celle qui le tenoit sous son joug ; qu'un engagement si long, si éclatant, l'avoit précipité dans un abîme sans fond ; que le jour de s'en arracher étoit venu, et qu'il ne tenoit qu'à lui de se faire de cet abîme un degré d'honneur, de faveur et de gloire, qui le porteroit en un instant plus haut qu'il n'avoit jamais été. Le maréchal répéta ces dernières paroles en les assurant et y applaudissant, et nous demeurâmes ainsi quelque temps, nous renvoyant la balle l'un à l'autre pour n'irriter pas en pressant trop fort, et donner lieu à digérer ce qui avoit été dit, et ce que nous continuions de pousser en nous parlant ainsi l'un à l'autre, mais aussi sans nous parler trop longtemps.

Après assez de silence, M. le duc d'Orléans nous demanda, mais en me regardant, comment nous l'entendions, et par où nous prétendions le porter si haut, par une démarche qu'il comprenoit assez qui pourroit plaire au roi jusqu'à un certain point, mais qui n'ayant rien de commun avec les choses qui l'avoient jeté dans une disgrâce sensible, puisque depuis cet engagement et avant ces autres choses, il s'étoit longtemps soutenu à merveille avec lui, et une démarche encore qui ne faisoit rien à personne? comment donc nous prétendions le tirer par là de tout ce dont on l'avoit accablé, et du côté de la cour et par rapport au monde? Comme j'en avois ouvert le premier propos, et que M. le duc d'Orléans sembloit m'adresser sa question plus particulièrement qu'au maréchal, je crus que c'étoit à moi à répondre, et à mettre cet argument dans tout son jour, de la force duquel je sentis bien par la question même que je pourrois tirer un grand secours. Je pris donc la parole, et je dis qu'en quittant une vie qui scandalisoit depuis si longtemps ceux même qui, peu attentifs à leur conscience, ne l'étoient qu'à l'honneur du monde, il se déchargeroit du blâme qu'il avoit encouru en la menant, et de tout celui encore qui lui avoit été imputé pendant sa durée; qu'une violente passion ne réfléchit à rien et se laisse entraîner à tout ce qui en est la suite; que ses curiosités sur l'avenir, qu'il avoit cru avoir peu frappé, et être depuis longtemps effacées, s'étoient renouvelées et grossies depuis quelque temps à tel point, qu'elles étoient regardées comme un crime du premier ordre, comme une impiété détestable, et par les yeux les plus favorables, comme une foiblesse qui faisoit un tort extrême à tout ce qu'on avoit pensé de lui de grand et de solide; qu'il étoit considéré comme un homme tourmenté d'une soif ardente de régner, née à la vérité de son ambition, mais inspirée par les choses qui lui avoient été montrées dans les exercices de ces curiosités, reçues avec terreur des uns, avec dédain des autres, mais de tous, comme ce qui lui avoit fait monter dans l'esprit ces superbes pensées qui ne pouvoient s'accorder avec l'homme sage, moins encore avec le bon sujet; que de là se tiroient les sources de son affaire d'Espagne, avec les raisonnements et les conséquences les plus sinistres, et bien d'autres choses encore que je ne pouvois prendre sur moi de lui déployer; il m'en pressa, c'étoit ce que je voulois.

Après m'en être défendu assez longtemps pour exciter sa curiosité davantage, et pour le préparer à entendre d'affreuses énormités, je lui dis que, puisqu'il me le commandoit, et puisqu'il étoit encore en tel état, qu'il étoit besoin qu'il sût tout, et ce que personne n'osoit lui dire, il apprît donc qu'il s'étoit débité, et [avoit été] trop reçu par les fripons et par ceux qui, trop éloignés, n'avoient aucune connoissance de lui, qu'il avoit un concert avec la cour de Vienne pour épouser la reine douairière d'Espagne, dont le grand amas d'argent et de pierreries lui serviroient à se frayer un chemin au trône d'Espagne sans trop fouler les alliés; que, pour y parvenir, il répudieroit sa femme; que, par l'autorité de l'empereur tout-puissant à Rome par la terreur qu'il avoit imprimée au pape, il feroit casser son mariage comme étant honteux, et fait par oppression violente, conséquemment déclarer ses enfants bâtards; que, n'en pouvant point espérer de la reine douairière d'Espagne, il attendroit sa mort du bénéfice du temps et de l'âge pour épouser Mme d'Argenton à qui les génies avoient promis une couronne; que, pour ne lui rien celer, il étoit doublement heureux d'avoir conservé Mme la duchesse d'Orléans à travers les infirmités et les dangers de la grossesse et de la couche dont elle venoit de se tirer, parce que, outre sa conservation, le recouvrement de sa santé faisoit honteusement taire les scélérats qui n'avoient pas craint de répandre qu'elle étoit empoisonnée; qu'il n'étoit pas fils de Monsieur pour rien, et qu'il alloit épouser sa maîtresse.

A ce terrible récit, M. le duc d'Orléans fut saisi d'une horreur qui ne se peut décrire, et en même temps d'une douleur qui ne se peut exprimer d'être déchiré d'une manière si âprement et si singulièrement cruelle. Il s'écria plusieurs fois, et moi qui voulois avaler ce calice tout d'un trait, sans être obligé d'y replonger mes lèvres, j'avois toujours étouffé sa voix dans sa naissance, pour avoir le temps de tout dire de suite. Quand j'eus fini je me tus, et M. le duc d'Orléans aussi, qui étoit tout hors de lui-même. Besons, éperdu de ce qu'il venoit d'entendre, avoit les yeux fichés sur le parquet qu'il m'a dit depuis qu'il avoit cru s'enfoncer, et n'osoit les remuer d'épouvante. Ce n'est pas qu'il ignorât rien de ce que je venois de dire, dont nous avions raisonné ensemble, et dont lui-même m'avoit appris le plus horrible, mais de me l'entendre exposer nettement à ce prince, il ne savoit plus où il en étoit. Après quelques moments de silence, M. le duc d'Orléans le rompit par les plaintes les plus amères de ce comble d'iniquités de gens capables d'imaginer de tels forfaits, des desseins également insensés et barbares, pour oser l'en accuser, et de la malice insigne, ou de la brute stupidité de ceux qui prêtoient l'oreille à ces horreurs, et leur langue pour les répandre. Je crus devoir laisser quelques moments à de si justes plaintes, et au maréchal, éperdu d'ouïr faire de tels récits en face, de reprendre un peu ses esprits. Revenu un peu à lui, il mêla ses plaintes, mais il confirma en peu de mots la publicité de ces terribles bruits. Enfin je repris mon discours, dont je n'avois fait qu'une partie.

Je dis à M. le duc d'Orléans, que maintenant qu'il voyoit à découvert les causes de l'abandon du monde et de l'éloignement prodigieux du roi pour lui et de sa famille, il apercevoit du même coup d'œil la connexité de la rupture de cet attachement funeste, avec le rétablissement de tout lui-même, que rompant des liens qui, par leur durée et par les effets qu'on leur attribuoit, n'étoient plus regardés qu'avec une horreur et une indignation générale, et qui seroient au moins toujours susceptibles de toutes les noirceurs que les scélérats tâcheroient d'en tirer, il feroit tomber les effets avec leur cause, et libre de cet arrangement, deviendroit net de tout crime et de tout soupçon. Je fis encore en cet endroit une pause pour faire entrer peu à peu, et le moins qu'il se pourroit à dégoût un raisonnement si fâcheux par sa vérité et sa force, et ne révolter pas en accablant trop coup sur coup. Le maréchal de Besons, qui jusque-là n'avoit pas dit grand'chose, se mit à parler davantage, et n'ayant qu'à suivre un chemin que j'avois ouvert à force de bras, il battit à son tour avec force et justesse. M. le duc d'Orléans, outré et abattu de plus d'une douleur bien vive, ne disoit rien, et c'étoit beaucoup qu'il écoutât. Nous parlions le maréchal et moi comme l'un à l'autre, louant chacun quelque mot que son compagnon avoit dit pour l'inculquer par là plus fort, mais d'une façon plus douce que si nous nous fussions toujours adressés au prince même, laissant assez tomber la conversation pour fatiguer moins celui pour qui seul elle se faisoit. Alors M. le duc d'Orléans, comme sortant d'un profond sommeil par une plainte amère, s'écria : « Mais comment m'y résoudre, et comment lui dirai-je? » Ce mot échappé à l'effort de la persuasion confirma mon espérance. Je le saisis avidement et je répondis d'un ton ferme, qu'il avoit trop bon esprit pour ne pas sentir à quel point cette résolution étoit nécessaire à former promptement et à exécuter de même; que, s'il n'étoit question que de la manière, chose que je n'avois osé lui entamer, mais qui n'étoit pas moins principale à agiter pour sa grandeur et pour sa gloire, je le suppliois d'avoir encore la patience de m'entendre là-dessus, que mon sentiment étoit, et que je croyois être aussi celui de Besons, qu'il étoit également inutile et dangereux qu'il rompît avec Mme d'Argenton, si elle restoit dans Paris : dangereux en ce qu'il ne se tiendroit jamais de la revoir, et que la revoir et renouer avec elle seroit même chose, inutile en ce que ne la revoyant même pas, quoique supposition impossible, il le seroit pour le moins autant d'en persuader le roi et le monde, par quoi tout son effort ne lui serviroit à rien.

A ces mots, il me demanda avec impétuosité ce que je prétendois donc qu'il fît, et de quel front s'empêcher de la voir au moins pour rompre, puisque, s'il rompoit, ce ne seroit ni par dégoût ni par mécontentement d'elle. Je répondis avec un air de froide tranquillité, que, s'il étoit résolu à la revoir comme que ce pût être, tout ce combat étoit superflu; et le maréchal prenant en même temps la parole, la mena bien, s'échauffa, et conclut que la revoir seroit un bail nouveau, plus certain, plus fort, plus durable que le premier; qu'au nom de Dieu il ne se laissât pas succomber à cette foiblesse, dont il se repentiroit à jamais; que, si déterminément il la vouloit revoir, il quittât toute pensée de rompre avec elle, ou que, s'il étoit assez généreux pour se surmonter en ce point, qu'il ne se présentât pas à une défaite assurée, et qu'il se gardât sur toutes choses de l'aller voir, et même de lui écrire. J'appuyai cet avis si salutaire tout du mieux que je pus, et sur les difficultés et les raisons qu'il chercha à opposer, j'ajoutai que cette manière étoit même celle de toutes la moins désobligeante, puisqu'elle témoignoit un amour si redoutable qu'on n'osoit s'exposer à voir celle qui l'allumoit, quand on avoit résolu de l'éteindre. De là je repris mon discours, et je lui dis que n'y ayant que dangers de toutes parts de laisser Mme d'Argenton à Paris en rompant avec elle, et quelque grand qu'il fût, n'ayant pas le pouvoir de l'en bannir, ni quand il l'auroit, grâce à l'exercer sur elle, cela même lui enseignoit la route qu'il devoit tenir, et lui fournissoit en même temps tout moyen d'un rétablissement complet; qu'il falloit qu'il allât trouver le roi, qu'il lui dît qu'il venoit à lui comme à un asile contre soi-même; qu'une passion démesurée, à laquelle il s'étoit abandonné tout entier, lui avoit trop déplu, et par son propre dérèglement et par toutes les suites funestes et les malheurs qui en avoient été les fruits; qu'il ne pouvoit plus vivre ainsi dans sa disgrâce, si coupable à ses propres yeux; qu'il se jetoit donc entre ses bras avec son ancienne confiance en ses anciennes bontés, pour qu'il lui pardonnât tous les déplaisirs que ses désordres lui avóient causés, et pour qu'il aidât sa foiblesse à se tirer d'un engagement, qu'il sentoit qu'il ne pouvoit rompre et qu'il le supplioit de briser; qu'il lui demandoit de profiter de cet instant qu'une lueur de raison et de devoir l'avoit saisi, et de faire ordonner à Mme d'Argenton de sortir de Paris, afin que, secouru par l'absence, il pût soutenir sa résolution et le pas qu'il faisoit pour sortir des abîmes où l'amour l'avoit précipité. J'ajoutai que, parlant de la sorte à un oncle qui l'avoit tendrement aimé, et qui lui en avoit donné toutes sortes de marques, à un beau-père outré du malheur de sa fille dont par là il verroit la fin, à un roi aisément pris par la confiance, à un homme d'expérience trop funeste de la puissance et des fruits de l'amour passionné, il le toucheroit tellement par toutes ces choses à la fois, qu'en un instant il feroit de lui le père de l'enfant prodigue; que je savois d'ailleurs qu'une des choses du monde qui avoit le plus outré le roi contre lui dans l'affaire d'Espagne étoit la tendre amitié qu'il s'étoit toujours sentie pour lui, et qu'il avoit espérée réciproque par un air de liberté avec lui qu'il avoit remarquée et sentie infiniment plus que dans ses enfants, et qui lui avoit extrêmement plu; que le dépit de se voir trompé dans une pensée qui lui étoit douce l'avoit horriblement piqué contre lui; qu'il s'en étoit une fois entre autres expliqué ainsi à Mme de Maintenon, en entrant chez elle plein de la chose, les lèvres lui tremblant de colère en lui faisant ces plaintes, et lui parlant de cela comme d'un malheur extrêmement sensible; qu'un recours au roi, tendre, touchant, confiant, avouant tout sans rien dire, et cachant sous le voile de son embarras tout ce qu'il n'étoit ni bon ni à propos d'expliquer, auroit la force de faire renaître dans le roi ses premiers sentiments pour lui, que cette conduite lui feroit croire avoir été bien fondés, avec une satisfaction d'autant plus utile qu'il se trouveroit affranchi du reproche qu'il s'étoit fait à lui-même d'avoir été la dupe d'une amitié qui n'étoit pas, et se trouveroit flatté en sa partie sensible de voir son neveu se jeter entre ses bras pour le délivrer d'un lien qu'il n'avoit pas la force de briser soi-même, tandis qu'il se souviendroit, avec ce retour satisfaisant d'amour-propre, que ce sacrifice se seroit fait uniquement à lui; que de ces favorables dispositions naîtroient aisément en lui l'opinion que toutes les fautes, les plus graves imputations, les curiosités condamnables et suspectes, que l'affaire d'Espagne étoient les suites, les fautes, les effets d'une passion si forte et d'un si violent amour, dont toute la foiblesse lui étoit montrée par la manière de s'en arracher, qui le flatteroit encore.

M. le duc d'Orléans n'eut pas la patience d'en entendre davantage sans m'interrompre. « Quoi! me dit-il, vous voulez que je la charge (Mme d'Argenton) de toute l'iniquité qu'on m'a imputée, et que j'en sorte à ses dépens? Et n'est-ce pas assez de rompre, si je m'y résous, sans la livrer encore? outre que ce seroit injustement sur les affaires d'Espagne, auxquelles elle n'a eu aucune part; et pardonnez-moi si je vous dis que je m'étonne que ce soit vous qui m'ouvriez une telle porte. — L'amour vous aveugle, monsieur, lui répondis-je, et vous fournit une délicatesse que je vous avoue que je ne crains pas de combattre, pourvu que, sur un point qui vous est si capital, vous veuillez bien m'écouter avec défiance de vous-même. Vous sentez que je veux faire de Mme d'Argenton le bouc émissaire de l'ancienne loi, et vous, vous vous en hérissez comme d'une proposition qui vous flétriroit. Je ne me défends pas que ce ne soit mon dessein, M. le maréchal sera notre juge. » M. le duc d'Orléans s'écria encore et pressa le maréchal de parler, qui, après plusieurs circuits pour ne rien dire, prononça enfin que cela lui répugnoit. Je ne me rendis point et voulus me faire entendre, et je dis que ce qui en aucun cas possible ne devoit être fait, c'étoit de tirer son avantage aux dépens d'un autre, beaucoup moins par un mensonge infiniment pis quand cet autre avoit été dans notre liaison, mais qu'ici rien de tout cela. Que la vérité se conservoit entière des deux côtés; que le dommage étoit nul de l'un, l'avantage infini de l'autre, et que les choses étant exactement ainsi, je n'y voyois nulle matière de scrupule d'honneur, de probité, ni de délicatesse. Ils convinrent tous deux du principe et m'en laissèrent faire l'application. Continuant donc, je demandai au prince s'il pouvoit disconvenir que son amour ne l'eût pas entièrement retiré de tous les devoirs de famille et de tous ceux encore de sujet du roi si principal et si bien traité, pour le jeter dans une vie obscure, retirée, avec un tas de petites gens, parmi des amusements indignes de son rang et de son esprit, dans des profusions qui avoient attaqué les fondements solides de ce que, dans les particuliers, on appelle leur fortune. Je lui demandai s'il pouvoit nier que ce ne fût pas ce même amour qui l'avoit replongé plus avant, et plus continuellement que jamais, dans ces curiosités auparavant bannies de chez lui, et si sinistrement interprétées, et si ce qui s'en étoit justement et véritablement débité jusque par lui-même n'avoit pas donné lieu aux plus fâcheuses augmentations et aux plus funestes interprétations qui s'en étoient faites.

Il m'avoua nettement ces choses, et, sur cet aveu, je pris droit de conclure qu'il étoit donc vrai à la lettre que son amour l'avoit jeté dans les plus grands déréglements, dans des suites funestes, dans des désordres, dans des malheurs, dans des abîmes; que non-seulement cela étoit trop vrai, mais trop connu et trop notoire; qu'il ne diroit donc rien au roi de faux ni de nouveau en lui parlant comme je le lui proposois; que, conséquemment, rien à cet égard ne devoit l'arrêter; que, pour ce qui étoit de craindre de faire du mal à Mme d'Argenton, cette appréhension me paroissoit absurde; que séparée d'avec lui, et hors de Paris, qui étoit une seule et même chose, je ne voyois point ce qui lui pouvoit arriver de fâcheux; qu'il pourvoiroit sans doute à l'aisance de sa vie, outre ce qu'il lui avoit déjà donné; que la cessation du commerce ne devoit pas emporter celle de la protection; que le roi même avoit été trop amoureux en sa vie pour n'être pas susceptible de la délicatesse et du devoir de ce procédé; qu'agir contre Mme d'Argenton en quelque sorte que ce fût, quoique séparée de son neveu, seroit agir contre son neveu même, et le flétrir cruellement, chose bien éloignée d'un rapprochement tendre et sincère, qui étoit l'unique but que je me proposois; qu'ainsi il étoit clair que Mme d'Argenton n'avoit rien à craindre, mais beaucoup mieux à espérer de la façon que j'avois proposée de recourir et de parler au roi, et qu'à l'égard de l'avantage qu'en retireroit M. le duc d'Orléans, je n'en voulois d'autre juge que lui-même; quant à l'affaire d'Espagne, que n'étant point de nature à pouvoir en reparler, il ne pouvoit, avec aucune bienséance, dire au roi que Mme d'Argenton y avoit ou n'y avoit point de part; que son juste et bienséant embarras en parlant au roi sur sa rupture, ne lui permettoit aucun détail; qu'ainsi lui dire que sa maîtresse étoit cause de ceci et non de cela étant chose ridicule et absurde, et l'ayant en effet et de son propre aveu entraîné dans tout, excepté dans l'affaire d'Espagne, rien n'étoit plus utile, plus dans l'ordre, plus à propos, plus hors de toute atteinte de la moindre blessure de délicatesse et d'honneur, que de parler au roi dans le vague dont je lui avois donné l'idée; que, si après le roi joignoit dans la sienne l'affaire d'Espagne à tout le reste, comme lui n'exprimoit rien, et moins celle-là que nulle autre, comme il n'en pouvoit, en quoi que ce pût être, arriver ni pis ni mieux à Mme d'Argenton, je ne voyois pas quel scrupule il s'en pouvoit faire, ni pourquoi se priver d'un aussi grand bien que celui de se rac-

commoder si parfaitement avec le roi, auquel il ne pouvoit
s'empêcher de parler comme je le pensois, pour recourir à
lui avec succès certain et infiniment nécessaire, puisque les
choses en étoient venues à ce point que c'étoit très-peu faire
que rompre pour rompre, si, au plaisir de père, il n'ajoutoit au roi l'aise de père de famille, d'oncle, et surtout ceux
de roi et de maître.

Nous disputâmes assez longtemps là-dessus et Besons ne
témoignant pas se rendre entièrement, je conclus que je ne
voyois pas quel scrupule pouvoit rester, Mme d'Argenton à
couvert, le mensonge banni, la vérité conservée, et tout
avantage procuré, sans que la ténuité du scrupule pût se
fonder sur aucune base perceptible dans la manière pleinement vraie, juste et honnête de se le procurer. M. le duc
d'Orléans soutenoit toujours qu'il y avoit là un tour de courtisan, et la droiture du maréchal, une fois hérissée, avoit
peine à s'accoutumer à ma manière de penser, sur quoi je
m'avisai de leur demander ce qui les choquoit. Besons voulut répondre, mais ne pouvant trouver sous sa main rien,
pour ainsi dire, susceptible d'être empoigné, et y sentant
au contraire sûreté pour Mme d'Argenton, vérité effective
dans la chose, l'éblouissement emportant l'affaire d'Espagne, il cessa d'être peiné; et depuis, M. le duc d'Orléans
est convenu plus d'une fois avec moi qu'il n'avoit disputé
que pour prolonger la dispute, et détourner cependant l'objet véritable de la conversation. Il cessa alors de contester
sans s'avouer rendu; et, après avoir déclaré que cette con-
testation ne seroit bonne que lorsqu'il se seroit déterminé sur
le grand point (de rompre), ce qu'il n'étoit du tout point, il
retomba dans un silence très-profond que le maréchal n'interrompit pas, et que je ne voulus pas troubler sitôt après
une reprise de conversation si vive.

Cependant je m'aperçus bientôt que non-seulement M. le
duc d'Orléans souffroit beaucoup en se taisant, mais qu'il
étoit agité entre parler et ne parler pas. Il lui échappa

ensuite des commencements de paroles, qu'un effort retenoit à demi prononcées, ce qui, s'étant répété quelquefois, m'enhardit à lui dire que je voyois bien qu'il vouloit se soulager avec nous de quelque peine qui l'agitoit; que je ne le pressois point de le faire, mais que je le suppliois de considérer qu'il étoit entre ses deux plus assurés serviteurs, et dans un état qui ne demandoit point de contrainte. Il ne répondit rien, et je me tus. Après un assez long et vif combat intérieur, il nous dit, comme tout à coup, qu'après avoir bien balancé, il se sentoit pressé d'une chose qui lui faisoit une peine infinie à nous dire, mais que la situation en laquelle il se trouvoit en lui-même, et l'entière confiance qu'il avoit en nous le forçoit à la dire; que parmi tout ce qui le combattoit contre ce que nous essayions de lui persuader de faire, une des choses qui le peinoient le plus étoit son domestique, et la vie en laquelle il retomboit en rompant. Je repris la parole. Je lui dis que j'avois commencé à sentir ce qui l'agitoit entre parler et se taire avant qu'il eût lâché ce mot; que, par respect, je n'avois osé l'en laisser apercevoir, mais que j'étois ravi qu'il eût enfin pris le parti de l'ouverture avec de si véritables et de si sincères serviteurs; puis, entrant en matière, je lui dis que je ne m'étonnois pas qu'il eût peine à s'engager dans une sorte de vie qui lui étoit tout à fait inconnue, et dont il n'avoit jamais eu le temps de connoître les douceurs.

A ce mot qu'il releva avec une sorte de transport, il nous avoua un éloignement extrême pour sa femme, et tel qu'il ne se sentoit pas capable de [le] vaincre jamais. Je regardai le maréchal, et je dis, en lui adressant la parole, que c'étoit là la chose à laquelle je m'étois le plus attendu, et qui aussi m'embarrassoit le moins; qu'il étoit tout naturel que M. le duc d'Orléans, marié contre son gré, excité au dégoût de son mariage par ceux-là mêmes dont l'autorité l'en devoit défendre contre celle du roi, ou combattre ce dégoût après l'avoir mis en état de le regarder comme le plus grand

malheur de sa vie, tombé ensuite en de mauvaises mains
qui, par intérêt ou par flatterie, l'avoient non-seulement
soutenu dans ce dégoût, mais persuadé que le marquer étoit
une partie principale de sa dignité et de sa gloire, plongé
ensuite en des déréglements passagers mais continuels, enseveli enfin dans une passion qui occupoit tout son cœur et
tout son temps, qu'il étoit, dis-je, non-seulement naturel,
mais impossible que tout ayant concouru à former et à fortifier un éloignement si dangereux, il ne fût devenu tel que
M. le duc d'Orléans nous le représentoit; mais que c'étoit au
bon esprit, aux sages réflexions, aux considérations générales
et particulières à détruire l'ouvrage pernicieux des passions,
des mauvais conseils, du temps si longuement écoulé dans
l'habitude de ces sentiments pour en prendre d'autres tout
contraires, et dans lesquels seuls il trouveroit son repos et
sa véritable gloire, avec la grandeur solide de sa famille
particulière.

Besons appuya infiniment ces propos, loua Mme la duchesse d'Orléans, et me donna lieu de la louer aussi ; mais
ces louanges, bien loin de produire un bon effet, irritèrent
M. le duc d'Orléans, et le replongèrent dans son premier
silence d'agitation et d'embarras. Enfin il débonda (et voici
où la confidence et la confiance fut pleine, entière, nette,
ne cachant ni choses ni noms) et nous dit ce que nous eussions voulu ne point entendre, mais ce qu'il fut pourtant
très-heureux qu'il nous dît. Le maréchal se jeta sur des
généralités très-vraies, mais j'eus le bonheur de trouver par
des hasards à moi très-particuliers, mais tout à fait naturels
et justes, des raisons tellement pertinentes, et des preuves
si nettes et si exactes que M. le duc d'Orléans céda à leur
force, ne put s'empêcher de demeurer convaincu, et ne put
me rien opposer par diverses répliques, sinon que je ne lui
dirois pas du mal de sa femme quand j'en saurois. « Non,
monsieur, lui répondis-je, le regardant avec feu, très-assu-
rément, je ne vous en dirois pas ; mais aussi ne vous parle-

rois-je pas aussi positivement que je fais, si je n'étois non-seulement très-persuadé, mais si j'avois aucun soupçon qu'il s'en pût prendre d'elle, puisque vous en dire du mal, quelque vrai qu'il fût, seroit une noirceur affreuse, et que, s'efforcer de vous persuader en sa faveur un mensonge, et par des faits décisifs et positifs qui seroient contre la vérité, contre ma conscience, seroit une autre sorte de trahison. Si je voyois donc que vous eussiez malheureusement raison, content de n'en pas convenir, je me tirerois d'embarras comme je pourrois par des verbiages généraux qui ne manquent jamais, mais je me garderois bien d'avancer des choses et des preuves positives qui répugneroient également à la vérité, à l'honneur, et à la conscience, qui chez moi vont et doivent aller avant tout. »

Cette assertion si nette, si ferme, et en même temps si sincère, força son dernier retranchement; il ne put même dissimuler sa joie de pouvoir sûrement compter qu'il avoit été méchamment trompé. Il s'en dilata davantage sur cet étrange chapitre, et, battu sur le fond des choses, il nous présenta beau pour l'être encore plus sur les indignes et scélérats auteurs. Il nous nomma Mme la Duchesse, Mme d'Argenton et quelques autres femmes perdues, la plupart intimes de sa maîtresse, auxquelles nous lui fîmes honte d'avoir ajouté foi, pour le peu qu'en méritoit leur réputation, sur des personnes même indifférentes, combien moins encore avec l'intérêt si sensible qu'elles avoient à mettre entre Mme sa femme et lui les derniers éloignements. Besons parla ensuite dignement et assez longtemps en ce même sens. J'ajoutai après qu'il devoit à jamais bénir cette journée, où le hasard lui avoit fourni des réponses et des preuves sans réplique, et où sa raison forcée se voyoit contrainte de s'avouer ses fautes, et de s'en repentir salutairement. Devenu de là plus hardi par avoir ôté la cause la plus empoisonnée de l'éloignement, je repris les louanges de Mme sa femme, sur lesquelles je me rendis éloquent. Je lui fis valoir sa patience sur la conduite qu'il avoit avec elle, la retenue exacte de toute plainte, le vif intérêt qu'elle prenoit à sa gloire, ses déplaisirs et ses mouvements dans son affaire d'Espagne, l'utilité de la tendrese du roi pour elle en cette fâcheuse occasion, et je m'étendis sur tous ces points. Besons m'y seconda très-bien, et M. le duc d'Orléans écouta tout avec beaucoup de patience. Nous nous mîmes après tous deux à lui vanter les douceurs et le prix d'un heureux mariage; et comme nous en parlions tous deux par la plus douce expérience, nous lui fîmes beaucoup d'impression.

Ce fut l'état dans lequel nous le laissâmes, pressés par l'heure déjà fort tardive, et malgré lui, et en vérité bien fatigués d'un travail si rude et si étrange. Il nous conjura de ne le point abandonner dans le terrible combat où nous l'avions engagé; et nous l'assurâmes que, dès que nous aurions dîné, nous ne différerions pas à revenir auprès de lui. En sortant, Besons me dit que j'étois le meilleur et le plus hardi ami qui se pût imaginer, que la force de ce que j'avois dit l'avoit fait trembler à plusieurs reprises jusqu'à lui ôter la respiration, avouant que cela étoit nécessaire pour arracher de force ce qui ne se pouvoit espérer autrement, et ce qu'il n'espéroit même guère encore. Il me promit de s'encourager pour seconder ma force le mieux qu'il pourroit, me dit qu'il falloit surtout empêcher ce prince d'aller à Paris, où un moment renverseroit tout notre travail, et tâcher même à ne le pas perdre de vue jusqu'au bout. Nous nous séparâmes promptement pour ne donner pas aux gens de M. le duc d'Orléans à penser et à raisonner plus que nous sûmes après qu'ils faisoient déjà d'une séance si longue, après la mienne de la veille; et nous convînmes de retourner aussitôt que nous aurions dîné, et de passer toute la journée avec M. le duc d'Orléans.

CHAPITRE II.

Troisième conversation avec M. le duc d'Orléans, le maréchal de Besons en tiers. — Duc d'Orléans fait demander à Mme de Maintenon à la voir. — Propos tête à tête entre Besons et moi. — Singularité surprenante qui m'engage à un serment, puis à une étrange confidence. — Rupture de M. le duc d'Orléans avec Mme d'Argenton. — Colloques entre Besons et moi. — Dons de M. le duc d'Orléans à Mme d'Argenton en la quittant. — Surprise et propos de la duchesse de Villeroy avec moi.

Dans cet intervalle, je fis réflexion que, dans ma conversation tête à tête de la veille, il m'avoit paru que M. le duc d'Orléans s'étoit trop appuyé sur sa proximité du roi et des fils de France; il m'avoit avoué que, lorsque le roi lui avoit parlé de l'affaire d'Espagne pour y mettre fin, et se donnant pour croire tout ce qu'il lui voulut dire, il l'avoit fait en peu de paroles avec poids et gravité, et lui avoit conseillé de parler aussi à Monseigneur, lequel lui avoit répondu mot pour mot comme avoit fait le roi, mais avec bien plus de gravité et de froid encore; que ce concert d'une si semblable réponse la lui avoit fait juger concertée, et de là soupçonner que cette réponse si pareille et si compassée étoit de gens non persuadés, et sur ce qu'il avoit insisté avec moi, qu'il avoit trouvé Mgr le duc de Bourgogne assez favorable, et Mme la duchesse de Bourgogne entièrement, je lui avois répondu que ce prince avoit été aussi piqué et aussi sévère que le roi et Monseigneur, mais adouci par son épouse, qui, non moins sensible qu'eux, avoit néanmoins cherché à les apaiser par honneur pour son oncle, et par amitié pour Mme la duchesse d'Orléans; mais qu'il se mécomptoit beaucoup, si pour tout cela, il se croyoit bien avec elle; qu'il falloit qu'il pensât qu'elle avoit fait comme une mère qui veut tirer son fils des mains de la justice, et qui, bien qu'elle le sache coupable, dit et fait tout ce qu'elle peut pour le sortir d'affaire, et elle d'affront, bien résolue après de le châtier en particulier et de lui faire sentir, sans danger, toute son indignation. Cette comparaison le fit souvenir qu'il l'avoit priée de faire ses remercîments à la reine d'Espagne sur la modération de ses lettres en cette occasion, que la réponse en devoit être arrivée depuis plusieurs mois sans qu'il en eût ouï parler, et qu'il trouvoit en effet Mme la duchesse de Bourgogne bien plus réservée avec lui depuis la fin de cette affaire d'Espagne, que pendant qu'elle avoit duré. Ces réflexions qui me revinrent me résolurent à lui rompre tout reste de retranchements sur l'amitié dont il s'étoit voulu flatter.

Plein de ces pensées je retournai chez M. le duc d'Orléans un peu avant trois heures; je le trouvai dans son entre-sol, et déjà Besons avec lui. Il me vit arriver avec plaisir, et me fit asseoir entre lui et le maréchal, que je complimentai sur sa diligence, et lui demandai sur quoi ils en étoient. « Toujours sur la même chose, me dit-il, et dans le même combat. » Je répondis que si[1] étoit-il enfin temps de mettre fin à ces incertitudes et de prendre une bonne résolution pour sortir du plus fâcheux et dangereux état où prince de ce rang se pût jamais trouver, et tout de suite je mis sur le tapis son peu de ressource, puisque celle-là même qui avoit le mieux fait pour lui dans son affaire d'Espagne lui manquoit depuis dans tout le reste de propos délibéré. Je m'étendis beaucoup là-dessus sans que M. le duc d'Orléans m'interrompît que par des soupirs et des changements de postures dans sa chaise, d'un homme fort en malaise avec lui-même.

---

1. *Si* a ici, comme dans plusieurs passages de Saint-Simon, un sens affirmatif équivalent à la locution *il était assurément temps*.

Vers ce temps-là entra Mademoiselle, suivie de Mme de Maré, sa gouvernante ; elle embrassa M. son père, qui l'aimoit avec passion dès sa plus tendre enfance, et se mit à causer avec lui, et moi avec Mme de Maré. Elle étoit ma parente et fort mon amie. Je lui dis tout bas d'emmener sa princesse, parce qu'elle interrompoit quelque chose qui vouloit être suivi. Elle n'en eut pas la peine, parce qu'un moment après M. le duc d'Orléans la renvoya, et aussitôt nous nous rassîmes.

Cette visite me donna occasion de prendre de nouvelles armes, et de me servir de la tendresse paternelle. Je savois, par M. le duc d'Orléans, qu'il y avoit près de deux ans que le roi, de lui-même, lui avoit parlé de Mademoiselle comme d'un parti qui pouvoit être convenable pour M. le duc de Berry. Je demandai à M. le duc d'Orléans ce qu'il prétendoit en faire, qu'ayant plus de quatorze ans et la figure d'une jeunesse plus avancée, il me sembloit qu'elle devoit commencer à lui peser ; qu'après les grandes espérances que le roi lui avoit fait naître si naturellement pour un établissement si solide pour sa grandeur personnelle, et celle de M. son fils, si agréable encore en ne la séparant [point] de lui par un mariage étranger, tout autre gendre que M. le duc de Berry lui devoit paroître une chute ; qu'il s'étoit mis en état néanmoins de faire évanouir toutes ces pensées, et que je ne voyois aucun moyen de les faire renaître que la rupture, et la manière de la faire que je lui avois proposée. M. le duc d'Orléans ne se récria plus sur la manière, mais seulement sur la rupture, et avec plus d'angoisse que de sécheresse, ce qui me donna tout courage d'aller plus en avant. Je lui demandai donc si, se résolvant enfin d'y venir, il n'en parleroit pas à Mme de Maintenon. Il demeura quelques moments sans me répondre, puis dit que s'il y venoit il faudroit bien qu'il lui en parlât. Alors j'insistai à ce qu'il s'en expliquât avec elle de la même manière que je lui avois conseillé de faire avec le roi, mais de s'étendre davantage avec elle d'un air de confiance sur sa douleur de l'état auquel il se sentoit avec le roi, se répandre en tendresse et en reconnoissance pour lui, bien inculquer que cette tendresse seule lui arrachoit ce sacrifice, et l'espérance de rentrer par un effort si douloureux dans ses bonnes grâces et sa familiarité premières, appuyer que nulle autre considération n'eût pu l'obtenir de lui.

Il entra très-bien dans ce raisonnement, et le maréchal aussi. J'en pris occasion de m'étendre sur l'inutilité de la vie suivie et d'une conduite unie et sage avec le roi et avec elle, que leur goût étoit constant pour les prosélytes et les pénitents du monde, que tout étoit plein de gens irréprochables, même dans les choses de leur gré, qui n'avoient jamais pu rien faire, et de fortunes agréables, de plusieurs solides, de quelques-unes même éclatantes de gens qu'ils avoient haïs et méprisés, de gens perdus par tout ce qu'une conduite peut entasser de plus misérable et de plus honteux, du retour desquels leur amour-propre s'étoit trouvé flatté, qu'ils avoient récompensé en ces personnes ; qu'une dévotion ignorante y aidoit encore par la considération mal appliquée de la miséricorde de Dieu sur les pécheurs, qui les rendoit dupes de l'effort de l'ambition, qui souvent prenoit la place de l'amour des plaisirs, et changeoit le libertinage en une assiduité dont la constance eût langui sans être regardée, et dont le retour étoit au contraire presque toujours salarié ; que, égaré au point où il l'étoit, cette imitation lui restoit pour toute ressource ; que je le conjurois de songer avec fruit qu'il ne lui restoit plus un seul instant à perdre pour y recourir, qui tous lui étoient infiniment précieux.

Le maréchal appuya de son côté, mais je vis distinctement et avec frayeur que M. le duc d'Orléans étoit moins réduit que lorsque nous l'avions quitté le matin, et qu'il avoit funestement repris haleine pendant notre courte absence. Je le pressai donc, et lui demandai s'il commenceroit par le roi ou par Mme de Maintenon. Il me répondit avec une fermeté que je n'avois point sentie dans les deux précédentes conversations, qu'il n'étoit point encore question qu'il pût prendre un parti, mais que, s'il avoit à le prendre, il parleroit d'abord à Mme de Maintenon ; que cela lui marqueroit plus d'amitié et de confiance, et l'engageroit à mieux faire valoir la chose au roi que s'il ne lui en parloit qu'après ; qu'il pourroit même, en lui confiant sa résolution, recevoir d'elle des conseils utiles pour la manière de s'en déclarer au roi, et plus encore d'appui, parce que, engagée par la confiance et par la déférence à suivre ses avis, elle se feroit un honneur de les lui rendre les plus avantageux qu'elle pourroit, et de former pour la suite une sorte de liaison avec lui dont il pourroit tirer beaucoup d'avantages. Nous pesâmes ses raisons Besons et moi, et nous les trouvâmes très-sages et très-judicieuses, mais en même temps un raisonnement si libre, dans un homme que nous avions laissé si peu en état d'en former aucun, me fit peur.

Je compris fort clairement que M. le duc d'Orléans avoit repris des forces contre nous pendant l'intervalle de notre absence, et je sentis par là que, si nous n'emportions la rupture à ce coup comme d'assaut, il ne la falloit plus espérer après le long espace de la nuit jusqu'au lendemain que la conversation se pourroit reprendre ; que peut-être nous échapperoit-il tout à fait, ou par s'être déterminé pendant la nuit à n'écouter que l'amour, et nous fermeroit la bouche quand au matin nous penserions retourner à la charge, ou que, prenant peut-être un parti plus assuré, nous le trouverions allé à Paris quand nous viendrions le chercher. Cette réflexion, qui me frappa tout à coup, et que je pesai de toute l'application de mon esprit, tandis que Besons discouroit sur les raisons de parler à Mme de Maintenon avant de parler au roi, me détermina à ramasser toutes mes forces pour embler d'effort une sanglante victoire sans plus rien ménager. Je laissai donc parler Besons tant qu'il voulut, et, après qu'il eut fini, je demeurai dans un profond silence. Je rêvois cependant à ce que j'avois à dire, et la vérité est que j'en tremblois.

Enfin, après un assez long temps que personne ne disoit mot, je regardai tristement M. le duc d'Orléans, et je lui dis que, quelque peine qu'il ressentît du combat auquel nous l'avions engagé, je le suppliois de se bien fortement persuader que le nôtre étoit pour le moins aussi terrible ; que pour lui il n'avoit à combattre que l'amour, et que je convenois que cela étoit effroyable pour un homme aussi passionnément épris, mais qu'il ne nous refusât pas de réfléchir sur l'horrible peine qu'un ami véritable ressentoit d'affliger un ami, de lui flétrir le cœur aux parties les plus sensibles, de lui dire des choses dures, fâcheuses, poignantes, de le déchirer, de le désespérer par une violence extrême, et par des raisons de cette violence plus solidement et presque aussi sensiblement cruelles que la violence même ; combien plus quand cela ne se passoit non plus entre amis égaux, mais entre gens aussi disproportionnés que nous l'étions de lui, aussi accoutumés par là au respect, à la complaisance, à toute déférence, à éviter avec le soin le plus exact jusqu'aux moindres choses qui pourroient non pas formellement déplaire, mais plaire moins, surtout quand à ce respect profond du rang en étoit joint un autre bien plus intime dans l'âme, et qui retenoit infiniment plus que l'autre, parce qu'il naissait de l'estime et de l'admiration de l'esprit, des lumières et de plusieurs vertus de cet ami, qui augmentoit l'honneur, la douceur, la reconnoissance d'une telle amitié ; que de là il devoit mesurer la grandeur de notre combat, et sur la grandeur de notre combat la grandeur de la nécessité de ce qui nous avoit fait résoudre à l'entreprendre, et qui nous le faisoit soutenir avec une sorte d'honneur qui ne se pouvoit rendre; qu'au nom de Dieu il daignât y réfléchir et ne nous accabler point du poids immense de la douleur d'avoir si longuement et si cruellement combattu en vain ;

qu'il se pouvoit souvenir qu'à deux fois différentes je m'étois hasardé de lui jeter quelques propos sur cette rupture avec grande circonspection et presque en monosyllabes; qu'une troisième fois j'avois pris confiance de pousser jusqu'à une seconde période, et que sur l'air qu'il prit tant soit peu moins ouvert, je m'étois arrêté tout court et avois changé de discours; qu'il devoit donc comparer ces extrêmes réserves d'alors avec tout l'opposé de maintenant, et en conclure qu'il n'y avoit donc que la plus âpre et la plus pressante nécessité qui m'avoit forcé et soutenu; qu'encore une fois il y fît des réflexions salutaires, qu'il ne s'abandonnât pas lui-même dans un abîme sans fond pour n'avoir pas la force de s'en tirer, et nous au désespoir de l'y voir périr sans aucune espérance de ressource. Je me tournai ensuite au maréchal, pour l'exhorter à presser et à ne laisser pas sur ma seule insuffisance le poids d'une affaire si capitale.

Je me tus après pour reprendre haleine et courage, et pour observer, dans la réponse et dans la contenance du prince, ce qu'opéroit un discours si touchant. Besons, ému par ce que je venois de dire, voulut parler aussi en même sens. Il fit des représentations pleines de justesse, mais trop mesurées pour l'état auquel nous nous trouvions. L'esprit de M. le duc d'Orléans étoit désormais convaincu, ou hors de moyen de l'être, après tout ce que nous lui avions démontré. Il n'étoit plus question que de déterminer une volonté arrêtée par une passion qui la tyrannisoit, et cette opération violente avoit un extrême besoin de force et de véhémence. Il échappa à M. le duc d'Orléans de témoigner en s'adressant à Besons que, s'il se séparoit de sa maîtresse, ce ne seroit qu'à condition de la voir et de l'y préparer lui-même, et là-dessus Besons s'écria qu'avec cette résolution, non-seulement il ne romproit pas présentement avec elle, mais qu'il ne la quitteroit jamais; que, s'il avoit tant de peine à prendre en son absence un parti salutaire et forcé, que deviendroient les réflexions en sa présence? que l'amour les détruiroit en un instant, que ses efforts ne lui serviroient que de trophées et à la douceur de s'y livrer sans réserve et tout de nouveau; qu'il étoit absurde d'imaginer qu'il pût résister aux larmes et aux caresses, et que la fin de tout ceci seroit un nouveau bail plus honteux, plus durable, plus dangereux encore que celui qu'il s'agissoit de rompre, également cruel pour ses amis, et funeste pour lui.

Un grand silence succéda à ces vives reprises. Elles firent sur M. le duc d'Orléans une impression dont je ne tardai pas à m'apercevoir, à un abattement et à une sorte d'amertume que j'avois regrettée en lui, tandis que je l'avois ouï raisonner si librement sur parler à Mme de Maintenon avant d'aller au roi. Je remarquai même une espèce de déconcertement, d'où je compris que c'étoit l'instant favorable de profiter de son trouble par les plus grands efforts; ainsi me ranimant moi-même, je rompis le silence, après l'avoir laissé durer quelque temps, par des louanges que je crus nécessaires pour préparer la voie à ce que j'avois dessein de leur faire succéder, et lorsque je crus qu'il étoit temps d'amener un autre langage, je lui dis qu'il étoit également étrange et déplorable qu'il laissât perdre de si grands talents, et par le seul homme du sang royal qui, par ses conseils, s'il se mettoit à portée d'être consulté, et par sa capacité à la guerre, s'il se remettoit en état d'en faire usage, pouvoit sauver le royaume de ses pères, [et qu'il] voulût s'ensevelir tout vivant dans un désordre et dans une obscurité qui seuls enfonceroient le plus simple particulier dans des ténèbres infâmes et sans retour, combien plus un prince de son rang, qui outre les débauches avoit tant d'autres malheurs à réparer; que je ne pouvois plus me retenir enfin de lui faire faire attention à quelques considérations que je n'avois pu jusque-là faire sortir de moi-même, mais que l'aimant et l'estimant au point que je faisois, je me croirois aussi trop coupable, si après les avoir ménagées jusqu'au bout et, ne voyant point de fruit de tout ce que je lui avois dit et de tout ce que je lui avois tu, je ne lui disois tout enfin au péril de lui déplaire, et de lui paroître trop hardi, puisque je ne pourrois jamais espérer de repos avec moi-même, si je me laissois ce reproche de ne lui avoir pas tout dit, et par ce faux respect de l'avoir abandonné dans un abîme, d'où la juste opinion que j'avois de lui me devoit persuader que je l'eusse enfin retiré, si je n'avois eu pour lui ces ménagements perfides.

Après cette préface, je me levai brusquement en pied, et, me tournant avec action vers M. le duc d'Orléans, je lui dis que je ne pouvois donc plus lui taire la juste indignation du public, qui, après avoir conçu de lui les plus hautes espérances, et avoir eu pour lui la plus grande et la plus longue indulgence, tournoit les unes en mépris, l'autre en une sorte de rage qui produisoit le déchaînement universel et inouï contre lui, aussi vif dans les plus libertins que dans les hommes dont les mœurs étoient les plus austères; qu'il y avoit temps et manières pour tout; que son libertinage avoit été supporté par égards pour son âge et pour ce qu'il valoit d'ailleurs; mais que le monde, las enfin de voir que ce libertinage devenu abandon depuis tant d'années s'approfondissoit de plus en plus; que ni l'âge, ni l'esprit, ni les lumières, ni les grands emplois n'avoient pu le changer; qu'il étoit devenu non-seulement concubinage, mais ménage public; personne ne pouvoit plus souffrir dans un petit-fils de France de trente-cinq ans ce que le magistrat et la police eût châtié il y a longtemps dans quiconque n'eût pas été d'un rang à couvert de ces sortes de voies de remettre les gens dans l'ordre, au moins hors d'état d'insulter à tout un royaume par le scandale affreux de sa vie; qu'à une conduite si honteusement suivie, il avoit ajouté des imprudences de nature si délicate, si jalouse, tellement unies à la licence effrénée de la vie, que le comble de toute horreur en étoit retombé sur lui, et retombé de façon si naturelle, que, quelque innocent qu'il fût du fond de ces imprudences, il étoit pourtant vrai qu'il falloit en être bien au fait et bien porté à l'en croire pour n'en concevoir pas l'opinion la plus sinistre, qui, à commencer par le roi, par Monseigneur, par les personnes royales et les autres les plus principales, avoit trouvé entrée dans l'esprit de tout le monde, et avoit produit une aliénation générale qui tenoit de la fureur; que le public, outré de s'être trompé dans les espérances qu'il avoit conçues de lui, aigri d'ailleurs de ne trouver personne en qui les mettre, en un temps si déplorable, étoit par là également porté à ne garder plus aucune sorte de mesure pour lui s'il continuoit par l'opiniâtreté de son débordement à n'en mériter nulles, et à revenir aussi à lui avec rapidité, s'il le voyoit capable de retour en rompant de si honteux liens, en avouant tacitement ses fautes par un digne changement de conduite et de vie, et en méritant par un attachement sincère et assidu à ses devoirs; que de cette sorte et non autrement, il se laveroit des souillures qui l'avoient défiguré; que le courage qu'il auroit de le faire surprendroit l'acclamation publique, qui relèveroit avec joie le mérite de sa nouvelle vie, par celle de voir renaître ses espérances.

Tandis que je parlois de la sorte, j'étois infiniment attentif à percer M. le duc d'Orléans de mes regards, et je m'aperçus que mon impétuosité faisoit sur lui une impression profonde. Je m'arrêtai néanmoins pour donner lieu à Besons de m'aider à le pousser, et je me rassis comme un homme qui a tout dit. Ce n'étoit pourtant pas mon dessein d'en demeurer là, et ce le fut bien moins encore lorsque je sentis la foiblesse du maréchal, qui, me regardant de la tête aux pieds, n'avoit de réflexion que la peur qu'il prenoit de la force de mon discours, et de courage que pour une approbation tremblante en monosyllabes. L'extrême crainte que je lui remarquai me força de suppléer au défaut de son secours. Je demandai à M. le duc d'Orléans avec un air d'angoisse s'il ne prendroit point de parti, et s'il ne vouloit point envoyer demander à Mme de Maintenon audience pour le lendemain matin. Il tarda un peu à répondre, puis me dit qu'il ne pouvoit encore s'y résoudre. Ce mot *encore* me donna une grande espérance. Je me tournai au maréchal; je le pressai de presser à son tour pour ne me pas rendre odieux à la fin par une importunité trop vive. Il parla, mais avec foiblesse, et conclut promptement qu'il n'y avoit rien à ajouter à mes propos, soit pour leur force, leur justesse ou leur vérité, et dans le désordre où je vis bien que l'effroi l'avoit jeté, je trouvai qu'il avoit beaucoup fait de m'avoir approuvé, quoique si laconiquement, d'une manière si précise.

J'insistai donc encore sur le message, et sentant le prince mollir et ployer sous le faix de ma véhémence, je crus la devoir pousser, et, me levant de nouveau, je lui dis qu'il falloit qu'il me permît encore ce mot : qu'il avoit vu de tout temps et qu'il voyoit encore le brillant, le lustre, la splendeur qui accompagnoit les ministres, les généraux d'armée, ceux pour qui le roi montroit une estime et une amitié solide par sa confiance et par ses bienfaits; que leur état radieux étoit l'objet de l'envie des uns, de l'émulation des autres, des désirs de tous; que sa naissance grossissoit naturellement sa cour de ces grands personnages, et de leur cour particulière; que la faveur et la confiance du roi l'avoient mis souvent au-dessus d'eux en crédit, et toujours en autorité, et avoient fait de ces distributeurs, si souvent arrogants, des grâces, ses courtisans et ses complaisants, avec respect, crainte et soumission ; que d'autre part il voyoit aussi des seigneurs que leur naissance, leurs familles, leurs établissements, leurs dignités portoient si naturellement aux distinctions de leur état, avilis par leurs débauches, inconnus à la cour par leur obscurité, abandonnés à leur propre honte et à leur misère, rejetés des plus chétives compagnies, objets de la censure et du mépris du roi et du public, réduits à ce degré bizarre d'être au-dessous des coups qu'on dédaignoit de frapper sur eux ; je lui nommai quelques-uns de ceux-là qu'il voyoit malgré tant d'avantages ensevelis dans la fange, et après ces peintures que je fis les plus vives que je pus, je demandai à M. le duc d'Orléans auquel des premiers ou des seconds il aimoit mieux ressembler. J'ajoutai qu'il ne falloit pas se tromper par une illusion grossière ; que plus sa proximité du trône l'élevoit avec éclat, et lui donnoit de facilité de joindre à cette naturelle splendeur la splendeur empruntée par les autres de l'estime, de la faveur, de la confiance du maître commun de tous, des grands emplois, du crédit, de l'autorité, plus aussi le dénûment de ces choses, et le dénûment produit par le déréglement et la saleté de sa vie le feroit tomber plus bas que ces seigneurs pris sous les ruines de leur obscurité débordée, dans un mépris d'autant plus cruellement profond, qu'il seroit inouï et justement invoqué : que c'étoit désormais à lui, dont les deux mains touchoient à ces deux différents états, d'en choisir un pour toute sa vie, puisque, après avoir tant perdu d'années et nouvellement depuis l'affaire d'Espagne, meule nouvelle qui l'avoit nouvellement suraccablé, un dernier affaissement auroit scellé la pierre du sépulcre où il se seroit enfermé tout vivant, duquel, après, nul secours humain, ni sien ni de personne, ne le pourroit tirer. Je terminai un discours si nerveux par des excuses et des louanges et par la considération du prodigieux dommage de la perte civile d'un prince de son rang, de son âge et de ses talents, puis me tournant brusquement au maréchal, je tombai sur lui de ce qu'il me laissoit tout faire, et seul en proie à tout le mauvais gré.

Alors M. le duc d'Orléans me remercia d'un ton de gémissement auquel je connus l'impression profonde que j'avois faite en son âme, et bien plus encore lorsque, se levant de sa chaise, il se mit à reprocher à Besons sa mollesse à lui parler. Le maréchal s'excusa sur ce que je ne lui laissois rien à dire, et je lui répondis vivement exprès que, mon zèle me faisoit tout dire, parce que je voyois que pensant tout comme moi, il n'osoit néanmoins parler. Cette bizarre dispute nous donna lieu à tous deux de placer encore dans le discours de nouveaux raisonnements forts, et des considérations vives. Cependant M. le duc d'Orléans s'étoit rassis. Je lui proposai encore, tandis que je le voyois ébranlé, d'envoyer chez Mme de Maintenon ; Besons lui demanda s'il vouloit qu'il appelât quelqu'un de ses gens ; je me mis à louer l'action comme ne doutant pas qu'il ne la fît, et pour l'y exciter davantage, je parlai de la douceur qu'on sentoit après un pénible et généreux effort. Tandis que nous dissertions ainsi, Besons et moi, l'un avec l'autre, n'osant plus l'attaquer directement après l'étrange assaut qu'il venoit d'essuyer, nous fûmes bien étonnés qu'il se levât tout à coup de sa chaise, qu'il courût avec impétuosité à sa porte, l'ouvrît et criât fortement pour se faire entendre de ses gens.

Il en accourut un à qui il ordonna tout bas d'aller chez Mme de Maintenon savoir si et à quelle heure il pourroit lui parler le lendemain matin. Il revint aussitôt se jeter dans sa chaise comme un homme à qui les forces manquent et qui est à bout. Incertain de ce qu'il venoit de faire, je lui demandai aussitôt s'il avoit envoyé chez Mme de Maintenon. « Eh ! oui, monsieur, » me dit-il avec un air désespéré. A l'instant je me jetai à lui, et le remerciai avec tout le contentement et toute la joie imaginables. Il me dit qu'il n'étoit pas bien sûr qu'il parlât à Mme de Maintenon ; sur quoi Besons, qui lui avoit aussi témoigné son extrême satisfaction, l'exhorta à ne pas reculer après avoir pris une résolution si pénible, mais si salutaire. Je me contentai de l'y soutenir en rassurant Besons. Je lui dis que M. le duc d'Orléans, convaincu par la force de nos raisons, et résolu à se faire cette violence si nécessaire, n'avoit pas fait un pas qui l'engageoit si fort pour reculer après ; que son cœur palpitoit encore, mais que j'ouvrois enfin le mien aux plus douces espérances. Lui et moi menâmes quelque temps la parole, louant la résolution, admirant le courage, plaignant les douleurs, compatissant à tout, incitant à la gloire, réfléchissant sur la solidité, la sûreté, la douceur du repos et du calme après l'orage, fortifiant indirectement ainsi ce prince sans lui adresser la parole pour ne le pas rebuter. Il entra peu dans notre conversation, mais sur la fin il dit encore à Besons qu'il l'avoit trop ménagé, qu'il sentoit bien l'extrême besoin qu'il avoit d'être vivement poussé, et me remercia encore de ma force et de ma liberté à lui parler. Cela m'encouragea à bien espérer, et à l'exciter encore, mais vaguement. Je lui dis seulement que j'avois cru devoir lui représenter nûment toutes les vérités qui m'avoient paru indispensables à lui faire connoître. Peu après il demanda quelle heure il étoit, et il étoit neuf heures du soir. Il voulut à son ordinaire aller voir Monseigneur chez Mme la princesse de Conti. Je lui demandai permission de demeurer dans son entre-sol avec Besons, lui et moi n'ayant point de logement ni où nous entretenir sur pareille matière ; il s'en alla. Je fermai la porte, et le maréchal et moi nous nous rassîmes.

Je lui demandai ce qu'il lui sembloit du succès de notre terrible après-dînée ; il me dit franchement que, nonobstant l'audience demandée, il ne se tenoit sûr de rien, et moi je l'assurai que, encore qu'absolument parlant je n'osasse m'engager à répondre de rien, je trouvois les choses avancées. Nous raisonnâmes sur les étonnants obstacles que nous avions trouvés ; il m'avoua qu'il ne le croyoit presque plus amoureux ; je convins qu'encore que je fusse bien persuadé qu'il l'étoit encore beaucoup, je ne pensois pas que ce combat dût en rien approcher de ce que j'en éprouvois. Je me plaignis à lui en amitié, mais en amertume, du peu de secours qu'il m'avoit donné, et de m'être trouvé dans la nécessité de parler presque seul, et seul de dire les choses les plus dures. Il m'en fit excuse, et m'avoua ingénument qu'il admiroit la force et la hardiesse que j'avois eues, qu'il en avoit bien senti la nécessité, que le succès lui montroit encore que de cela seul il avoit dépendu; mais que pour rien il n'eût dit à cent lieues près aucunes des choses qu'il avoit entendues avec terreur; que je l'avois épouvanté à ne savoir où se fourrer; que je l'avois souvent mis hors de lui-même, quelque assaisonnement que j'eusse mis avant et après les vérités que j'avois si rudement assenées. Nous admirâmes ensuite l'excès de la puissance des égarements qui avoient jeté ce prince dans un si profond abîme, et qui lui coûtoient un si furieux combat, plus encore la bonté, la douceur, la patience incomparables, avec lesquelles il avoit écouté tant de choses énormes par leur dureté, et nous convînmes aisément de l'horrible dommage qu'un prince de tant de grands et d'aimables talents, et capable d'où il s'étoit plongé d'écouter la voix si âpre et si étonnante des vérités que nous lui avions fait entendre, se fût précipité dans les abîmes où nous le déplorions; nous convînmes que moins qu'en aucun temps précédent, il ne devoit être abandonné à lui-même un seul instant possible. Nous ne laissâmes pas de nous plaindre réciproquement de notre excessive fatigue de corps et d'esprit, et nous nous donnâmes rendez-vous dans la galerie pendant le souper du roi pour convenir de ce qu'il nous restoit à faire. Nous y fûmes exacts.

Je demandai au maréchal s'il ne savoit point quelle réponse il y avoit eu de Mme de Maintenon. Il me dit qu'il n'avoit vu ni M. le duc d'Orléans ni pas un de ses gens, depuis que nous l'avions quitté. Je lui remontrai l'importance d'en être instruit, et le priai de vouloir bien s'en aller informer chez ce prince, tandis que je l'attendrois au même lieu où je lui parlois. Besons y fut et me revint dire aussitôt que Mme de Maintenon mandoit à M. le duc d'Orléans, qu'elle l'attendroit le lendemain toute la matinée, mais que M. le duc d'Orléans n'avoit encore pu apprendre cette réponse. Là-dessus je proposai à Besons, sur notre même principe, d'accompagner M. le duc d'Orléans chez lui, au sortir de chez le roi, d'être présent lorsque la réponse lui seroit rendue, d'en prendre thèse, pour l'exhorter encore d'exécuter courageusement son salutaire dessein, et dans le sens dont nous étions convenus, de l'obséder jusqu'à ce qu'il se mît au lit, de se trouver le lendemain à son lever, de lui bien parler encore, de tâcher de le mener chez Mme de Maintenon, et de venir après à la messe du roi, où nous nous trouverions pour régler ce que nous aurions à faire. Il me promit de faire exactement tout cela, et là-dessus nous nous séparâmes.

Le lendemain vendredi 3 janvier, je ne trouvai point Besons dans la galerie, ni dans l'appartement; le roi sortit pour la messe, et M. le duc d'Orléans à huit ou dix pas devant lui. Dans l'impatience de savoir s'il avoit vu Mme de Maintenon, je m'approchai de lui, et quoique je lui parlasse bas, n'osant rien nommer, je lui demandai s'il avoit vu cette femme. Il me répondit un *oui* si mourant, que je fus saisi de la crainte qu'il l'eût vue pour rien, tellement que je lui demandai s'il lui avoit parlé. Sur un autre *oui* pareil à l'autre, je redoublai d'émotion. « Mais lui avez-vous tout dit? — Eh oui, répondit-il, je lui ai tout dit. — Et en êtes-vous content? repris-je. — On ne peut pas davantage, me dit-il. J'ai été près d'une heure avec elle, elle a été très-surprise et ravie. » Il fit là une assez longue pause à proportion du chemin qui s'avançoit toujours, puis après avoir à deux ou trois fois voulu, puis s'être retenu de me parler, il me regarda tristement comme exprès, et tout à coup me dit qu'il avoit quelque chose qui le peinoit sur moi, qu'il falloit qu'il me le dît, mais qu'il me demandoit d'amitié de lui répondre sincèrement et avec vérité. Cela me surprit.

Je l'assurai que je ne lui déguiserois rien. « C'est, me dit-il toujours bas, que cette femme m'a parlé tout comme vous; mais ce qui m'a frappé, c'est qu'elle m'a dit les mêmes choses, les mêmes phrases, jusqu'au même arrangement et aux mêmes mots que vous. Ne vous auroit-elle point parlé, et n'avez-vous eu aucune charge d'agir auprès de moi? —

Monsieur, lui dis-je, je n'ai pas accoutumé à faire des serments, mais je vous jure par celui de chez lequel nous approchons (et c'étoit de la chapelle), et par tout ce qu'il y a de plus saint, que je vous ai parlé de moi-même; que qui que ce soit, ni directement, ni indirectement, ni en aucune manière quelconque, n'y a eu aucune part, et que, pour cette femme ni le roi, non-seulement ils ne m'ont point parlé ni rien fait dire, mais ils ne peuvent pas savoir un mot de ce qui s'est passé, et après ce grand serment que je vous fais contre ma coutume, j'ose vous dire que vous devez me connoître assez pour m'en croire sur ma parole. » Il fit un soupir; et me prenant la main : « Voilà qui est fait, me dit-il, je vous en crois; mais vous me faites plaisir de me parler comme vous faites, car je vous avoue que cette conformité m'a paru si singulière, qu'elle m'a frappé entre vous et cette femme, à qui le roi dit tout et qui gouverne l'État. — Monsieur, encore un coup, repris-je, soyez rassuré, car je vous répète que je vous dis la vérité la plus exacte et la plus nette. — Voilà qui est fait, me répondit-il encore, je n'ai pas le moindre scrupule. »

La tribune où nous étions déjà avancés quelques pas nous sépara. Il étoit fête de sainte Geneviève, ce qui m'obligea à demeurer à entendre la messe du roi pour être libre après. La fin du motet et la prière pour le roi après le dernier évangile me donna lieu de sortir de la tribune avant le roi pour chercher Besons, que je trouvai à deux pièces de là. Quoique je susse des nouvelles, je lui en demandai, dans l'espérance qu'au sortir de chez Mme de Maintenon, M. le duc d'Orléans lui auroit conté sa conversation. Mais il me dit qu'il ne savoit rien; que la veille au soir, il l'avoit mené de chez le roi chez lui, que ce matin il s'étoit trouvé à son lever, l'avoit toujours exhorté suivant ce que nous en étions convenus, l'avoit accompagné jusqu'à la porte de Mme de Maintenon, qu'il l'y avoit laissé, et appris depuis qu'il y étoit demeuré longtemps avec elle, et qu'il n'en savoit pas davantage. Je lui dis que je le ferois donc plus savant, et, en lui contant ce que M. le duc d'Orléans m'avoit dit en allant à la messe du roi, j'ajoutai qu'il m'avoit dit la chose du monde la plus surprenante, qui m'avoit engagé à lui faire un serment, et je lui rendis le fait.

Le maréchal n'en fut pas ému un moment, et me dit avec cette sorte de brusquerie, que la conviction produit quelquefois, qu'il n'y avoit qu'à répondre à M. le duc d'Orléans une seule chose bien simple et bien vraie, savoir que la vérité est une, et que par là elle s'étoit trouvée dans la bouche de Mme de Maintenon précisément comme dans la mienne. Comme nous en étions là, le roi passa retournant de la chapelle chez lui, et ne nous laissa que le temps de nous donner rendez-vous chez M. le duc d'Orléans sur-le-champ, pour éviter d'y aller ensemble. Quoique je ne me fusse amusé qu'un moment dans la galerie, je trouvai déjà Besons dans la chambre de M. le duc d'Orléans qui n'étoit pas rentré, et qui ne vint qu'une bonne demi-heure après. Je proposai à Besons d'entrer dans le cabinet, nous en fermâmes la porte, et là tous deux, nous nous mîmes à raisonner. M. le duc d'Orléans nous avoit dit la veille, que, s'il parloit au roi, ce ne seroit qu'immédiatement avant son dîner, parce que, outre que c'étoit son heure à lui la plus ordinaire, c'étoit aussi la plus naturelle d'être seul avec lui dans ses cabinets; ainsi nous convînmes de demeurer jusqu'à cette heure-là avec M. le duc d'Orléans pour le soutenir, le fortifier, et lui faire achever ce qu'il avoit commencé. Le maréchal convenoit que l'affaire étoit avancée au delà d'espérance, mais il ne la pouvoit déterminément pousser jusqu'à compter sur sa consommation avec le roi. Pour moi, je n'osois en répondre d'une manière positive; mais je ne pouvois aussi m'imaginer qu'elle nous échappât, après ce grand pas fait chez Mme de Maintenon.

Pendant que nous causions ainsi, je songeois à part moi à la bizarre justesse de la conjoncture où je me trouvois d'attendre à tous moments une audience particulière du roi, dans une circonstance si propre à confirmer le soupçon que M. le duc d'Orléans venoit de me témoigner. Après y avoir bien pensé, la délicatesse d'honneur et de probité l'emporta en moi sur l'orgueil et la politique de courtisan, si difficile à se ployer à montrer sa disgrâce et ses démarches pour la finir, tellement que, bien que je n'eusse avant cette affaire-ci ni liaison ni même le plus léger commerce avec Besons, et qui n'avoit pas plus de douze jours de date, je crus devoir lui confier mon secret pour le consulter si je le révélerois à M. le duc d'Orléans ; je lui dis tout mon fait, et comme à tous moments j'attendois mon audience, mais sans lui apprendre comment je l'avois obtenue. La rondeur de ce procédé le surprit et le toucha. Il me conseilla d'en faire la confidence à M. le duc d'Orléans, et il m'assura que, quoi qu'il eût soupçonné, il me connoissoit trop bien pour, après ce que je lui avois dit et juré, penser un moment qu'entre le roi et moi il dût être en rien question de lui. Sur son avis je me déterminai à le faire. Après avoir été une demi-heure ensemble, quelqu'un vint demander Besons, qui sortit et me laissa seul dans le cabinet.

Fort peu après, comme j'étois seul encore, M. le duc d'Orléans entra, qui venoit de chez Madame, et qui tout de suite m'emmena dans son arrière-cabinet. Il se mit le dos à la cheminée sans proférer un mot, comme un homme hors de soi. Après l'avoir considéré un moment, je crus qu'il valoit mieux l'importuner par des questions que de le laisser ainsi à lui-même dans des moments critiques, qui avoient si grand besoin de soutien, puisque deux heures après arrivoit le moment qu'il devoit parler au roi pour se séparer de sa maîtresse. Je lui demandai donc s'il étoit bien content de Mme de Maintenon, et si elle étoit entrée véritablement dans ce qu'il lui avoit dit ; il me répondit un *oui* si bref, que je me hâtai de lui demander s'il n'étoit pas bien résolu d'aller chez le roi un peu avant son dîner ; il m'effraya beaucoup par sa réponse. Il me dit de ce même ton qu'il n'iroit pas. « Comment! monsieur, m'écriai-je d'un air ferme, vous n'irez pas? — Eh! non, monsieur, répliqua-t-il avec un soupir effroyable, tout est fait. — Tout est fait? repris-je vivement, comment l'entendez-vous? tout est fait pour avoir parlé à Mme de Maintenon? — Eh! non, dit-il, j'ai parlé au roi. — Au roi! m'écriai-je, et lui avez-vous dit ce que vous lui vouliez dire tantôt? — Oui, répondit-il, je lui [ai] tout dit. — Ah! monsieur, m'écriai-je encore avec transport, cela est fait, que je vous aime! et, me jetant à lui, que je suis aise de vous voir enfin délivré; et comment avez-vous fait cela? — Je me suis craint moi-même, me répondit-il. J'ai été si violemment agité depuis que j'ai eu parlé à Mme de Maintenon, que j'ai eu peur de me commettre à tout le temps de la matinée, et que, mon parti enfin bien pris, je me suis résolu de me hâter d'achever. Je suis rentré dans le cabinet du roi après la messe.... » Alors vaincu par sa douleur, sa voix s'étouffa, et il éclata en soupirs, en sanglots et en larmes. Je me retirai en un coin. Un moment après Besons entra; le spectacle et le profond silence l'étonnèrent. Il baissa les yeux et n'avança que peu. Je lui fis des signes qu'il ne comprit point; puis, se remettant un peu, me demanda des yeux ce que ce pouvoit être. Enfin nous nous approchâmes doucement l'un de l'autre, et je lui dis que c'en étoit fait, que M. le duc d'Orléans avoit vaincu, qu'il avoit parlé au roi.

Le maréchal fut si étourdi de surprise et de joie, qu'il en demeura quelques moments interdit et immobile; puis se jetant à M. le duc d'Orléans, il le remercia, le félicita, et se mit à pleurer de joie. Cependant nous nous tûmes et laissâmes un assez long temps le silence au trouble de M. le duc d'Orléans, qui s'alla jeter dans un fauteuil, et qui, tantôt stupide, tantôt cruellement agité, ne s'exprimoit que par un silence farouche ou par un torrent de soupirs, de sanglots et de larmes, tandis qu'agités nous-mêmes et attendris d'un état si violent, nous contenions notre joie, nous n'osions nous parler, et à peine pouvions-nous nous persuader que cette rupture si salutaire fût achevée. Peu à peu pourtant nous rompîmes le silence entre nous. Le maréchal et moi nous nous mîmes à plaindre M. le duc d'Orléans, à louer son généreux effort, à chercher ainsi obliquement à le calmer un peu dans la violence de ces premiers moments. Ensuite nous nous encourageâmes, pour essayer un peu de diversion, à lui demander ce que Mme de Maintenon lui avoit dit. Il nous répondit que, mot pour mot, elle lui avoit tenu tous mes mêmes propos, et tellement les mêmes, en même ordre et en mêmes expressions, qu'il avoit cru qu'elle m'avoit parlé. Je le fis souvenir de ce que je lui avois dit et protesté là-dessus avec serment en allant à la messe du roi, et il me réitéra aussi qu'il ne lui en restoit pas le moindre scrupule, mais que cette singularité étoit si grande qu'il lui avoit été pardonnable de l'avoir pensé; là-dessus Besons lui parla très-bien au même sens de ce qu'il m'en avoit dit.

Je crus que cette occasion étoit celle que je devois prendre pour lui faire la confidence de l'audience que j'attendois du roi, avec la franchise que Besons m'avoit conseillée. M. le duc d'Orléans la reçut à merveilles, et me dit même, avec une amitié dont la politesse me surprit en l'état où il étoit, qu'il souhaitoit d'avoir mis le roi d'assez bonne humeur, par ce qu'il venoit de lui dire, pour qu'il m'en écoutât plus favorablement. Nous le remîmes sur son audience de Mme de Maintenon. Il nous dit qu'elle avoit été extrêmement surprise de sa résolution et en même temps ravie; qu'elle l'avoit assuré que cette démarche le remettroit avec le roi mieux que jamais; qu'elle lui avoit conseillé de lui parler lui-même plutôt que de lui faire parler par elle ni par personne; et qu'elle lui avoit promis de faire valoir au roi ce sacrifice, de manière à lui en ôter tout regret, et à faire que Mme d'Argenton fût traitée comme il le pouvoit souhaiter, et comme elle-même trouvoit juste qu'elle la fût, sans lettre de cachet ni rien de semblable, et qu'elle pût se retirer, soit dans un couvent, soit dans une terre, ou dans une ville telle qu'elle la voudroit choisir, sans même être astreinte à demeurer dans un même lieu. C'étoit aussi ce que j'avois dit à M. le duc d'Orléans que je trouvois raisonnable, pourvu qu'elle n'allât pas dans ses apanages faire la dominatrice, et ce que lui-même avoit aussi approuvé comme moi. Il nous dit aussi que Mme de Maintenon lui avoit promis d'envoyer chercher la duchesse de Ventadour pour concerter tout avec elle (et quel personnage pour une dame d'honneur de Madame et pour une gouvernante des enfants de France!) et qu'il feroit bien de la voir là-dessus. De là mon impatience me porta, malgré l'interruption des larmes et des fréquents élans de douleur, de lui demander comment il étoit content du roi. « Fort mal, » me répondit-il. J'en fus surpris et touché au dernier point, et je voulus savoir comment cela s'étoit passé.

Il nous dit qu'il avoit suivi le roi dans son cabinet après la messe, et que, comme il étouffoit de ce qu'il avoit à lui dire, il l'avoit prié de passer dans un autre cabinet, afin qu'il pût lui dire un mot seul ; que le roi, effarouché de la proposition en un temps où il n'avoit pas accoutumé de le voir dans son cabinet, lui avoit demandé d'un air sévère et rengorgé ce qu'il lui vouloit ; qu'il avoit insisté au tête-à-tête; que le roi, encore plus grave et plus refrogné, l'avoit mené dans l'autre cabinet; que là il lui avoit dit sa résolution causée par la douleur de lui déplaire, l'avoit prié de faire dire à Mme d'Argenton de sortir de Paris, et de lui épargner la douleur du mauvais traitement, et la honte de l'exil et d'une lettre de cachet, qui ne pourroit retomber que sur lui-même; que le roi avoit paru très-surpris, mais point épanoui; qu'il l'avoit loué, mais froidement, et dit qu'il y avoit longtemps qu'il auroit dû mettre fin à une vie si scandaleuse; qu'il vouloit bien faire sortir Mme d'Argenton de Paris sans ordre par écrit; qu'il verroit ce qu'il pourroit faire là-dessus; après quoi le roi l'avoit quitté brusquement comme un homme non préparé à une audience insolite, et qui avoit peur que cette déclaration ne fût suivie de quelque demande à laquelle il ne vouloit pas laisser de loisir.

Quoique ce récit me déplût fort, je ne laissai pas d'espérer que la froideur du roi venoit moins d'un éloignement invincible que d'un temps mal pris et de la surprise, qui étoient les deux choses du monde qui le rebroussoient le plus, et j'espérai que la réflexion, venant sur l'effort du sacrifice, sur son entière gratuité, puisqu'il n'étoit accompagné d'aucune demande, ni même d'aucune insinuation de rien, sur la cessation de la cause et des effets des déréglements de toutes les sortes et des sujets de douleur de Mme la duchesse d'Orléans, ramèneroient ce prince dans l'état où il devoit être avec le roi, avec toutes les personnes royales, au moins à l'extérieur pour Monseigneur, et conséquemment avec le monde. Je le désirois d'autant plus que je faisois moins de fond que je ne lui avois témoigné sur Mme de Maintenon, et que je ne me fiois guère à la bonne réception qu'elle lui avoit faite, ni aux bons offices qu'elle lui avoit promis. Il falloit bien du spécieux, et même quelque réalité apparente, dans une occasion comme celle-là; une autre conduite auroit trop ouvert les yeux. Il falloit même que le roi y fût trompé pour lui ôter toute défiance, et demeurer plus entière aux desservices qu'elle voudroit porter en d'autres temps. Le funeste bon mot d'Espagne n'étoit pas pour être pardonné, et M. du Maine lui étoit trop intimement cher pour contribuer à augmenter, même à rétablir, l'amitié et la confiance du roi pour M. le duc d'Orléans si supérieur à l'autre en tout genre, excepté en fourbe, en adresse et en esprit de ce genre. Je fis donc de mon mieux pour rassurer M. le duc d'Orléans sur le roi, par les deux raisons que j'ai alléguées; et Besons et moi n'oubliâmes rien pour le rassurer et le consoler.

Le silence et les propos se succédèrent à diverses reprises.

M. le duc d'Orléans nous dit qu'il venoit de rendre compte à Madame de ce qu'il avoit fait, qu'elle l'avoit fort approuvé, mais qu'elle l'avoit mis au désespoir par le mal qu'elle lui avoit dit de Mme d'Argenton. Il s'aigrit même en nous le racontant, et je m'en aigris avec lui, parce qu'à la misérable façon dont elle avoit toujours traité et ménagé cette maîtresse, ce n'étoit pas à elle à en dire du mal, beaucoup moins au moment de la rupture qui sont des instants à respecter par les plus sévères. Je me hasardai à lui demander s'il seroit incapable de dire à Mme sa femme une nouvelle qui la regardoit de si près ; mais à ce nom il s'emporta, dit qu'il ne la verroit au moins de toute la journée, qu'elle seroit trop aise, et que sa joie lui seroit insupportable. Je lui répondis modestement que, par tout ce que j'avois ouï dire d'elle, je la croyois incapable de tomber dans le même inconvénient de Madame, mais au contraire plus propre à entrer dans sa peine, par rapport à lui, qu'à lui montrer une joie indiscrète et fort déplacée. Il rejeta cela avec un si grand éloignement que je n'osai en dire davantage. Néanmoins, après quelque intervalle, je ramenai doucement ce propos sur le double plaisir que ce nouvel effort feroit au roi. Je ne réussis pas mieux. Il me ferma la bouche par me dire que ce chapitre avoit été traité le matin entre lui et Mme de Maintenon, qu'elle étoit entrée dans sa répugnance, et qu'elle lui avoit conseillé de ne voir Mme la duchesse d'Orléans de toute la journée, s'il ne vouloit, pour ne la pas voir à contre-cœur.

Je changeai de discours. Besons parla aussi, et nous ne cherchâmes pour le bien dire qu'à bavarder pour étourdir une douleur incapable encore de raison, plutôt par un bruit extérieur que par la solidité des choses. Quoique la porte fût défendue, il s'y présenta des gens que le renouvellement de l'année et la vacance de la fête y amenoit. Tels furent le premier président et les gens du roi du parlement et des autres compagnies supérieures, et quelques autres principaux magistrats, qui vinrent à diverses reprises, et que le prince fut obligé d'aller voir dans sa chambre, où ils étoient entrés. On peut juger de l'étrange contre-temps. Il les vit tous néanmoins sur la porte de son cabinet pour être plus à l'obscurité, les entretint, les gracieusa, et nous montra une force dont peu d'hommes sont capables, mais sous laquelle il succomboit après par un cruel renouvellement de douleur.

Je saisis un de ces intervalles pour demander à Besons ce qu'il lui sembloit de cette journée. Il m'avoua avec transport qu'il en étoit d'autant plus vivement pénétré de joie qu'il l'avoit moins espérée, et si peu qu'à peine se pouvoit-il encore persuader ce qu'il voyoit et entendoit, et il m'en félicita comme d'un projet dû à mon imagination, et d'une exécution due à mon courage, dont lui et moi étions les seuls à portée, mais qu'il n'auroit pu ni entamer ni moins amener à fin. Dans un autre intervalle, nous raisonnâmes sur la manière dont le roi avoit reçu la rupture qui nous alarmoit justement, et qui nous fit plus fortement conclure combien il étoit important et pressé de finir un si pernicieux genre de vie, et qui avoit mené assez loin pour que cette rupture après tant de désirs eût été reçue avec si peu de satisfaction. Nous convînmes sans peine que cela demandoit de grandes et de continuelles précautions, et une conduite bien appliquée et bien suivie, qui à la longue ne coûteroit pas moins que la rupture même. Nous comprîmes combien M. le duc d'Orléans avoit à se tenir en garde contre toutes les sortes de piéges qui lui seroient tendus, surtout de la boutique de Mme la Duchesse, après ce que lui-même nous avoit dit d'elle, tandis que Mme la duchesse d'Orléans vivoit avec elle avec tous les ménagements d'amitié possibles et de rang au delà de raison, puisque la différence de rang, qui avoit causé une haine que rien n'avoit pu amortir, s'alloit renouveler de plus belle par la noise de la prétention de Mme la duchesse d'Orléans de faire passer ses filles devant les femmes des princes du sang, dont je parlerai bientôt. Enfin nous conçûmes que rien ne seroit plus utile à M. le duc d'Orléans qu'une liaison étroite avec Mme sa femme, tant pour lui fournir des amusements et de bons conseils chez lui que pour prendre le roi par un changement qui lui seroit si agréable. Dans un autre intervalle, nous pensâmes à nous-mêmes pour éviter la rage de la séquelle de Mme d'Argenton, de Mme la Duchesse et de la sienne, et de tous ceux qui seroient outrés de voir M. le duc d'Orléans rentré dans le bon chemin, dans l'estime du monde, dans les bonnes grâces du roi, et dans les suites que ces choses pourroient avoir.

Le maréchal me témoigna qu'il craignoit fort que nous ne fussions déjà découverts par le nombreux domestique qui nous avoit vus obséder M. le duc d'Orléans pendant ces trois jours, moi seul le premier, lui et moi les deux autres, à qui sans doute le trouble et la douleur de leur maître n'auroit pas échappé, et qui de cela voyant éclore la rupture, ne se méprendroient pas à nous l'attribuer, et par eux tout le monde. A cela il n'y avoit point de remède. Nous nous promîmes seulement de ne rien avouer, de nous taire, et de laisser dire ce que nous ne pourrions empêcher sans désavouer honteusement, mais gardant le silence. J'avois en particulier beaucoup d'ennemis à craindre, tous sûrement très-fâchés de voir revenir M. le duc d'Orléans dans l'état où il devoit être, surtout M. le Duc et Mme la Duchesse avec qui j'étois en rupture ouverte. Je craignois de plus, que si le roi venoit à découvrir la part que j'avois eue à la séparation de M. le duc d'Orléans d'avec sa maîtresse, un gré infructueux de vingt-quatre heures ne fût suivi du danger de me voir chargé des fautes qu'il pourroit faire à l'avenir, et de celles encore qu'on lui pourroit imposer, le raisonnement des tout-puissants de ce monde étant trop naturellement et trop coutumièrement celui-ci : que quand on a un assez grand crédit sur quelqu'un pour lui faire faire un grand pas contre son goût et contre ses habitudes, on en a assez aussi pour le détourner, si on le vouloit, de toutes les autres choses qu'on lui impute. Mais ces dangers, que je n'étois pas alors à envisager pour la première fois, n'ayant pas eu le pouvoir sur moi de m'arrêter dans un projet et dans une exécution vertueuse, n'eurent pas encore celui de m'épouvanter après m'y être volontairement et sciemment exposé. Faire ce qui est bon et honnête par des voies bonnes et honnêtes, garder après une conduite sage et mesurée, ne s'accabler pas de nœuds gordiens de prévoyance et de prudence indissolubles par leur nature, laisser dire, faire et agir en s'abandonnant à la Providence, est un axiome qui m'a toujours paru d'un grand usage à la cour, pourvu qu'on n'en abuse pas et qu'on s'y tienne en la façon que je le présente.

M. le duc d'Orléans, revenu avec nous, débarrassé des visites dont j'ai parlé, nous dit qu'il assuroit à Mme d'Argenton quarante-cinq mille livres de rente, dont presque tout le fonds appartiendroit au fils qu'il avoit d'elle, qu'il avoit reconnu et fait légitimer, et qui est devenu depuis grand d'Espagne, grand prieur de France et général des galères, avec l'abbaye d'Auvillé (car le meilleur de tous les états en France est celui de n'en avoir point et d'être bâtard); que, outre ce bien, il restoit à sa maîtresse pour plus de quatre cent mille livres de pierreries, d'argenterie ou de meubles; qu'il se chargeoit de toutes ses dettes jusqu'au jour de la rupture, pour qu'elle ne pût être importunée d'aucun créancier, et que tout ce qu'elle avoit lui demeurât libre, ce qui alloit encore à de grandes sommes; et qu'il croyoit qu'avec ces avantages, elle-même ne pouvoit prétendre à une plus grande libéralité. Elle passoit deux millions, et je la trouvai prodigieuse, mais en la louant; il ne s'agissoit pas de pouvoir dire autrement. Quelque puissant prince qu'il fût, une telle brèche devoit le rendre sage.

Avant de le quitter, Besons, poussé par moi qui n'osois plus parler de Mme la duchesse d'Orléans après mes deux tentatives, en fit une troisième qui réussit. M. le duc d'Orléans lui promit enfin qu'il la verroit dans la journée, et lui diroit sa rupture. Cette complaisance me soulagea fort, dans les vues que j'ai expliquées. Il étoit midi et demi, nous le quittâmes, lui pour aller chez la duchesse de Ventadour, comme il en étoit convenu le matin avec Mme de Maintenon, nous pour prendre enfin haleine. Besons me dit en sortant qu'il n'en pouvoit plus, et qu'il s'en alloit à Paris se cacher au fond de sa maison pendant le premier éclat de la rupture, et se mettre à l'abri de toutes questions et de tous propos.

En le quittant dans la galerie de M. le duc d'Orléans, je m'en allai chez la duchesse de Villeroy, que je trouvai à sa toilette seule avec ses femmes. Dès en entrant je la priai de les renvoyer, liberté que je prenois souvent avec elle. Dès qu'elles furent sorties, je lui dis que l'affaire étoit faite. « Bon ; faite ! » me répondit-elle avec dédain, comprenant bien ce que je lui voulois dire, car je ne l'avois pas vue depuis notre souper l'avant-veille, je ne le croirai point qu'il n'ait parlé au roi. Il vous promettra, il n'en fera rien. Croyez-moi, ajouta-t-elle, vous êtes son ami, mais je le connois mieux que vous. — Avez-vous tout dit? repris-je en souriant; c'est qu'il a parlé ce matin à Mme de Maintenon et au roi, et que la rupture est bâclée. — Bon, monsieur ! me répondit-elle avec vivacité, il vous a peut-être dit qu'il le fera, et n'en fera rien. — Mais, répliquai-je, je vous dis encore un coup qu'il l'a fait, et que je sors d'avec lui. — Quoi, cela est fait? dit-elle avec transport; mais fait, achevé, rompu sans retour? — Eh qoui ! répliquai-je, madame, fait et archifait. Je ne vous dis ni conjectures ni contes, je vous dis nettement que cela est fait. » Je ne vis jamais femme si aise, ni qui de joie eût plus de peine à se persuader ce qu'elle entendoit. Après cette sorte de désordre, elle me demanda fort comment cela s'étoit fait. Je lui contai le précis et le plus nécessaire de ce que je viens de rapporter, et des noms et des détails que j'ai cru devoir omettre ici, que j'estimai être importants à l'union que je désirois établir entre le mari et la femme que celle-ci n'ignora pas. Le duc de Villeroy, qui vint en tiers, le jugea de même. Le récit fut souvent interrompu par les surprises de la duchesse de Villeroy, et par des exclamations.

A son tour, elle me conta après que Mme la duchesse d'Orléans lui avoit dit la veille l'inquiète curiosité où elle étoit de découvrir ce qui se passoit chez M. son mari, dont elle avoit appris l'angoisse, les larmes et l'obsession où nous l'avions tenu Besons et moi; que sur ce qu'elle (duchesse de Villeroy) lui avoit conté, mais sans en faire cas, le mot que je lui avois dit en sortant de souper avec elle, Mme la duchesse d'Orléans lui avoit dit que, si quelqu'un étoit en état de faire rompre M. son mari avec sa maîtresse, c'étoit moi; qu'elle avoit souvent essayé par des recherches de m'approcher d'elle et de m'apprivoiser, sans y avoir pu réussir, et cela étoit vrai, et jamais je n'allois chez elle que pour des occasions indispensables de compliments, tellement qu'elle en étoit demeurée là bien aise toutefois qu'un homme d'honneur et d'esprit, duquel, malgré mon éloignement d'elle, elle ne croyoit pas avoir rien à craindre, fût intimement avec M. le duc d'Orléans. Épanouie de sa propre joie, elle m'apprit que celle de Mme la duchesse d'Orléans seroit d'autant plus vive qu'elle étoit plus que jamais accablée d'ennui et de douleur de l'empire insolent de Mme d'Argenton, et des traitements qui en étoient les suites, et plus que jamais hors d'espérance de les voir finir; que dans le désespoir d'une situation si triste, elle avoit épuisée toutes les voies possibles à tenter de crédit, de conscience, de compassion pour faire chasser Mme d'Argenton, sans que le roi ni Mme de Maintenon s'y fussent laissés entamer le moins du monde; qu'il ne lui restoit plus aucune espérance de ce côté-là, ni de celui de M. le duc d'Orléans, qui, quelquefois refroidi pour sa maîtresse, n'en devenoit que plus passionné et plus abandonné à elle, de sorte que le désespoir de la princesse n'avoit jamais été plus vif, plus complet, plus sans nulle ressource qu'au moment de cette délivrance. Je répondis à cette confidence qu'il étoit fort heureux pour Mme la duchesse d'Orléans qu'elle n'eût pas réussi, et que la tendresse du roi eût trouvé sa sagesse à l'épreuve; que Mme d'Argenton arrachée par autorité à M. le duc d'Orléans, l'eût, et par amour et peut-être autant par orgueil, irrité jusqu'à le jeter dans les dernières extrémités; que bien difficilement en eût-il cru Mme sa femme innocente; que ce soupçon, une fois monté dans son esprit, eût fait la ruine de sa famille, et de Mme la duchesse d'Orléans la plus malheureuse princesse de l'Europe. De là, la duchesse de Villeroy me vanta Mme la duchesse d'Orléans, son esprit, sa prudence, sa solidité, la sûreté de son amitié, la reconnoissance qu'elle me devoit et qu'elle sentiroit tout entière, et m'invita fort à une grande liaison avec elle.

Je répondis à tout cela par tous les compliments qui étoient lors de saison. Je la priai de lui dire que, dans le désir où j'étois de parvenir à séparer M. le duc d'Orléans de Mme d'Argenton, j'aurois cru diminuer baaucoup les forces dont j'avois besoin si, en répondant aux avances qu'elle avoit bien voulu faire, j'avois eu l'honneur de la voir, que cette prudence étoit devenue un double bonheur par celui que j'avois eu de détromper à son égard M. le duc d'Orléans sur les choses secrètes (que je ne rapporte pas ici, et que j'avois confiées à la duchesse de Villeroy), lequel, malgré mes preuves, soupçonneux comme il étoit, n'auroit pu se rendre à la même confiance en moi, si j'avois été en mesure avec Mme sa femme, comme il avoit fait parce que je n'y étois en aucune; que présentement qu'il n'y avoit plus d'équilibre à garder avec lui, comme j'avois fait jusqu'alors ne voyant ni Mme sa femme ni sa maîtresse, je ferois volontiers ma cour à la première et mettrois tous mes soins à continuer à travailler à une entière réunion; mais que je croyois qu'il falloit aussi continuer d'user de la même prudence, qu'il n'étoit pas temps encore que j'eusse l'honneur de la voir, qu'il falloit un intervalle après ce qu'il venoit de se passer pour amener les choses ; mais qu'en attendant, je la priois (la duchesse de Villeroy) de dire à Mme la duchesse d'Orléans, etc., c'est-à-dire force compliments, et surtout d'exiger d'elle le plus profond secret, chose dont je n'étois pas en peine, et par son intérêt et par la matière. Je lui contai après combien je m'étois diverti, la veille au soir, chez Mme de Saint-Géran, des doléances extrêmes que Mme de Saint-Pierre y avoit faites des malheurs de Mme la duchesse d'Orléans par cette tyrannie de Mme d'Argenton, à laquelle il n'y avoit plus nul espoir de fin, que je savois résolue et qui éclateroit bien avant qu'il fût vingt-quatre heures de là.

CHAPITRE III.

Le roi me donne l'heure de mon audience. — Besons, mandé par Mme la duchesse d'Orléans, me fait de sa part ses premiers remercîments. — Mesures pour apprendre la rupture à Mme d'Argenton. — Naissance, fortune et caractère de Mlle de Chausseraye. — Audience que j'eus du roi. — Succès de mon audience. — Mme d'Argenton apprend que M. le duc d'Orléans la quitte. — Vacarme à la cour et dans le monde à l'occasion de la rupture. — Joie du roi de la rupture, avec qui M. le duc d'Orléans se rétablit, point avec Monseigneur. — Je passe pour avoir fait la rupture, et, par une aventure singulière, je suis pleinement révélé. — Liaison intime entre Mme la duchesse d'Orléans et moi. — Ma première conversation avec elle. — Politique du duc de Noailles, difficile à ramener à M. le duc d'Orléans. — Nancré ; son caractère.

L'heure du dîner du roi arrivoit, je sortis de chez la duchesse de Villeroy pour y aller, et pour la laisser habiller pour aller chez Mme la duchesse d'Orléans où elle avoit impatience de s'épanouir avec elle à leur aise. C'étoit, comme je l'ai dit, un vendredi, 3 janvier, et le quatrième [jour] que je me présentois devant le roi dans l'attente de l'audience qu'il avoit promis à Maréchal de me donner, et je commençois à être en peine de ce qu'elle ne venoit point. Je trouvai le dîner avancé, je me mis le dos au balustre, et vers la fin du fruit, je m'avançai à un coin du fauteuil du roi, et lui dis que je le suppliois de se vouloir bien souvenir qu'il m'avoit fait espérer la grâce de m'entendre. Le roi se tourna à moi et d'un air honnête me répondit : « Quand vous voudrez. Je le pourrois bien à cette heure, mais j'ai des affaires, et cela seroit trop court, » et un moment après, il se retourna encore, et me dit : « Mais demain matin si vous voulez. » Je répondis que j'étois fait pour attendre ses moments et ses grâces, et que j'aurois l'honneur de me présenter le lendemain matin devant lui. Cette façon de me répondre me sembla de bon augure, un air affable et point importuné, et envie de m'écouter à loisir. Maréchal, le chancelier et Mme de Saint-Simon en furent persuadés comme moi.

Sortant du dîner du roi, et passant auprès de l'appartement de Mme la duchesse d'Orléans, je fus surpris de rencontrer le maréchal de Besons qui sortoit de chez elle, et que je croyois déjà à Paris ou bien près d'y arriver. Il étoit en usage de la voir quelquefois. Il me dit qu'inquiète de tout ce qu'il lui étoit revenu par le domestique, elle l'avoit envoyé chercher. A elle il avoua tout le fait, et redoubla la joie que quelques bruits avoient fait naître, et que Madame avoit confirmés, qui en revenant de la messe avoit passé chez elle, et lui avoit appris la rupture. Le maréchal me dit qu'il lui avoit grossièrement raconté les faits principaux, et me la représenta transportée de la plus vive joie, et de reconnoissance pour moi dont elle l'avoit prié de m'assurer. Besons étoit si peiné de l'éclat qui alloit suivre, et si pressé de s'aller mettre à couvert chez lui, qu'il n'osa demeurer que peu de moments avec moi, de peur qu'on ne nous vît ensemble, comme si nous avions fait tous deux quelque mauvais coup. Comme l'affaire principale étoit faite, je ne voulus pas le contraindre, et je le laissai s'enfuir.

Je passai toute l'après-dînée avec M. le duc d'Orléans, qui n'étoit pas moins vivement touché que le matin même. Il me dit que Mme de Maintenon avoit envoyé chercher la duchesse de Ventadour aussitôt qu'il fut sorti de chez elle; qu'elle l'avoit chargée de faire entendre à Mme d'Argenton ce dont étoit question, sur quoi lui et la duchesse étoient convenus d'envoyer chercher Chausseraye, à qui il avoit envoyé sa chaise de poste à Madrid où elle avoit une petite maison où elle étoit, et qui ne tarda pas à venir. La commission lui parut fort dure, mais les prières et les larmes de la duchesse de Ventadour, son amie intime, la persuadèrent enfin d'aller apprendre à leur bonne amie commune le changement de son sort.

Chausseraye étoit une grande et grosse fille, qui avoit infiniment d'esprit, de sens et de vues, et dont tout l'esprit étoit tourné à l'intrigue, au manége, à la fortune. Elle n'étoit rien du tout. Son nom étoit Le Petit de Verno. Son père avoit une méchante petite terre en Poitou qui s'appeloit Chausseraye. C'étoit apparemment un compagnon bien fait, et qui n'étoit jamais sorti de son petit État ni de son voisinage. La marquise de La Porte-Vezins, veuve, et qui demeuroit dans ces terres-là, auprès, s'en amouracha et l'épousa. Elle mourut en 1687 et en laissa cette fille. Elle avoit un fils de son premier lit, mort lieutenant général des armées navales en grande réputation, et fort honnête homme. Le duc de Brissac, père de la maréchale de Villeroy, la maréchale de La Meilleraye, Mme de Biron, mère du maréchal-duc de Biron, frère et sœurs de Mme de Vezins, indignés de ce second mariage, ne voulurent jamais la voir ni le mari encore moins, tellement que Mlle de Chausseraye demeura longtemps dans l'angoisse, l'obscurité et la misère. M. de La Porte-Vezins, son frère de mère, qui en devoit être plus choqué qu'aucun de la parenté, en prit pitié, et parvint à leur faire voir cette étrange cousine. Sa figure et son esprit les gagna bientôt ; jamais créature si adroite, si insinuante, si flatteuse sans fadeur, si fine ni si fausse, et qui en moins de temps reconnût ses gens et par où il les falloit prendre. N'en sachant que faire, et pour la recrépir et lui donner du pain, le maréchal de Villeroy qui, comme on l'a vu ici plus d'une fois, pouvoit tout et à bonne cause sur la duchesse de Ventadour, la fit par elle entrer fille d'honneur de Madame qu'on éblouit du cousinage. Là, sous la protection de Mme de Ventadour, elle la gagna si bien qu'elle fut toute sa vie son amie la plus intime, et comme leurs mœurs étoient plus semblables que leurs esprits, elle fut son conseil en quantité de choses, dont elle ne lui en cacha toute sa vie aucune.

La galanterie, et après l'intrigue et l'intimité de Mme de Ventadour, lui acquirent des amis et de la considération, jusque-là que l'on comptoit avec elle dans le monde. Elle fit toujours tout ce qu'elle voulut des ministres. Barbezieux, le chancelier de Pontchartrain, dès le temps qu'il avoit les finances, Chamillart ne lui refusoient rien. Elle sut apprivoiser jusqu'à Desmarets et Voysin, et s'enrichit par eux. Mais ce fut tout autre chose pendant la régence, qu'elle eut plusieurs millions. Elle étoit amie intime de Mme d'Argenton, qu'elle avoit fort connue chez Mme de Ventadour, et amie de toute cette séquelle, dont elle tiroit du plaisir, et de l'argent de M. le duc d'Orléans. Elle avoit quitté Madame il y avoit longtemps comme surannée, mais elle étoit demeurée si bien avec elle qu'elle la voyoit toujours en particulier à Versailles, et que Madame l'alloit voir aussi quelquefois. Comme Mme de Ventadour elle étoit devenue dévote, mais elle n'en intriguoit pas moins. Il est incroyable de combien de choses elle se mêloit. Elle joua toute sa vie tant qu'elle put, et y perdit littéralement des millions. Le roi la traitoit bien, et lui a plus d'une fois donné des sommes considérables. Elle avoit tout crédit sur Bloin et sur les principaux valets, et voyoit même quelquefois Mme de Maintenon. Je la connoissois extrêmement; je l'avois connue chez Mmes de Nogaret et d'Urfé, ses cousines germaines, de chez qui elle ne bougeoit à Versailles les matins. Elle étoit d'excellente compagnie, et savoit mille choses de l'histoire de chaque jour par ses amis considérables. J'étois avec elle sur un pied d'amitié et de recherche; mais je m'aperçus que la rupture de M. le duc d'Orléans avec Mme d'Argenton m'avoit fort gâté avec elle, et quand elle le put dans les suites, je l'éprouvai dangereuse ennemie. J'aurai occasion d'en parler ailleurs.

Le lendemain samedi, 4 janvier, le dernier des quatre, si principaux pour moi par leurs suites, qui commencèrent cette année 1710, j'allai à l'issue du lever du roi, et le vis passer de son prie-Dieu dans son cabinet, sans qu'il me dît rien. C'étoit une heure de cour qui ne m'étoit pas ordinaire. Je me contentois de le voir aller et revenir de la messe; parce que depuis une longue attaque de goutte, il s'habilloit presque entièrement sur son lit, où le service ne laissoit guère de place. L'ordre donné, les entrées du cabinet sortoient, tout le monde alloit causer dans la galerie jusqu'à sa messe. Il ne restoit guère dans sa chambre que le capitaine des gardes en quartier, qu'un garçon bleu avertissoit quand le roi alloit sortir par la porte de son cabinet qui donne dans la galerie pour aller à la messe, lequel entroit alors dans le cabinet pour le suivre. Je demeurai après l'ordre donné, et le monde écoulé, seul avec le cabitaine des gardes dans la chambre. C'étoit Harcourt, qui fut assez étonné de me voir là persévérant, et qui me demanda ce que j'y faisois. Comme il alloit me voir appeler dans le cabinet, je ne fis point de difficulté de lui dire que j'avois un mot à dire au roi, et que je croyois qu'il me feroit entrer dans son cabinet avant la messe. Le P. Tellier, dont le vrai travail se faisoit le vendredi, étoit demeuré avec le roi; il sortit bientôt après, et presque aussitôt Nyert, premier valet de chambre en quartier, sortit du cabinet, chercha des yeux et me dit que le roi me demandoit.

J'entrai aussitôt dans le cabinet. J'y trouvai le roi seul et assis sur le bas bout de la table du conseil, qui étoit sa façon de faire, quand il vouloit parler à quelqu'un à son aise et à loisir. Je le remerciai en l'abordant de la grâce qu'il vouloit bien me faire, et je prolongeai un peu mon compliment pour observer mieux son air et son attention, qui me parurent l'un sévère, l'autre entière. De là, sans qu'il me répondît un mot, j'entrai en matière. Je luis dis que je n'avois pu vivre davantage dans sa disgrâce (terme que j'évitois toujours par quelque circonlocution pour ne le pas effaroucher, mais dont je me servirai ici pour abréger) sans me hasarder de chercher à apprendre par où j'y étois tombé; qu'il me demanderoit peut-être par quoi j'avois jugé du changement de ses bontés pour moi; que je répondrois que, ayant été quatre ans durant de tous les voyages de Marly, la privation m'en avoit paru une marque qui m'avoit été très-sensible, et par la disgrâce, et par la privation de ces temps longs de l'honneur de lui faire ma cour. Le roi, qui jusque-là n'avoit rien dit, me répondit, d'un air haut et rengorgé, que cela ne faisoit rien et ne marquoit rien de sa part. Quand je n'eusse pas su à quoi m'en tenir sur cette privation, l'air et le ton de la réponse m'eût bien appris qu'elle n'étoit pas sincère; mais il la fallut prendre pour ce qu'il me la donnoit : ainsi je lui dis que ce qu'il me faisoit l'honneur de me dire me causoit un grand soulagement, mais que, puisqu'il m'accordoit l'honneur de m'écouter, je le suppliois de trouver bon que je me déchargeasse le cœur en sa présence, ce fut mon terme, et que je lui disse diverses choses qui me peinoient infiniment, et dont je savois qu'on m'avoit rendu auprès de lui de fort mauvais offices, depuis que des bruits, que mon âge et mon insuffisance m'empêchoient de croire fondés, mais qui avoient fort couru, qu'il avoit jeté les yeux sur moi pour l'ambassade de

Rome (ils étoient très-réels comme on l'a vu ailleurs, mais il falloit parler ainsi, parce qu'il ne me l'avoit pas fait proposer dans l'incertitude de la promotion du cardinal de La Trémoille; et que, dès qu'elle fut faite, il cessa d'y vouloir envoyer un ambassadeur), l'envie et la jalousie s'étoient tellement allumées contre moi, comme contre un homme qui pouvoit devenir quelque chose et qu'il falloit arrêter de bonne heure; que depuis ce temps-là je n'avois pu dire ni faire rien d'innocent; que jusqu'à mon silence même ne l'avoit pas été, et que M. d'Antin n'avoit pas cessé de m'attaquer. « D'Antin! interrompit le roi, mais d'un air plus doux, jamais il ne m'a nommé votre nom. » Je répondis que ce témoignage me faisoit un plaisir sensible, mais que d'Antin m'avoit si attentivement poursuivi dans le monde en toutes occasions que je n'avois pu ne pas craindre ses mauvais offices auprès de lui.

En cet endroit le roi, qui avoit déjà commencé à se rasséréner, prenant un visage encore plus ouvert, et montrant une sorte de bonté et presque de satisfaction à m'entendre, me coupa la parole comme je commençois un autre discours par ces mots : « Il y a encore un autre homme.... » et me dit : « Mais aussi, monsieur, c'est que vous parlez et que vous blâmez, voilà ce qui fait qu'on parle contre vous. » Je répondis que j'avois grand soin de ne parler mal de personne; que, pour [parler mal] de Sa Majesté, j'aimerois mieux être mort, en le regardant avec feu entre deux yeux; qu'à l'égard des autres, encore que je me mesurasse beaucoup, il étoit difficile que des occasions ne donnassent pas lieu à parler quelquefois un peu naturellement. « Mais, me dit le roi, vous parlez sur tout, sur les affaires, je dis sur ces méchantes affaires, avec aigreur.... » Alors à mon tour j'interrompis le roi, observant qu'il me parloit de plus en plus avec bonté; je lui dis que des affaires j'en parlois ordinairement fort peu et avec de grandes mesures; mais qu'il étoit vrai que, piqué quelquefois par de fâcheux succès, il m'échappoit d'abondance de cœur des raisonnements et des blâmes; qu'il m'étoit arrivé une aventure qui, ayant fait un grand bruit contre mon attente, m'avoit aussi fait le plus de mal; que j'allois l'en rendre juge, afin de lui en demander un très-humble pardon si elle lui avoit déplu, ou que, s'il en jugeoit plus favorablement, il vît que je n'étois pas coupable.

Je savois à n'en pas douter qu'on avoit fait un prodigieux et pernicieux usage de mon pari à Lille; j'avois résolu de le conter au roi, et j'en saisis ici l'occasion qu'il me donna belle, mais avec la légèreté qu'il convenoit sur les acteurs avec lui. Je continuai donc à lui dire que, lors du siége de Lille, touché de l'importance de sa conservation, au désespoir de voir avec quelle diligence les ennemis s'y fortifioient, avec quelle lenteur son armée se mettoit en mouvement, après trois courriers dépêchés coup sur coup portant ordre de marcher au secours, impatienté d'entendre continuellement assurer une levée de siége si glorieuse et si nécessaire, laquelle je voyois impossible par le temps que ces lenteurs donnoient aux ennemis de se mettre tout à fait à couvert de cette crainte, il m'étoit échappé, dans le dépit d'une de ces disputes, de parier quatre pistoles que Lille ne seroit pas secouru et qu'il seroit pris. « Mais, dit le roi, si vous n'avez parlé et parié que par intérêt de la chose, et par dépit de voir qu'elle ne réussissoit pas, il n'y a point de mal, et au contraire, cela n'est que bien; mais quel est cet autre homme dont vous me vouliez parler? » Je lui dis que c'étoit M. le Duc, sur lequel il garda le silence, et ne me dit point, comme il avoit fait sur d'Antin, qu'il ne lui avoit point parlé de moi, et je lui racontai en peu de mots autant que je pus, sans rien omettre d'utile, le fait et le procédé de Mme de Lussan; et comme sur le pari de Lille j'avois soigneusement évité de lui nommer les noms de Chamillart, de Vendôme et de Mgr le duc de Bourgogne, j'évitai ici avec le même soin de lui nommer Mme la Duchesse sa fille, pour en mieux tomber sur M. le Duc. Je dis donc au roi que je n'entrois point dans le fond de l'affaire de Mme de Lussan pour ne l'en pas importuner, mais que M. le chancelier et tout le conseil, M. le premier président et tout le parlement où elle avoit été portée, en avoient été indignés jusqu'à lui en avoir fait de fâcheuses réprimandes; que cette femme m'ayant attaqué partout et par toutes sortes de mensonges, j'avois été contraint de me défendre par des vérités poignantes à la vérité, mais justes et nécessaires; qu'avant de les publier j'avois supplié M. le Prince d'en entendre la lecture; que je la lui avois faite, et qu'il avoit trouvé très-bon que je les publiasse; que je n'avois jamais pu approcher de Mme la Princesse ni de M. le Duc; qu'il étoit étrange qu'il s'intéressât plus dans l'affaire de la dame d'honneur de Mme la Princesse que M. le Prince même, lequel avoit fort gourmandé Mme de Lussan là-dessus; qu'enfin Sa Majesté trouvoit bon que ses sujets eussent tous les jours des procès contre elle, et qu'il seroit étrange qu'on n'osât se défendre des mensonges de Mme de Lussan, dont la place seroit plus que la première du royaume, si elle lui donnoit le droit de plaider et de mentir sans réplique. J'ajoutai que M. le Duc ne me l'avoit jamais pardonné depuis, qu'il n'y avoit point d'occasion où je ne m'en fusse aperçu, et que c'étoit une chose horrible que moi, absent naturellement et à la Ferté, comme j'avois accoutumé à Pâques, et sans savoir M. le Prince en état de mourir, M. le Duc eût dit à Sa Majesté, sur l'affaire des manteaux, que c'étoit dommage que je n'y fusse et que je me donnerois bien du mouvement.

Le roi, qui m'avoit laissé tout dire, et sur qui je remarquai que j'avois fait impression, me répondit avec l'air et la façon d'un homme qui veut instruire, qu'aussi je passois pour être vif sur les rangs, que je m'y étois mêlé de beaucoup de choses, que je poussois les autres, et me mettois à leur tête. Je répondis qu'à la vérité cela m'étoit arrivé quelquefois, et qu'en cela même je n'avois pas cru rien faire qui lui pût déplaire, mais que je le suppliois de se souvenir que, depuis l'affaire de la quête dont je lui avois rendu compte, il y avoit quatre ans, je n'étois entré en aucune sorte d'affaire. Je lui remis en deux mots le fait de celle-là, et de celle de la princesse d'Harcourt; et sur ce que je lui dis que j'avois eu lieu de croire qu'il en avoit été content, il en convint, et m'en dit des choses de lui-même, qui me montrèrent qu'il s'en souvenoit parfaitement, sur quoi je ne manquai pas de lui dire que la maison de Lorraine ne l'avoit pas oublié, et n'avoit cessé de me le témoigner depuis. Revenant tout de suite d'où je m'étois écarté, j'ajoutai que c'étoit bien assez de ne m'être mêlé de rien depuis quatre ans, pour que M. le Duc, à qui je n'avois jamais rien fait, ne fît pas souvenir de moi dans un temps d'absence où je ne pensois à rien moins. L'air de familiarité que j'avois usurpé dans la parenthèse des Lorrains, et en retombant sur M. le Duc, et celui d'attention, d'ouverture et de bonté non ennuyée que je vis dans le roi, me fit ajouter que j'avois beau d'entrer en rien, puisque, dans ma dernière absence dont j'arrivois, il m'avoit été mandé de beaucoup d'endroits qu'on avoit extrêmement parlé de moi sur ce qui étoit arrivé entre les carrosses de Mmes de Mantoue et de Montbazon, et que j'osois lui demander ce que je pouvois faire pour éviter ces méchancetés, et des propos qui se tenoient gratuitement, moi absent depuis longtemps, et dans la parfaite ignorance de l'aventure de ces dames. « Cela vous fait voir, me dit le roi en prenant un vrai air de père, sur quel pied vous êtes dans le monde, et il faut que vous conveniez que cette réputation, vous la méritez un peu. Si vous n'aviez jamais eu d'affaires de rangs, au moins que vous n'y eussiez pas paru si vif sur celles qui sont arrivées, et sur les rangs mêmes, on n'auroit point cela à dire. Cela vous doit montrer aussi combien vous devez éviter tout cela, pour laisser tomber ce qu'on en peut dire, et faire tomber cette réputation par une conduite sage là-dessus, et suivie, pour ne point donner prise sur vous. » Je répondis que c'étoit aussi ce que j'avois continuellement fait depuis quatre ans, comme je venois d'avoir l'honneur de le lui dire, et ce que je ferois continuellement à l'avenir, mais qu'au moins le suppliois-je de voir combien peu de part j'avois eu en ces dernières choses, desquelles néanmoins je ne me trouvois pas quitte à meilleur marché; que j'avois une telle crainte de me trouver en tracasseries et en discussions, surtout devant lui, qu'il falloit donc que je lui disse maintenant la véritable raison qui m'avoit fait rompre le voyage de Guyenne qu'il m'avoit permis de faire; que cette raison étoit celle des usurpations étranges du maréchal de Montrevel sur mon gouvernement, qui étoient telles que je n'y pouvois aller qu'elles ne fussent décidées; que M. le maréchal de Boufflers, qui avoit commandé en chef en Guyenne, à qui j'avois exposé mes raisons, avoit jugé en ma faveur, et cru que M. de Montrevel l'en voudroit bien croire; mais que ce dernier s'étant opiniâtré à vouloir que Sa Majesté décidât, j'avois mieux aimé perdre mes affaires qui avoient grand besoin de ma présence, et laisser encore le maréchal de Montrevel usurper tout ce que bon lui sembloit et sembleroit, que d'en importuner Sa Majesté, tant j'étois éloigné de toutes querelles, et surtout de l'en fatiguer.

Le roi goûta tellement ce propos qu'il l'interrompit plusieurs fois par des monosyllabes de louanges pour ne pas troubler le fil de mon discours, à la fin duquel il me loua davantage et m'applaudit plus à son aise, sans pourtant entrer en rien sur ces différends de Guyenne, tant il abhorroit toute discussion, et aimoit mieux que tout s'usurpât et se confondît, souvent même au préjudice connu de ses affaires, que d'ouïr parler de cette matière, et surtout de décision. Je lui parlai aussi de la longue absence que j'avois faite de douleur de me croire mal avec lui, d'où je pris occasion de me répandre moins en respects qu'en choses affectueuses sur mon attachement à sa personne, et mon désir de lui plaire en tout, que je poussai avec une sorte de familiarité et d'épanchement, parce que je sentis à son air, à ses discours, à son ton et à ses manières, que je m'en étois mis à portée. Aussi furent-ils reçus avec une ouverture qui me surprit, et qui ne me laissa pas douter que je ne me fusse remis parfaitement auprès de lui. Je le suppliai même de daigner me faire avertir, s'il lui revenoit quelque chose de moi qui pût lui déplaire, qu'il en sauroit aussitôt la vérité, ou pour pardonner à mon ignorance, ou pour mon instruction, ou pour voir que je n'étois point en faute. Comme il vit qu'il n'y avoit plus de points à traiter, il se leva de dessus sa table. Alors je le suppliai de se souvenir de moi pour un logement, dans le désir que j'avois de continuer à lui faire une cour assidue; il me répondit qu'il n'y en avoit point de vacant, et avec une demi-révérence riante et gracieuse, s'achemina vers ses autres cabinets, et moi après une profonde révérence je sortis en même temps par où j'étois entré, après plus d'une demi-heure d'audience la plus favorable; et fort au delà de ce que j'avois pu espérer.

J'allai tout droit chez Maréchal, par un juste tribut, lui raconter tout ce qui se venoit de passer, et que je lui devois uniquement, dont il fut ravi et en augura au mieux; de là chez le chancelier à qui la messe du roi me donna loisir de tout conter. Il pesa attentivement chaque chose, et fut tellement surpris de la façon dont le roi étoit descendu dans tous les détails, de ses réponses, de ses interruptions, et puis de ses reprises, qu'il me protesta qu'il ne connoissoit pas encore quatre hommes à la cour, de quelque sorte qu'ils fussent, avec qui le roi en eût usé ainsi. Il m'exhorta à une grande circonspection, à une grande assiduité, à bien espérer, et m'assura que, connoissant le roi comme il faisoit, pour ainsi dire à revers, je pouvois compter, non-seulement qu'il ne lui restoit aucune impression contre moi, mais qu'il étoit bien aise qu'il ne lui en restât aucune, et que j'étois très-bien avec lui. Ce qui me surprit le plus et qui me donna encore plus de confiance, fut la conformité de l'avis de M. de Beauvilliers, et même de ses paroles, qu'il ne connoissoit pas un autre homme avec qui le roi se fût ouvert, et fût entré de la sorte.

On ne peut exprimer la joie de ces amis, et combien le chancelier traita avec élargissement le chapitre de ma retraite que son adresse avoit arrêtée, et combien je sentis et lui témoignai l'obligation que je lui en avois. J'allai ensuite tirer Mme de Saint-Simon d'inquiétude que je changeai en une grande joie. C'étoit elle qui m'avoit aposté le chancelier et tous mes amis, et qui par là m'avoit forcé, comme je l'ai dit, à ce dernier remède, dont le succès fut tel que le roi m'a toujours depuis, non-seulement bien traité, mais avec une distinction marquée pour mon âge, jusqu'à sa mort, et sans lacune; je dis pour mon âge quoiqu'à trente-cinq ans que j'allois avoir ce ne fût plus jeunesse, mais à son égard, c'étoit encore au-dessous, surtout pour un homme sans charge, et sans occasion de familiarité avec lui, et voilà quel trésor est une femme sensée et vertueuse. Elle m'avoua alors l'extrême éloignement du roi qu'elle avoit su de Mme la duchesse de Bourgogne, et qu'elle m'avoit prudemment caché pour ne me pas éloigner moi-même davantage. Elle crut sagement aussi qu'ayant eu recours à cette princesse qui l'avoit si bien reçue, elle lui devoit rendre compte de ce qui venoit de se passer, sur quoi elle lui témoigna beaucoup de joie et toutes sortes de bontés. Comme rien n'étoit plus rare qu'une audience du roi à ceux qui n'avoient point de particulier naturel avec lui, celle que je venois d'avoir, et surtout sa longueur, fit plus de bruit que je ne désirois. Je laissai dire et me tins en silence, parce qu'on n'est point obligé de rendre compte de ses affaires. Maréchal me dit deux jours après que le roi m'avoit fort loué à lui, et [avoit] témoigné toutes sortes de satisfaction de mon audience. Retournons maintenant à M. le duc d'Orléans avec qui je passai encore toute cette après-dînée.

Chausseraye étoit allée la veille tout droit chez la duchesse de Ventadour à Versailles, chez Mme d'Argenton à Paris, où elle ne la trouva point, et sut qu'elle étoit allée jouer et souper chez la princesse de Rohan, d'où elle ne reviendroit que fort tard, sur quoi elle lui manda qu'elle avoit à lui parler et qu'elle l'attendoit chez elle. Mme d'Argenton ne se pressant point de revenir, Mlle de Chausseraye renvoya et la fit arriver. Elle lui dit que ce qu'elle avoit à lui apprendre étoit si sérieux qu'elle eût bien voulu qu'une autre en fût chargée; et avec ces détours comme pour annoncer la mort de quelqu'un, elle fut longtemps sans être entendue. Enfin elle la fut. Les larmes, les cris, les hurlements firent retentir la maison, et annoncèrent au nombreux domestique la fin de sa félicité, lequel ne fut pas plus ferme que la maîtresse. Après un long silence de Chausseraye, elle se mit à parler de son mieux, à faire valoir les largesses, la délicatesse sur tout ordre par écrit, la liberté dans tout le royaume excepté Paris et les apanages. Mme d'Argenton au désespoir, mais peu à peu devenue plus traitable, demanda à se retirer pour les premiers temps dans l'abbaye de Gomerfontaine en Picardie, où elle avoit été élevée et y avoit une sœur religieuse. L'Abbé de Thesut, secrétaire des commandements de M. le duc d'Orléans, ami intime de toute cette séquelle et dont j'aurai occasion de parler dans la suite, fut mandé, puis envoyé à Versailles, chargé d'une lettre de Mme d'Argenton pour M. le duc d'Orléans, et d'une autre pour la duchesse de Ventadour, priée de voir Mme de Maintenon sur cette retraite.

Tandis que j'étois chez M. le duc d'Orléans, avec deux ou trois de ses premiers officiers, à causer pour l'amuser comme nous pouvions, l'abbé de Thesut entra; qui lui vint dire un mot à l'oreille. A l'instant je vis une grande altération sur son visage. Il rêva un moment, se leva, alla à l'autre bout de l'entre-sol avec l'abbé, puis m'appela, ce qui fit sortir les autres. Demeurés seuls tous trois, M. le duc d'Orléans me demanda avec angoisse si j'avois jamais vu une dureté pareille, m'expliqua la demande de Gomerfontaine et sa cause, et à peine m'en eût-il dit le refus, qu'il entra en une espèce de rage et de fureur, et s'abandonna au repentir de ne s'en être pas fui de Besons et de moi dans le sein de sa maîtresse la nuit qui précéda la rupture, comme il en avoit été mille fois tenté. Après avoir laissé quelque cours à cette tempête, je lui représentai qu'avant de s'abandonner ainsi au déchaînement, il falloit voir un peu mieux de quoi il s'agissoit; que, si la chose étoit crue ainsi qu'on la lui disoit, je ne pouvois disconvenir qu'il n'eût lieu d'être en colère, et que j'y étois autant que lui, mais que je le suppliois que nous puissions raisonner un moment. Je demandai à l'abbé de Thesut ce qu'on prétendoit que Mme d'Argenton devînt, et pourquoi on ne vouloit pas la laisser se retirer en un lieu si naturel, et où elle pourroit trouver de la consolation, de l'instruction et des exemples. Il me répondit que Mme de Maintenon aimoit l'abbesse et la maison de Gomerfontaine, où elle avoit envoyé des demoiselles de Saint-Cyr, qu'elle avoit des desseins dessus, et qu'elle ne vouloit pas que Mme d'Argenton la gâtât. Je dis à M. le duc d'Orléans, qui cependant tempêtoit de toutes ses forces, qu'il auroit regret de s'être tant tourmenté pour si peu de chose, que je ne voyois que deux choses qui pussent lui faire de la peine et intéresser Mme d'Argenton : un ordre par écrit qu'il étoit sûr qu'elle n'auroit pas, une contrainte sur sa liberté que je ne voyois pas ici ; et que, s'il vouloit m'en croire, je parierois toutes choses qu'il auroit contentement.

J'eus peine à lui faire entendre raison. A la fin il consentit à la proposition que je lui fis d'écrire à Mme de Maintenon. Après avoir écrit les deux premiers mots, il se renversa dans sa chaise, me dit qu'il ne pouvoit penser, encore moins écrire, et qu'il me prioit de faire la lettre. J'en fis le compliment à l'abbé de Thesut, puis je la fis. Ils la trouvèrent bien tous deux, l'abbé la lui dicta, il l'écrivit, et mit le dessus de sa main, et l'envoya par Imbert, son premier valet de chambre, comme le roi étoit déjà chez Mme de Maintenon, qui étoit ce que je voulois pour qu'il la vît. Imbert la donna à l'officier des gardes qui demeuroit là de garde. Celui-ci la porta à Mme de Maintenon; mais le roi ayant demandé et su de qui étoit la lettre, la prit, et c'étoit ce que nous désirions. J'essuyai tout le soir des regrets cuisants demeuré tête à tête, et pour la première fois de ma vie je vis des lettres de Mme d'Argenton. M. le duc d'Orléans lui écrivit, et j'eus peine à obtenir qu'il s'en abstiendroit tout à fait à l'avenir. Après le souper, le roi dit à M. le duc d'Orléans qu'il avoit vu sa lettre, que Gomerfontaine ne se pouvoit, parce que Mme de Maintenon ne le désiroit pas, par les raisons que nous savions, qu'il lui répéta; mais qu'à l'exception de ce lieu, il n'y en avoit aucun où sa maîtresse n'eût liberté d'aller et de demeurer, tant et si peu qu'il lui plairoit. Tout cela fut accompagné d'amitiés, et d'un air fort différent de celui que le temps mal pris et la surprise avoient causé lors de la déclaration de la rupture.

Mme d'Argenton ne demeura que quatre jours à Paris, depuis que Chausseraye la lui étoit allée dire. Elle s'en alla chez son père qui vivoit chez lui près de Pont-Sainte-Maxence, et le chevalier d'Orléans, son fils, demeura au Palais-Royal. Cette retraite excita toutes les langues. Les amies de Mme d'Argenton s'en irritèrent comme d'un outrage, n'osant crier contre la rupture même. La duchesse de Ventadour, naturellement douce, et d'ailleurs retenue par la cour, se contenta de pleurer. La duchesse douairière d'Aumont, sa sœur, ne se contraignit pas tant. Dévote outrée, joueuse démesurée par accès, et souvent tous les deux ensemble, et toujours méchante, elle étoit la meilleure amie de Mme d'Argenton, et força la duchesse d'Humières, sa belle-fille, de la venir voir partir avec elle. La duchesse de La Ferté et Mme de Bouillon s'emportèrent fort aussi, et toute la lie de Paris et du Palais-Royal sans mesure. Les ennemis de M. le duc d'Orléans, particulièrement Mme la Duchesse, et tout ce qui tenoit à elle, prirent un autre tour. Ils semèrent que le roi étoit sa dupe; qu'à bout du joug, dur, cher et capricieux de sa maîtresse, il s'étoit fait avec lui un faux mérite et un honteux honneur de sa rupture; que le procédé de l'y avoir fait entrer étoit d'un bas courtisan, raffiné; que la victime étoit bien à plaindre, mais que bientôt M. le duc d'Orléans, lassé d'une vie raisonnable, prendroit quelque nouvel engagement. Les indifférents et les raisonnables qui firent le plus grand nombre, ne purent refuser leurs louanges à la rupture, leur approbation à la manière. Deux millions leur parurent une libéralité excessive. De laisser Mme d'Argenton dans Paris aux risques de renouer avec elle, au moins de donner lieu tous les jours à le dire et à le croire, leur sembla contre tout bon sens, et impossible de l'en faire sortir par l'autorité du roi, par conséquent de nécessité absolue de lui confier d'abord la rupture, et quant à la manière de l'en faire retirer, ils y trouvèrent tous les ménagements possibles.

Le roi, comme je viens de le dire, revenu de la surprise d'un temps mal pris, se livra à la plus grande joie, et la témoigna dès le lendemain à M. le duc d'Orléans; il le traita depuis toujours de bien en mieux. Mme de Maintenon n'osa pas n'y point contribuer un peu dans ces commencements, où les jésuites servirent très-bien ce prince, qui se les étoit attachés. Mme la duchesse de Bourgogne y fit des merveilles par elle-même; et Mgr le duc de Bourgogne, poussé par le duc de Beauvilliers. Monseigneur seul demeura le même qu'il étoit à son égard, continuellement aigri sur l'affaire d'Espagne par Mme la Duchesse et par tout ce qui l'obsédoit avec art et empire. L'espérance de marier la fille aînée de Mme la Duchesse à M. le duc de Berry redoubloit encore leur application à tenir Monseigneur dans cet extrême éloignement.

Plusieurs jours se passèrent sans qu'on parlât d'autre chose que de cette rupture, qui passa publiquement pour mon ouvrage, sans qu'on y donnât presque aucune part à Besons. Je m'en défendis constamment jusques avec mes amis particuliers, tant pour en laisser tout l'honneur à M. le duc d'Orléans, que pour éviter la rage de tous ceux qui par intérêt en étoient fâchés, et par une juste crainte de montrer mon crédit sur l'esprit d'un prince qu'il n'étoit pas certain de porter toujours où on vouloit, ni qui demeurât toujours exempt de fautes. Toutefois je ne gagnai rien par cette conduite, sinon de n'avouer jamais. Chacun demeura persuadé de la vérité du fait, et je crus que le domestique de M. le duc d'Orléans en fut cause, en racontant ce qu'ils avoient vu de mes longs et continuels particuliers avec lui immédiatement auparavant. Mais il m'arriva un autre inconvénient que je n'avois garde de prévoir et qui mit au fait de la chose ceux-là mêmes auxquels il m'étoit le plus important de le tenir caché. J'avois fort conseillé à M. le duc d'Orléans de rechercher les principaux personnages en estime et en considération dans le monde et aussi en crédit. Dans cette vue il se rallia un peu le maréchal de Boufflers, et pour se l'attacher davantage, il lui parla franchement sur ses torts, il en convint avec lui, raisonna confidemment de la conduite qu'il avoit résolue à l'avenir, enfin s'ouvrit au point de lui conter tout ce qui s'étoit passé sur sa rupture avec sa maîtresse. De tout cela il lui en demanda le secret, excepté pour moi et pour le duc de Noailles, qui arrivoit de Roussillon dans ces premiers jours de janvier.

Le maréchal, mon ami intime, ravi de me savoir l'auteur et l'exécuteur d'une œuvre si bonne, si difficile, et qu'il savoit si fort tenir au cœur du roi et de Mme de Maintenon par elle-même, qui souvent lui en avoit parlé avec fureur, ne douta pas qu'il ne me rendît un excellent office en lui confiant que c'étoit moi seul qui avois fait chasser Mme d'Argenton. Il me surprit étrangement lorsqu'il me conta l'aveu que lui en avoit fait M. le duc d'Orléans, et bien davantage qu'il l'avoit dit à Mme de Maintenon. A son tour il ne le fut pas moins de ma froideur à ce récit, et m'en demanda la cause. Je la lui dis; mais comme il avoit plus de droiture que d'esprit et de vraie connoissance de cour, où il n'étoit venu qu'âgé et déjà dans les grands emplois de guerre, il ne goûta point mes raisons et se récria sur l'injustice qu'il y avoit de prendre thèse sur ce que j'avois fait faire de bon à M. le duc d'Orléans, pour m'imputer de n'empêcher pas ce qu'à l'avenir il pourroit faire de mal. Ce qu'il avoit dit étoit lâché et lâché par principe d'amitié; ainsi voyant la chose sans remède, je ne voulus pas contester vainement, et je le remerciai du mieux que je pus. Le roi ni Mme de Maintenon, laquelle je ne voyois jamais, ne m'en ont jamais parlé ni rien fait dire; mais par un trait du roi, qui se trouvera dans la suite, je ne puis presque douter qu'il ne l'ait su.

La rupture ainsi achevée et terminée, je songeai à en faire tirer à M. le duc d'Orléans tous les plus avantageux partis qu'il me fût possible, et je n'en crus aucun meilleur, à tous égards, que celui de le lier étroitement à Mme sa femme dans une si favorable jointure. Il avoit été infiniment content de la manière dont elle avoit pris la rupture. Elle contint sa joie avec une modération et une sagesse qui ne se démentit point, et qui eut une grande force pour ramener M. le duc d'Orléans vers elle. Comme il me l'avoua dès les premiers jours, et que je sentis ses froncements mollis, je me hâtai de me servir de ces ouvertures récentes, et de sa désoccupation ennuyeuse et pénible dans ce subit changement de vie, pour l'attacher à Mme la duchesse d'Orléans. Jugeant ensuite que je pourrois ne leur être pas inutile, je lui dis que jusqu'à présent j'avois fait une sorte de profession publique de ne la jamais voir non plus que les autres princesses, chez qui je n'allois jamais qu'un instant aux occasions; que maintenant que rien ne les séparoit plus, c'étoit à lui à me prescrire ma conduite à cet égard, et à mon attachement pour lui à m'y conformer. A l'instant il me pria de la voir avec un empressement qui me surprit. Il me dit que c'étoit une chose qu'il avoit résolu de me demander; il ajouta qu'il seroit extrêmement aise que la liaison qui étoit entre lui et moi s'étendît à elle; il s'étendit là-dessus en raisons et en désirs.

J'étois cependant extrêmement pressé par elle de la voir. Elle avoit chargé la duchesse de Villeroy de m'en témoigner son impatience, et cela plusieurs fois, c'est-à-dire tous les jours, et de me dire à quel point elle ressentoit ce que j'avois fait pour elle. Elle en avoit dit autant aussi à Mme de Saint-Simon avec de grandes effusions de cœur, qui la voyoit souvent; mais, sans rien de particulier, lui avoit parlé dans les termes de la plus vive reconnoissance. Ainsi, après avoir laissé passer quelques jours, pendant lesquels M. le duc d'Orléans me pressoit toujours de la voir, je convins avec la duchesse de Villeroy de l'heure d'y aller, parce qu'elle me vouloit voir en particulier. Comme je fus annoncé un soir après son jeu, le peu de familières qui étoient restées s'en allèrent. Elle étoit dans son cabinet dans un petit lit de jour, en convalescence de sa couche de la reine d'Espagne. On m'apporta un siége auprès d'elle où je m'assis. Là, tête à tête, tout ce qu'elle me dit de gracieux ne se peut rendre. La joie et la reconnoissance s'exprimoient avec un choix de paroles si juste, si précis et si fort que j'en fus surpris. Elle eut l'art de me faire entendre tout ce qu'elle sentoit à mon égard sur ce que j'avois fait pour elle, et qui n'est pas écrit ici, sans qu'il lui échappât rien d'embarrassant ni pour elle ni pour moi; et je me sauvai par des respects et des compliments vagues. Surtout elle me remercia de l'avoir si bien servie sans l'avoir jamais auparavant connue, et se récria sur la générosité, car ce fut le terme qu'elle employa, de ne l'avoir évitée que pour la mieux délivrer. Il n'y eut protestations qu'elle ne me fît d'une amitié, d'un souvenir, d'une reconnoissance éternels, et termes obligeants et forts dont elle ne se servît pour me demander personnellement mon amitié. Ensuite elle me dit, un peu en continuant de rougir, car cela lui étoit arrivé plus d'une fois et avec grâce dans le cours de ses remercîments, que je serois peut-être surpris qu'elle, qui avec raison n'avoit pas la réputation d'être confiante, me parlât avec une entière ouverture dès la première entrevue, mais que mon intimité avec M. le duc d'Orléans, et ce que je venois de faire, le permettoit et l'exigeoit même ainsi. Après cette petite préface, elle entra en effet avec moi en des raisonnements les plus pleins de confiance sur la conduite que M. le duc d'Orléans avoit à tenir pour se tirer de l'état auquel il s'étoit mis.

Je fus extrêmement surpris de sentir tant d'esprit, de sens et de justesse, dont je conclus en moi-même encore plus fortement de n'épargner aucun soin pour unir le mari et la femme le plus étroitement que je le pourrois, fermement persuadé, outre la foule des autres raisons, qu'il ne trouveroit nulle part un meilleur conseil qu'en elle. Nous concertâmes donc, dès cette première fois, diverses choses, bien résolus de marcher ensemble pour remettre M. le duc d'Orléans au monde, en quoi néanmoins nous trouvâmes plus de difficulté que nous n'avions pensé; mais au moins je parvins assez aisément à l'unir et à le faire vivre avec elle aussi agréablement et même aussi intimement qu'il étoit en lui, à la grande surprise de la cour, et au grand dépit de Mme la Duchesse et de ses autres ennemis, qui ne purent même le dissimuler. Devenu ainsi l'auteur de cette union, j'en devins aussi l'instrument continuel, dans laquelle je fus en tiers dans une confiance et une intimité égale avec chacun des deux. Leurs ennemis commencèrent à en craindre les effets, et les miens à publier que je gouvernois cette barque.

Une des choses à laquelle je crus devoir le plus travailler, fut à faire que M. le duc d'Orléans se ramenât le monde. Je fis ce que je pus pour l'engager aux démarches qui y étoient nécessaires, aidé par Mme la duchesse d'Orléans, et favorisé par le grand changement et public en bien du roi pour lui; mais il étoit encore si effarouché, qu'il craignoit également la solitude et la compagnie, et ne se pouvoit résoudre à donner les moyens et les facilités propres à se faire rentourer. Le duc de Noailles avoit été dans leur plus étroite confidence à tous deux; il s'en étoit fort retiré depuis l'affaire d'Espagne, surtout de M. le duc d'Orléans. C'étoit lui, comme je l'ai dit ailleurs, qui lui avoit donné Flotte; il prétendit l'avoir toujours parfaitement ignorée; il craignit de s'y trouver pour quelque chose, à cause de Flotte, s'il continuoit dans la même liaison; il s'éloigna sous prétexte que ce prince s'étoit trop avantagé dans l'éclat de cette affaire; que c'étoit lui qui lui avoit donné cet homme; il se passa entre eux encore quelque autre chose; bref, je n'ai jamais su le fond de tout cela, ni par le prince, ni par le duc, avec qui j'ai vécu longtemps en liaison la plus étroite, mais qui ne commença que plus tard.

La prétention des filles de Mme la duchesse d'Orléans sur les femmes des princes du sang étoit déjà née; le duc de Noailles y étoit entré fort avant dans les premières, et quoi qu'il eût pu faire pour se cacher, il ne put éviter que Mme la Duchesse, avec qui il étoit fort bien, n'en fût informée et piquée jusqu'aux reproches, et puis à la froideur. Le désir de se raccommoder avec elle eut peut-être part au procédé qu'il eut avec M. le duc d'Orléans. Il étoit déjà personnage à la cour par l'amitié et la confiance de Mme de Maintenon, et par ses emplois, et Mme la Duchesse ne fut pas fâchée de se raccommoder avec lui. Ces mêmes raisons nous firent désirer à Mme la duchesse d'Orléans et à moi de le ramener. Il étoit toujours demeuré fort en mesure avec elle, et elle croyoit que M. le duc d'Orléans avoit tort avec lui; elle-même en étoit embarrassée, et désiroit fort de finir tout cela.

Nancré étoit fort lié avec Mme d'Argenton, et fort mal avec Mme la duchesse d'Orléans, qui avoit grand lieu d'en être plus que mécontente. C'étoit un drôle de beaucoup d'esprit; de manége et de monde, aimable dans le commerce et dans la société, mais dangereux fripon, pour ne pas dire scélérat, dont il ne s'éloignoit guère, qui aimoit à se mêler de tout, dont l'intrigue étoit la vie, et qui, n'ayant ni âme ni sentiment, que simulés, vouloit cheminer et être compté, à quoi tous moyens lui étoient bons. La rupture, et M. le duc d'Orléans raccommodé au mieux avec Mme sa femme et se tournant au sérieux, l'embarrassoient fort. Il étoit des amis du duc de Noailles; il lui parla de cette brouillerie, et lui promit ce qu'il ne put tenir.

M. le duc d'Orléans, qui ne comptoit pas sur la sûreté de Nancré, sut du maréchal de Besons que le duc de Noailles lui en avoit parlé, et en saisit l'occasion pour lui remettre cette espèce de négociation. Besons agit, et trouva Noailles dans des réserves de respect fort sèches. Mme la duchesse d'Orléans le vit chez elle avec une retenue qui ne put se réchauffer. Il étoit fort lié avec le maréchal de Boufflers et aussi avec Besons; apparemment qu'il sut d'eux la part que j'avois eue à la rupture. Il crut ou sut aussi que je n'ignorois pas le louche qui s'étoit mis entre M. le duc d'Orléans et lui, tellement que, encore que je n'eusse avec lui aucune sorte d'habitude ni de liaison, quoique fort bien de tout temps avec sa mère, je remarquai qu'il me tournoit, et à la fin il me parla en homme plein qui veut s'épancher et montrer qu'il a raison. Je ne laissai pas d'en être surpris; mais comme tout ce qui me revenoit de lui depuis longtemps me plaisoit, je m'approchai à mesure qu'il s'approchoit. Il me parla en général de son fait avec M. le duc d'Orléans, et me pria qu'il pût me le conter à loisir. Moi qui n'avois que faire de tout cela, sinon en gros, par le désir de les voir rapprocher, j'évitai doucement cette conversation demandée. Néanmoins, il se forma un peu plus de commerce entre eux, mais fort mesuré, [M. de Noailles] avouant même ses ménagements renouvelés par Mme la Duchesse, tellement qu'il ne fut pas jugé à propos de le presser davantage, mais bien d'attendre mieux du bénéfice du temps et d'en profiter quand il seroit possible.

CHAPITRE IV.

Manége de Mme de Maintenon auprès du roi. — Mesures pour faire le maréchal de Besons gouverneur de M. le duc de Chartres avortées. — Inquisition des jésuites. — Division éclatante dans la famille de M. le Prince sur le testament, qui est porté en justice. — Enrôlement forcé par M. le Duc. — Le roi défend aux enfants de M. le Prince tout accompagnement au palais. — Efforts de Mme la duchesse d'Orléans pour me lier avec M. le duc du Maine. — Situation de Mme de Saint-Simon, de la duchesse de Lauzun et de moi, avec M. [le duc] et Mme la duchesse du Maine. — Étrange aventure qui brouille Mme du Maine avec la duchesse de Lauzun, et ses suites. — Mariage du jeune duc de Brancas avec Mlle de Moras. — Point d'étrennes au roi ni du roi cette année.

Comme je me suis étendu en détail sur mon audience du roi, pour le faire mieux connoître par des faits et des choses particulières, aussi en ajouterai-je une ici qui entre fort dans ce dessein, et que le duc de Noailles, malgré ses réserves avec M. le duc d'Orléans, nous conta. Se trouvant en ces mêmes jours en tiers entre lui et moi, dans le cabinet de ce prince, la conversation se tourna sur Mme de Maintenon. Je pense que son neveu voulut nous faire sentir son intime situation avec elle, par ce fait qu'il nous raconta, et qui caractérise bien le roi et le genre de crédit de ses plus intrinsèques. Il nous dit que, encore qu'il fût vrai dans l'usage que Mme de Maintenon pût tout sur son esprit, il ne l'étoit pas moins que ce n'étoit presque jamais en droiture, et qu'elle n'étoit jamais sûre de rien ; que, pour réussir à ce qu'elle vouloit, elle étoit très-attentive à le faire proposer d'ailleurs, se réservoit à l'appuyer quand le roi lui en parloit, qui lui parloit toujours de tout, et avec ce détour, qui déroboit au roi la connoissance de son désir, ne manquoit pas de l'obtenir, en sorte qu'il demeuroit dans la parfaite ignorance que les choses qui passoient ainsi venoient originairement d'elle, et lui étoient portées par d'autres canaux. C'est ce qui la mettoit en besoin d'avoir des ministres dans son entière dépendance pour lui aider à ce jeu, qu'elle pratiquoit avec encore plus de précautions pour les siens, à l'égard desquels le roi étoit en garde infinie, sans que sa défiance eût d'autre effet qu'une circonvention plus cauteleuse. Il nous le confirma par ce qui lui étoit arrivé, il n'y avoit pas encore longtemps.

Il avoit eu en se mariant les survivances des gouvernements de Roussillon, de son père, et de Berry, de son beau-père, mais ce dernier à condition de le vendre dès qu'il lui seroit tombé, et d'en placer le prix comme partie de la dot de sa femme. Le cas arrivé, il ne put trouver marchand. L'inquiétude d'en répondre sur son bien en cas de mort, et que ce gouvernement fût donné gratuitement, le fit songer à un brevet de retenue qui le tirât de cet embarras. Il en parla à Mme de Maintenon qui goûta ses raisons, mais refusa d'en parler au roi. Pressée de le faire, elle dit franchement au duc de Noailles que ce qu'il vouloit exiger d'elle étoit le véritable moyen de gâter son affaire, mais qu'il falloit que lui-même demandât cette grâce au roi, qu'il ne manqueroit pas de le lui dire ; qu'alors elle appuieroit bien, et que de cette façon elle répondoit du succès, et il l'eut de la sorte. Ce n'étoit pas ici le lieu de s'étendre en réflexions qui pourront mieux se trouver dans la suite.

M. le duc d'Orléans songea en ces premiers jours à exécuter un projet qu'il m'avoit confié dès sa naissance et que j'avois fort approuvé, et ceci commencera à caractériser ce prince par les faits. On a vu, en plus d'un endroit, combien Besons lui étoit attaché, et combien il en avoit tiré de protection et de services, même pour son bâton de maréchal de France. Le mérite et l'attachement de Besons l'avoit également fait désirer à M. et Mme la duchesse d'Orléans pour gouverneur de M. le duc de Chartres, avant qu'il fût maréchal de France, et cette élévation le leur augmentoit encore beaucoup. Besons, pauvre, sans naissance, âgé, marié tard et chargé de famille, d'ailleurs modeste et reconnoissant, n'étoit pas en terme de lui rien refuser; il lui en parla, et Besons lui répondit avec toute la sagesse et plus d'esprit qu'on n'en pouvoit attendre, laissant une si juste balance qu'il conserva toute sa liberté. Aussitôt après, il consulta séparément le chancelier, dont il étoit parent proche et ami, et moi.

Le chancelier, toujours peu prévenu pour M. le duc d'Orléans, et payé pour l'être en faveur des officiers de la couronne, fut d'avis du refus. Moi, au contraire, j'inclinai à l'acceptation, quoique en garde contre mon penchant à l'intérêt de M. le duc d'Orléans, dans une affaire qui exigeoit de moi un conseil sincère à un homme qui se fioit en moi et qui me le demandoit. Je lui dis donc que cette place étoit en effet fort au-dessous du rang où son mérite l'avoit porté; que néanmoins il devoit considérer que le marquis de Chevrières, homme de qualité distinguée (Mitte de Miollens), qui avoit souvent commandé des corps en chef, en qualité de lieutenant général, grade alors fort rare, qui avoit passé avec réputation par les premières ambassades, et chevalier du Saint-Esprit, ce qui distinguoit bien plus en ces temps-là, avoit été gouverneur du jeune prince de Condé; père du héros, choisi par Henri IV; que si on objectoit qu'alors ce prince étoit l'héritier de la couronne, on répondoit aussi qu'Henri IV étoit si bien en état d'avoir des enfants qu'il en eut six ans après, que nous voyons sur le trône, et dont M. le duc de Chartres est issu de si près; qu'il falloit s'avouer que Chevrières valoit bien de son temps nos nombreux maréchaux de France d'aujourd'hui; que les ducs exerçoient maintenant des charges que les simples maréchaux de France dédaignoient au commencement de ce règne, témoin le maréchal d'Aumont, qui, du moment qu'il le fut[1], n'exerça plus sa charge de capitaine des gardes, et n'en reprit passagèrement la fonction, qu'il avoit laissée à son fils de treize ans, qu'à la prière de la reine mère, à l'occasion des troubles; témoin MM. d'Estrades, Navailles et La Vieuville, ducs à brevet ou maréchaux de France, et le second tous les deux, qui avoient successivement été gouverneurs de M. le duc d'Orléans d'aujourd'hui; qu'il ne falloit donc pas s'en tenir à l'ancien poids; qu'il avoit une nombreuse famille, peu de biens, une femme de mérite à qui cette place en pouvoit frayer d'autres pour soutenir sa famille après lui, que, tout considéré, j'estimois que, le roi parlant, et non autrement, cette place lui étoit désirable.

Besons, modeste à m'embarrasser, me dit franchement que le bâton de maréchal de France ne lui avoit point tourné la tête ni fait oublier ce qu'il étoit né; qu'il avoit déjà senti tout ce que je lui disois par rapport à sa famille; qu'il se souvenoit de tout ce qu'il devoit à M. le duc d'Orléans; que ce choix le devoit flatter par l'estime et par la confiance; qu'il m'avouoit qu'il ne seroit point fâché que le roi l'y engageât, mais qu'il ne croyoit pas aussi devoir rien accepter que de sa main après l'honneur auquel il l'avoit élevé, ce qui lui serviroit même d'excuse auprès de ses confrères s'ils le trouvoient mauvais, auxquels encore il devoit trop de considération, par l'honneur qu'il avoit d'être monté jusqu'à eux, pour ne pas devoir désirer de les ménager avec

---

1. Le maréchal d'Aumont ne fut duc qu'en décembre 1665.
(*Note de Saint-Simon.*)

toute l'attention possible. Il m'avoua aussi l'avis contraire du chancelier, que je savois déjà du chancelier même, auquel, malgré sa déférence, il ne me parut pas résolu de s'arrêter.

Les choses en cet état, il fut question d'en parler au roi, et auparavant, d'en faire préparer les voies par Mme de Maintenon et par les jésuites. Ceux-ci, attachés comme je l'ai dit à M. le duc d'Orléans, ne s'y refusèrent pas. Mais, depuis que le P. Tellier étoit en place, ils n'entroient en quoi que ce fût qu'après s'être bien assurés contre tout soupçon de jansénisme. Tout ignorant, tout militaire, tout homme du monde que fût Besons, il n'étoit pas net à leur égard, parce qu'il avoit élevé tous ses enfants chez lui, et les y tenoit encore sans en avoir mis aucun en leurs colléges, et que son frère, l'archevêque de Bordeaux, n'étoit pas leur valet à tout faire, quoique sans démêlé jamais avec eux, et même bien avec eux, d'une doctrine qu'ils n'avoient pu reprendre, et dont le fort portoit moins sur la théologie que sur les matières temporelles et de juridiction du clergé où il étoit fort capable, et s'étoit acquis de l'autorité par là dans ses assemblées, aussi liant d'ailleurs que son frère l'étoit peu. Les perquisitions se trouvèrent telles que le P. Tellier se prêta à tout ce qu'on voulut. Mais ces menées ne purent être si secrètes, parce qu'elles durèrent quelque temps, que par un peu de lenteur et d'indiscrétion de M. le duc d'Orléans, elles ne fussent découvertes, et l'affaire ébruitée avant d'être entamée avec le roi.

Feu M. le Prince et M. le Duc avoient sondé diverses personnes qui passoient pour gens de qualité, et d'autres qui s'élevoient à la guerre, pour l'emploi de gouverneur du jeune duc d'Enghien, quoique eux-mêmes ni M. le Prince le héros n'en eussent point eu de ce genre, mais de simples gentilshommes de leurs maisons. Éconduits de tous, ils s'étoient vus réduits à publier qu'ils vouloient être eux-mêmes les gouverneurs de ce jeune prince, et mettre sous eux auprès de lui un de leurs gentilshommes sans titre, ce qu'ils exécutèrent en effet. Ils y en mirent un sage, sensé, connoissant bien le monde, fort honnête homme et d'une grande valeur, qui s'appeloit La Noue. Ce fut dommage que ce gouverneur ne fût pas si heureux en pupille que le pupille le fut vainement en gouverneur. M. le Duc et Mme la Duchesse, alarmés d'une nouvelle et si grande distinction sur eux, les maréchaux de France, jaloux de leur office, firent un mouvement qui prévint le roi, lequel, journalier à l'égard de ces derniers, tantôt les élevant au delà de leur juste portée, tantôt les rabaissant trop, se trouva en tour de les favoriser, ou plutôt enclin à conserver l'égalité entre deux princes du sang, ses petits-fils par ses filles bâtardes, qualité qui l'emportoit de bien loin chez lui sur celle de petit-neveu.

Dans une situation si équivoque, M. le duc d'Orléans parla au roi avec sa négligence trop ordinaire, et il trouva de la résistance qu'il crut pouvoir vaincre. Si en cet instant il eût aposté Besons à la porte du cabinet, et qu'il l'y eût fait entrer, ce qui étoit aisé, je ne crois pas que le roi eût tenu à l'empressement de l'un, et à la facilité de l'autre, par la façon même dont il avoit résisté. Mais cette précaution avoit été négligée, et M. le duc d'Orléans y ajouta la tranquillité d'attendre que le roi trouvât Besons et qu'il lui parlât. Le maréchal, avec qui rien n'étoit concerté sinon la chose même, étoit à Paris où M. le duc d'Orléans ne lui manda rien, quelque chose que je fisse, tellement qu'y étant allé faire un tour plusieurs jours après, j'allai chez Besons, lui dis ce qui s'étoit passé, et le pressai d'aller à Versailles. Il y fut aussitôt, et dès que le roi l'aperçut, il le fit entrer dans son cabinet. Là, il lui rendit en conversation, même froide, ce que M. le duc d'Orléans lui avoit dit, y ajouta des propos gracieux pour le maréchal, mais lui dit bien net qu'il ne vouloit pas mortifier les maréchaux de France, qu'il ne lui commandoit rien, et qu'il le laissoit en sa pleine liberté.

Besons, fort surpris, répondit avec une modestie soumise tout ce qu'il falloit pour s'attirer au moins quelque chose qui sentît un ordre; mais voyant que le roi se rabattoit toujours au même point, et qu'il ajouta de plus qu'il s'abstenoit encore de commander par rapport aux princes du sang, le sage Besons sentit de reste que le roi ne souhaitoit pas qu'il acceptât; qu'acceptant de la sorte il s'attireroit sans garantie et les princes du sang et les maréchaux de France, et se tira d'affaires à son regret en disant au roi qu'en tout temps, et plus encore dans l'office auquel il l'avoit élevé, il ne pouvoit rien accepter que de Sa Majesté même. Aussitôt après il rendit compte de cette conversation à M. le duc d'Orléans qui, n'ayant cru d'obstacle bien véritable que le dessein que le roi pouvoit former de se servir de Besons à la tête de ses armées, croyoit avoir tout aplani parce qu'il avoit dit au roi qu'il ne prétendoit point que son fils y fût un obstacle, et qu'il se contenteroit des hivers tant qu'il lui plairoit d'employer le maréchal.

M. [le duc] et Mme la duchesse d'Orléans se trouvèrent également surpris et mortifiés de se voir éconduits d'une espérance qui avoit percé et qui les avoit fort flattés. Le roi, embarrassé avec eux, allégua les maréchaux de France, et se garda bien de parler des princes du sang, pour n'augmenter pas la haine qui n'étoit déjà que trop allumée et trop ouvertement, et pour adoucir la chose, il s'excusa sur ce qu'il n'y avoit point d'exemple. Les réponses à cela étoient sans nombre; et de plus, il y en avoit un précis, récent et domestique. La maréchale de Grancey, après avoir été gouvernante de la sœur de M. le duc d'Orléans, duchesse de Lorraine, l'avoit été auprès des filles de M. le duc d'Orléans. Elle étoit morte dans cet emploi, et Mme de Maré sa fille, qui l'étoit encore, avoit été sa survivancière. Il ne vint dans l'esprit de M. et de Mme la duchesse d'Orléans, ni cette réponse si décisive, ni aucune autre, et ils demeurèrent courts. Leur parti fut de ne point donner de gouverneur à

M. le duc de Chartres qui n'avoit pas encore six ans et demi. Les princes du sang et les maréchaux de France en rirent dans leurs barbes assez haut ; mais le maréchal de Villeroy ayant su par sa belle-fille que M. le duc et Mme la duchesse [d'Orléans] se plaignirent fort de ce qu'il s'en étoit beaucoup remué, désavoua de s'être mêlé de rien là-dessus, et la chargea de leur dire qu'ayant l'honneur d'être duc et pair et maréchal de France aussi, mais d'un temps où on les faisoit avec plus de choix, il n'étoit point amoureux d'un office qu'il partageoit avec les Montesquiou et une foule de semblables dont trop peu lui importoit ce qui arrivoit d'eux pour y faire aucune attention. C'étoit cacher la bassesse de courtisan sous une ridicule rodomontade, après l'usage qu'il avoit fait de son bâton si fatal à la France, et dont il étoit encore alors en disgrâce. Jamais homme n'en fut plus follement entêté que celui-là, et j'ai remarqué que ceux qui l'avoient le moins mérité étoient toujours ceux à qui il avoit le plus tourné la tête. On le verra de celui-ci dans la suite.

La mort de M. le Prince avoit mis un grand trouble dans sa famille, dont il est temps de parler par les grandes et longues suites que ces divisions ont eues. Il avoit fait un testament très-avantageux à M. le Duc, son fils unique, duquel ses filles crurent avoir de grandes raisons de se plaindre, dont la discussion est inutile ici. Mme la Princesse, à qui il restoit des biens immenses, même à disposer, fit tout ce qu'elle put en bonne mère commune pour mettre la paix dans sa famille, mais avec peu d'esprit et de force. Elle craignoit tous ses enfants, et n'osa jamais parler en mère qui a de quoi donner et ôter, et qui en proposant raison veut être obéie. Le roi y voulut bien entrer et n'eut pas plus de succès, par la nature des choses qui fournissoit aux parties des défenses apparentes dont aucune ne voulut se relâcher. Des compliments aux froideurs, des froideurs aux aigreurs, il y eut peu d'intervalle, et chacun se disposa vigoureusement à plaider. Les vrais tenants étoient, de chaque côté, M. le Duc et Mme la princesse de Conti, l'aînée de ses sœurs. M. et Mme du Maine gardoient des mesures, mais se tenoient invinciblement attachés à Mme la princesse de Conti. Mlle d'Enghien, dont les droits se trouvoient conservés par les procédures de ses sœurs, demeura, sans y renoncer, neutre du reste auprès de Mme la Princesse. Le temps avoit coulé depuis la mort de M. le Prince jusqu'à celui-ci en projets d'accommodement, en allées et venues, en consultations, puis en assignations et en délais, au bout desquels vint le moment fatal de plaider tout de bon. Chacun chercha des sollicitations puissantes, et le duc du Maine, avec toutes ses mesures, non moins soigneusement que les autres.

M. le Duc, qui redoutoit son crédit, se proposa de faire effort de supériorité de naissance et d'autorité, et contre sa coutume s'avisa de donner, dix ou douze jours avant la première audience, un grand souper à Paris à beaucoup de gens de la cour. Dans la chaleur du repas, il but à eux et voulut qu'ils bussent à lui. Il s'humanisa en compliments flatteurs qui n'étoient guère de son style; et tout de suite leur dit qu'il avoit une telle confiance en leur amitié qu'il se flattoit qu'ils ne l'abandonneroient pas au palais, et qu'ils ne lui refuseroient pas leur parole de l'y accompagner à toutes les audiences dont il avoit résolu de ne manquer aucune, et de distinguer par ceux qui s'y trouveroient avec lui ses véritables amis, par ceux qui n'y viendroient pas les gens qui ne seroient pas ses amis, et par ceux qui y accompagneroient ses parties ses ennemis. La surprise et l'embarras d'un compliment si net et si peu attendu, et qui étoit un enrôlement dans toutes les formes, produisit un silence profond. Les conviés se regardèrent, chacun d'eux attendoit que quelqu'un prît la parole, aucun ne l'osa hasarder. M. le Duc, étonné à son tour d'un si éloquent silence, le laissa durer un peu, puis le rompit par de nouveaux empressements qui arrachèrent enfin un engagement de toute la compagnie, qu'elle ne pouvoit plus refuser sans lui faire un véritable affront. Comme la force seule l'avoit extorqué, aussi parut-il fort pesant à ceux qui s'étoient trouvés dans cette nasse.

Personne n'aimoit M. le Duc, personne ne vouloit s'attirer Mmes ses sœurs et moins M. du Maine encore. Non content de ce coup de filet d'une nouvelle adresse, M. le Duc se mit ouvertement à faire des recrues pour l'accompagner, avec des manières que sa férocité rendoit redoutables et qui réveillèrent ses parties. La princesse de Conti aboyoit assez vainement; mais le duc et la duchesse du Maine ramassèrent plus de gens avec politesse et souplesse, et se surent avantageusement servir avec ménagement de l'opinion commune que l'affection tacite du roi étoit de leur côté. Ces mesures de part et d'autre firent un grand bruit et jetèrent la cour dans un tel embarras, qu'il n'y eut plus personne qui se pût flatter de pouvoir demeurer neutre sans offenser les deux partis, ni d'en prendre un sans s'attirer cruellement l'autre. A la fin le roi, jugeant avec raison que les suites de tout cela ne pouvoient être bonnes, défendit tout d'un coup aux deux parties tout engagement au palais.

Le jour même que cette défense fut faite, Mme la duchesse d'Orléans, avec qui je fus assez longtemps seul, me dit que M. du Maine étoit en peine de quel parti je prendrois en cette occasion; qu'elle me disoit franchement qu'étant maintenant fort ralliée à lui, elle seroit fort touchée que je voulusse être du sien; qu'elle ne me dissimuloit point que M. du Maine, qui savoit la liaison que j'avois prise avec elle, l'avoit priée de m'en parler; et tout de suite, sans me donner le temps de répondre, elle me fit des compliments infinis de sa part pour moi et pour Mme de Saint-Simon, et d'autres pareils encore à la duchesse du Maine; que tous deux ne se consoloient point que Mme de Saint-Simon, qu'ils estimoient et qu'ils honoroient infiniment, ce fut son terme, se fût éloignée d'eux, quoiqu'ils eussent fait tout ce qui avoit pu dépendre d'eux, lors de l'affaire de la duchesse de Lauzun arrivée il y avoit quatre ou cinq ans, pour se la conserver personnellement par toutes les distinctions et les soins possibles; et qu'ils espéroient au moins que, s'ils ne pouvoient la voir aussi souvent qu'ils avoient continuellement marqué, et qu'ils ne se lasseroient point de marquer qu'ils le désiroient, nous serions persuadés de leur désir et ne voudrions pas nous engager contre eux.

Je répondis à Mme la duchesse d'Orléans, après force compliments, que je lui parlerois avec la même franchise; que j'avois résolu, avant que le roi parlât comme il venoit de faire, de tâcher par tous moyens de conserver la neutralité, persuadé que dans ces sortes de choix on obligeroit peu ceux pour qui on prenoit parti, et qu'on se rendoit irréconciliables ceux contre qui on se déclaroit; mais qu'advenant impossibilité de demeurer neutre, je ne balancerois pas à suivre ouvertement le parti de M. du Maine, encore que je n'eusse aucun commerce avec lui; qu'il ne tiendroit qu'à moi de m'en faire un mérite auprès d'elle, et qu'en effet je serois ravi de me déclarer suivant son inclination, mais que, pour lui parler avec toute franchise, j'avois un motif plus fort et plus pressant qui étoit la manière pleine d'égards, de mesure et de considération dont M. et Mme du Maine en avoient usé pour moi dans l'affaire de Mme de Lussan, affaire qui avoit fait éclater si étrangement contre moi M. le Duc et Mme la Duchesse. Que je n'oubliois point la différence de ce procédé, et que je la suppliois d'assurer M. et Mme du Maine, si liés alors avec M. le Duc, et qui avoit toujours aimé et protégé Mme de Lussan, jusqu'à avoir marié sa fille, que je leur en témoignerois le souvenir en toute occasion.

Mme la duchesse d'Orléans s'épanouit fort à cette réponse, à laquelle il me parut qu'elle ne s'attendoit pas. Elle me parla beaucoup de l'estime et de la considération de M. du

Maine pour moi, et surtout de lui et de Mme du Maine pour Mme de Saint-Simon, mais avec les expressions les plus chargées. Elle me demanda pourquoi Mme de Saint-Simon s'étoit si fort retirée de Mme du Maine, avec un empressement qui me parut d'autant plus de commission qu'elle me pressa outre mesure de l'en faire rapprocher, et avec des avances si formelles du mari et de la femme que j'en fus surpris et embarrassé. Je lui dis qu'après l'affaire de la duchesse de Lauzun, il eût été difficile et même peu séant dans le monde que sa sœur, avec qui elle étoit si intimement unie, eût gardé une autre conduite. Elle me pressa sur tous les pas qu'ils avoient faits l'un et l'autre vers Mme de Saint-Simon, dont je ne pus disconvenir ni me tirer sans une peine extrême d'un renouement, que je sentis de reste qu'elle avoit charge et grand désir de procurer, sur lequel je restai honnêtement ferme à n'y point entendre et à en demeurer, Mme de Saint-Simon et moi, dans les termes où nous en étions avec M. et Mme du Maine, mais avec tous les compliments dont je pus m'aviser.

Il s'est depuis passé tant de choses fortes entre M. du Maine et moi, et à tant de diverses reprises, et du vivant du roi et après, que je craindrai moins ici la répétition de quelques traits qui se peuvent trouver ci-devant, que de ne m'étendre pas suffisamment sur un chapitre important pour les suites à être bien expliqué. Il faut donc savoir que Mme la duchesse du Maine demeura très-obscure à la cour les premières années de son mariage. Elle y passoit sa vie dans sa chambre parmi les livres et les savants, par une folle malice de M. le Prince, qui lui avoit fait une peur extrême de la jalousie de M. du Maine et de son humeur sauvage, en même temps qu'il lui avoit fait accroire que Mme sa femme étoit très-particulière, adonnée à ce genre de vie, d'étude et qu'il la désespéreroit s'il lui proposoit d'en changer. Le temps qui découvre tout, et l'ennui de cette vie qui devint insupportable à Mme du Maine, firent apercevoir au mari et à la femme qu'ils se désoloient de solitude, l'un pour l'autre, et que cette étrange et ridicule tromperie étoit l'ouvrage de l'extravagante malignité de M. le Prince.

Revenus donc tous deux de leur erreur, et dans la plus grande union du monde, Mme du Maine ne songea plus qu'à se dédommager du temps perdu, et M. du Maine qu'à lui en fournir tous les moyens possibles. Aussitôt après, ce ne fut plus chez elle que divertissements galants, bals singuliers, fêtes et spectacles. Pour décorer sa maison, elle attira chez elle ce qu'elle put de meilleure compagnie. La duchesse de Lauzun en fut particulièrement recherchée, et M. du Maine en fit toutes les avances avec toutes sortes d'empressement. Ils avoient eu, M. de Lauzun et lui, plus d'une affaire ensemble. M. de Lauzun comptoit toujours que tant de grandes terres qu'il lui avoit cédées de Mademoiselle, pour sortir de Pignerol, l'engageroient au moins à se servir de son crédit auprès du roi pour l'y remettre, et chercher à le dédommager. D'ailleurs il étoit trop courtisan pour ne pas donner dans ces avances, comme dans une sorte de retour de fortune ; ainsi Mme de Lauzun fut bientôt de tout à Sceaux, que M. du Maine venoit d'acheter, et qui fut une occasion de redoubler les fêtes et les plaisirs dans un lieu qui y étoit si propre, et où Mme du Maine, qui vouloit vivre pour elle, se mit à passer tous les étés, quoique M. du Maine, dont l'abandon aveugle pour elle fut toujours au comble, n'y osât coucher que très-rarement, par la prodigieuse assiduité que le roi exigeoit de ses enfants naturels, encore plus que des autres. Le roi, allant et venant de Fontainebleau, y couchoit, et quelquefois deux nuits, et les dames les plus distinguées, mais en très-petit nombre, de la société de Mme du Maine étoient priées de lui venir aider à faire les honneurs. Cette liaison de Mme de Lauzun y attira Mme de Saint-Simon, qui reçut d'eux les plus grandes avances, et les empressements les plus marqués; et ce fut en ces passages de Sceaux où Mme de Saint-Simon commença à s'apercevoir des bontés particulières de Mme la duchesse de Bourgogne, et à entrer dans sa familiarité. M. et Mme du Maine ne se bornèrent pas à Mme de Saint-Simon ; après l'avoir engagée à plusieurs séjours à Sceaux, ils commencèrent à me faire mille avances, à moi qui ne les voyois jamais. Ma belle-sœur en fut chargée longtemps. Lassés de ce que cela ne rendoit point, ils pressèrent Mme de Saint-Simon de m'amener à Sceaux. Je m'excusai longtemps, toujours sans les voir, jusqu'à ce que, les rencontrant par hasard comme ils montoient tous deux en carrosse à Versailles, sans que je me pusse détourner, tous deux vinrent à moi, et par leurs reproches et leurs empressements m'embarrassèrent à l'excès.

Tant de si singulières avances, tant et de si surprenante opiniâtreté pour s'apprivoiser un homme de nulle ressource pour aucuns de leurs plaisirs, et de moindre importance encore par le peu de figure extérieure que je faisois alors dans le monde, me devint enfin suspecte. J'avois pris les premières avances pour politesse pour ma femme et ma belle-sœur ; mais un acharnement semblable, au lieu de la froideur et du rebut que méritoient mes refuites intarissables, et toujours sans les voir jamais, me sembla l'effet d'un dessein formé. J'avois toujours appréhendé de m'initier avec eux, par la crainte du duc du Maine, dont la réputation n'étoit pas heureuse, et non moins encore par son rang qui me donnoit un éloignement involontaire que je ne pouvois surmonter. Je me disois que me forcer pour céder à tant d'avances, et pour vivre en y cédant avec des gens que je ne pourrois sincèrement aimer, étoit contre la probité non moins que contre ma nature. Poussé à bout par leur constance inouïe, je craignis qu'ils ne cherchassent à me lier à eux pour découvrir mes sentiments sur bien des choses, et à force de caresses me mettre dans de pénibles entraves entre l'amitié et le rang, dans la pensée que les temps ne sont pas toujours les mêmes. Ces réflexions me déterminèrent à ne me laisser point entamer, et à en demeurer où j'en étois. Les détails jusqu'où je fus poussé très-vivement et très-longuement sembleroient incroyables à qui a vu ce qu'étoit M. du Maine dans ces temps-là, et combien ce qui paroissoit de plus considérable s'empressoit inutilement auprès de lui. J'en étois là avec l'un et l'autre, sans les avoir jamais vu chez eux qu'en ces occasions rares de compliments où toute la cour y alloit par devoirs et par instants, lors d'une aventure qu'il est nécessaire de rapporter.

J'ai dit ailleurs que, la liste de Marly faite par le roi pour chaque voyage, il la montroit la veille après son souper dans son cabinet aux princesses, qui, par rang entre elles, choisissoient les dames qu'elles vouloient mener, et les envoyoient avertir à la sortie du cabinet, sur le minuit. Elles prenoient toujours les mêmes. Mme de Saint-Simon, par exemple, alloit toujours avec Mme la duchesse d'Orléans; Mme de Lauzun avec Mme du Maine; et au retour à Versailles, les mêmes revenoient avec elles. Il arriva deux ou trois fois que, les jours qu'on retournoit à Versailles, Mme la duchesse de Bourgogne voulut jouer dans le salon, retint Mme de Lauzun qui étoit assez dans le gros jeu, et la remenoit à Versailles, parce que tout le monde étoit parti avant la fin de son jeu. Mme du Maine, gâtée par la complaisance sans bornes de M. du Maine, étoit devenue une manière de divinité fort capricieuse, qui se croyoit tellement tout dû qu'elle ne croyoit plus rien devoir à personne. Le fait étoit que sa violence étoit si extrême pour tout ce qu'elle vouloit, que, dans la frayeur continuelle que la tête ne lui tournât, M. du Maine s'étoit exécuté sur ses biens et sur toute bienséance. Il se voyoit ruiner en théâtres et en fêtes sans oser dire un seul mot, il en faisoit les honneurs en domestique principal de la maison; et il applaudissoit en apparence à ce qui le faisoit rougir au dehors, et le désespéroit au dedans. Ainsi, Mme du Maine trouva mauvais qu'ayant amené Mme de Lauzun à Marly, elle s'en retournât avec une autre, quoique cette autre fût Mme la duchesse de Bourgogne. Elle s'en plaignit à la duchesse de Lauzun, sur le ton de l'amitié qui pourtant laissoit sentir celui du manquement prétendu. M. de Lauzun, qui connoissoit son empire sur son mari avec qui il ne vouloit pas se brouiller, et le peu de mesure de cette princesse, en eut peur. Mme de Lauzun l'appréhenda de même, tellement qu'elle évita, tant qu'elle put, par fuite ou par excuse, de rester dans la suite à jouer à Marly avec Mme la duchesse de Bourgogne les jours qu'on retournoit à Versailles.

Il arriva qu'un de ces jours-là Mme la duchesse de Bourgne la voulut si absolument retenir, et s'y prit de si bonne heure qu'elle ne voulut se payer d'aucune excuse, ni entrer dans l'embarras où elle alloit jeter la duchesse de Lauzun, quoi qu'elle pût lui représenter. Ma belle-sœur n'eut plus à répliquer, ni d'autre parti à prendre que d'aller le dire à Mme du Maine. Le compliment fut d'abord fraîchement reçu, incontinent après la marée monta, et voilà la duchesse du Maine aux reproches d'amitié d'une part, de manéges de l'autre pour faire sa cour à Mme la duchesse de Bourgogne en lui manquant à elle de respect, à lui dire qu'elle pouvoit désormais chercher qui la mèneroit à Marly, si tant étoit qu'elle y revînt, et à rompre avec elle en lui tournant le dos de la manière la plus impérieuse et la plus scandaleuse, ou plutôt la plus folle. Quelque préparée que ma belle-sœur pût être à être mal reçue, une femme de sa sorte ne pouvoit imaginer d'être exposée à une pareille sortie. La colère lui ôta la parole et lui fournit des larmes.

En cet état elle revint dans le salon, où elle rendit à Mme la duchesse de Bourgogne tout ce qui lui venoit d'arriver, sagement et modestement, mais aussi sans en oublier une parole. Mme la duchesse de Bourgogne, qui n'aimoit pas la duchesse du Maine, de qui elle recevoit peu de devoirs, et par qui, en cette occasion, elle se sentit peu ménagée, prit l'injure comme faite à elle-même, se lâcha sur

Mme du Maine, assura la duchesse de Lauzun qu'elle en parleroit au roi, et, piquée du reproche sur Marly, lui dit qu'on verroit si elle y viendroit moins, et lui promit de l'y mener toujours avec elle ; et en effet elle n'en manqua plus de voyages, et toujours avec Mme la duchesse de Bourgogne. L'éclat fut grand. Le soir même Mme la duchesse de Bourgogne parla au roi et à Mme de Maintenon. Le roi lava la tête à M. du Maine sur sa femme, et loua fort Mme de Lauzun. Elle la fut aussi beaucoup de Mme de Maintenon, peu contente d'ailleurs de Mme du Maine, laquelle mal avec Mme la Duchesse, quoique fort liée alors avec M. le Duc, mal encore avec Mme la princesse de Conti, et peu aimée d'ailleurs, se trouva abandonnée.

Dès le lendemain du retour à Versailles, elle envoya Mme de Chambonas, sa dame d'honneur, chez Mme de Saint-Simon la prier de vouloir bien aller chez elle, prétextant une incommodité qui l'empêchoit de sortir. Cela ne put se refuser. Dès qu'elle la vit entrer, elle l'emmena dans son cabinet, où le tête-à-tête dura plus de deux heures. Après la préface la plus polie, elle lui conta toute l'affaire, mais rhabillée et ajustée pour la rendre moins intolérable, se condamna en tout et partout, s'excusa pourtant sur ce que, se croyant blessée dans l'amitié par une amie qu'elle aimoit tendrement, elle ne s'étoit plus connue elle-même, ni celle à qui elle parloit, ni la force de ce qu'elle disoit, n'oublia rien pour essayer de raccommoder les choses, sur tout et en toutes les sortes combla Mme de Saint-Simon, la conjura avec les termes les plus forts et même au delà, que ce malheur ne la refroidît point pour elle, à quoi elle ajouta tout ce qu'infiniment d'éloquence et d'esprit peut mettre à la bouche de qui sent tout son tort, et de qui voit qu'il tombe en entier et très-pesamment sur elle. Mme de Saint-Simon, grave et mesurée, paya de compliments, ne voulut plus être d'aucune de ses parties, et ne la vit depuis que très-rarement. Toute la cour s'éleva fort contre Mme du Maine. M. du

Maine alla chez le duc de Lauzun, le trouva, passa ensuite chez Mme de Lauzun, y retourna encore une autre fois, et n'oublia rien de tout ce qu'il pouvoit dire et faire. Mme de Lauzun, pour qui il affecta toujours depuis les plus grands égards, ne revit plus Mme du Maine. Très-longtemps après, elle y fut un instant à une occasion publique de compliments de toute la cour, et ne l'a pas revue autrement, encore fut-ce par une espèce de négociation avec son mari qui le voulut en bas courtisan. Outre que cette aventure tourna tout à l'avantage de ma belle-sœur, je trouvai que j'y gagnois beaucoup par la délivrance qu'elle me procura de tout ce à quoi je ne voulois point entendre. Les égards les plus affectés de M. et de Mme du Maine ne laissèrent pas de continuer à être extrêmement marqués pour nous, et c'est où nous en étions avec eux lors de cette conversation de Mme la duchesse d'Orléans avec moi sur le procès de la succession de M. le Prince.

Mme du Maine venoit de faire l'étrange mariage d'une créature de rien qui s'étoit fourrée à Sceaux, je ne sais par où, qui étoit assez jolie, mais [avec] de l'esprit, de la flatterie et de l'intrigue au dernier point. Elle en avoit fait sa favorite. Elle s'appeloit Mlle de Moras, et son nom étoit Fremyn. Son père, qui avoit amassé du bien, s'étoit recrépi d'une charge de président à mortier au parlement de Metz. Sa mère, fille de Cadeau, marchand de drap à Paris, avoit un frère conseiller au parlement. Mme du Maine fit accroire au fils du duc de Brancas qu'il auroit monts et merveilles de ce mariage, tenta le père par de l'argent, qui au lieu de donner du bien à son fils, reçut gros pour faire ce beau mariage. Le rare fut que la plus grande partie de la dot consista en meules de moulins à vendre. Malgré cela, le mariage se fit chez Mme du Maine, qui présenta cette noble duchesse les premiers jours de cette année.

Le roi ne donna point cette année les étrennes que sa famille recevoit de lui tous les ans; et les quarante mille pistoles qu'il prenoit pour les siennes, il les fit distribuer pour les besoins des frontières de Flandre, ce qui n'étoit pas encore arrivé; aussi toutes sortes de manquements étoient devenus extrêmes.

CHAPITRE V.

Spectacle des maréchaux de Boufflers, Harconrt et Villars. — Éclat du maréchal de Boufflers sur les lettres de pairie de Villars. — Villars fait défendre à Harcourt de se faire recevoir pair avant lui. — Harcourt tombe en apoplexie légère et va aux eaux. — Ambition, manéges, maladie du maréchal d'Huxelles. — Du Bourg fait commandant d'Alsace. — Retour de Rome de l'abbé de Polignac. — Secret étrange et curieux aveu sur lui du duc de Beauvilliers à moi. — Maréchal d'Huxelles et abbé de Polignac plénipotentiaires pour la paix à Gertruydemberg. — Fausseté du maréchal. — Indécence basse sur le maréchal d'Huxelles, plus grande sur l'abbé de Polignac. — Protecteurs des couronnes; explication de ce nom superbe. — Cardinal Ottoboni fait peu à propos protecteur de France; ce qui fait rompre Venise avec le roi. — Retour de l'abbé de Pomponne. — Caractère d'Ottoboni. — Imposture des Chavignard, dits Chavigny, et ce qu'ils sont devenus. — Naissance du roi Louis XV. — Mariage du duc de Luynes avec Mlle de Neuchâtel. — Mariage du duc de Louvigny avec la fille unique du duc d'Humières. — Mariage de Broglio avec une fille de Voysin. — Mariage de Gacé avec la fille du maréchal de Châteaurenauld; et a le gouvernement de son père, sur sa démission. — Le duc de Beauvilliers donne sa charge de premier gentilhomme de la chambre au duc de Mortemart, son gendre.

Les maréchaux de Boufflers, d'Harcourt et de Villars furent une partie de cet hiver en spectacle au monde : le premier en exemple du peu de compte que les rois et leurs ministres tiennent de la vertu et des services qui ont passé la mesure des récompenses; le second attendu comme

l'oracle et le seul sage, appuyé de Mme de Maintenon et
de Voysin, couchoit en joue les autres ministres pour les
renverser, et ne pouvoit plus souffrir de délais pour entrer
au conseil dont il avoit si souvent pensé forcer la porte. Il
tenoit tout le monde en expectation, et se présentoit avec
un poids et une autorité qui, avec tout son esprit, ne s'éloi-
gnoient pas de l'audace, quoique applaudi par le gros de la
cour et du monde. Le troisième, dont l'incomparable fortune avoit trouvé les plus singulières ressources pour soi
dans la funeste perte d'une bataille follement donnée, et
plus extravagamment rangée, triomphoit du réparateur de
ses torts avec la dernière effronterie, dans l'appartement et
les meubles même du prince de Conti et de la princesse sa
mère qui en fut piquée au vif, et M. le Duc aussi quoique
brouillé avec elle, sans que l'orgueil des princes du sang, si
haut porté, osât répliquer une seule parole aux volontés du
roi. Qu'eût dit le prince de Conti grand-père, et le vieux
Villars, qui avec raison se crut au comble de l'honneur et de
la fortune quand il se vit son écuyer, s'ils avoient pu voir
la belle-fille et le petit-fils de ce prince délogés malgré eux
pour le fils de Villars, et n'oser ne lui pas laisser leurs
meubles?

Là ce fils de la fortune reçut la foule de la cour précisément avec bonté, et il se peut dire qu'il y tint la sienne :
jeux continuels, fêtes, festins, très-souvent la musique du
roi les soirs. Le héros romanesque en soutenoit pleinement
le personnage. Il ne parloit que par tirades de pièces de
théâtre, et tenoit des propos si surprenants qu'il en embarrassoit souvent sa nombreuse compagnie. Ses saillies étoient
continuelles; il ne se contraignoit d'aucune. Le lit de repos
de dessus lequel il dominoit les assistants sembloit le
théâtre d'un Tabarin. Mme de Maintenon l'alloit voir souvent en des heures particulières. Un jour qu'elle y trouva
son fils qui avoit lors huit ans et qu'elle le caressa, le maréchal lui dit qu'à la fin ses bontés le gâteroient, et prenant

un air enjoué qui lui étoit ordinaire, ajouta que « les héros s'accoutumoient facilement aux bontés des grandes reines. » Cent escapades aussi fortes, mais en autres genres, mille propos sur la guerre, sur la paix, sur le gouvernement, sur soi-même à faire trembler, passèrent pour des gaietés et des gentillesses agréables. En un mot les yeux communs le regardoient comme un fou échappé de sa cage, tandis que ceux de qui tout dépendoit le considéroient comme l'unique ressource qui n'avoit que de légères imperfections. Voysin portoit souvent le portefeuille chez lui, Desmarets aussi, séparément et quelquefois ensemble. Rien ne lui fut refusé du personnage de dictateur. Il décidoit des projets, des arrangements. L'oubli et l'avancement des hommes furent dans ses mains. Ce radieux état pourtant ne l'empêcha pas de songer à ses lettres de pairie.

Le président de Maisons, son beau-frère, les lui dressa, et il y mit tout ce qu'il voulut sur ses services. Il eut l'audace d'y faire insérer que, sans sa blessure, la bataille de Malplaquet étoit gagnée, et diverses autres choses à sa louange qui flétrissoient également la vérité et la gloire du maréchal de Boufflers. Pontchartrain, à qui elles furent portées pour les expédier, sursit, et en avertit Boufflers qui, blessé jusqu'au fond de l'âme, devint furieux. Il tomba sur Villars publiquement jusqu'à l'outrage; il en parla à tout le monde et aux ministres. Cet homme si sage, si mesuré, si craintif à l'égard du roi, ne se posséda plus. Il déclara tout haut à qui voulut l'entendre qu'il s'en plaindroit au roi, et que, s'il n'en avoit pas justice, il étoit résolu de la demander en plein parlement, de s'adresser aux pairs, de s'opposer aux lettres de Villars et de plaider lui-même sa cause devant les pairs et tout le parlement assemblé. Il y avoit longues années que propos si hardi n'avoit frappé aucune oreille. Aussi fit-il un étrange fracas. Il fut tel que le roi n'osa refuser à un seigneur si utilement illustre la justice qu'il lui demanda si haut. Villars épouvanté, quoique sur les nues, sentit pour lors tout le poids de la vertu et de la vérité. Il n'osa se commettre avec Boufflers, il désavoua tout ce qu'il avoit attenté dans ses lettres, et, pour voiler l'ordre du roi, il envoya lui-même ses lettres à Boufflers qui y biffa tout ce qu'il voulut, et ce qu'il biffa demeura supprimé dans l'expédition qu'en fit Pontchartrain, et qui lui fut montrée.

Villars pourtant se distilla chez lui publiquement, et tous les jours en respects pour le maréchal de Boufflers, en soumissions, en louanges, lui envoya plusieurs messages en hommages et en pardons, et avala cet affront dans toute son étendue. On négocia et on obtint enfin que Boufflers après tant de génuflexions iroit voir Villars, après avoir ainsi triomphé de son triomphe. Il fut accueilli avec des respects et des soumissions profondes qui furent reçues gravement et en maître qui daigne accepter un tribut. De tous ces procédés se combla une haine que Boufflers trop naturel exhala même peu décemment quelquefois, et que Villars resserra en lui-même sous le voile des hommages et des soumissions; toutefois sans rompre, par l'extrême retenue de Villars qui n'osa plus se commettre, et Boufflers pour ne pas embarrasser le roi.

Cet éclat fut incontinent après suivi d'un autre, mais qui, à beaucoup près, ne fut pas porté si loin. Harcourt, duc vérifié cinq ans avant Villars, et d'une naissance si différente, portoit fort impatiemment que celui-ci eût été fait pair avant lui, et que lui-même n'y fût arrivé qu'à son occasion. Il n'ignoroit pas nos prétentions réciproques de préséance; de M. de La Rochefoucauld et de moi, il voulut adroitement acquérir les mêmes sur Villars. Il projeta donc de se faire recevoir au parlement dans la même séance où ses lettres de pairie seroient enregistrées; et pour le faire couler doucement, il ne hasarda pas de les présenter avant que celles de Villars le fussent, qui étoient antérieures aux siennes. Mais dès qu'elles le furent, il se prépara à l'exécution de son projet, comme ne songeant à rien. Malheureusement pour lui Villars en eut le vent; il avoit aussi ouï parler de mon affaire avec M. de La Rochefoucauld, mais sans la savoir. Il me pria de la lui expliquer, c'étoit chose qui ne se pouvoit refuser. Là-dessus le voilà aux champs, qui fait grand bruit, qui représente au roi, par un mémoire qu'il lui envoya, le dessein d'Harcourt et l'impossibilité où sa blessure le mettoit de se faire recevoir, sur quoi, il demanda de ces deux choses l'une, pour lui éviter un procès pareil au mien : ou des lettres patentes vérifiées au parlement qui lui conservassent son ancienneté entière sur les pairs postérieurs à lui qui pourroient être reçus au parlement avant lui, comme M. de Bouillon les avoit obtenues dans sa minorité; ou une défense verbale au maréchal d'Harcourt de se faire recevoir avant que lui-même le fût. La demande parut au roi d'autant plus juste qu'elle évitoit un procédé qui l'eût embarrassé entre ces deux hommes, et un procès dont il haïssoit les décisions. Harcourt reçut donc cette défense de la bouche du roi, dont il fut outré de dépit, et dont Villars ne se contraignit pas de triompher. Fort peu de jours après, Harcourt tomba en apoplexie, qui mit ses grandes vues et ses amis en grand désarroi, et qui, au lieu de forcer la porte du conseil, le fit aller aux eaux de Bourbonne, hors d'état de s'appliquer à rien, mais retenant toujours sa destination de général de l'armée du Rhin, comme l'année précédente.

Le maréchal d'Huxelles commandoit en chef en Alsace dès l'année 1690, en avril, à la mort de Montal, et servoit de lieutenant général dans l'armée du Rhin toutes les campagnes, jusqu'en 1703, qu'il fut de la promotion des maréchaux de France que le roi fit en janvier, à l'occasion de laquelle je me suis étendu sur lui assez pour n'avoir rien à y ajouter. Décoré de l'ordre et du bâton, c'étoit où la profession militaire le pouvoit porter. Son goût ne le tournoit point vers le commandement des armées. Voir aussi de

Strasbourg un général d'armée auquel il falloit obéir dans son commandement s'il étoit son ancien, et s'il ne l'étoit pas, se concerter avec lui de manière fort équivalente à la subordination, étoit pour lui une amertume. Depuis 1690, il n'avoit quitté les bords du Rhin ni été ni hiver, que depuis qu'il fut maréchal de France, et encore y demeura-t-il les premières années. Il petilloit de s'approcher de la cour dans le désir de pousser sa fortune. Il vouloit entrer dans le conseil, au moins être consulté et de quelque chose. Son grand but étoit de parvenir à être duc, et celui du premier écuyer d'être appelé dans ses lettres. Pour cela il falloit être à la cour et à demeure; mais quitter plus de cent mille livres de rente en abandonnant l'Alsace : c'étoit acheter bien cher des espérances peu fondées. Il tâta le pavé par quelques voyages à Paris; il les allongea, et fit si bien qu'il lui fut permis de s'y fixer sans se dépouiller du commandement d'Alsace, qu'on fit exercer par du Bourg, tellement que cette province eut un gouverneur et deux commandants payés.

Huxelles établi à Paris tint une excellente table pour avoir compagnie, sortit peu pour se faire rechercher, se lia au président de Mesmes par le premier écuyer son ami intime, et par ce président à M. du Maine, dont il étoit le commensal. Il fut vanté à Mlle Choin par Mme de Beringhen, la cultiva jusqu'à envoyer tous les jours de sa vie des têtes de lapins et d'autres mangeailles à sa chienne (et il faut noter qu'il logeoit dans la rue Neuve-Saint-Augustin, vis-à-vis le duc de Tresmes, et Mlle Choin attenant le petit-Saint-Antoine). Il fit sa cour à Vaudemont et à ses nièces, et s'initia ainsi à Monseigneur, sans toutefois le voir souvent en particulier, et très-rarement publiquement, qui le crut la meilleure tête de France et un homme qui ne vouloit rien que son repos. D'autre côté il courtisa Harcourt, qui le produisit à Mme de Caylus pour atteindre à Mme de Maintenon. Harcourt ne le craignoit point pour émule, il le connoissoit trop bien, mais il en vouloit faire un écho et un épouvantail à ministres, contre lesquels tout lui étoit bon ; conséquemment il fut très-bien avec Voysin aussitôt qu'il fut en place. Tout cela se passoit souterrainement. Tant de liaisons importantes ne rendant rien, il en tomba peu à peu dans un chagrin qui devint noir, qui attaqua sa santé et qui fit craindre pour sa tête. Il fut près d'un an chez lui sans vouloir voir personne que le premier écuyer, sa femme, et un ou deux autres devant qui il ne retenoit pas ses foiblesses. Les médecins furent longtemps sans savoir ce que cela deviendroit, parce qu'ils sentirent que ce n'étoit pas de leur art que dépendoit cette guérison. Ses amis se remuèrent vers les remèdes qu'il lui falloit, le poulièrent[1] à Marly, et et le soulagèrent, mais non encore entièrement. C'est l'état où il étoit quand il fut question de nommer des plénipotentiaires pour les conférences de Gertruydemberg.

Torcy, ami intime de l'abbé de Polignac, l'avoit, comme on a vu, tiré d'un péril imminent et fort dangereux, en le dépaysant ; et lui en avoir su tirer grand parti, avec le même appui, pour s'assurer d'un chapeau. Cela fait, et l'intervalle long de son absence, il eut envie de se rapprocher. Torcy, qui le destinoit à travailler à la paix, pour le tenir toujours en besogne lui procura la permission de faire un tour à la cour de quelques mois, sans quitter son auditorat de rote[2] où il brilloit, et pour avoir où le renvoyer au loin si le cas y échéoit. Il étoit arrivé sur la fin de l'année précédente, et fut assez bien reçu du roi, et très-bien de la cour, surtout des dames. Ce retour me procura une confidence.

Il faut se souvenir de la conversation que j'eus sur lui avec le duc de Beauvilliers, ci-devant (t. V, p. 97, 98) et de la manière dont il reçut ce que je lui dis. Oncques depuis nous ne nous étions fait mention de l'abbé de Polignac l'un à

---

1. Mot déjà employé par Saint-Simon dans le sens de *hisser avec une poulie*.
2. Voy., t. II, p. 383, note, en quoi consiste le tribunal de rote.

l'autre, ni de rien qui en pût approcher. Mon retour à Marly fut un des premiers fruits de l'audience que le roi m'avoit accordée. Au premier voyage que j'y fis, étant allé un soir causer avec le duc de Beauvilliers, et ne parlant de rien moins que de l'abbé de Polignac, tout d'un coup le duc se mit à me regarder fixement, à sourire et à me dire qu'il falloit qu'il me fît une confidence; et que c'étoit une réparation qu'il me devoit à laquelle il ne pouvoit plus tenir. Je n'imaginai point ce qu'il me vouloit dire. « Vous souvenez-vous bien, me dit-il, de la conversation que nous eûmes ensemble, dans cette même chambre, il y a quatre ans, sur l'abbé de Polignac? c'est que vous avez été prophète. Il faut que je vous avoue qu'il m'est arrivé de point en point ce que vous m'aviez prédit, et que l'abbé de Polignac, initié avec Mgr le duc de Bourgogne par les sciences, et le voyant souvent seul, m'avoit absolument éloigné de lui. » Je m'écriai, il me fit taire. « Écoutez tout, me dit-il. Je ne fus pas longtemps à m'en apercevoir. Je voulus me le rapprocher, je l'éloignai encore davantage. Plus de consultations, plus même de raisonnements; jusqu'à ma présence lui pesoit. M. de Chevreuse se trouva de même. Je pris le parti de ne lui plus parler de rien, de répondre en deux mots quand il me parloit, de faire mon service assez pour que le public ne s'aperçût de rien, et je demeurai dans mes fonctions comme un étranger le plus mesuré, sans trouver rien à redire et sans parler que pour répondre. Cela, monsieur, a, s'il vous plaît, duré plus d'un an. Enfin, il s'est rapproché, il s'est réchauffé, il s'est trouvé embarrassé de ma réserve, il a tâté le pavé à diverses reprises. Je le voyois venir toujours respectueusement, sans la moindre ouverture, jusqu'à ce qu'un beau jour il me prît dans son cabinet et se déboutonna. Je reçus ce qu'il me dit comme je le devois, et lui dis en même temps ce que je crus devoir sur l'attachement et la confiance; que je ne tenois à lui que par le cœur, et le désir de son bien et celui de l'État, et par nulle autre chose ; et qu'il voyoit que je savois me retirer à proportion de lui, et me tenir dans le respect et dans la simple fonction de ma charge. Alors dans ce retour d'amitié et de confiance, il m'avoua que c'étoit l'abbé de Polignac qui l'avoit éloigné ; que c'étoit un enchanteur très-dangereux, une sirène.... — Eh bien ! monsieur, interrompis-je, avez-vous eu encore votre cruelle charité de ne lui pas bien rompre le cou en ce moment que vous l'avez eû si belle ? — Oh ! pour cela, me dit-il, ce n'eût pas été charité, c'eût été abandon de Mgr le duc de Bourgogne, et manquer de charité pour lui ; aussi, vous puis-je assurer que je lui ai fait sentir tout ce que je devois sur cela pour lui-même ; et que, puisque vous appelez cela rompre le cou, vous pouvez compter que je l'ai si bien et si parfaitement rompu à l'abbé de Polignac, qu'il n'en reviendra de sa vie auprès de Mgr le duc de Bourgogne. »

Je l'en louai beaucoup, et comme un homme qui s'est surpassé lui-même ; après quoi je me licenciai à le pouiller un peu de ne vouloir ni connoître les gens ni souffrir qu'on les lui fît connoître. Je le fis souvenir de notre conversation dans le bas des jardins de Marly, sur le choix fait et non encore déclaré de Mgr le duc de Bourgogne pour l'armée de Flandre avec M. de Vendôme, et je lui dis que la prophétie que je lui en fis alors, qui ne tarda pas à s'accomplir au delà de toute pensée, et celle-ci dont il m'avouoit le plénier effet, le devoient rendre plus docile à écouter, et à croire et à se garder. Il en convint, et il est vrai que longtemps avant cet aveu il étoit moins hérissé à mes discours, à son gré peu charitables, et me croyoit fort volontiers, ce qui ne fit depuis qu'augmenter de plus en plus à mon égard. Je lui demandai après où en étoit le duc de Chevreuse ; il me dit que le retour étoit aussi entier pour lui et de même date que le sien. Le singulier est qu'ils se conduisirent avec tant de ménagements, que personne, même les valets les plus intérieurs, ne s'aperçurent jamais de ce changement si grand dans toute sa longue durée. Il ne servit qu'à mettre ces deux ducs encore plus intimement avec Mgr le duc de Bourgogne ; ce qui a duré jusqu'à sa mort[1].

L'abbé de Polignac, à son retour de Rome, se trouva bien étourdi de la froideur marquée de Mgr le duc de Bourgogne, qui ne prit à rien avec lui en public, et ne le vit point en particulier. Le bon ecclésiastique craignit pis qu'il n'y avoit, et se contint par là dans de pénibles réserves. Mais bientôt il fut délivré par le choix du maréchal d'Huxelles et de lui pour aller à Gertruydemberg ; sur quoi je renvoie aux Pièces, où les préliminaires de cet envoi et la négociation jusqu'à sa rupture se trouvent dans tout le détail[2]. Je dirai seulement ici que le maréchal d'Huxelles, qui mouroit de ne rien faire, et que cette nomination guérit, voulut faire accroire qu'on le faisoit aller malgré lui, tandis que Harcourt, Voysin et Mme de Maintenon le préconisoient, et que M. du Maine le servoit. Le jour qu'il fut déclaré au conseil avec l'abbé de Polignac, Monseigneur dit qu'il ne croyoit pas que le maréchal voulût se charger de cet emploi, et qu'outre qu'il étoit vieux et infirme (il n'étoit point vieux, et n'étoit malade que de rage de n'être [rien] et de ne rien faire), il lui avoit dit, il n'y avoit pas longtemps, qu'il aimeroit mieux avoir perdu un bras que son nom demeurât à la postérité souscrit à une paix telle que celle qui termineroit cette guerre. On verra dans les Pièces et dans les suites que cette délicatesse ne fut que pour Monseigneur, et pour tâcher de se faire valoir : le renard des mûres, si on ne songeoit point à lui, [voulant] se faire prier si on y pensoit.

Le chancelier, ami intime du premier écuyer et parent d'Huxelles et Voysin, louèrent sa capacité ; Desmarets, son ami, aussi. Le roi, prévenu par Mme de Maintenon et M. du Maine, applaudit ainsi que les deux autres ministres qui

---

1. Voy., sur l'abbé de Polignac, les notes à la fin du volume.
2. Voy. les Mémoires de Torcy.

firent chorus; puis le roi ajouta en se redressant, qu'il ne croyoit pas qu'il refusât, quand il sauroit qu'il ne recevroit aucune excuse, et qu'il vouloit bien qu'on le lui dît, et qu'il ne vouloit pas être refusé. Ce même jour le chancelier s'en alloit à Paris. Dès qu'il y fut arrivé, il envoya chercher le maréchal à qui il conta ce qui s'étoit passé au conseil, et le détermina sans peine à accepter. Il avoit déjà reçu une lettre de Torcy là-dessus, qui, ce même jour encore, arriva chez lui avec Desmarets, et l'entretinrent deux heures. L'abbé de Polignac, qui n'avoit avec lui aucune liaison, le fut voir deux jours après. Le maréchal ne vit le roi dans son cabinet qu'un demi-quart d'heure, à ce que me conta le premier écuyer qui en étoit fort scandalisé, et l'abbé de Polignac point du tout. Le roi lui dit un mot en passant chez Mme de Maintenon. Je n'entamerai rien ici de ce qui se trouvera dans les Pièces; je dirai seulement que, sur les plaintes que firent les Hollandois d'une nomination d'éclat par les personnages, lorsqu'ils n'en vouloient que d'obscurs, on eut recours à une ruse d'enfant, la plus déshonorante qu'il fût possible. Le maréchal d'Huxelles eut défense de mettre ses armes à rien, pour ne montrer ni ses bâtons ni son collier de l'ordre, et l'abbé de Polignac de paroître autrement qu'en habit de cavalier. Cela ne cachoit ni leurs noms ni leur caractère; cela avilit seulement celui que le roi leur donnoit pour traiter, et donna fort à rire aux alliés, qui insultèrent à une complaisance si basse.

Tout ce qui suivit répondit à ce triste début. Si un officier de la couronne effacé de la sorte devint un spectacle fort nouveau, la mascarade de l'abbé de Polignac en fut un encore plus étrange. On trouva même sans cela toutes sortes d'indécences d'employer un ecclésiastique et un auditeur de rote à consentir, comme il étoit inévitable, à beaucoup de choses préjudiciables à la religion catholique dans toutes les restitutions auxquelles il falloit se livrer; un homme qui avoit publiquement la nomination acceptée du roi d'Angleterre au cardinalat pour signer l'exhérédation et la proscription de ce prince et de sa postérité en faveur d'un usurpateur protestant et comme tel ; enfin un personnage châtié par l'exil en arrivant de son ambassade de Pologne, exil qui avoit duré fort longtemps. Sur tout le reste je renvoie aux Pièces, qui satisferont pleinement. Tout fut concerté avec Bergheyck, venu exprès à Versailles, et qui retourna en Flandre vers le départ de nos deux plénipotentiaires.

On essuya encore en même temps une chose assez désagréable. Le cardinal de Médicis, en remettant son chapeau pour se marier, comme on l'a dit, avoit fait vaquer la protection des couronnes de France et d'Espagne qu'il avoit. Les couronnes catholiques ont à Rome chacune leur *protecteur*, étrange nom à l'égard d'une couronne ; mais les cardinaux, de longue main en possession d'être des monstres fort à charge à leurs princes et à leurs nations, et beaucoup plus à l'Église, après avoir usurpé les choses, ont envahi jusqu'aux noms, et les rois les ont laissé faire avec une insensibilité nonpareille. Ces messieurs veulent donc se mêler d'affaires, et ne peuvent le faire que subordonnément, comme tous les autres qui en seroient chargés ; ils en veulent l'honneur, la considération, le profit, mais ils n'en veulent pas le nom ordinaire ; il faut leur en voiler les fonctions sous la majesté d'un nom qui impose, quoique tout le monde en sache la valeur. Ainsi le cardinal qui est payé pour prendre soin de tout ce qui passe en consistoire pour une nation s'appelle le protecteur de cette nation ; et de là protecteur de la couronne de France, d'Espagne, etc. C'est à lui que s'adressent les banquiers en cour de Rome pour l'expédition des bénéfices et des autres choses qui passent en consistoire, où c'est à lui à proposer et à préconiser les évêchés ; et il se mêle aussi de beaucoup de choses qui passent par la chancellerie, par la pénitencerie et par les signatures. Le roi, ayant donc à choisir un protecteur, jeta les yeux sur le cardinal Ottobon. Plusieurs raisons l'en devoient empêcher.

Son oncle que M. de Chaulnes fit pape, et qui avoit promis merveilles sur les franchises et sur d'autres points plus importants qui avoient brouillé le roi avec Innocent XI, son prédécesseur, qui depuis longtemps ne donnoit aucunes bulles en France, manqua de parole, et se moqua de la France en pantalon qu'il étoit; en sorte qu'il la fit passer à tout ce qu'il voulut; et à ce qui auroit tout terminé même avec Innocent XI. Ainsi, ce neveu ne devoit pas être un sujet assez agréable pour recevoir une pareille distinction dans une cour si suivie, et qui ne dompte la nôtre que par sa suite perpétuelle qu'elle ne rencontre pas dans notre légèreté. Ce cardinal étoit un panier percé qui, avec de grands biens, de grands bénéfices, et les premières charges de la cour de Rome, y étoit méprisé par le désordre de ses dépenses, de ses affaires, de sa conduite et de ses mœurs, quoique avec beaucoup d'esprit, et même capable d'affaires et aimable dans le commerce. Enfin, il étoit Vénitien, et le roi avoit tous les sujets du monde de se plaindre de la conduite de sa république pendant la guerre d'Italie. De plus, on ne devoit pas ignorer avec quelle jalousie la politique de Venise interdit à ses sujets tout attachement à quelque prince que ce soit, et combien elle l'avoit montré encore, il n'y avoit pas longtemps, à l'occasion de la nomination du cardinal Grimani par l'empereur, et des emplois qu'il lui avoit donnés, quelque terreur qu'ils eussent de ce prince, et quels que fussent leurs extrêmes ménagements pour lui. Ce fut à quoi on s'exposa ici par cette nomination.

Ottobon balança à l'accepter, non qu'il ne la désirât beaucoup, mais par respect pour ses maîtres, et dans l'espérance de les y faire consentir. Il y échoua. Ils tinrent ferme, ils refusèrent au roi qui s'abaissa à les prier. Le roi, qui n'en voulut pas avoir le démenti, pressa Ottobon de passer outre. Il se trouva embarrassé, et toute cette lutte dura assez longtemps. Enfin, tenté par de grosses abbayes, il passa le Rubicon. Les Vénitiens l'effacèrent du livre d'or[1], le proscrivirent, défendirent tout commerce avec lui, même à ses plus proches, et à leur ambassadeur à Rome de le visiter. L'abbé de Pomponne, ambassadeur à Venise par qui cette négociation avoit passé, sortit de Venise, se retira à Florence, et l'ambassadeur de Venise à Paris eut ordre de s'en aller, partit sans audience de congé, et ne tarda pas à arriver à Paris et à Versailles.

Il arriva en même temps une aventure très-singulière, et qui piqua fort le roi. Un petit procureur du siége de Beaune en Bourgogne s'appeloit Chavignard, et avoit deux fils assez bien faits. Ils étudièrent aux jésuites, qui les prirent sous leur protection. De Chavignard à Chavigny il n'y a pas loin dans la prononciation. La maison de Chavigny-le-Roi, ancienne, illustre, grandement alliée, étoit éteinte depuis longtemps. Ces deux frères jugèrent à propos de la ressusciter et de s'en dire, et les jésuites de les produire comme tels. Ils vinrent à Paris sous ce beau nom comme des cadets de bonne maison, mais qui n'avoient rien, et qui réclamoient leurs parents, chez qui les jésuites les présentèrent et les introduisirent parmi leurs amis. M. de Soubise qui croyoit ne pouvoir être dupe que de son gré, et qui avoit de bonnes raisons de se le persuader, le fut tout de bon cette fois-ci; il prit pour bon ce que les jésuites lui dirent, et voulut bien présenter au roi MM. de Chavigny comme ses parents et leur procurer de l'emploi. La duchesse de Duras, fille du prince de Bournonville, mort sous-lieutenant des gens d'armes de la garde, avoit eu de la cascade de cette charge un guidon à vendre dans la même compagnie. M. de Soubise le procura à l'un des deux frères qui obtint aussi l'agrément d'une petite lieutenance de roi en Touraine. Il avoit, disoit-il, épuisé le peu qu'il avoit, et boursillé parmi

---

1. Registre sur lequel étaient inscrits les noms des patriciens de Venise.

ses amis pour se faire cet établissement et se mettre en chemin de faire fortune. Ils alloient voir tout le monde et chacun les recevoit avec plaisir par le nom, la figure et les manières qu'ils présentoient. L'autre frère eut peu après une abbaye de dix-huit à vingt mille livres de rente pour aider à son frère à subsister à la cour et à la guerre, où il avoit fait la campagne dernière dans les gens d'armes.

Une si grosse abbaye ne vaquoit pas tous les jours. Celle-ci ne l'étoit devenue que cet hiver, et causa tant d'envie que les aboyants, outrés de la voir donner ainsi, se mirent à chercher ce que c'étoit que cet abbé de Chavigny, et découvrirent qui il étoit. Ils en eurent les preuves et les publièrent avec tant de bruit qu'ils détrompèrent tout le monde. Le roi, piqué d'une si hardie imposture, dans laquelle il avoit si bien donné, fit arrêter les bulles à Rome, nomma un autre sujet, ordonna à l'autre frère de se défaire de son guidon en faveur du comte de Pons pour soixante mille livres, qu'il avoit acheté quatre-vingt mille livres, et de sa lieutenance de roi de Touraine, et fit défendre à tous deux de se présenter jamais devant lui. On trouva encore la punition douce. C'étoient deux compagnons de beaucoup d'esprit, d'intrigue et de manége, de hardiesse, de souplesse, et pour leur âge fort instruits. Ils disparurent à l'instant et firent le plongeon. Qui ne croiroit que ce ne fût pour toujours après une telle infamie? Cet affront ne leur coûta rien à soutenir. Ils se mirent à faire les espions en Hollande. Torcy se servit d'eux à l'insu du roi, et comme ils avoient, surtout le guidon, infiniment d'esprit et d'adresse, il en fut fort content. Ils parurent même à Utrecht pendant les conférences de la paix. Après la mort du roi ils continuèrent à s'intriguer.

Dans la suite ils devinrent les instruments de l'abbé Dubois en beaucoup de choses, puis ses confidents, et ce qu'en langage commun on appelleroit ses âmes damnées. Celui qui avoit été abbé voulut du solide. On n'eut pas honte de lui donner l'agrément d'une charge de président à mortier au parlement de Besançon, où il s'est comporté avec une audace et une insolence surprenante, et toujours s'appelant Chavigny. L'autre, sous le nom de chevalier de Chavigny, plus doux et plus souple en apparence, continua ses intrigues. L'abbé depuis cardinal Dubois l'employa en divers lieux, puis en Espagne, à Ratisbonne, en Angleterre, et maintenant, avec toute honte bue, il est ambassadeur de France en Portugal à son retour de Danemark, où il étoit envoyé extraordinaire. Partout on sait son histoire, partout il en est déshonoré, partout on est indigné de le voir avec caractère [d'ambassadeur], partout on dit que ceux qui emploient un tel instrument ne le peuvent faire qu'à dessein de tromper; et toutefois il subsiste, on en est content à la cour, et il y est bien reçu dans les intervalles de ses emplois qu'il y est venu. N'est-ce point là de ces vérités qui ne sont pas vraisemblables? Pour y mettre le comble, elle étoit dans le Moréri au nom de Chavigny-le-Roi, et ils ont eu le crédit de faire défendre qu'on la mît dans la dernière édition qui en a été faite.

Le samedi 15 février le roi fut réveillé à sept heures, qui étoit une heure plus tôt qu'à l'ordinaire, parce que Mme la duchesse de Bourgogne se trouvoit mal pour accoucher. Il s'habilla diligemment pour se rendre auprès d'elle. Elle ne le fit pas attendre longtemps. A huit heures trois minutes et trois secondes elle mit au monde un duc d'Anjou, qui est le roi Louis XV, aujourd'hui régnant, ce qui causa une grande joie. Ce prince fut incontinent ondoyé par le cardinal de Janson dans la chambre même où il étoit né, et emporté ensuite sur les genoux de la duchesse de Ventadour dans la chaise à porteurs du roi dans son appartement, accompagné par le maréchal de Boufflers et par des gardes du corps avec des officiers. Un peu après, La Vrillière lui porta le cordon bleu, et toute la cour l'alla voir, deux choses qui déplurent fort à M. son frère, qui ne se contraignit pas de le marquer. Mme de Saint-Simon, qui étoit dans la chambre de Mme la Dauphine, se trouva par hasard une des premières qui vit ce prince nouveau-né parmi toutes celles qui y étoient. L'accouchement et ses suites furent fort heureux.

Il se fit en même temps deux mariages auxquels je pris grande part. Le duc de Chevreuse, avec tout son esprit pénétrant, réglé et métaphysique, s'étoit si parfaitement ruiné, à force de vouloir faire ses affaires lui-même et tendre toujours au mieux, que, sans le gouvernement de Guyenne, il n'auroit pas eu de quoi vivre. Il avoit fait beaucoup de belles choses à Dampierre. Il avoit creusé un canal depuis ses forêts de Montfort et de Saint-Léger jusqu'à Mantes, avec des frais infinis et des dédommagements immenses aux riverains, pour porter ses bois jusqu'à la Seine à bois perdu, dans lequel canal il n'a jamais coulé un muid d'eau. Ensuite il fit paver toute sa forêt pour en tirer ses bois, sans aucun usage, et il essuya enfin une grande banqueroute de ses marchands. Il chercha un riche mariage pour le duc de Luynes, fils du feu duc de Montfort, son fils aîné, quoiqu'il fût encore fort jeune. Ce bâtard du dernier comte de Soissons prince du sang, dont j'ai parlé ailleurs, que Mme de Nemours avoit choisi pour en faire son héritier, avoit laissé deux filles de la fille du maréchal-duc de Luxembourg. L'aînée avoit quatre-vingt mille livres de rente en belles terres, et n'avoit qu'une sœur qui en devoit avoir presque autant, outre les pierreries et les autres choses qu'elles pouvoient encore espérer de Mme de Nemours, qui n'avoit d'yeux que pour elles ni de volonté que pour ôter tout à ses héritiers naturels. M. de Luxembourg, leur oncle, gendre en premières noces de M. et de Mme de Chevreuse, sans enfants, avoit toujours conservé avec eux la liaison la plus intime. Il fit ce mariage, dont les biens, la figure de la jeune femme et le côté maternel étoient à souhait.

MARIAGE DE LA FILLE DU DUC D'HUMIÈRES.

Le duc d'Humières, mon plus ancien et intime ami, maria sa fille unique au fils aîné du duc de Guiche. En considération de ce noble et riche mariage, ils obtinrent pour la première fois que le duc de Guiche se démît de son duché, quoique le duc de Grammont, son père, qui s'en étoit démis en sa faveur, vécût encore, et allant et venant par le monde; ainsi ce fut trois générations à la fois ducs et pairs sur le même duché-pairie.

Il s'en fit quelque temps après deux autres. Voysin maria l'aînée de ses trois filles au fils aîné de Broglio, qui avoit longtemps commandé en Languedoc, et qui étoit beau-frère du feu président Lamoignon et du célèbre Bâville. La veuve de Lamoignon étoit Voysin, cousine germaine du ministre qui fit ce mariage.

Gacé, fils du maréchal de Matignon, veuf de sa cousine germaine de même nom et sans enfants se remaria à la fille du maréchal de Châteaurenauld, qui fut un très-malheureux mariage. Il eut le gouvernement de la Rochelle et pays d'Aunis sur la démission du maréchal de Matignon son père.

M. de Beauvilliers fit en même temps une chose fort contre mon goût, et dont je fis tout mon possible pour le détourner. Ce fut de donner, avec l'agrément du roi, sa charge de premier gentilhomme de la chambre au duc de Mortemart, son gendre, de préférence au duc de Saint-Aignan son frère. Il crut devoir cette récompense à sa fille, qu'il aimoit fort, des grands biens qu'après avoir perdu ses fils il avoit donnés à son frère; ceux que leur mort faisoit tomber à la jeune duchesse de Mortemart, avec la dignité de grand d'Espagne, me paroissoient un dédommagement bien suffisant. Mais la délicatesse de M. de Beauvilliers ne put être vaincue par toutes mes raisons. Il savoit beaucoup de gré à son gendre, et à la duchesse de Mortemart sa belle-sœur, de la manière dont ils s'étoient portés à le presser même de faire beaucoup pour le duc de Saint-Aignan. Cette duchesse de Mortemart étoit, après la duchesse de Béthune, la grande âme de la gnose, et la mieux aimée de l'archevêque de Cambrai, qui de son diocèse gouvernoit toutes ces consciences. Ce fut par conséquent l'avis aussi du duc de Chevreuse ; et la considération de la duchesse de Beauvilliers, qui avec la plus grande amitié du monde, s'étoit prêtée à tout ce que le duc de Beauvilliers avoit voulu faire pour son frère, y entra pour beaucoup. Je vis ce choix avec douleur, qui dans la suite leur en donna beaucoup à eux-mêmes, et qui ne réussit pas comme ils l'avoient espéré à retirer le duc de Mortemart de l'obscurité et de la crapule, ni à rendre sa pauvre femme plus heureuse, qui méritoit tant de l'être.

CHAPITRE VI.

Bouffonneries de Courcillon, à qui on recoupe la cuisse. — Mort de la duchesse de Foix. — Mort de Fléchier, évêque de Nîmes. — Mort, caractère et testament de l'archevêque de Reims Le Tellier. — Cardinal de Noailles proviseur de Sorbonne. — Mort de Vassé. — Mort de Mme de Lassai. — Mort de Mme Vaubecourt. — Mort de l'abbé de Grandpré; son sobriquet étrange. — Mort de M. le Duc. — Conduite de Mme la Duchesse. — Étrange contre-temps arrivé à M. le comte de Toulouse. — Nom et dépouille entière de M. le Duc donnés à M. son fils. — D'Antin chargé du détail de ses charges, puis de ses biens et de sa conduite. — Saintrailles et son caractère. — Caractère de M. le Duc. — Orgueil extrême de Mme la duchesse d'Orléans; sa prétention de préséance pour ses filles sur les femmes des princes du sang. — Mesures sur cette dispute, et sa véritable cause. — Adroite prétention de la duchesse du Maine de précéder ses nièces comme tante. — Jugement du roi entre les princesses du sang mariées et filles en faveur des premières, où il fait d'autres décisions concernant son sang. — Mécanique des après-soupées du roi. — Le roi déclare son jugement aux parties, puis au conseil, et ne le rend public que quelques jours après, sans le revêtir d'aucunes formes. — Brevet de conservation de rang de princesse du sang, fille, à la duchesse du Maine.

J'ai déjà parlé ailleurs de Courcillon, original sans copie, avec beaucoup d'esprit, et d'ornement dans l'esprit, un fonds de gaieté et de plaisanterie inépuisable, une débauche effrénée et une effronterie à ne rougir de rien. Il fit d'étranges farces lorsqu'on lui coupa la cuisse après la bataille de Malplaquet. Apparemment qu'on fit mal l'opération, puisqu'il fallut la lui recouper en ce temps-ci à Versailles. Ce fut si haut que le danger étoit grand. Dangeau, grand et politique courtisan, et sa femme que Mme de Maintenon aimoit fort et qui étoit de tous les particuliers du roi, tournèrent leur fils pour l'amener à la confession. Cela l'importuna. Il connoissoit bien son père. Pour se délivrer de cette importunité de confession, il feignit d'entrer dans l'insinuation, lui dit que, puisqu'il en falloit venir là, il vouloit aller au mieux; qu'il le prioit donc de lui faire venir le P. de La Tour, général de l'Oratoire, mais de ne lui en proposer aucun autre, parce qu'il étoit déterminé à n'aller qu'à celui-là. Dangeau frémit de la tête aux pieds. Il venoit de voir à quel point avoit déplu l'assistance du même père à la mort de M. le prince de Conti et de M. le Prince; il n'osa jamais courir le même risque ni pour soi-même, ni pour son fils, au cas qu'il vînt à réchapper. De ce moment il ne fut plus de sa part mention de confession, et Courcillon, qui n'en vouloit que cela, n'en parla pas aussi davantage, dont il fit de bons contes après qu'il fut guéri. Dangeau avoit un frère abbé, académicien, grammairien, pédant, le meilleur homme du monde, mais fort ridicule. Courcillon, voyant son père fort affligé au chevet de son lit, se prit à rire comme un fou, le pria d'aller plus loin, parce qu'il faisoit en pleurant une si plaisante grimace qu'il le faisoit mourir de rire.

De là passe à dire que, s'il meurt, sûrement l'abbé se mariera pour soutenir la maison ; et en fait une telle description en plumet et en parure cavalière, que tout ce qui étoit là ne put se tenir d'en rire aux larmes. Cette gaieté le sauva, et il eut la bizarre permission d'aller chez le roi et partout sans épée et sans chapeau, parce que l'un et l'autre l'embarrassoit avec presque toute une cuisse de bois, avec laquelle il ne cessa de faire des pantalonnades.

Il y eut aussi en ce temps-ci plusieurs morts. Celle de la duchesse de Foix arriva la première, qui fut regrettée de tout le monde, et beaucoup de M. de Foix. Elle étoit sœur de Roquelaure, à qui elle fit écrire en mourant, pour lui demander de pardonner à sa fille et au prince de Léon, ce qu'il accorda. Mme de Foix étoit la plus jolie bossue qu'on pût voir, grande, dansant autrefois en perfection, et ayant tant de grâces qu'on n'eût pas voulu qu'elle n'eût point été bossue ; peu de la cour, fort du grand monde et du jeu, extrêmement amusante sans la moindre méchanceté, et n'ayant jamais eu plus de quinze ans à cinquante-cinq ans qu'elle mourut sans enfants.

[La mort] de l'évêque de Nîmes arriva dans son diocèse. C'étoit Fléchier qui avoit été sous-précepteur de Monseigneur, célèbre par son savoir, par ses ouvrages, par ses mœurs, par une vie très-épiscopale. Quoique très-vieux, il fut fort regretté et pleuré de tout le Languedoc, surtout de son diocèse.

Un bien plus grand prélat mourut en même temps, qui laissa moins de regrets. Ce fut l'archevêque de Reims de qui j'ai parlé plus d'une fois. Il avoit les abbayes de Saint-Remy de Reims, de Saint-Thierry, près Reims, qu'il avoit fait unir à son archevêché pour le dédommagement de l'érection de Cambrai en archevêché auparavant suffragant de Reims, qui n'avoit pas été fait, de Saint-Étienne de Caen, de Saint-Bénigne de Dijon, de Breteuil et quelques autres encore. Il étoit commandeur de l'ordre, doyen du conseil, maître de la chapelle du roi, proviseur de Sorbonne, et le plus ancien archevêque de France. Outre ce que j'ai dit ailleurs de sa fortune et de son caractère, j'ajouterai que, janséniste de nom, ennemi des jésuites, savant en tout ce qui étoit de son état pour le spirituel et le temporel, c'étoit avec de l'esprit un composé fort extraordinaire. Rustre et haut au dernier point, il étoit humble sur sa naissance à en embarrasser; extrêmement du grand monde, magnifique et toutefois avare, grand aumônier assez résident chaque année, gouvernant et visitant lui-même son diocèse qui étoit le mieux réglé du royaume, et le mieux pourvu des plus excellents sujets en tout genre qu'il savoit choisir, s'attacher, employer et bien récompenser; avec cela fort de la cour et du plus grand monde, gros joueur, habile en affaires et fort entendu pour les siennes; lié avec les plus doctes et les plus saints de l'épiscopat, aimé et estimé en Sorbonne qu'il protégeoit et gouvernoit très-bien.

C'étoit un homme fort judicieux et qui avoit le talent du gouvernement. Les ducs d'Aumont et d'Humières, frères de père, et le premier fils d'une sœur de ce prélat, avoient de grands démêlés d'intérêts qui les avoient longtemps aigris, et qu'ils remirent enfin à décider à l'archevêque de Reims dont la brillante santé étoit un peu tombée depuis quelque temps. Il mettoit la dernière main à cette affaire le samedi 22 février, et y travailloit depuis sept heures du matin, lorsque, vers une heure après midi, il dit à son secrétaire qu'il se trouvoit mal, et qu'il sentoit un grand mal de tête. Un moment après, il s'étendit dans sa chaise et mourut, à soixante-neuf ans. La marquise de Créqui, sa nièce, arrivoit en même temps pour dîner avec lui, qui parut peu émue, encore moins attendrie. Son amitié pour elle n'étoit pourtant pas sans scandale. Outre des présents gros et continuels, il défrayoit sa maison toute l'année et lui en avoit donné une toute meublée. Aussi passoit-il sa vie avec elle quand il étoit à Paris, à la grande jalousie de tous ses autres héritiers. Ils furent tous mandés sur l'heure avec des notaires, et Mme de Louvois, sa belle-sœur. Arrivés qu'ils furent, on voulut chercher le testament. On n'en eut pas la peine, la marquise de Créqui enseigna où il étoit. Par la lecture qu'on fit on trouva qu'il faisoit la marquise de Créqui sa légatrice universelle, et l'abbé de Louvois exécuteur de son testament. Il lui donnoit la magnifique argenterie de sa chapelle et une belle tapisserie; aux religieux de Sainte-Geneviève de Paris, sa bibliothèque, la plus belle de l'Europe pour un particulier; et sa maison de Paris aux enfants de feu M. de Louvois, son frère. Il avoit dénaturé son patrimoine, en sorte qu'il n'en restoit que cette maison; et, comme il n'avoit pas douté que son testament ne fût attaqué, pour peu qu'il pût l'être, il avoit si bien fait que, quelque volonté qu'on eût, cela fut impossible. Ainsi, la marquise de Créqui en eut deux millions. Ce testament ne contribua pas à lever le scandale, ni le peu d'affliction de la marquise de Créqui à adoucir l'indignation. Il y eut des legs pieux et d'honnêtes récompenses au domestique. Mme de Louvois alla le jour même demander au roi la charge de la chapelle pour l'abbé de Louvois, mais par son oncle et par lui-même il étoit écrit en lettres rouges chez les jésuites, et il n'eut rien de cette grande dépouille. Le cardinal de Noailles fut proviseur de Sorbonne, et Marillac devint doyen du conseil.

Le premier écuyer, beau-frère de la marquise de Créqui perdit bientôt après Vassé, son gendre, qui étoit fort jeune et qui laissa des enfants; et Lassai perdit sa troisième ou quatrième femme, bâtarde de M. le Prince, dont la tête étoit un peu dérangée et qui lui laissa une fille.

Mme de Vaubecourt, sœur d'Amelot, l'ambassadeur en Espagne, etc., mourut aussi en même temps sans enfants, et veuve de Vaubecourt, lieutenant général, tué en Italie. Elle étoit encore belle; elle avoit fait du bruit et étoit encore fort du grand monde, mais jamais de la cour.

Le vieil abbé de Grandpré mourut aussi. Il étoit frère du feu comte de Grandpré, lieutenant général et chevalier de l'ordre en 1661, et du maréchal de Joyeuse. C'étoit une manière d'imbécile et qui en avoit aussi tout le maintien, mais qui ne laissoit pas de sentir sa naissance, et d'aller partout. Il n'avoit qu'une méchante petite abbaye et n'étoit point dans les ordres. Son corps n'étoit pas comme son esprit, les dames autrefois lui avoient donné le nom d'*abbé Quatorze* qui lui étoit demeuré, et ce prodige avoit passé en telle notoriété que sa singularité excuse la honte de le rapporter.

Une autre mort épouvanta le monde et le mit en même temps à son aise. M. le Duc, tout occupé de son procès, dont la plaidoirie devoit commencer le premier lundi de carême, étoit attaqué d'un mal bizarre qui lui causoit quelquefois des accidents équivoques d'épilepsie et d'apoplexie qui duroient peu, et qu'il cachoit avec tant de soin qu'il chassa un de ses gens pour en avoir parlé à d'autres de ses domestiques. Il avoit depuis quelque temps un mal de tête continuel, souvent violent. Cet état troubloit l'aise qu'il sentoit de la délivrance d'un père très-fâcheux, et d'un beau-frère qui, en bien des sortes, avoit fait continuellement le malheur et souvent le désespoir de sa vie. Mme la Princesse, pour qui il avoit quelque considération et quelque amitié, le pressoit de penser à Dieu et à sa santé. A force d'exhortations, il lui promit l'un et l'autre, mais après le carnaval, qu'il vouloit donner aux plaisirs. Il fit venir Mme la Duchesse à Paris le lundi gras, pour les sollicitations et les audiences, et en attendant pour lui donner deux soupers et à beaucoup de dames, et les mener courre le bal toute la nuit du lundi et du mardi gras. Sur le soir du lundi, il alla à l'hôtel de Bouillon, et de là chez le duc de Coislin, son ami de tout temps, qui étoit déjà assez malade ; il n'avoit point de flambeaux et un seul laquais derrière son carrosse. Passant sur le pont Royal, revenant de l'hôtel de Coislin, il se trouva si mal qu'il tira son cordon et fit monter son laquais auprès de lui, duquel il voulut savoir s'il n'avoit pas la bouche tournée, et il ne l'avoit pas, et par qui il fit dire à son cocher de l'arrêter au petit degré de sa garde-robe pour entrer chez lui par-derrière, et n'être point vu de la grande compagnie qui étoit à l'hôtel de Condé pour souper. En chemin il perdit la parole et même la connoissance, il balbutia pourtant quelque chose pour la dernière fois, lorsque son laquais et un frotteur qui se trouva là le tirèrent du carrosse et le portèrent à la porte de sa garde-robe qui se trouva fermée. Ils y frappèrent tant et si fort qu'ils furent entendus de tout ce qui étoit à l'hôtel de Condé, qui accourut. On le jeta au lit. Médecins et prêtres mandés en diligence firent inutilement leurs fonctions. Il ne donna nul autre signe de vie que d'horribles grimaces, et mourut de la sorte sur les quatre heures du matin du mardi gras.

Mme la Duchesse, au milieu des parures, des habits de masques et de tout ce grand monde convié, éperdue de surprise et du spectacle, ne perdit sur rien la présence d'esprit. Quoique mal avec M. du Maine, elle en sentit le besoin ; ainsi, fort peu après qu'on eut mis M. le Duc au lit, elle envoya le chercher à Versailles, M. le comte de Toulouse et Mme la princesse de Conti leur sœur, et ne manda rien à M. [le duc] ni à Mme la duchesse d'Orléans, avec qui elle étoit mal, et du crédit desquels elle n'avoit rien à attendre. On peut juger qu'elle n'oublia pas d'Antin. Elle ne laissa pas de pleurer un peu en les attendant. Personne ne crut ses larmes excitées par la tendresse, mais plutôt par un souvenir douloureux qui l'affligeoit en secret depuis un an, et d'une délivrance trop tardive. Mme la princesse de Conti, sa belle-sœur, avertie de ce qui se passoit, alla à l'hôtel de Condé avec ses enfants, demeura dans les antichambres parmi les laquais assez longtemps, retourna dans son carrosse sans sortir de la maison, et revint encore dans les antichambres. La maréchale d'Estrées, douairière, fort amie de Mme la Duchesse, la trouvant là la fit entrer malgré elle, disant qu'en l'état où elle étoit avec M. son frère, elle n'osoit se présenter. Mme la Duchesse, toujours fort à elle-même après le premier étonnement, lui fit merveilles. Bientôt après, l'autre princesse de Conti arriva de Versailles, qui se mettoit au lit lorsque le message de Mme la Duchesse lui vint. Elle demeura peu à l'hôtel de Condé. M. le Duc venoit de mourir; elle emmena Mme la Duchesse à Versailles. Vers Chaillot ils trouvèrent M. du Maine qui monta dans leur carrosse, et vers Chaville M. le comte de Toulouse, qui y monta aussi et s'en retourna avec eux.

Le contre-temps qui lui arriva fit grand bruit, enfanta des chansons, et ce fut tout. Le courrier de Mme la Duchesse ne le trouva point chez lui, et pas un de ses gens ne put ou ne voulut dire où il étoit, ni l'aller avertir. Il n'étoit pas loin pourtant, dans un bel appartement d'emprunt avec une très-belle dame du plus haut parage, dont le mari étoit dans le même, qui en faisoit deux beaux, où tout le jour il tenoit le plus grand état du monde, mais qui, malgré ses jalousies quelquefois éclatantes, étoit hors d'état de les aller surprendre, et la dame apparemment bien sûre du secret. Ils se reposèrent tous chez Mme la Duchesse, où ses enfants arrivèrent. Mme la princesse de Conti alla éveiller Monseigneur, et huit heures du matin approchant, M. et Mme la duchesse d'Orléans avertis vinrent chez Mme la Duchesse, où tout se passa entre eux de fort bonne grâce. M. le duc d'Orléans, M. du Maine et M. le comte de Toulouse allèrent au premier réveil du roi, où Monseigneur arriva un moment après eux.

Le roi, surpris de les voir à une heure si peu ordinaire, leur demanda ce qu'il y avoit. M. du Maine porta la parole pour tous, et aussitôt le roi donna à M. le duc d'Enghien le gouvernement, la charge et la pension de M. son père, et déclara qu'il s'appelleroit M. le Duc comme lui. Ils retournèrent chez Mme la Duchesse lui apprendre ces grâces, et tout de suite menèrent le nouveau M. le Duc attendre le roi dans ses cabinets, à qui ils le présentèrent. Ce prince, dont la sensibilité n'avoit pas édifié à l'hôtel de Condé, avoit plus de dix-sept ans. Le roi permit qu'il fît auprès de lui le service de grand maître, mais il ne voulut pas lui commettre l'exercice réel de cette charge ni du gouvernement de Bourgogne, et, de concert avec Mme la Duchesse, il chargea d'Antin du détail de l'un et de l'autre, de ses biens et de sa conduite, ce qui se déclara quelques jours après. Mme la Princesse étoit à Maubuisson; elle avoit conservé beaucoup d'affection pour cette maison, quoiqu'elle eût perdu sa célèbre tante. Elle vint en diligence et apprit la mort de M. son fils, parce que malgré ses cris elle fut menée non à l'hôtel de Condé, mais chez elle au Petit-Luxembourg, maison qu'elle avoit superbement bâtie depuis la mort de M. le Prince, et qu'elle achevoit encore alors. Elle envoya aussitôt au roi Saintrailles le supplier de vouloir bien mettre la paix dans sa famille. Le roi lui promit d'y travailler, et ordonna à Saintrailles de demeurer auprès de M. le Duc comme il étoit auprès du père, dont il commandoit l'écurie. C'étoit un homme sage avec de l'esprit, fort mêlé dans la meilleure compagnie, mais qui l'avoit gâté en l'élevant au-dessus de son petit état, et qui l'avoit rendu important jusqu'à l'impertinence. C'étoit un gentilhomme tout simple et brave, mais qui n'étoit rien moins que Poton, qui est le nom du fameux Saintrailles.

La mort du poëte Santeuil aux états de Bourgogne, l'aventure inouïe du comte de Fiesque à Saint-Maur, et d'autres choses encore qui se trouvent ci-devant éparses, ont déjà donné un crayon de M. le Duc : c'étoit un homme très-considérablement plus petit que les plus petits hommes, qui sans être gras étoit gros de partout, la tête grosse à surprendre, et un visage qui faisoit peur. On disoit qu'un nain de Mme la Princesse en étoit cause. Il étoit d'un jaune livide, l'air presque toujours furieux, mais en tout temps si fier, si audacieux, qu'on avoit peine à s'accoutumer à lui. Il avoit de l'esprit, de la lecture, des restes d'une excellente éducation, de la politesse et des grâces même quand il vouloit, mais il vouloit très-rarement; il n'avoit ni l'avarice, ni l'injustice, ni la bassesse de ses pères, mais il en avoit toute la valeur, et [avoit] montré de l'application et de l'intelligence à la guerre. Il en avoit aussi toute la malignité et toutes les adresses pour accroître son rang par des usurpations fines, et plus d'audace et d'emportement qu'eux encore à embler. Ses mœurs perverses lui parurent une vertu, et d'étranges vengeances qu'il exerça plus d'une fois, et dont un particulier se seroit bien mal trouvé, un apanage de sa grandeur. Sa férocité étoit extrême et se montroit en tout. C'étoit une meule toujours en l'air qui faisoit fuir devant elle, et dont ses amis n'étoient jamais en sûreté, tantôt par des insultes extrêmes, tantôt par des plaisanteries cruelles en face, et des chansons qu'il savoit faire sur-le-champ qui emportoient la pièce et qui ne s'effaçoient jamais; aussi fut-il payé en même monnoie plus cruellement encore. D'amis il n'en eut point, mais des connoissances plus familières, la plupart étrangement choisies, et la plupart obscures comme il l'étoit lui-même autant que le pouvoit être un homme de ce rang. Ces prétendus amis le fuyoient, il couroit après eux pour éviter la solitude, et quand il en découvroit quelque repas, il y tomboit comme par la cheminée, et leur faisoit une sortie de s'être cachés de lui. J'en ai vu quelquefois, M. de Metz, M. de Castries et d'autres, désolés.

Ce naturel farouche le précipita dans un abus continuel de tout et dans l'applaudissement de cet abus qui le rendoit intraitable, et si ce terme pouvoit convenir à un prince du sang, dans cette sorte d'insolence qui a plus fait détester les tyrans que leur tyrannie même. Les embarras domestiques, les élans continuels de la plus furieuse jalousie, les vifs piquants d'en sentir sans cesse l'inutilité, un contraste sans relâche d'amour et de rage conjugale, le déchirement de l'impuissance dans un homme si fougueux et si démesuré, le désespoir de la crainte du roi, et de la préférence de M. le prince de Conti sur lui, dans le cœur, dans l'esprit, dans les manières même de son propre père, la fureur de l'amour et de l'applaudissement universel pour ce même prince, tandis qu'il n'éprouvoit que le plus grand éloignement du public, et qu'il se sentoit le fléau de son plus intime domestique, la rage du rang de M. le duc d'Orléans et de celui des bâtards, quelque profit qu'il en sût usurper, toutes ces furies le tourmentèrent sans relâche et le rendirent terrible comme ces animaux qui ne semblent nés que pour dévorer et pour faire la guerre au genre humain ; aussi les insultes et les sorties étoient ses délassements, dont son extrême orgueil s'étoit fait une habitude, et dans laquelle il se complaisoit. Mais s'il étoit redoutable, il étoit encore plus déchiré. Il se fit un dernier effort aux états de Bourgogne, qu'il tint après la mort de M. le Prince, d'y paroître plus accessible. Il y rendit justice avec une apparence de bonté ; il s'intéressa avec succès pour la province, et il y donna de bons ordres de police; mais il y traita le parlement avec indignité sur des prérogatives que M. son père n'avoit jamais eues, et qu'il lui arracha après quantité d'affronts. Quiconque aura connu ce prince n'en trouvera pas ici le portrait chargé, et il n'y eut personne qui n'ait regardé sa mort comme le soulagement personnel de tout le monde.

J'appris la mort de M. le Duc à mon réveil à Versailles où j'étois, j'allai à la messe du roi où je sus ce qui s'étoit passé là-dessus, et la disposition de sa dépouille. J'allai ensuite chez M. le duc d'Orléans qui, après avoir expédié quelques compliments le plus promptement qu'il put, me mena dans son cabinet où Mme la duchesse étoit demeurée à l'attendre qu'il eût vidé sa chambre de ceux que les compliments y avoient amenés. Là, en tiers avec eux, ils me contèrent ce qui s'étoit passé entre eux et Mme la Duchesse dans la visite qu'ils lui avoient faite ce même matin, et ensuite entre le roi et M. le duc d'Orléans sur l'affaire de ses filles avec les princesses du sang. Comme jusqu'ici je n'en ai dit qu'un mot fort léger et fort en passant, il en faut parler avec plus d'étendue, sans toutefois entrer dans le fond que pour le faire entendre, qui se trouvera au long parmi les Pièces, c'est-à-dire les mémoires donnés au roi de part et d'autre, et les lettres écrites à lui et à Mme de Maintenon, le jugement rendu par le roi, les considérations et réflexions, toutes choses qui feroient ici une trop longue digression.

Il faut savoir que Mme la duchesse d'Orléans étoit peut-être ce qu'il y avoit dans le monde de plus orgueilleux, et la personne aussi qui avoit le plus de vues et le plus de suite dans l'esprit et de ténacité dans ses volontés. Née ce qu'elle étoit, elle auroit dû être contente de se voir dans un rang aussi distingué au-dessus de celui de ses sœurs, mariées pourtant les premières de leur naissance à des princes du sang. Toutefois ce rang de petite-fille de France qui se bornoit à elle ne lui servoit que d'aiguillon à usurper, comme elle voyoit incessamment faire à ses frères et aux princes du sang sur tout le monde. La pensée que ses enfants ne seroient que princes du sang lui étoit insupportable, et de leur désirer un rang séparé au-dessus de princes du sang à en former le projet il n'y eut point d'intervalle. Elle imagina donc un troisième état entre la couronne et les princes du sang sous le nom d'arrière-petits-fils de France, et se mit en tête de le former et de le faire passer.

M. le duc d'Orléans, à qui elle en parla, trouva d'abord cela ridicule. Il étoit alors comme enterré avec Mme d'Argenton, et comme cela ne regardoit ni sa maîtresse ni son genre de vie, sa négligence et sa facilité naturelle l'entraînèrent peu à peu à laisser tenter ce qu'il désapprouvoit, et à la fin de s'y laisser embarquer lui-même. L'enfance de M. le duc de Chartres ôtoit toute occasion de montrer des prétentions à son égard, mais leur fille aînée devenoit d'âge et encore plus de figure à être ce qu'on appelle présentée et mise à la cour et dans le monde. Le premier pas pour arriver à un rang supérieur aux princes du sang étoit d'en être distinguée, et pour cela, il falloit au moins commencer par les précéder. A l'égard des filles nulle difficulté par l'aînesse de la branche d'Orléans, mais pour les femmes des princes du sang et de leurs veuves, ce qui étoit la même chose, c'est où étoit l'embarras. Point d'exemple en nulle condition en France où entre personnes de même rang et de même condition les femmes ne passassent partout devant les filles, et cet usage s'étoit toujours observé parmi les princesses du sang de toutes les branches. Il ne parut pas prudent de lever tout d'un coup le masque sur la prétention d'un nom et d'un rang nouveaux et inconnus d'arrière-petit-fils de France. Mme la duchesse d'Orléans eut peur d'effaroucher par trop; mais, voulant le former peu à peu et aller par degrés d'une prétention à l'autre, elle commença à prétendre que ses filles précédassent les femmes des princes du sang à titre seulement d'aînesse, pour, ce point gagné, venir au reste par échelons. Ainsi elle ne présenta ni ne montra sa fille pour avoir le temps de se tourner.

Elle la fit appeler Mademoiselle tout court au Palais-Royal, n'y en ayant plus de ce nom depuis le mariage de Mme de Lorraine. Du Palais-Royal, cette dénomination gagna Paris, et le monde s'y accoutuma; les princes du sang plus que les autres ravis qu'une princesse du sang succédât à un nom qui n'avoit jusque-là été usité que pour deux petites-filles de France. Dans la suite il s'établit tout à fait; le roi n'en dit rien, laissa faire, après quoi Mme la duchesse d'Orléans auroit trouvé fort mauvais si quelqu'un avoit appelé sa fille autrement. Le dédain de la produire et quelques petites simagrées observées chez elle, quoique dans le plus petit particulier où on la tenoit renfermée, et dont on ne s'accommoda pas, commença à faire murmurer, et comme cela perça, les princes du sang se réveillèrent et se tinrent en garde sans mot dire. Enfin il se présenta des contrats de mariages de particuliers à signer. Mademoiselle, quoique non présentée ni dans le monde, étoit d'âge à les lui faire signer, et ce fut là où la prétention de préséance éclata. Mme la duchesse d'Orléans ne voulut pas qu'elle signât après les femmes des princes du sang, qui s'en émurent fortement; ainsi Mademoiselle, pour ne leur point céder, ne signa aucun de ces contrats et la prétention se trouva ainsi formée. Cela fit grand bruit, et mit une grande aigreur entre Mme la duchesse d'Orléans et Mme la Duchesse où leurs amies se mêlèrent assez mal à propos. La chose éclatée, il la fallut soutenir. Il se fit des mémoires de part et d'autre, ils doublèrent en réponses et en répliques avec fort peu de mesure. Les choses en étoient là lorsque M. le Duc mourut, et le roi différoit toujours de décider, par son aversion naturelle et par la crainte de fâcher ceux qu'il condamneroit. Il y avoit une autre noise dans la maison de Condé.

Mme la duchesse du Maine conservoit son rang de princesse du sang, mais elle n'avoit point pris de brevet qui le lui accordât comme avoit fait Mme de Longueville et les autres princesses du sang mariées à d'autres qu'à des princes du sang. Sa raison intérieure étoit d'appuyer le rang extérieur de prince du sang dont son mari jouissoit et de venir à prétendre qu'il étoit prince du sang, et de tourner son rang de princesse du sang fille en celui de princesse du sang mariée, c'est-à-dire en femme de prince du sang comme il est le même en tout, excepté les préséances entre elles. Cette transition étoit facile à entreprendre. Elle passoit sans difficulté après Mlle de Condé, sa sœur aînée, tant qu'elle vécut; avec Mlle d'Enghien, sa sœur cadette, point de difficulté à la précéder. Mais lorsque Mme la Duchesse présenta ses filles et les mit à la cour et dans le monde, il fallut que la prétention éclatât. Ainsi Mme du Maine évita de se trouver avec elles, et comme elle avoit déjà secoué le joug de la cour, et qu'elle s'étoit tournée tout aux fêtes, aux plaisirs, à ne bouger de Sceaux, à ne vivre que pour soi, elle évita assez longtemps la concurrence sans qu'on s'en aperçût trop; mais les contrats de mariage des particuliers la décelèrent, comme ils avoient fait Mme la duchesse d'Orléans pour Mademoiselle. Néanmoins elle n'osa parler du rang de M. du Maine; mais, laissant à part qu'elle fût ou non femme d'un prince du sang, elle s'avisa d'alléguer qu'étant sœur de M. le Duc, elle ne devoit pas céder à ses filles, sur lesquelles elle avoit un degré de parenté paternelle, et ne signa plus aucun contrat de mariage. La prétention étoit inouïe, et tout cela étoit d'autant plus mal cousu, que tant qu'elle avoit signé les contrats de mariage, elle les avoit toujours signés au-dessus de son mari, ce qui n'eût pas été s'il eût été prince du sang, comme M. le prince de Conti les signoit tous au-dessus de Mme sa femme, qui étoit fille aînée de M. le Prince.

Pour revenir à l'affaire de Mademoiselle, tout ce qui s'étoit passé avant la mort de M. le Duc s'étoit fait avant que j'eusse vu Mme la duchesse d'Orléans, et M. le duc d'Orléans en étoit si peu occupé qu'à peine m'en avoit-il dit quelque mot en passant, que j'avois encore moins ramassé. Ce matin-là donc de la mort de M. le Duc, étant seul avec M. [le duc] et Mme la duchesse d'Orléans, après m'avoir conté combien leur visite à Mme la Duchesse s'étoit bien passée, ils me dirent qu'ils étoient d'avis de se servir de cette occasion pour faire finir la dispute du rang de leurs filles, qui duroit depuis trop longtemps; que dans cet esprit M. le duc d'Orléans avoit, dès ce même matin, parlé au roi et représenté qu'il étoit de son équité de prononcer, et de sa bonté de le faire, dans une occasion où toutes les inimitiés suspendues pouvoient demeurer éteintes si le bois qui entretenoit ce feu étoit ôté; qu'il ne falloit rien espérer entre eux de solide tant que cette querelle les irriteroit; que leur état ne comportoit aucun autre sujet de division; que ce qu'il venoit de se passer entre eux feroit recevoir avec une soumission douce quelque jugement qui pût intervenir; que le roi, paroissant touché de ses raisons, lui avoit dit qu'il prît garde et qu'il pourroit bien le condamner, à quoi il n'avoit répondu que par une continuation d'instances pour être jugé. Ce fut la matière de la délibération. Mon avis fut qu'il n'y avoit rien de pis pour eux que de n'être point jugés, parce que la provision étoit contre eux fondée sur l'usage de tout temps; qu'ainsi, sans être jugés, ils demeuroient condamnés, puisque Mademoiselle ne pouvoit se trouver nulle part avec les femmes des princes du sang, parce qu'elle ne pouvoit les précéder, et que par la même raison elle ne signoit aucun contrat de mariage. J'ajoutai que, quelque jugement qui intervînt, ils se retrouveroient toujours sur leurs pieds, parce qu'en perdant même leur prétention pour leurs filles, ce même jugement décideroit la préséance de Mme la duchesse d'Orléans sur les filles qu'auroit M. le duc de Berry; je crus aussi, en quoi je me trompai lourdement, que, quoique le roi eût dit à M. le duc d'Orléans qu'il pourroit bien le condamner, il ne le feroit pas, parce que, s'il avoit eu à le faire, il n'auroit pas résisté à toutes les instances que M. le Prince et M. le Duc lui avoient faites de juger, dans le temps que M. le duc d'Orléans étoit le plus mal avec lui, et ce fut aussi l'avis de M. [le duc] et de Mme la duchesse d'Orléans; nous convînmes donc, selon que je leur proposai, que M. le duc d'Orléans en iroit dire seulement un mot à Mme de Maintenon, pour se la concilier, et ne la pas fatiguer, et un autre encore au roi avant qu'il se mît à table. Aussitôt après dîner je retournai chez eux savoir où ils en étoient.

Mme la duchesse d'Orléans s'étoit mise au lit pour recevoir les compliments sur la mort de M. le Duc, et M. le duc d'Orléans et moi, seuls dans sa ruelle, discutâmes avec elle ce qu'il restoit à faire. Il me dit qu'il n'avoit pu voir Mme de Maintenon qui ne dînoit pas chez elle, et que le roi ne lui avoit pas paru éloigné de juger. Nous conclûmes qu'il falloit concilier et rafraîchir la mémoire à Mme de Maintenon par une lettre. Nous la fîmes tous trois, moi tenant la plume, et je passai après avec M. le duc d'Orléans dans son cabinet pour la lui dicter. Il l'écrivit et l'envoya sur-le-champ, et moi je mis par curiosité le brouillon dans ma poche, qui se trouvera parmi les Pièces. J'allai de là rendre l'état des choses à M. de Beauvilliers, qui me promit de parler à Mgr le duc de Bourgogne, chez lequel M. le duc d'Orléans alla dans l'après-dînée, et l'entretint longtemps. Ce prince lui dit qu'il étoit d'avis de juger, mais qu'il ne pouvoit l'assurer s'il seroit pour lui. Après ils se parlèrent avec amitié sur le mariage de M. le duc de Berry avec Mademoiselle.

Le roi, après sa messe, avoit été voir Mme la Duchesse, dolente à merveille dans son lit, et lui avoit fort parlé d'achever d'éteindre toute aigreur entre Mme la duchesse d'Orléans et elle, et d'en saisir cette occasion touchante où M. [le duc] et Mme la duchesse d'Orléans avoient si bien fait pour elle et de si bonne grâce. Le roi se trouvoit mal à l'aise de leur division. Son désir de la voir finir lui fit prendre pour un retour de bonne foi ce que la seule bienséance avoit fait dire et faire des deux côtés en cette journée. Touché d'ailleurs par ce que lui avoit dit M. le duc d'Orléans sur une décision, plus encore de sa lettre à Mme de Maintenon qu'il avoit vue, il crut ne pouvoir trouver de conjoncture plus favorable, puisqu'il falloit bien en venir un jour à décider, et que, dans ces premiers moments de rapprochement, les parties seroient plus traitables et recevroient plus doucement sa décision qu'en aucun autre temps. Rempli de cette pensée, il entra sur le soir chez Mme la duchesse de Bourgogne avant de passer chez Mme de Maintenon, comme il faisoit plusieurs fois tous les jours depuis qu'elle étoit en couche du roi d'aujourd'hui, et contre sa coutume, après les premiers moments il en fit sortir tout le monde. Il ne demeura dans la chambre que Mme de Maintenon, Monseigneur, Mgr le duc de Bourgogne, et la princesse dans son lit dont tous s'approchèrent, tandis que le roi envoya querir M. le duc de Berry.

Le roi exposa le fait, ce que M. le duc d'Orléans lui avoit dit dans la journée, Mme de Maintenon ce qu'il lui avoit écrit; ils convinrent tous qu'il falloit décider. Le roi, qui n'avoit pas relu les mémoires, étoit plein d'un dernier que feu M. le Duc lui avoit donné depuis peu de jours. Il en avoit voulu donner la communication à M. le duc d'Orléans et la liberté d'y répondre; sa paresse et sa négligence lui persuadèrent que l'un et l'autre étoit inutile, que ce ne pouvoit être que des redites et qu'il n'avoit pas besoin de rien ajouter aux mémoires qu'il avoit donnés. Ainsi il ne vit point ce dernier mémoire qui pourtant avoit persuadé le roi contre la prétention de Mademoiselle. Il montra un peu ce penchant, mais il laissa toute liberté de discuter l'affaire et d'opiner, parce que, dans la vérité, il ne se soucioit guère qui de ses deux bâtardes l'emportât. Monseigneur, de longue main bien instruit et de nouveau recordé, qui haïssoit M. le duc d'Orléans à ne s'en pas contraindre, qui y étoit sans cesse entretenu, qui aimoit Mme la Duchesse, opina de toute sa force pour les femmes des princes du sang. Mgr le duc de Bourgogne, sur lequel de plus anciens et de plus solides principes que ceux des mémoires respectifs faisoient impression, appuya le même avis. On peut ne pas douter que M. le duc de Berry n'en ouvrit pas un autre. La décision arrêtée, le roi considéra qu'en ayant fait une pour la préséance de ses filles sur Madame qu'il ne vouloit pas changer, et désirant aussi donner quelque consolation à Mme la duchesse d'Orléans, fit l'honnêteté à M. le duc de Berry de lui demander s'il n'auroit point de peine de céder aux filles de Mgr le duc de Bourgogne, qui tout de suite répondit qu'il n'en auroit point. Ainsi il fut arrêté que les filles de France non mariées précéderoient, excepté la Dauphine ou la fille de France directe, les femmes de leurs frères cadets; mais que les petites-filles de France, filles, seroient précédées par les femmes des fils de France, que par conséquent Mme la duchesse d'Orléans seroit assurée de précéder les filles de M. le duc de Berry, et que les femmes des princes du sang précéderoient toutes les filles des petits-fils de France et des princes du sang, aînés de leurs maris.

Après cela vint l'article de Mme la duchesse du Maine, que le roi voulut décider en même temps. Pour cela il fut réglé que le jugement dénonceroit que les princesses du sang, filles, se précéderoient suivant leur aînesse, ce qui sapoit la nouveauté prétendue par Mme du Maine de précéder, comme tante, les filles de feu M. le Duc son frère, non mariées, parce qu'elle avoit un degré sur elles, et que les petites-filles de France qui épouseroient un prince du sang, ou un qui ne le seroit pas, et les princesses du sang qui épouseroient un autre qu'un prince du sang, ne conserveroient point leur rang sans un brevet qui le leur accordât. Ainsi tomboit le manége de Mme du Maine en faveur de son mari, qui, avec tout son extérieur de prince du sang, ne l'étoit pas, et le roi dit qu'il feroit expédier un brevet à Mme la duchesse du Maine, en cas qu'elle n'en eût pas déjà un pour conserver son rang. Ainsi elle fut déclarée ce qu'elle étoit, c'est-à-dire princesse du sang, fille, quoique mariée, et marchant au rang de son aînesse après ses nièces. Tout fut consulté entre eux, excepté l'article des filles de France, que le roi ne mit pas en délibération, après l'honnêteté faite à M. le duc de Berry, et la différence qu'il voulut mettre entre les filles et les petites-filles de France, pour relever d'autant les premières, et gratifier Mme la duchesse d'Orléans, dont M. le duc de Berry ne s'aperçut pas, et que les autres princes n'osèrent relever.

Tout étant ainsi unanimement convenu et résolu, le roi imposa le secret jusqu'à la déclaration qu'il en feroit après son souper. Pour mieux comprendre ce qu'il s'y passa, il faut expliquer en deux mots la mécanique de l'après-soupée de tous les jours. Le roi sortant de table s'arrêtoit moins d'un demi-quart d'heure, le dos appuyé contre le balustre de sa chambre. Il trouvoit là en cercle toutes les dames qui avoient été à son souper et qui l'y venoient attendre un peu avant qu'il sortît de table, excepté les dames assises qui ne sortoient qu'après lui, et qui, à la suite des princes et princesses qui avoient soupé avec lui, venoient une à une faire une révérence, et achevoient de former le cercle debout où les autres dames avoient laissé un grand vide pour elles, et tous les hommes derrière. Le roi s'amusoit à remarquer les habits, les contenances et la grâce des révérences, disoit quelque mot aux princes et aux princesses qui avoient soupé avec lui et qui fermoient le cercle auprès de lui des deux côtés, puis faisoit la révérence aux dames à droite et à gauche, qu'il faisoit encore une fois ou deux en s'en allant, avec une grâce et une majesté nonpareilles, parloit quelquefois, mais fort rarement à quelqu'une en passant, entroit dans le premier cabinet où il s'arrêtoit pour donner l'ordre, et s'avançoit après dans le second cabinet, les portes du premier au second demeurant toutes ouvertes. Là il se mettoit dans un fauteuil, Monsieur, quand il vivoit, dans un autre; Mme la duchesse de Bourgogne, Madame, mais seulement depuis la mort de Monsieur, Mme la duchesse de Berry après son mariage, et les trois bâtardes, Mme du Maine quand elle étoit à Versailles, sur des tabourets des deux côtés en retour. Monseigneur, Mgr le duc de Bourgogne, M. le duc de Berry, M. le duc d'Orléans, les deux bâtards, feu M. le Duc, comme mari de Mme la Duchesse quand il vivoit, et, depuis, les deux fils de M. du Maine, quand ils furent un peu grands, et d'Antin, depuis qu'il eut les bâtiments, tous debout. M. d'O, comme ayant été gouverneur de M. le comte de Toulouse, avec les quatre premiers valets de chambre, Chamarande qui en avoit conservé les entrées, les quatre premiers valets de garde-robe, les premiers valets de chambre de Monseigneur et des deux princes ses fils, le concierge de Versailles et les garçons bleus étoient dans le cabinet des Chiens, qui flanquoit celui où étoit le roi, la porte entre-deux tout ouverte, dans laquelle les principaux se tenoient, dont quelques-uns demeuroient dans le premier cabinet avec les dames d'honneur des princesses qui étoient avec le roi, les deux dames du palais de jour de Mme la duchesse de Bourgogne, et les dames d'atours des filles de France. Ainsi on voyoit et on entendoit, de ce premier cabinet et de celui des Chiens, ce qui se disoit et se faisoit dans celui où étoit le roi, qui en arrivant y trouvoit les princes et les princesses qui avoient cette entrée, et qui ne mangeoient pas avec lui. Le nouveau M. le Duc et M. le prince de Conti, depuis son mariage, eurent cette entrée : l'un comme fils de Mme la Duchesse, l'autre comme son gendre. Partout cela étoit de même, suivant la disposition des lieux, sinon qu'à Marly les dames que Mme la duchesse de Bourgogne amenoit se tenoient les après-soupées dans le cabinet du roi avec les dames d'honneur, et qu'à Fontainebleau il n'y avoit qu'un seul cabinet fort grand, où tout ce qui vient d'être nommé demeuroit avec le roi, les dames d'honneur duchesses assises, joignant les princesses et tout de suite, les autres debout ou par terre sur le parquet, où même on ne donnoit point de carreau à la maréchale de Rochefort ; les valets s'y tenoient peu, et peu à la fois par discrétion.

Cela entendu, le roi, entré dans le second cabinet, appela M. et Mme la duchesse d'Orléans et M. le comte de Toulouse, et, au lieu de s'asseoir à l'ordinaire, les alla attendre à un coin du cabinet, où il leur dit ce qu'il avoit décidé. M. le duc d'Orléans, peu capable de prendre les choses à cœur, et qui s'étoit laissé entraîner dans cette affaire plutôt qu'il n'y étoit entré, se contenta aisément, pour Mme la duchesse d'Orléans, elle ne répondit pas un seul mot. De là le roi, se faisant suivre par le comte de Toulouse, alla à un autre coin, où il appela Mme la princesse de Conti sa fille, la seule d'entre les princesses du sang qui fût là, et lui dit aussi le jugement, qui parut surprise et fort aise. Enfin le roi, toujours avec M. le comte de Toulouse, passa à un autre endroit où il appela M. [le duc] et Mme la duchesse du Maine, à qui il dit aussi ce qui les regardoit, et qui en parurent fort mortifiés. Ensuite le roi s'alla asseoir à l'ordinaire, et le temps du cabinet jusqu'au coucher s'acheva fort sérieusement.

Le lendemain, mercredi des Cendres, le roi déclara son jugement le matin au conseil, qui y fut fort applaudi, et ensuite du public. Il ajouta qu'il l'avoit tout écrit de sa main, mais qu'il y vouloit retoucher quelque chose. Il le dressa de manière que les enfants en directe, quoique non enfants des rois, furent déclarés fils et filles de France, ce qui, par exemple, regardoit M. le duc de Berry; et il confirma tacitement le nouvel état et rang de petits-fils et petites-filles de France. Tout demeura encore comme secret jusqu'au 12 du même mois de mars, que le roi donna son jugement écrit de sa main, en onze articles, à Pontchartrain, comme ayant la maison du roi dans son département de secrétaire d'État, qui l'expédia et le signa seul. Le roi n'y voulut point d'autres formes ni même sa signature, pour que sa décision, ainsi toute nue, sans sceau, sans signature des autres secrétaires d'État, sans vérification au parlement, tînt plus de sa toute-puissance; c'est au moins toute la raison qu'on en put imaginer. En même temps Pontchartrain eut ordre d'expédier pour la duchesse du Maine le brevet de conservation de rang et honneurs de princesse du sang fille, qu'elle n'avoit eu garde de demander, et dont elle se seroit si volontiers passée.

Il ne laissa pas d'être remarquable que le jour de la mort de M. le Duc eût par cela même fait éclore ce que tout son crédit et celui de M. le Prince, toute leur ardeur et leur empressement, et toutes les adresses de Mme la Duchesse n'avoient pu obtenir de son vivant. Elle oublia un peu son état si récent de veuve, dans la sensibilité très-marquée de ce qu'elle venoit de gagner, en quoi Mme la princesse de Conti, sa sœur, parut beaucoup plus modérée. Mme la Duchesse en reçut même les compliments de ses familiers, ce qui fut imité à Paris par Mme la Princesse et Mme la princesse de Conti.

CHAPITRE VII.

Premiers pas directs pour le mariage de Mademoiselle avec M. le duc de Berry. — Désespoir et opiniâtreté de Mme la duchesse d'Orléans, du jugement du rang entre les princesses du sang, femmes et filles. — Obsèques de M. le Duc. — Réformations où d'Antin pousse Livry, premier maître d'hôtel, sauvé avec hauteur par le duc de Beauvilliers. — Pension de quatre-vingt-dix mille livres à Mme la Duchesse. — Visites en cérémonie. — Ma conduite avec Mme la Duchesse. — Rang pareil à celui de M. du Maine donné sans forme à ses enfants. — Scène très-singulière de la déclaration du rang des enfants du duc du Maine, le soir, dans le cabinet du roi. — Les deux frères bâtards, comment ensemble. — Triste accueil public à ce rang. — Ma conduite sur ce rang. — Conduite du comte de Toulouse sur ce rang. — Repentir du roi, prêt à révoquer ce rang. — Adresse de M. du Maine et de Mme de Maintenon, qui se servent de mon nom, dont Mme la duchesse de Bourgogne me fait demander l'explication. — Survivances des charges de M. du Maine données à ses enfants. — Propos à moi du duc du Maine. — Villars reçu pair au parlement.

Le lendemain de ce jugement, je vis sortir M. le duc d'Orléans du cabinet du roi, comme j'entrois dans sa chambre; je l'attendis et lui demandai où il en étoit. « Nous sommes condamnés, me dit-il à l'oreille, » et, me prenant par le bras, « venez-vous-en, ajouta-t-il, voir Mme la duchesse d'Orléans. » Je la crus outrée, et n'y voulois point aller, mais il m'y traîna. Nous la trouvâmes dans la niche de sa petite chambre obscure sur la galerie, une table devant elle avec du café. Dès que je l'envisageai, ses larmes, qui n'avoient guère tari, redoublèrent. Je me tins à la porte pour sortir doucement; elle le sentit aussitôt, me rappela, et me força de m'asseoir! Là nous nous lamentâmes à l'aise, puis elle me fit lire une lettre de sa main à Mme de Maintenon par laquelle elle lui exposoit ses peines, et insistoit sur le mariage de Mademoiselle avec M. le duc de Berry, pour être au moins accordé et déclaré, si dès à présent on ne vouloit pas encore passer outre. Je n'ai jamais vu une lettre si forte, si belle, écrite avec tant de justesse, de délicatesse, de tour, ni dans son éloquence d'un air plus simple et plus naturel. M. le duc d'Orléans me conta comment le jugement avoit été rendu, puis au cabinet la veille leur avoit été déclaré. Il ajouta à Mme la duchesse d'Orléans et à moi qu'il venoit de toucher un mot au roi du mariage de Mademoiselle qui le consoleroit de tout; sur quoi, pour toute réponse, le roi lui avoit dit un : « Je le crois bien, » d'un ton sec et avec un sourire amer et moqueur, ce qui acheva de nous affliger.

Mme la duchesse d'Orléans feignit une migraine pour ne voir personne, pas même Mademoiselle, qu'un moment sur le soir, qu'elle renvoya aussitôt et qu'elle fit tenir enfermée dans sa chambre. Le lendemain elle alla fuir le monde à Saint-Cloud et ne vit Mme la Duchesse que le troisième jour. La douleur fut telle que tout le monde la vit, et qu'elle fut incapable de conseil et de contrainte. Outre le chagrin d'avoir été condamnée et le dépit de voir Mme la Duchesse l'emporter, elle en sentoit un autre plus intime et dont elle n'osoit faire semblant : c'étoit de voir par ce seul coup avorter tous ces projets de nom et de rang d'arrière-petit-fils de France, et de voir ses enfants bien et solidement constitués et déclarés princes du sang, sans nulle distinction des autres princes du sang, et c'est ce qui la poignoit dans le plus intime de l'âme. Elle résolut de bouder, de s'éloigner du roi, de tenir plus que jamais Mademoiselle cachée, et de céder en tout au désespoir qui la possédoit, qu'elle couvroit d'un voile de politique pour embarrasser le roi, disoit-elle, et l'obliger à en venir au mariage qu'elle désiroit. M. le duc d'Orléans, infiniment moins fâché et, pour cette fois, beaucoup plus raisonnable qu'elle, combattoit son opinion, à laquelle il fallut pourtant céder pour quelques temps. On étoit en carême, le roi alloit trois fois la semaine au sermon, où les princesses étoient en rang; elle s'opiniâtra à ne vouloir point que Mademoiselle s'y trouvât. Pour achever de suite cette matière, elle voulut faire un voyage à Paris, tant pour s'éloigner du roi d'une manière plus marquée et moins accoutumée que pour chercher consolation dans la pleine jouissance du Palais-Royal, et d'une cour dans Paris, pour la première fois de sa vie, par la défaite de Mme d'Argenton. Le succès passa ses espérances : elle y régna sur la cour de M. le duc d'Orléans, qui auparavant la regardoit à peine, et ses appartements ne désemplirent point de tout ce qu'il y eut de plus distingué. Transportée d'un état si brillant et si nouveau pour elle, elle me témoigna souvent combien elle étoit sensible à tout ce que j'avois fait. La bienséance qui, sitôt après la mort de M. le Duc, les empêchoit de se montrer à l'Opéra en public, lui procura un nouveau plaisir. Elle y alla dans la petite loge faite exprès pour Mme d'Argenton, de qui elle triompha en toutes les façons, et M. le duc d'Orléans et elle m'obligèrent d'y aller avec eux.

Huit jours se passèrent dans cette pompe, après lesquels il fallut retourner à Versailles, où ce voyage ne fut pas désapprouvé. Cependant, Mme la duchesse d'Orléans n'en devint pas plus traitable. La duchesse de Villeroy y échoua ; et Mme la duchesse de Bourgogne, qui résolut de lui parler et qui le fit avec beaucoup d'esprit, d'amitié et d'adresse, n'en eut pas plus de contentement. Elle voyoit que cette conduite gâtoit tout pour le mariage de Mademoiselle avec M. le duc de Berry, et elle le désiroit pour les raisons qui s'en verront en leur temps. Mme la duchesse d'Orléans demeuroit ferme à gagner Pâques sans montrer Mademoiselle, temps après lequel il n'y avoit plus de lieu public où les princesses fussent en rang. M. le duc d'Orléans, qui sentoit le poids de cette conduite par rapport à ce mariage, lui en parla un jour en ma présence plus fortement qu'à l'ordinaire, et peu à peu il s'échauffa, contre son ordinaire, jusqu'à lui toucher sa naissance d'une manière à l'affliger et à m'embarrasser beaucoup. Mon parti fut le silence et de saisir le premier moment que je pus de passer de ce cabinet dans celui de M. le duc d'Orléans. Il y vint peu après encore tout en colère, et moi qui y étois aussi j'osai le gronder tout de bon.

Je fus forcé d'aller le lendemain matin chez Mme la duchesse d'Orléans pour raisonner seul avec elle. Elle me fit souvenir des propos de la veille, je lui avouai tout ce que j'en avois dit à M. le duc d'Orléans immédiatement après. A peu de jours de là, M. de Beauvilliers, qui s'intéressoit fort aussi au mariage, m'arrêta dans la galerie pour me représenter combien il importoit à cette affaire que Mademoiselle parût; qu'il étoit bien informé que cette opiniâtreté retomboit avec un grand venin sur Mme la duchesse d'Orléans; qu'on se servoit de cela pour faire craindre au roi, et jusqu'à Mme la duchesse de Bourgogne, cette même opiniâtreté et sa hauteur; qu'il savoit que l'impression en étoit commencée; qu'il n'y avoit pas un moment à perdre pour l'en avertir, et qu'il me conjuroit de le faire à l'heure même sans le nommer. Je lui racontai à quel point la chose étoit entrée de travers dans la tête de Mme la duchesse d'Orléans, les tentatives inutiles même de Mme la duchesse de Bourgogne, et que, après ce que je lui en disois, je croyois tout inutile, et que je ne ferois que me rendre désagréable. Quoi que je pusse dire, il persista tellement, que j'obéis à l'heure même. Je trouvai Mme la duchesse d'Orléans seule. Elle me laissa tout dire, me remercia froidement, et avec un dépit étouffé par la politesse me dit que cela ne l'ébranleroit pas.

Quatre jours après, Mme la duchesse de Bourgogne envoya chercher Mademoiselle, lui représenta avec une bonté de mère ce qu'elle risquoit pour un vain dépit de sa mère qui ne changeroit pas la décision faite; la conjura de se servir de tout son esprit et de tout son crédit auprès d'elle pour en obtenir de paroître. Ce dernier effort eut tout son effet. Je fus tout étonné que Mademoiselle allât au premier sermon d'après cette semonce, habillée en rang. J'allai ce même jour chez M. le duc d'Orléans, qui me mena chez Mme la duchesse d'Orléans. Nous la trouvâmes au lit tout en larmes, et ne cessa de pleurer de tout le jour. Elle ne voulut point voir Mademoiselle que déshabillée, et fut longtemps à s'accoutumer à son grand habit. Toutefois elle l'alla présenter aux personnes royales, après quoi elle l'envoya chez les princesses du sang. Mme la Duchesse eut la bonté de la manger de caresses, Mme la princesse de Conti en usa avec elle avec une légèreté très-polie. Depuis cela Mademoiselle parut quelquefois, pour conserver le mérite de céder au jugement du roi. Ainsi cette décision, précipitée par des conjonctures qui persuadèrent le roi qu'elle finiroit toute division entre ses filles, ne fit qu'augmenter l'aigreur entre les deux sœurs, que leurs prétentions à M. le duc de Berry pour leurs filles porta bientôt au comble. Mme la duchesse d'Orléans reviendra si souvent dans la suite, par différentes occasions principales, que j'ai cru me devoir étendre sur des faits qui mieux que des paroles commencent à la faire connoître.

On trouva à l'ouverture de M. le Duc une espèce d'excroissance ou de corps étrange dans la tête, qui parvenu à une certaine grosseur le fit mourir. Le roi ordonna que sa pompe funèbre fût en tout beaucoup moindre que celle de M. le Prince, qui avoit la qualité de premier prince du sang. M. le prince de Conti, sa queue portée par le marquis d'Hautefort, et accompagné du duc de La Trémoille, sa queue portée par un gentilhomme, alla de la part du roi donner l'eau bénite avec les cérémonies qui ont été décrites ailleurs. Les mêmes parents conviés à celles de M. le Prince accompagnèrent M. le Duc pour recevoir M. le prince de Conti, et le cœur aux jésuites. Le corps fut porté à Valery sans cérémonie, où M. le Duc seul se trouva, et coucha en chemin à Saint-Ange, belle et singulière maison de Caumartin, où feu M. le Duc avoit couché de même en rendant moins d'un an auparavant le même devoir à M. son père. De service ni d'oraison funèbre, il n'y en eut point. Personne ne se soucia assez de M. le Duc pour s'importuner de l'un, et la matière de l'autre eût été fort difficile. Au retour de ce voyage le roi mit M. le Duc sous la tutelle de d'Antin pour la gestion de ses biens, comme il y étoit déjà pour ses charges, de concert avec Mme la Duchesse, et lui défendit de découcher des lieux où il seroit, sans permission. Il eut l'entrée du cabinet l''après-soupée comme fils de Mme la Duchesse, et d'Antin fut aussi chargé d'avoir l'œil sur sa conduite. Ce fut par lui que Mme la Duchesse envoya au roi le portefeuille de feu M. le Duc, qui regardoit la maison du roi où il projetoit de réformer beaucoup d'abus et de pillages. D'Antin, peu ami du duc de Beauvilliers, y travailla seul avec le roi plusieurs [fois], qui cassa et interdit plusieurs maîtres d'hôtel et régla quantité de choses; ainsi Livry, premier maître d'hôtel, y courut un grand risque, quoique, pour tout ce qui est de la bouche, sa charge depuis les Guise, grands maîtres, ne dépendît plus de celle-là; mais le duc de Beauvilliers, dont il avoit épousé la sœur pour rien, le prit si haut et si ferme, contre son ordinaire, qu'il en fut quitte pour quelques réformations légères, après la peur d'être chassé avec deux maîtres d'hôtel qui eurent ordre de vendre leur charge.

Mme la Duchesse étoit retombée dans une affliction qui surprit tout le monde. Elle disoit à ses familières que l'humeur de M. le Duc à son égard étoit fort changée depuis quelque temps, et à d'autres moins intimes, elle ne se cachoit pas, pour que cela revînt qu'elle le perdoit en des conjonctures si fâcheuses par rapport à son bien et à l'état de ses affaires et de celui de ses filles, qu'elle ne savoit que devenir, dont elle fit bien sonner la pauvreté. Elle avoit eu un million en mariage, quantité de pierreries et vingt-cinq mille livres de douaire, etc., avec quoi elle trouvoit n'avoir pas de quoi vivre. On verra dans la suite combien énormément elle et les siens y ont su pourvoir. Avec ses manières larmoyantes, elle arracha du roi, et assez malgré lui, tardivement et de mauvaise grâce, trente mille écus de pension. Monseigneur, transporté de joie, lui en alla apprendre la nouvelle ; alors les larmes s'essuyèrent, et la belle humeur revint tout à fait. Elle vit tout le monde en cérémonie. Elle étoit sur son lit en robe de veuve, bordée et doublée d'hermines, pareil à celui des duchesses veuves, et comme elles ayant le couvre-chef. C'est une coiffure singulière, basse, de simple toile de Hollande, qui enveloppe la tête sans rien autre par-dessus, qui tombe amplement sur les épaules qu'elle enveloppe aussi, et qui est fort longue, mais plus courte de beaucoup que la queue herminée de la robe, et dont la longueur est proportionnée sur celle de la queue. Les duchesses sont les dernières qui aient droit de l'une et de l'autre. La queue de la reine est de onze aunes, les filles de France en ont neuf, les petites-filles de France sept, les princesses du sang cinq, les duchesses trois. L'invention du rang de petites-filles de France a fait croître la queue de la reine et celle des filles de France chacune de deux aunes. Les queues sans deuil, au mariage du roi et autres pareilles cérémonies, sont de la même longueur pour les mêmes, qui alors, au lieu du couvre-chef des mêmes en veuves, ont une mante qui est une gaze ou un réseau d'or ou d'argent attaché au derrière de la tête, qui se rattache sur les épaules, tombe à terre sur la queue et la dépasse un peu, mais bien plus étroite, et qui même ne cache pas la taille.

M. le Duc, en manteau, reçut aussi les visites dans l'appartement de feu M. le Duc. Il y avoit à la porte de l'un et de l'autre des piles de mantes de deuil et de manteaux longs, desquels personne ne fut exempt. Ceux qui en avoient de chez eux et ceux qui n'en prirent qu'à la porte, hommes et femmes, en usèrent avec la même affectation d'indécence qu'on avoit marquée aux visites de la mort de M. le Prince. M. le Duc ni Mme la Duchesse ne firent pas semblant de s'en apercevoir. M. le Duc reçut tout le monde debout, et conduisit exactement tous les ducs et tous les princes étrangers jusqu'à la dernière extrémité de son appartement. M. du Maine de même qu'on vit aussi en manteau, et Mme du Maine en mante, et qui y furent aussi légers sur l'indécence affectée des accoutrements que M. le Duc et Mme la Duchesse. Mlles ses filles en mante étoient dans sa chambre, qui conduisirent toutes les duchesses et les princesses étrangères à la porte de la chambre, et Mme de Laigle, dame d'honneur de Mme la Duchesse, au bout de l'antichambre.

Depuis l'affaire de Mme de Lussan, je n'avois eu aucun lieu de me plaindre de Mme la Duchesse. Ce qui lui étoit échappé alors, elle l'avoit hautement nié. Elle avoit fort affecté de faire toutes sortes d'honnêtetés à Mme de Saint-Simon, lorsque nous ne la voyons point, toutes les fois qu'elle l'avoit rencontrée, et à elle, sur moi. Lorsque nous la vîmes sur la mort de M. le Prince, elle en avoit redoublé. Elle n'avoit eu aucune part à la noirceur de feu M. le Duc sur moi absent, lors de la mort de M. le Prince et de l'affaire des manteaux, qui nous avoit fait cesser encore une fois de les voir. Nous crûmes donc devoir laisser toute l'iniquité sur feu M. le Duc seul, et nous priâmes Mme de Laigle de lui dire que ç'avoit été sur le compte de feu M. le Duc que nous ne l'avions point vue à sa dernière couche, avec les propos convenables. Mme de Laigle étoit fille de M. de Raré qui, avec toute sa famille, avoit toujours [eu] un grand attachement d'amitié pour mon père et pour mon oncle. Son mari étoit de même de tout temps avec mon père, et son voisin à la Ferté. Elle étoit extrêmement de nos amies et avec confiance surtout, et femme de beaucoup de sens et d'esprit, et qui se faisoit fort considérer. Elle fut ravie de la commission, et de cette façon nous vîmes Mme la Duchesse qui y parut fort sensible. Nous la vîmes toujours aux occasions depuis, Mme de Saint-Simon fort rarement; davantage nous n'eûmes plus nulle occasion de nous plaindre d'elle. J'ai voulu achever tout de suite ce qui la regardoit sur son veuvage et à mon égard, pour n'avoir plus à y revenir.

M. du Maine, outré du règlement entre les princesses du sang qui renversoit l'échelon que Mme sa femme lui préparoit adroitement pour s'élever jusqu'à être prince du sang lui-même, dont ce règlement et le brevet de conservation de rang à Mme du Maine le faisoit tomber, imagina qu'il pouvoit profiter de la foiblesse du roi pour sa douleur. Il trouva l'occasion belle, parce que le tapis se trouvoit nettoyé. La mort de M. le prince de Conti, de M. le Prince et de M. le Duc ne laissoit que des enfants dont le plus vieux avoit dix-sept ans, venoit d'être comblé, et se trouvoit sous la main de d'Antin; M. le duc d'Orléans, peu soucieux, négligent, mal averti, à peine raccommodé avec le roi et avec Mme sa femme plus bâtarde de cœur et d'affection que lui-même. Ainsi point d'intérêts directs et plus grands que lui qui pussent l'embarrasser; et à l'égard des fils de France, ce n'étoit rien au roi que les sauter à joints pieds, sans que pas un d'eux, à commencer par Monseigneur, osât dire une parole. Pour tout le reste du monde, c'étoit une cour anéantie, accoutumée à toute sorte de jougs et à se surpasser les uns les autres en flatteries et en bassesses. Il songea donc à tirer sur le temps, et à obtenir, tout d'un coup, pour ses enfants tout ce qu'il avoit obtenu d'honneurs et de rang à la longue, par insensibles degrés, et par tant de degrés entés l'un sur l'autre par des usurpations, des introductions d'usages, des confirmations verbales, enfin par des réalités existantes, comme sa séance au parlement telle qu'il l'y avoit.

Son grand ressort étoit Mme de Maintenon qui l'avoit élevé, à qui il avoit sacrifié Mme de Montespan, qu'il avoit toujours depuis ménagée avec tout l'art où il étoit grand maître, laquelle aussi l'aimoit plus tendrement qu'aucune mie, ni qu'aucune nourrice, et avec un plus entier abandon. C'étoit par elle qu'il s'étoit poulié du néant à la grandeur en laquelle il se voyoit, et qu'une Mme Scarron, devenue reine, trouvoit merveilleusement juste. Par les mêmes motifs, elle entra dans ses désirs pour la grandeur de ses enfants, et dans la facilité qu'il lui en montra par la nullité des princes du sang morts ou enfants, et par celle d'une cour entièrement débellée et asservie. Il n'eut pas de peine à lui persuader qu'il n'y avoit aucune difficulté à craindre de la part des fils de France, ni de M. le duc d'Orléans, au moindre signe de la volonté du roi. Quelque foiblesse qu'il eût pour ses bâtards, et pour celui-ci sur tous les autres, quelque absolu qu'il fût et qu'il se piquât d'être, on a pu remarquer que, excepté les mariages de ses filles et les gouvernements et les charges de ses fils, ce qu'il fit d'ailleurs pour eux ne fut que peu à peu, sans forme, sans rien d'écrit, par une usurpation d'usages, à reprises, et toujours entraîné au delà de ce qu'il sentoit, jusqu'à ce que le procès de M. de Luxembourg ayant excité celui de M. de Vendôme, il fut poussé à remettre en vigueur l'édit mort-né d'Henri IV, comme ne faisant rien de nouveau, et qu'ayant affermi ses deux fils, par le simple usage, dans tout l'extérieur des princes du sang au dedans de sa cour, il le leur donna de même dans ses armées, et voulut enfin y soumettre les ambassadeurs, ce qui ne s'acheva pas sans une résistance qui subsiste encore dans les nonces qui deviennent cardinaux, et qui a été enfin vaincue dans tous les autres, mais toujours sans rien écrire et sans formes. Rien

n'est si précis que la répugnance qu'il eut au mariage de
M. du Maine, par la raison qu'il en allégua, et que ce qu'il
dit au maréchal de Tessé allant en Italie, où il devoit
trouver M. de Vendôme à la tête d'une armée. Toutes ces
choses se trouvent remarquées ici en leur temps, et de
quelle façon, et combien après il s'écarta dans tous ces
faits, comme malgré soi, à des grandeurs nouvelles en leur
faveur, et en celle de M. de Vendôme à cause d'eux. Ce
fut en cette occasion la même chose : même résistance,
même vue de l'énormité qui lui étoit proposée, et pour fin
même entraînement, comme malgré lui, et toujours presque sans forme. Le combat ne fut pas long, puisqu'il ne
fut commencé qu'après le 4 mars, jour de la mort de M. le
Duc et de la décision du rang des princesses du sang entre
elles, et qu'il finit le 16 du même mois par la victoire de
M. du Maine.

Quand elle fut résolue entre le roi, Mme de Maintenon et
lui, il fut question de la déclarer ; et cette déclaration produisit la scène la plus nouvelle et la plus singulière de tout
ce long règne, pour qui a connu le roi, et quelle étoit
l'ivresse de sa toute-puissance. Entrant le samedi au soir,
15 mars, dans son cabinet, après souper, à Versailles, et
l'ordre donné à l'ordinaire, il s'avança gravement dans le
second cabinet, se rangea vers son fauteuil sans s'asseoir,
passa lentement les yeux sur toute la compagnie, à qui il
dit, sans adresser la parole à personne, qu'il donnoit aux
enfants de M. du Maine le même rang et les mêmes honneurs dont M. du Maine jouissoit ; et sans un moment d'intervalle, marcha vers le bout du cabinet le plus éloigné, et
appela Monseigneur et Mgr le duc de Bourgogne. Là, pour
la première fois de sa vie, ce monarque si fier, ce père si
sévère et si maître s'humilia devant son fils et son petit-fils.
Il leur dit que, devant tous deux régner successivement
après lui, il les prioit d'agréer le rang qu'il donnoit aux
enfants du duc du Maine, de donner cela à la tendresse qu'il

se flattoit qu'ils avoient pour lui, et à celle qu'il se sentoit pour ses enfants et pour leur père; que, vieux comme il étoit, et considérant que sa mort ne pouvoit être éloignée, il les leur recommandoit étroitement, et avec toute l'instance dont il étoit capable; qu'il espéroit qu'après lui ils les voudroient bien protéger par amitié pour sa mémoire. Il prolongea ce discours touchant assez longtemps, pendant lequel les deux princes un peu attendris, les yeux fichés à terre, se serrant l'un contre l'autre, immobiles d'étonnement et de la chose et des discours, ne profèrèrent pas une unique parole. Le roi, qui apparemment s'attendoit à mieux et qui vouloit les y forcer, appela M. du Maine qui, arrivant à eux de l'autre bout du cabinet, où tout étoit cependant dans le plus profond silence, le roi le prit par les épaules, et en s'appuyant dessus pour le faire courber au plus bas devant les deux princes, le leur présenta, leur répéta en sa présence que c'étoit d'eux qu'il attendoit après **sa** mort toute protection pour lui, qu'il la leur demandoit avec toute instance, qu'il espéroit cette grâce de leur bon naturel, et de leur amitié pour lui et pour sa mémoire, et il finit par leur dire qu'il leur en demandoit leur parole.

En cet instant les deux princes se regardèrent l'un l'autre, sans presque savoir si ce qui se passoit étoit un songe ou une réalité, sans toutefois répondre un mot jusqu'à ce que, plus vivement pressés encore par le roi, ils balbutièrent je ne sais quoi qui ne dit rien de précis. M. du Maine, embarrassé de leur embarras, et fort peiné de ce qu'il ne sortoit rien de net de leur bouche, se mit en posture de leur embrasser les genoux. En ce moment le roi, les yeux mouillés de larmes, les pria de le vouloir bien embrasser en sa présence et de l'assurer par cette marque de leur amitié. Il continua de là à les presser de lui donner leur parole de n'ôter point ce rang qu'il venoit de déclarer, et les deux princes, de plus en plus étourdis d'une scène si extraordinaire, bredouillèrent encore ce qu'ils purent, mais sans rien promettre. Je n'entreprendrai ici pas de commenter une si grande faute, ni le peu de force d'une parole qu'ils auroient donnée de la sorte. Je me contente d'écrire ce que je sus mot à mot du duc de Beauvilliers à qui Mgr le duc de Bourgogne conta tout ce qui s'étoit passé le lendemain, et que ce duc me rendit le jour même. On le sut aussi par Monseigneur qui le dit à ses intimes, en ne se cachant pas d'eux combien il étoit choqué de ce rang. Il n'avoit jamais aimé le duc du Maine, il avoit toujours été blessé de la différence du cœur du roi et de sa familiarité, et il avoit eu des temps de jeunesse où le duc du Maine, sans de vrais manquements de respect, avoit peu ménagé Monseigneur, tout au contraire du comte de Toulouse qui s'en étoit acquis l'amitié. Pour le pauvre Mgr le duc de Bourgogne, je ne fus pas longtemps sans savoir bien ce qu'il pensoit de cette nouvelle énormité, et l'un et l'autre ne furent point fâchés qu'on les devinât là-dessus, autre bien étrange faute. Après celle de ce dernier bredouillement informe de ces deux princes, le roi, à bout d'en espérer davantage, sans montrer toutefois aucun mécontentement, retourna vers son fauteuil, et le cabinet reprit aussitôt sa forme accoutumée.

Dès que le roi fut assis, il remarqua promptement le sombre qui y régnoit. Il se hâta de dire encore un mot sur ce rang et d'ajouter qu'il seroit bien aise que chacun lui en marquât sa satisfaction en la témoignant au duc du Maine, lequel incontinent accueilli de chacun, fut assez sérieusement félicité jusque par le comte de Toulouse son frère, que le même honneur regardoit à son tour, mais à qui il fut aussi nouveau qu'à tous les autres. La différence d'âge et d'esprit, qui donnoit au duc du Maine une grande supériorité sur le comte de Toulouse, n'avoit pas contribué à une union intérieure bien grande; ils se voyoient rarement chez eux, les bienséances étoient gardées, mais l'amitié étoit froide, la confiance nulle, et M. du Maine avoit toujours fait sa grandeur, et conséquemment la sienne, sans le consulter et même sans lui en parler. Le bon sens, l'honneur et la droiture de cœur de celui-ci lui rendoient la conduite de la duchesse du Maine insupportable. Elle s'en étoit bien aperçue; aussi ne l'aima-t-elle pas, et ne contribua pas à rapprocher le comte de Toulouse qu'elle craignoit auprès du duc du Maine dont il n'approuvoit pas les complaisances qui pour elle étoient sans bornes, et dont avec cela il n'évitoit pas les hauteurs : le reste du cabinet fut court et mal à l'aise.

La nouvelle éclata le lendemain, et on sut que tout ce qu'il y en auroit d'écrit étoit une simple note sur le registre du maître des cérémonies, en l'absence du grand maître qui servoit cet hiver sur la frontière, en ces mots :

« Le roi étant à Versailles a réglé que dorénavant les enfants de M. le duc du Maine auront comme petits-fils de Sa Majesté le même rang, les mêmes honneurs et les mêmes traitements dont a joui jusqu'à présent mondit sieur le duc du Maine, et Sa Majesté m'a ordonné d'en faire la présente mention sur mon registre. » Cela dit tout et ne dit rien, et n'exprime quoi que ce soit, sinon que cela renvoie à l'usage dans lequel on voyoit le duc du Maine, et sans expliquer ni quel ni à quel titre, mais insinue beaucoup en causant comme petit-fils de Sa Majesté et par ce terme absolu de petits-fils sans y rien ajouter.

Jamais chose ne fut reçue du public d'une manière si morne; personne à la cour n'osa en dire un mot tout haut, mais chacun s'en parloit à l'oreille, et chacun la détesta. On n'étoit pas encore accoutumé au rang de M. du Maine, qu'on le vit passer à ses enfants. De représentations là-dessus, on vit bien qu'elles seroient non-seulement inutiles, mais criminelles; et dès que ce qui s'étoit passé à la déclaration du cabinet eut percé, et qu'on sut que le roi avoit invité à féliciter M. du Maine, il n'y eut personne qui osât s'en dispenser. On avoit éclaté contre les premiers rangs donnés à M. du Maine; à ce comble-ci, qui que ce soit n'osa dire un seul mot, et la foule courut chez lui avec le visage triste et une simple révérence, qui sentoit plus l'amende honorable que le compliment.

J'étois tout nouvellement raccommodé avec le roi, et dans l'audience que j'en avois eue, il m'avoit fort exhorté à me mesurer fort sur ce qui regardoit mon rang. Il étoit cruellement blessé par ce que le roi venoit de faire; jamais je n'avois été chez les bâtards sur aucun de ceux dont le roi les avoit accrus. Je vis ducs, princes étrangers et tout indistinctement y aller; je compris que me distinguer en n'y allant pas ne diminueroit ni leur rang ni leur joie, et me perdroit de nouveau, bien plus que je ne l'avois été. Je me résolus donc à ce calice, et j'allai comme les autres, et le plus que je pus parmi beaucoup d'autres, faire à M. et à Mme du Maine une sèche révérence, et tournai court aussitôt. Tant de gens y étoient à la fois qu'ils ne savoient à qui entendre, et tandis qu'ils en complimentoient et conduisoient les premiers sous leur main, les autres s'écouloient, parmi lesquels je m'échappai. La bassesse et la terreur firent aviser d'aller aussi chez le comte de Toulouse; et les mêmes réflexions qui m'avoient mené chez M. et Mme du Maine me conduisirent chez lui. Je ne le trouvai point; et comme je traversois en revenant la petite cour de Marbre, je rencontrai d'O, que je priai de dire à M. le comte de Toulouse que je venois de chez lui pour les compliments. « Sur quoi, monsieur, des compliments? » me répondit d'O avec son froid et son importance. Je répliquai que ce qui venoit d'être fait pour M. du Maine le regardoit d'assez près pour y prendre part. « Comment, reprit d'O avec un air froncé, de ce qu'il passera désormais après les enfants de M. du Maine? » Dans ma surprise je lui dis qu'il me sembloit qu'il y gagnoit assez pour les siens, pour passer volontiers après ses neveux. Alors d'O s'avançant à moi et me regardant fixement comme un homme pressé de faire une déclaration : « Monsieur, me dit-il, soyez persuadé que M. le comte de

Toulouse n'a point de part à ce que M. du Maine a obtenu ; que M. le comte de Toulouse n'a point d'enfants et ne prétend rien pour ceux qu'il aura, qu'il est content de son rang, et qu'il n'en veut pas davantage. » Je quittai d'O dans une extrême surprise.

C'étoit un homme avec qui je n'avois pas la moindre habitude et que je ne voyois jamais nulle part ; je n'en avois pas davantage avec sa femme ni Mme de Saint-Simon non plus. C'étoit un pharisien dédaigneux, tout au plus à monosyllabes, et qui m'avoit paru saisir avec empressement l'occasion de s'expliquer à moi de ce que je ne lui demandois point, et de me dire une chose si étonnante. Je la fus rendre à l'instant au duc et à la duchesse de Villeroy, amis du mari et de la femme ; ce qui combloit ma surprise, c'est que, quelque attachement personnel et d'emploi qu'eût d'O pour M. le comte de Toulouse, il étoit encore plus l'homme de Mme de Maintenon et même de M. du Maine. Le duc et la duchesse de Villeroy m'expliquèrent l'énigme ; mais je ne crois pas qu'ils en eussent la véritable leçon ; je dirai après ma conjecture. Ils me contèrent que le duc ayant parlé de son dessein à son frère, il n'avoit pu le persuader ; que le comte de Toulouse avoit même fait ce qu'il avoit pu pour le lui faire quitter, soit par son éloignement présent du mariage et la petitesse de son rang personnel avec ses neveux, soit qu'il sentît que la chose étoit si forte qu'elle pourroit un jour entraîner leur rang à eux-mêmes. Ce qu'il y a de certain, c'est que cette affaire mit un froid marqué entre eux. Ce que j'en crus après, car en ce moment je ne le savois pas encore, c'est que la chose étoit revenue entre deux fers, par ce qui va être raconté, ce qui, joint à une déclaration si hors d'œuvre et si empressée d'un homme si peu empressé de parler, et à un autre qu'il ne connoissoit que de nom et de visage et qui ne lui faisoit ni question ni raisonnement, me fit croire que c'étoit politique, et que le comte de Toulouse vouloit laisser son frère seul dans la nasse sans la partager avec lui. Voici donc ce qui arriva. De l'un à l'autre, on ne tarda pas à savoir les sentiments de Monseigneur et Mgr le duc de Bourgogne. Eux-mêmes comblèrent une si terrible faute en ratifiant ce qu'on en disoit, jusque-là qu'il échappa à la pauvre Mme la duchesse de Bourgogne, que ce rang ne tiendroit pas sous Monseigneur, et moins encore, s'il se pouvoit, sous eux quand ils seroient les maîtres. La cour, suffoquée du silence qu'elle avoit gardé d'abord, sentant un tel appui, se lâcha au murmure, et en un moment le murmure devint général, public et fort peu mesuré. Tout fut coupable d'après les deux héritiers de la couronne. Ainsi, personne ne craignant le châtiment par l'universalité des complices, la licence alla fort loin.

Le roi étoit trop appliqué à être informé des moindres choses pour ignorer ce déluge de discours, beaucoup moins le chagrin de Monseigneur et de Mgr le duc de Bourgogne, malgré tout ce qu'il avoit employé de si nouveau auprès d'eux; le sombre et le repentir le saisirent. M. du Maine en trembla et Mme de Maintenon avec lui, qui le virent au moment de rétracter ce qu'il venoit de faire. Ils se mirent donc hardiment à faire contre, à vanter au roi l'obéissance même intérieure qu'il s'étoit acquise, jamais mieux marquée que par l'empressement de la foule à lui faire des compliments, par la joie que tout le monde marquoit de la grâce qu'il venoit de faire, et les applaudissements publics qu'elle recevoit. Avec cet artifice, il [M. du Maine] profita des hommages arrachés à une cour esclave, en flattant le roi sur ce qui lui étoit le plus sensible, et le mit à ne savoir plus que croire.

Le lendemain de mes visites aux bâtards, et trois jours après la déclaration, j'allai le matin chez Mme de Nogaret, qui m'avoit envoyé dire qu'elle avoit un mot à me dire dans la matinée. Je fus bien étonné quand elle me dit que Mme la duchesse de Bourgogne l'avoit chargée de savoir de moi, et de sa part, à découvert, ce qui formoit ma liaison si intime avec M. du Maine, et qu'elle désiroit savoir aussi ce qu'il me sembloit du rang qui venoit d'être donné à ses enfants. A mon tour je fus curieux où Mme la duchesse de Bourgogne avoit pris cette liaison, et ce qui la pouvoit mettre en doute sur ce que je pensois sur ce rang. Mme de Nogaret me dit que, veillant le soir précédent chez Mme la duchesse de Bourgogne encore en reste de couche du roi, et parlant de ce rang avec le scandale qu'il mérite, elle lui avoit dit que le roi, peiné de sentir combien peu elle goûtoit cette nouveauté, lui avoit exagéré l'approbation unanime; que le duc du Maine étoit comblé des honnêtetés de la cour, et, que prenant ensuite un air plus ouvert et d'entière complaisance, il avoit ajouté qu'enfin moi-même j'avois visité le duc du Maine et l'avois assuré du plaisir que je ressentois de sa satisfaction. Je souris avec un dépit amer de la prostitution de mon nom pour soutenir celle de toute la France. Je contai à Mme de Nogaret ce qui m'étoit arrivé avec Mme la duchesse d'Orléans et M. du Maine avant la mort de M. le Duc sur le procès de la succession de M. le Prince, la conduite de M. et de Mme du Maine avec Mme de Saint-Simon, et avec moi, et la nôtre avec eux; de là je m'expliquai avec elle de ce que je pensois et sentois d'un rang que je détestois dans le père, à plus forte raison continué dans ses enfants; je m'étendis sur ce qu'elle et les deux princes héritiers en marquoient, et sur les raisons qui m'avoient forcé à aller chez M. et Mme du Maine à cette occasion pour la première fois de ma vie de cette sorte, où quoi que le roi en crût, M. du Maine n'avoit pu entendre le son de ma voix; et je priai Mme de Nogaret de rendre toute cette conversation à Mme la duchesse de Bourgogne, ce qu'elle fit fort exactement.

Cependant la princesse pressée par Mme de Maintenon sur ce rang, demeura ferme et la surprit d'autant plus, qu'elle ne se doutoit pas qu'elle sût rien de ces matières-là, et qu'elle la trouva instruite de fort bonnes raisons, et qui l'embarrassèrent. Elle voulut absolument savoir d'elle ce qui s'en disoit effectivement dans le monde, et Mme la duchesse de Bourgogne ne la trompa point; le roi et elle demeurèrent donc fort en peine, et tellement que ce rang fut sur le point d'être rétracté. Mais enfin il étoit donné, déclaré, publié; le roi ne voulut pas paroître céder, il chercha à se repaître des artifices flatteurs de M. du Maine, et le rang demeura. La prise de possession ne tarda pas, et pour que le scandale en fût complet, ce fut au sermon. Le comte de Toulouse, qui avoit été voir ses neveux en cérémonie qui ne lui donnèrent pas la main à la manière des princes du sang entre eux, s'absenta des sermons pour n'y être pas après eux, et n'y revint que par une espèce de négociation. Mme la Princesse et Mme la princesse de Conti sa fille, vinrent en ce même temps à Versailles recevoir la visite du roi sur la mort de M. le Duc. Mme la Princesse le remercia des grâces qu'il avoit faites à son petit-fils, et non sans rougir, ajouta ses remercîments sur celles qu'il venoit de faire aux enfants de Mme du Maine, qui les égaloit à ceux de son fils.

J'éclaircirai encore d'un mot ce qui me regarde sur cet étrange rang, en expliquant comment Mme la duchesse de Bourgogne comprit que j'étois si lié avec M. du Maine. Le roi et Mme de Maintenon étant à parler de ce rang dans la ruelle de cette princesse, tous trois seuls, et Mme de Maintenon employant tout son art pour soutenir son ouvrage contre le repentir que le roi en avoit pris et qu'il lui reprochoit, lui persuadoit comme elle pouvoit le concours chez M. du Maine et la joie des compliments, et ajouta que jusqu'à moi j'avois été lui témoigner la mienne. Le roi le lui fit répéter, et sur ce qu'elle l'assura que M. du Maine le lui avoit dit, ce fut alors que le roi prit cet air de sérénité et de complaisance, et que se tournant à Mme la duchesse de Bourgogne, lui dit que, puisque celui-là y avoit été, il falloit bien qu'à ce qu'il avoit fait il n'y eût pas tant à redire, comme en se consolant. Mme la duchesse de Bourgogne ne répondit rien, et Mme de Maintenon continua ses propos pour le raffermir. Ce détail, Mme de Nogaret me le fit le lendemain de sa question, en me disant le compte qu'elle en avoit rendu de ma part à Mme la duchesse de Bourgogne. Je ne sais pourquoi elle ne me l'avoit pas conté la veille. Je sus d'elle que Mme la duchesse de Bourgogne avoit entendu avec plaisir ce qu'elle lui avoit dit de ma part, et qu'elle étoit bien aise de ne s'être pas trompée sur le jugement qu'elle avoit porté de moi sur ce rang.

Achevons tout de suite ce qui regarde M. du Maine et ses enfants. Ce qu'il venoit d'obtenir pour eux, beaucoup plus encore la façon si surprenante dont le roi avoit parlé en leur faveur et en la sienne aux deux princes ses fils et petit-fils, et si étrangement éloignée de son caractère, lui montrèrent ses forces, et par lui-même et par Mme de Maintenon, au delà de tout ce qu'il auroit pu croire. Il en profita donc et sut, et par elle et par soi-même, faire valoir au roi la froideur de ces deux princes, pour n'en rien dire de plus parmi des discours si touchants et si nouveaux pour eux, et la juste crainte qu'il en devoit concevoir; [tellement] qu'il sut persuader au roi que, pour montrer qu'il ne se repentoit pas de ce qu'il venoit de faire, et pour consolider le rang et les honneurs qu'il donnoit à ses enfants, il étoit nécessaire de leur donner de l'autorité et de la puissance. Il obtint cinq semaines après, c'est-à-dire le jeudi de Pâques, 24 avril, la survivance de sa charge de colonel général des Suisses et Grisons pour le prince de Dombes son fils aîné, âgé de dix ans, et pour le comte d'Eu qui en avoit six, celle de grand maître de l'artillerie. Ce fut un grand et prompt renouvellement de scandale et de murmure, mais qui ne diminua rien de la servitude. Toute la cour alla chez M. et Mme du Maine, qui eurent en même temps le bel appartement du feu archevêque de Reims au château, singularité encore fort éclatante, aucun prince du sang ni les enfants même de Monsieur n'en ayant eu que dans un âge bien plus avancé.

Je fus donc comme les autres un matin chez M. du Maine, comptant bien, comme l'autre fois, n'y faire qu'une apparition, et m'enfuir à la faveur de la foule. Je le trouvai environné de prélats de l'assemblée du clergé, et dès que j'eus paru, je me retirai. A l'instant M. du Maine pria ces prélats de trouver bon qu'il me dît un mot, vint clopinant à moi de façon que je ne pus éviter ces gens qui me le dirent et me le montrèrent. Je revins donc à lui, et il me mena à la cheminée au fond de sa chambre d'où tout le monde sortit, et où nous demeurâmes seuls. Là il me dit qu'il y avoit bien longtemps qu'il cherchoit une occasion de me témoigner toute sa reconnoissance de tout ce qu'il me devoit, sur la manière dont j'avois bien voulu répondre à ce que Mme la duchesse d'Orléans m'avoit [dit] sur le procès de la succession de M. le Prince, qu'il me supplioit de compter qu'il n'oublieroit jamais cette grâce qu'il avoit reçue de moi, et qu'il n'y avoit point d'occasion qu'il ne cherchât avec empressement, pour me témoigner à quel point il y étoit sensible ; que je lui devois la justice d'être persuadé qu'il m'avoit toujours regardé avec une estime singulière, et constamment désiré l'honneur de mon amitié ; que Mme la duchesse du Maine étoit dans les mêmes sentiments ; qu'il désireroit sur toutes choses que nous nous pussions voir quelquefois librement, puis retombant tout à coup sur Mme de Saint-Simon, pour lui et pour Mme sa femme, il n'y eut sortes de choses qu'il ne me dît, mais avec des termes si pleins, si forts, si expressifs, et surtout si étrangement polis, que je vis l'heure que je n'aurois ni le moment ni le moyen d'y répondre. Je le fis néanmoins au mieux que je le pus, en l'assurant aussi que je n'oublierois point son procédé et celui de Mme la duchesse du Maine lors de l'affaire de Mme de Lussan. Je crus en être quitte en finissant par là et me voulant retirer. Ce fut de nouvelles louanges sur Mme de Saint-Simon, de nouveaux désirs de Mme du Maine et de lui d'une amitié comme la sienne, combien ils s'en tiendroient honorés ; car aucun

terme ne fut ménagé ni pour elle ni pour moi; tout ce que
Mme du Maine avoit fait pour la mériter, et après pour se la
conserver touchant obliquement l'affaire de Mme de Lauzun,
et qu'il étoit si pressé que je susse tous ces sentiments-là,
qu'il avoit prié Mme la duchesse d'Orléans de me les témoigner en attendant qu'il pût le faire lui-même. Elle n'en avoit
rien fait, ou par oubli ou plutôt parce que tout cela tendoit à
lier commerce et amitié avec nous, et que, dès la première
fois qu'elle m'en avoit parlé, elle avoit bien senti que nous
ne voulions ni de l'un ni de l'autre.

Je me tirai à grand'peine d'avec M. du Maine à force de
verbiages, de compliments vagues, et de propos les plus
polis que je pus, sans toutefois rien de précis, sans entrer
en quoi que ce fût, encore moins dans aucun engagement de
liaison, sur quoi je me tins fort en garde, et je sortis enfin
accablé des politesses les plus vives et les plus pressantes.
J'évitai celles que j'imaginai que Mme la duchesse du Maine
me préparoit, qui étoit environnée de monde, et qui me
voulut faire approcher d'elle, dont je m'excusai pour ne
point déranger les dames, et tout de suite je m'en allai.
Mme de Saint-Simon trouva M. et Mme du Maine ensemble,
qui, à qui mieux mieux, l'accablèrent à son tour et n'oublièrent rien de pressant et même d'embarrassant pour lier
avec nous. Elle s'en tira comme j'avois fait avec bien de la
peine; à ces façons nous n'en eûmes point à juger que rien
leur faisoit perdre de vue le dessein et le désir si extraordinaire et si suivi de lier avec nous, et nous confirma dans nos
anciennes résolutions là-dessus. Je ne les en vis pas davantage, c'est-à-dire aux occasions de morts, mariages et autres pareils, indispensables et fort rares, et Mme de Saint-
Simon presque pas plus souvent. On verra dans la suite que
je ne me suis pas étendu inutilement sur ces poursuivantes
recherches de M. [le duc] et de Mme la duchesse du Maine,
pour lesquels une si énorme extension d'un rang déjà si
odieux ne pouvoit guère me donner d'amitié.

Finissons cette triste matière par une autre aussi peu consolante, qui est la réception de Villars au parlement, lequel, contre le plus continuel usage, ne prit aucun pair pour témoin de ses vie et mœurs, et qui, par cette singularité, donna lieu à cette dissertation publique, s'il l'avoit fait par respect ou par honte, ou par la crainte d'être refusé. J'eus peine à me résoudre à me trouver à une si humiliante cérémonie. J'y fus témoin d'une malice du duc de La Meilleraye, qui poussa M. du Maine de questions pourquoi M. le comte de Toulouse, qui venoit toujours au parlement avec lui, y étoit venu cette fois séparément; M. du Maine avec tout son esprit en fut embarrassé à l'excès; et l'autre qui s'en amusoit, qui n'ignoroit pas le froid que le rang des enfants avoit mis entre eux, en donnoit aussi le plaisir à la compagnie. Dès que la réception fut faite et que le parlement alla à la buvette, je m'en allai et ne pus demeurer à la grande audience. Villars invita tous les pairs à dîner chez lui. Je le fus comme les autres et je m'en excusai; je sus après que presque aucun n'y avoit été.

CHAPITRE VIII.

Vendôme, demandé de nouveau pour général par l'Espagne, épouse tristement Mlle d'Enghien. — Mort du duc de Coislin; son caractère. — Hoquet inouï fait par le roi à l'évêque de Metz sur sa succession à la dignité de son frère. — Occasion, cause et fin de ce hoquet. — Habit et manière de signer de M. de Metz. — Évêques d'Espagne, devenus grands par succession, ne portent plus le nom de leur évêché. — Mort, aventures, caractère et singularités de la maréchale de La Meilleraye. — Maison de Cossé.

Ces mois de mars et d'avril furent heureux pour les bâtards. L'Espagne pressa de nouveau pour obtenir M. de Vendôme qui, se voyant sans ressource en ce pays-ci, et confiné fort solitairement à Anet, brûloit d'envie d'obtenir la permission d'y aller, qu'il avoit négociée comme on l'a dit ailleurs avec la princesse des Ursins, et sur laquelle il faisoit insister. En attendant, se voyant délivré de M. le Prince et de M. le Duc, il espéra qu'il n'y auroit plus d'obstacle à son mariage avec Mlle d'Enghien, à qui M. et Mme du Maine l'avoient mis dans la tête, mais dont ils n'avoient pu venir à bout tant que M. le Prince et même M. le Duc avoient vécu. Elle avoit trente-trois ans, elle étoit extrêmement laide : sa vie s'étoit passée au fond de l'hôtel de Condé dans la plus cruelle gêne, ce qui lui avoit fait désirer, pour en sortir, quelque mariage que ce fût. La gêne avoit fini avec M. le Prince, mais l'ennui subsistoit avec Mme la Princesse, de chez qui elle ne pouvoit sortir qu'en se mariant. M. du Maine vouloit une princesse du sang pour M. de Vendôme, et décorer de plus en plus la bâtardise. M. de Vendôme, qui n'avoit jamais voulu se marier, fut touché de l'honneur de devenir gendre de M. le Prince, piqué de n'avoir pu en être accepté ni même de M. le Duc pour beau-frère par sa disgrâce. Toutes ces raisons le pressèrent de faire ce mariage après eux. Ce fut l'ouvrage de M. du Maine; le roi y consentit, et le mariage fut déclaré le 26 avril.

S'il falloit de l'ambition pour se résoudre à épouser Mlle d'Enghien, il falloit un grand courage pour épouser M. de Vendôme, presque sans nez et manqué deux fois par les plus experts. Mais tout leur fut bon à l'un et à l'autre, à elle pour avoir du bien et de la liberté, à l'autre par la vanité de se montrer encore assez grand dans l'état de santé et de disgrâce où il étoit, pour épouser une princesse du sang qu'il acheta de tout son bien qu'il lui donna par leur contrat de mariage, s'il mouroit avant elle sans enfants, comme toutes les apparences y étoient, et comme cela arriva en effet. Mme la Princesse et Mme la Duchesse n'apprirent ce mariage que par M. du Maine, et comme arrêté et comme le roi le voulant. Mme la Princesse se mit à pleurer, allégua vainement la mémoire peu comptée de M. le Prince, et ne pouvant rien empêcher, laissa tout faire sans en vouloir plus ouïr parler. Mme la Duchesse se rengorgea, se fâcha, mais ce fut tout; elle n'avoit point d'autorité sur sa belle-sœur. M. du Maine se chargea de tout, du contrat de mariage, de la publication des bans, de la noce. La manière dont tout s'y passa montra à quel point M. de Vendôme étoit perdu. Il eut peine à obtenir permission d'aller en parler au roi à Versailles; ce fut à condition de se tenir beaucoup dans sa chambre, de n'y voir personne, et personne presque ne s'y présenta. Sa conversation avec le roi fut sèche et courte, et il retourna tout aussitôt à Anet. Il n'eut pas la liberté de venir faire signer son contrat de mariage. M. du Maine tout seul le présenta à signer sans être accompagné de personne d'aucun côté, et le roi voulut qu'on prît le temps d'un voyage à Marly pour faire le mariage à Sceaux, sans fête, sans bruit, dans la plus grande obscurité, et ne voulut point ouïr parler de fiançailles dans son cabinet; le contrat de mariage fut donc signé à Marly, le 13 mai, de cette façon clandestine.

M. de Vendôme vint droit d'Anet à Sceaux, le jeudi 15 mai, fut le soir même fiancé, marié et couché avec Mlle d'Enghien; Mme la Princesse, M. le Duc, M. le comte de Charolois, son frère, Mme la princesse de Conti, M. son fils et Mmes ses filles, M. et Mme du Maine et MM. leurs enfants présents avec quelques domestiques, et qui que ce soi autre. Dès que la messe fut dite à minuit, tous les princes et princesses du sang s'en allèrent et ne revinrent plus. M. de Vendôme demeura le lendemain vendredi à Sceaux, avec M. et Mme du Maine, leurs enfants et leurs domestiques uniquement et la nouvelle mariée, et le samedi M. de Vendôme l'y laissa et s'en reteurna à Anet. Ni l'un ni l'autre ne reçurent aucun compliment de la part du roi, ni de pas une des personnes royales; on ne parla pas seulement de ce mariage; ce fut comme chose non avenue. M. du Maine revint dès qu'il le put à la cour, et Mme de Vendôme retourna chez Mme la Princesse jusqu'à ce que la maison du grand prieur au Temple fût prête, qui étoit en grand désarroi, et le grand prieur hors du royaume. Quel eût été l'éclat de cette noce quelques années plus tôt, et quel contraste avec les retours si radieux de M. de Vendôme d'Italie! On remarqua que M. de Vendôme, qui n'avoit point vu tous ces princes et princesses du sang qui se trouvèrent à son mariage, ne leur y fit pas le moindre compliment. Il fut là comme à la noce d'un autre, et depuis à Anet comme s'il avoit oublié qu'il étoit marié.

Le duc de Coislin ne survécut pas longtemps à son ami M. le Duc; c'étoit le seul homme qui l'eût subjugué, qui ne lui passoit rien et qui lui lâchoit quelquefois des bordées effroyables, sans que M. le Duc osât souffler. C'étoit un homme de beaucoup d'esprit, extraordinaire au dernier point, et qui se divertissoit à le paroître encore plus qu'il ne l'étoit en effet, plaisant en sérieux et sans chercher à l'être, toujours salé, fort amusant, méchant aussi et dangereux, qui ne se refusoit rien, qui méprisoit la guerre qu'il avoit quittée il y avoit longtemps, et la cour où il n'alloit presque jamais, par conséquent mal avec le roi, dont il ne se mettoit guère en peine; fort du grand monde, qu'il cherchoit moins qu'il n'en étoit recherché et de la meilleure compagnie. Il se piquoit de ne saluer jamais personne le premier et le disoit si plaisamment qu'on ne pouvoit qu'en rire. Quand le roi eut achevé Trianon comme il est aujourd'hui, tout le monde s'empressa de l'aller voir. Roquelaure demanda au duc de Coislin ce qu'il lui en sembloit : il lui dit qu'il ne lui en sembloit rien parce qu'il ne l'avoit pas vu. « Je sais bien pourquoi, lui répondit Roquelaure, c'est que Trianon ne t'est pas venu voir le premier. » Il faut encore que je dise ce trait du duc de Coislin. La fantaisie lui prit, au duc de Sully, son beau-frère, et à M. de Foix, d'aller au parlement, et ils me pressèrent tant d'y aller avec eux que je ne pus le refuser, et c'est l'unique fois que j'y aie été sans nécessité. M. de Foix, qui étoit paresseux et qui passoit les nuits en compagnie, n'y vint point, de sorte que je m'y trouvai assis entre les deux beaux-frères.

Le Nain, doyen alors du parlement, et un des plus estimés pour sa probité, son exactitude et ses lumières, rapporta un procès considérable où il y avoit pour quarante mille francs de dépens qu'il conclut à compenser; les premiers avis furent conformes à celui du rapporteur. C'étoit à huis clos, à la petite audience; ainsi nous entendions tout parce qu'on opinoit de sa place sans se lever. Le Meusnier, vieux conseiller, clerc aussi fort habile, mais de réputation plus que louche, ouvrit l'avis de faire payer les dépens. Plusieurs le suivirent et d'autres non, car pour le fond du jugement il fut tout d'une voix de l'avis du rapporteur. Voilà le duc de Coislin qui se met à rire et à me dire qu'il faut faire un partage, et que cela sera plaisant de voir la grand'chambre s'aller faire départager à une chambre des enquêtes. Je crus qu'il plaisantoit, mais comme je le vis attentif à suivre et à compter les voix de part et d'autre et à me presser de partager, c'est-à-dire de prendre l'opinion la moins nombreuse, je lui demandai s'il n'avoit point de honte de vouloir coûter quarante mille livres à des gens, pour se divertir; qu'ignorants comme nous l'étions, il falloit aller à l'avis le plus doux, surtout avec la garantie d'un homme exact, éclairé et intègre comme étoit Le Nain, qui avoit bien examiné l'affaire. Il se moqua de moi et dit toujours que cela seroit plaisant et qu'il ne le manqueroit pas. De pitié pour ces parties, dont nous ne connoissions aucune, je m'assurai du duc de Sully, qui blâma son beau-frère et qui convint avec moi qu'il seroit pour compenser les dépens. Nous opinâmes les derniers, et tous trois tînmes parole. Le duc de Coislin, qui par son calcul avoit vu qu'il partageroit en prenant l'avis de Le Meusnier, en fut. Je me rangeai après à celui de Le Nain, et après moi le duc de Sully. Le premier président Harlay, qui avoit compté aussi et qui vit le partage, se met à regarder les présidents à mortier, à leur dire qu'il y a partage, puis à remontrer à la compagnie l'indécence de cet inconvénient dans un tribunal comme la grand'chambre ; qu'il falloit tâcher de se réunir à une opinion ; que la sienne étoit de compenser les dépens ; et qu'il alloit reprendre les voix. Pendant qu'on opinoit, le duc de Coislin crevoit de rire, et moi de l'exhorter à se contenter du plaisir qu'il s'étoit donné et de ne pas pousser l'affaire à bout. Jamais il n'y voulut entendre, bien résolu de changer d'avis ou non, suivant que cela serviroit au partage. Il fut encore de l'avis de Le Meusnier, le duc de Sully et moi de celui du rapporteur, le premier président aussi ; et encore partage.

Voilà le premier président fort fâché qui harangua près d'un quart d'heure, qui tâcha de piquer d'honneur messieurs d'éviter la honte de s'aller faire départager aux enquêtes, qui dit qu'il va reprendre pour la troisième fois les avis, et que, pour abréger, parce que les raisons sont suffisamment entendues, il suffira que chacun opine qu'il est de l'avis du rapporteur ou de Le Meusnier. Le diable voulut que le partage subsistât, quoique plusieurs conseillers eussent changé d'avis suivant qu'ils comptoient jusqu'à eux pour éviter le partage, et toujours M. de Coislin pour payer les dépens. Le malheur fut qu'avec une voix de plus pour Le Meusnier il n'y avoit plus partage. Harlay, qui l'avoit bien compté et qui regardoit noir le duc de Coislin, dont la seule voix fit en dernier lieu ce désordre, exposa le cas à la compagnie, tâcha de la toucher en faveur des parties perdantes, à qui une seule voix coûteroit un partage injurieux pour la compagnie, ou quarante mille livres de plus. Il eut beau dire, personne ne répondit à ses semonces réitérées, tellement que, comme il vit qu'il falloit enfin prononcer, il préféra l'honneur prétendu de la grand'chambre à la bourse de ces pauvres parties, dit que pour éviter le partage, il revenoit à l'avis de Le Meusnier et prononça l'arrêt avec la condamnation aux dépens. Je pouillai le duc de Coislin tant que je pus, qui étoit ravi et mouroit de rire.

Il étoit notoirement impuissant, et pour cela même se ruinoit avec une comédienne, qui le gouverna jusqu'à sa mort, et à qui sa famille, et tout ce peu de gens qui pouvoient avoir affaire à lui, faisoient leur cour. Il étoit veuf depuis longtemps de la sœur d'Alègre, depuis mort maréchal de France, qu'il avoit rendue fort malheureuse. M. de Metz et la duchesse de Sully, son frère et sa sœur, étoient ses héritiers. Il mourut à Paris, dans le temps du mariage de M. de Vendôme, pendant que le roi étoit à Marly, où j'étois ce voyage. On y apprit cette mort entre midi et une heure. La dignité passoit de plein droit à M. de Metz, son frère unique, et cela fit la conversation.

Le comte de Roucy qui, sans avoir le sens commun, mais beaucoup de brutalité, d'assiduité et de bassesse, étoit de tout à la cour de Monseigneur, et quoique sans estime, depuis Hochstedt surtout, point trop mal avec le roi, étoit aussi avec un air de bon homme et sans façon avec tout le monde, et particulièrement avec les valets, à qui cela plaisoit fort, le plus envieux de tous les hommes, et en dessous le plus sottement glorieux. [Il] se trouva choqué que M. de Metz devînt duc et pair. Il alla chez Monseigneur, à qui il dit que l'évêque de Metz seroit plaisant à voir en épée et en bouquet de plumes; et comme il avoit affaire à un aussi habile homme que lui, il l'infatua, par ces sottises-là, que M. de Metz, étant prêtre et évêque, ne pouvoit être duc et pair; comme si, pour l'être, il falloit porter une épée et un bouquet de plumes, et qu'il n'y eut pas des évêques pairs séant au parlement avec un habit qui leur est particulier. De là il alla à la fin du dîner de Mgr et de Mme la duchesse de Bourgogne, avec les mêmes propos, qui ne les persuadèrent pas si facilement. Mgr le duc de Bourgogne se moqua de lui et de ses fades et malignes plaisanteries, et voulut bien démontrer, ce qui fut court et aisé, que M. de Metz pouvoit et devoit recueillir la dignité de son frère, puisqu'il en héritoit de droit, qu'il étoit fils de celui pour qui l'érection avoit été faite, et qu'il n'étoit mort au monde par aucun crime ni par aucun vœu religieux. Les envieux et les ignorants dont les cours sont pleines, il s'en trouva en nombre qui firent chorus avec le comte de Roucy, sans que pas un pût alléguer quoi que ce fût, que ce ridicule inepte d'épée et de bouquet de plumes qui à peine auroit pu surprendre les petits enfants.

M. de Metz n'étoit point mal avec le comte de Roucy, et il n'y avoit jamais eu d'ocasions entre eux; mais il avoit aussi sa portion de cadet d'extraordinaire, n'étoit pas bon, n'étoit pas aimé de tout le monde, et sa fortune ecclésiastique avoit révolté contre lui beaucoup de gens de cet état, quoique la plupart hors de portée d'un siége tel que Metz et d'une charge comme la sienne. Toute la journée se passa dans cette dispute dans les compagnies et dans le salon; mais le soir l'étonnement fut grand, quand on apprit que le roi y faisoit de la difficulté, que Monseigneur l'avoit fort appuyée dans le cabinet après le souper, et que Mgr le duc de Bourgogne y avoit aussi solidement qu'inutilement plaidé pour M. de Metz. Le lendemain il eut défense du roi, par Pontchartrain, de prendre ni titre, ni marque, ni rang, ni honneurs de duc jusqu'à ce que le roi se fût fait rendre compte de son affaire. M. de Metz eut beau presser du moins que quelqu'un en fût chargé, il n'en put venir à bout; et, las d'attendre dans un état aussi triste, il fit ôter ses armes de sa vaisselle, de ses carrosses, et de partout où elles étoient parce qu'il n'osoit porter le manteau ducal, et qu'il ne vouloit pas s'en abstenir; et de dépit il s'en alla brusquement dans son diocèse. Il n'avoit garde d'obtenir que quelqu'un fût chargé de son affaire pour en rendre compte au roi, encore moins d'être entendu lui-même. Le roi, quoique peu instruit, savoit très-bien qu'il n'y avoit nulle difficulté, et qu'il étoit duc et pair de plein droit à l'instant de la mort de son frère; mais il étoit outré contre M. de Metz, il l'étoit de façon à ne vouloir pas le montrer, et il fut ravi de cette sottise du comte de Roucy et du bruit qu'elle fit dans un peuple ignorant et jaloux de tout. Il la saisit, et ne pouvant faire pis à M. de Metz, il le châtia cruellement de la sorte, sous prétexte de ne rien précipiter, et d'un éclaircissement qu'il n'avoit garde de prendre, mais dont il pouvoit faire durer le prétexte tant qu'il lui plairoit, et par conséquent le désespoir de M. de Metz, qui en tomba malade, et à qui, réellement et de fait, la tête en pensa tourner et en fut fort près. Son fait que voici étoit double.

Le roi, après avoir fort aimé le cardinal de Coislin et eu pour lui jusqu'à sa mort une estime déclarée qui alloit, et très-justement, jusqu'à la vénération, se laissa depuis aller au P. Tellier, qui, pour fourrager à son plaisir le diocèse d'Orléans, de concert en cela avec Saint-Sulpice, persuada au roi que ce cardinal étoit janséniste, et qu'il avoit mis en place dans son diocèse tous gens qu'il en falloit chasser. C'étoient des hommes du premier mérite en tout genre, et connus et goûtés comme tels, et qui étoient fort attachés au cardinal. Ils furent chassés et quelques-uns exilés. Tout le diocèse cria. Cela aigrit les persécuteurs qui avoient Fleuriau, évêque d'Orléans, à leur tête. Ils firent ôter la tombe du cardinal, parce qu'on s'étoit accoutumé à y aller prier; et on empêcha avec violence ce pieux usage qui avoit commencé dès sa mort, et qui n'étoit qu'une suite de la constante réputation de toute sa vie. M. de Metz qui avoit protégé tant qu'il avoit pu ces ecclésiastiques chassés et exilés, perdit toute patience à l'enlèvement de la tombe de son oncle, surtout après en avoir fortement et inutilement parlé au roi. Il s'échappa en propos qui furent rapportés et envenimés, et par ceux qu'ils regardoient le plus, et qui mirent le roi de part dans leur querelle et dans leur ressentiment. L'autre point de M. de Metz fut que, s'étant trouvé un jour avec le duc de La Rocheguyon, le duc de Villeroy et MM. de Castries, qu'on commençoit à découvrir tout à fait la nouvelle chapelle qui étoit achevée, ils allèrent la voir et y menèrent Fornaro avec eux.

Ce Fornaro étoit un prétendu duc sicilien de beaucoup d'esprit, que M. de La Feuillade avoit ramené avec lui de Sicile, où il n'avoit osé retourner depuis l'amnistie, parce qu'il étoit accusé d'avoir empoisonné sa femme. Il demeura chez M. de La Feuillade tant qu'il vécut, suivant son fils dans sa jeunesse comme un gouverneur, et je l'ai vu chez moi avec lui sur ce pied-là; et néanmoins, il tiroit quelque chose du roi, que M. de La Feuillade lui avoit fait donner. Après la mort de M. de La Feuillade, il trouva moyen de se fourrer chez M. de La Rochefoucauld, mais sans loger chez lui; et ce fut là, dont il ne bougea, qu'il commença à faire l'homme de qualité. Il dessinoit en perfection, et il avoit beaucoup de connoissance de l'architecture, et un goût exquis pour toutes sortes de bâtiments, surtout pour les grands édifices. Il fit un degré charmant à Liancourt dans un emplacement où on n'en avoit jamais pu mettre, même un vilain. Cela lui donna de la réputation, M. de La Rochefoucauld s'en engoua et le prôna. Il le fit aller à Marly, et sur la liste comme les autres courtisans. Le roi lui parloit quelquefois de ses bâtiments et de ses fontaines, au point que Mansart en prit jalousie et peur. Il fut accusé de rapporter, et en effet, M. de La Rochefoucauld le chassa de chez lui pour quelque chose qui avoit été dit entre trois ou quatre personnes, dont aucune autre que Fornaro ne pouvoit être soupçonnée, et que le roi sut et reprocha à M. de La Rochefoucauld, et tout de suite doubla la pension de Fornaro, qui demeura à Versailles mieux avec le roi que devant, et allant plus souvent à Marly, mais fui et méprisé de tout le monde.

M. de Metz, allant donc voir la nouvelle chapelle avec ces messieurs, comme je l'ai dit, et Fornaro pour voir ce qu'il en jugeroit et la mieux considérer avec lui, aigri des affaires d'Orléans, et frappé de la quantité, de la magnificence et de l'éclat de l'or, des peintures et des sculptures, ne put s'empêcher de dire que le roi feroit bien mieux, et une œuvre bien plus agréable à Dieu, de payer ses troupes qui mouroient de faim que d'entasser tant de choses superbes, aux dépens du sang de ses peuples qui périssoient de misère sous le poids des impôts; et il alloit paraphraser encore cette morale sans M. de Castries, aussi considéré qu'il étoit imprudent, qui le retint et lui fit peur de Fornaro; mais il en avoit bien assez dit, et dès le soir même le roi le sut mot pour mot. Les lettres que M. de Metz écrivit à ses amis, étant à Metz, depuis ces affaires d'Orléans, ne furent pas plus discrètes. Depuis le fatal secret trouvé par M. de Louvois pour violer la foi politique et celle des lettres, le roi en vit toujours les extraits, et c'étoient des nouveaux sujets de colère, qui le piquoient d'autant plus que, retenu par la nature des voies qui l'informoient, il ne vouloit pas la montrer. Aussi se plut-il pendant près d'une année complète à se venger cruellement de M. de Metz, en suspendant son état sans en vouloir ouïr parler, et à se moquer de lui après. Quand il crut enfin que cela ne se pouvoit soutenir davantage sans une iniquité trop déclarée, il fit dire un matin par Pontchartrain à M. de Metz qu'il n'avoit pas besoin d'éclaircissements sur son affaire; qu'il n'avoit jamais douté qu'il ne fût duc et pair de plein droit par la mort de son frère; qu'il avoit eu des raisons pour en user comme il avoit fait; mais qu'il trouvoit bon maintenant qu'il prît le titre, les marques, le rang et les honneurs de duc et pair; et qu'il lui permettoit aussi de se faire recevoir au parlement en cette qualité quand il voudroit. Il étoit lors à Versailles et moi aussi. A l'instant il me le manda, parce qu'il me savoit grand gré de la manière dont j'avois pris sa défense. Une heure après il fut remercier le roi, mais il n'en put tirer quoi que ce fût sur les raisons qu'il avoit eues. Il fut reçu honnêtement, et ce fut tout. Aussitôt il prit tout ce qu'il auroit dû prendre dès l'instant de la mort de son frère, et se disposa à se faire recevoir au parlement.

Il y trouva un hoquet auquel il n'avoit pas lieu de s'attendre. Son habit fut contesté par les magistrats, et même par des ducs, dont beaucoup ne savent rien et ne veulent rien apprendre, qui prétendirent qu'il ne pouvoit paroître qu'en rochet et camail, parce qu'il étoit pair par soi et non par son siége. Cette difficulté étoit d'autant plus absurde que pair ecclésiastique n'est qu'un nom, et n'est pas une chose, puisque, quant à la dignité, il n'y a différence quelconque entre les ecclésiastiques et les laïques, et que l'habit des uns et des autres, par conséquent, ne peut être que le même pour tous, suivant la profession ecclésiastique ou laïque. Ainsi, après quelques disputes et quelques jours de délai, la raison à la fin l'emporta, et M. de Metz fut reçu en habit de pair ecclésiastique, et il n'en a point porté d'autre. Il signa aussi d'abord « le duc de Coislin, évêque de Metz. » Bientôt après il supprima « évêque de Metz » et ne signa plus que « le duc de Coislin. » Les évêques s'en scandalisèrent, il s'en moqua, mais le bruit qu'ils en firent l'engagea à ajouter « évêque de Metz » quand il écrivoit à des évêques, ce qu'il ne faisoit en aucune autre lettre, et souvent même il le supprima en leur écrivant, et les y accoutuma. Je ne sais pourquoi il ne se fit pas appeler « le duc de Coislin. » Les évêques d'Espagne n'y manquent pas quand il arrive qu'ils deviennent grands par héritage, et il n'y en a point par siége, comme je l'ai vu de l'évêque de Cuença qu'on n'appeloit que « le duc d'Abrantès. » Je pense que, se sentant mal avec le roi, il n'osa le hasarder, ni, étant le premier exemple d'un évêque devenu duc par succession, la nouveauté d'en porter le nom.

La maréchale de La Meilleraye mourut en ce même temps à quatre-vingt-huit ans. Elle étoit tante paternelle de la maréchale de Villeroy et du duc de Brissac, mon beau-frère, à l'occasion de quoi j'ai parlé (t. Ier, p. 77) de sa folie sur sa maison, et de l'imagination de ce bonnet qu'elle lui fit prendre, à ses armes, qui a été imité de quelques-uns, je ne sais pas pourquoi. On peut ignorer aussi la cause de cette prodigieuse ivresse de sa maison. Elle a fort brillé sous François Ier et sous ses enfants par les hommes illustres qu'elle a produits, et les grands emplois qu'ils ont exercés. Mais si on va au delà on trouvera que le maréchal de Gonnor et son frère aîné le maréchal de Brissac, si célèbre par les guerres de Piémont, père du comte de Brissac, si fameux pour son âge, et du premier duc de Brissac, maréchal de France de la Ligue, puis confirmé tel en recevant Henri IV dans Paris, ont fait valoir par leurs talents la faveur de leur mère, sœur du grand maître et du cardinal de Boisy et de l'amiral de Bonnivet qui pouvoient tout sur François Ier, desquels Anne de Montmorency, depuis grand maître et connétable de France, étoit cousin germain. Cette Gouffier qui avoit épousé leur père, si connu sous le nom du gros Brissac, fut gouvernante des enfants de France, et fit son mari ensuite leur gouverneur, grand panetier et grand fauconnier, et gouverneur d'Anjou et du Maine. Tout cela est illustre, mais il ne faut pas remonter plus haut. Le père et le grand-père de ce gros Brissac, qui étoit un gausseur et un homme d'esprit, de manége et de bonne chère, étoient au bon roi René, l'un gouverneur du château de Beaufort, l'autre sénéchal de Provence; leurs femmes des plus médiocres, leurs terres rien, et par delà rien de suivi, et dans cela même rien que des écuyers avec les plus petits emplois, sans filiation connue, et qui ne passe pas l'an 1386. Cela ne fait pas une grande origine. Les dernières alliances des ducs de Brissac des deux branches [sont] pitoyables, et eux-mêmes, depuis le dernier maréchal, aussi pitoyables qu'elles. Ce mot de remarque m'échappe, parce que je ne vois autre chose depuis la mort du roi que des gens qui, par des noms de personnages de ce temps-là, dont ils sont ou dont ils se font, et de plus anciens encore, mais qui depuis eux n'ont eu que des lacunes en tout genre, chaussent le cothurne, éblouissent les sots et prennent des airs tout à fait ridicules. L'antiquité, la suite, les fiefs, les alliances, les emplois, au moins avec quelque durée, dans les premiers temps connus, constituent une grandeur effective, et non des choses modernes, passagères, et, pour ceux dont je parle, depuis lors sans suite et sans trace de l'homme illustre dont ils font bouclier, duquel le plus souvent ils ne descendent même pas. Mais revenons à la maréchale de La Meilleraye.

On parloit devant elle de la mort du chevalier de Savoie, frère du comte de Soissons et du fameux prince Eugène, mort fort jeune, fort brusquement, fort débauché et fort plein de bénéfices, et on moralisoit là-dessus. Elle écouta quelque temps, puis, avec un air de conviction et d'assurance : « Pour moi, dit-elle, je suis persuadée qu'à un homme de cette naissance-là, Dieu y regarde à deux fois à le damner. » On éclata de rire, mais on ne la fit pas revenir de son opinion. Sa vanité fut cruellement punie. Elle faisoit volontiers des excuses d'avoir épousé le maréchal de La Meilleraye, dont elle fut la seconde femme, et n'en eut point d'enfants. Après sa mort, amourachée, devant ou après, de Saint-Ruth qu'elle avoit vu page de son mari, elle l'épousa et se garda bien de perdre son tabouret en déclarant son mariage. Saint-Ruth étoit un très-simple gentilhomme fort pauvre, grand et bien fait, et que tout le monde a connu ; extrêmement laid : je ne sais s'il l'étoit devenu depuis son mariage. C'étoit un fort brave homme et qui acquit de la capacité à la guerre, et qui parvint avec distinction à devenir lieutenant des gardes du corps, et lieutenant général. Il étoit aussi fort brutal, et quand la maréchale de La Meilleraye lui échauffoit les oreilles, il jouoit du bâton et la rouoit de coups. Tant fut procédé que la maréchale, n'y pouvant plus durer, demanda une audience du roi, lui avoua sa foiblesse et sa honte, lui conta sa déconvenue, et implora sa protection. Le roi avec bonté lui promit d'y mettre ordre. Il lava la tête à Saint-Ruth dans son cabinet, et lui défendit de maltraiter la maréchale. Cela fut plus fort que lui. Nouvelles plaintes de la maréchale. Le roi se fâcha tout de bon et menaça Saint-Ruth. Cela le contint quelque temps. Mais l'habitude du bâton étoit si forte en lui qu'elle prévalut encore. La maréchale retourna au roi qui, voyant Saint-Ruth incorrigible, eut la bonté de l'envoyer en Guyenne sous prétexte de commandement, dont il n'y avoit aucun besoin que celui de la maréchale d'en être séparée. De là le roi l'envoya en Irlande où il fut tué, et il n'eut point d'enfants.

La maréchale de la Meilleraye avoit été parfaitement belle et avoit beaucoup d'esprit. Elle tourna la tête au cardinal de Retz, jusqu'à ce point de folie de vouloir tout mettre sens dessus [dessous] en France, à quoi il travailla tant qu'il put, pour réduire le roi en tel besoin de lui qu'il le forçât d'employer tout à Rome pour obtenir dispense pour lui, tout prêtre et évêque sacré qu'il étoit, d'épouser la maréchale de La Meilleraye dont le mari étoit vivant, fort bien avec elle, homme fort dans la confiance de la cour, du premier mérite et dans les plus grands emplois. Une telle folie est incroyable et ne laisse pas d'avoir été.

CHAPITRE IX.

Je retourne à Marly avec le roi. — Propos sur Mgr le duc de Bourgogne, entre le duc de Beauvilliers et moi, qui en exige un discours par écrit.

Les couches de Mme la duchesse de Bourgogne, suivies du carême, avoient tenu le roi plusieurs mois à Versailles sans faire de voyages à Marly. Il y alla le lendemain du dimanche de Quasimodo, 28 avril, jusqu'au samedi 17 mai. J'étois allé faire un tour à la Ferté, Mme de Saint-Simon se présenta pour ce voyage. C'étoit le premier que le roi y faisoit depuis l'audience qu'il m'avoit donnée. Nous fûmes de ce voyage. J'arrivai à Marly de la Ferté, et depuis je n'en ai manqué qu'un jusqu'à la mort du roi, même de ceux dont Mme de Saint-Simon ne put être ; et je remarquai dès ce premier-là que le roi me parloit, et me distinguoit plus qu'il ne faisoit aux gens de mon âge, sans charge ni familiarité avec lui. C'est dans l'espace de ce voyage que le contrat de mariage de M. de Vendôme fut signé, qu'il se maria à Sceaux, et que le duc de Coislin et la maréchale de La Meilleraye moururent, ainsi que je l'ai rapporté.

Rendu ainsi à mon genre de vie accoutumé, je raisonnois souvent avec les ministres de mes amis, et des courtisans principaux qui en étoient, du triste état des affaires, qu'ils ne me dissimuloient pas et sur lesquelles ils pensoient comme je faisois. Quelques jours après le retour à Versailles, j'allai passer une journée à Vaucresson, ce qui m'arrivoit souvent, où le duc de Beauvilliers s'étoit ajusté la plus jolie retraite du monde, où d'ordinaire il passoit le jeudi et vendredi de chaque semaine, et qu'il avoit rendue inaccessible à tout le monde, excepté à sa plus intime famille et à quatre ou cinq amis au plus qui avoient la liberté d'y aller. Causant tête à tête avec lui dans son jardin, nous tombâmes insensiblement sur Mgr le duc de Bourgogne, et je ne lui celai point ce que je pensois de sa conduite. Quoique cette matière eût été souvent traitée entre le duc de Beauvilliers et moi, le hasard avoit fait que ce n'avoit jamais été avec tant d'étendue, ni qu'il eût été si frappé de mes sentiments là-dessus. La conversation se tourna ensuite sur autre chose, et nous ne sortîmes du jardin et de ce long tête-à-tête que lorsque le dîner fut servi. En sortant de table le duc de Beauvilliers, qui avoit réfléchi sur notre conversation, me pria de faire encore un tour de jardin avec lui, de lui redire encore sur Mgr le duc de Bourgogne les mêmes choses dont je l'avois entretenu avant le repas et d'y ajouter ce qui me pourroit venir avec plus de temps et de loisir que nous n'en avions eu le matin. Je m'en défendis, parce qu'il ne pouvoit pas l'avoir oublié, et que je croyois avoir dit à peu près tout ce qu'il y avoit à dire. Il me pressa et j'obéis. La conversation fut fort longue et peu contredite. Lorsqu'elle fut épuisée, il me proposa de mettre par écrit ce qu'il me sembloit de la conduite de ce prince, et ce que j'estimois qu'il y dût corriger et ajouter. La proposition me surprit; il me pressa, je m'en défendis, et je lui demandai ce qu'il prétendoit faire. Il me répondit qu'un discours de cette nature pourroit faire grand bien à Mgr le duc de Bourgogne ou au moins lui être utile à lui-même (duc de Beauvilliers) en parlant à ce prince. Je m'en défendis encore davantage, et je me retranchai sur le danger de découvrir à ces gens-là qu'on les connoît si bien. Il me rassura là-dessus tant qu'il put sur la vertu et la manière de penser de Mgr le duc de Bourgogne; et finalement nous capitulâmes, moi que j'écrirois, lui qu'il ne feroit aucun usage de mon écrit que de mon consentement. Nous nous séparâmes de la sorte pour rejoindre la compagnie dans la maison, moi toujours dans la surprise de ce qu'il exigeoit de moi, résolu néanmoins de lui obéir par un discours ostensible à Mgr le duc de Bourgogne. J'y travaillai peu de jours après.

J'en fis à peu près la moitié dans ce dessein qu'il pût être montré au prince, mais la plume me tourna après dans les doigts par la nécessité de n'omettre pas des choses très-nécessaires. Je m'y abandonnai alors, mais dans la résolution d'en ôter plusieurs traits au cas que M. de Beauvilliers voulût le lui faire lire, lesquels toutefois me paroissoient indispensables. J'en gardai un double que, bien qu'un peu long, je ne renverrai point parmi les Pièces, mais j'insérerai ici, parce qu'il donne une grande connoissance de Mgr le duc de Bourgogne. Il est adressé au duc de Beauvilliers. Les premières lignes en marquent l'occasion; et, s'il s'y trouve des raisonnements, des exemples et des comparaisons du goût de peu de gens, c'est qu'un discours fait pour persuader Mgr le duc de Bourgogne devoit être accommodé à son goût et à son esprit, à celui encore du duc de Beauvilliers qui, bien plus sûr et plus libre de scrupules que celui du prince ne l'étoit encore pour lors, étoient l'un et l'autre plus susceptibles d'être frappés par cette sorte de raisonnement que par d'autres plus à la convenance de tout le monde[1].

DISCOURS SUR MGR LE DUC DE BOURGOGNE, 25 MAI 1710, ADRESSÉ A M. LE DUC DE BEAUVILLIERS QUI ME L'AVOIT DEMANDÉ.

Puisque notre conversation de Vaucresson vous a paru mériter assez d'attention pour désirer de la voir étendue au delà des bornes ordinaires d'un entretien à l'ombre de vos arbres, qui s'efface aisément en rentrant dans la maison, j'en ferai d'autant moins de difficulté que, s'agissant d'un prince sur lequel j'ose disputer de respect, d'attachement tendre et d'admiration pour ses rares vertus intactes au siècle, avec vous-même, rien de tout ce que je pense ne pourra vous blesser; et l'épanchement secret de mon zèle pour sa personne, inséparable, par ce qu'il est né, du bien de l'État, se bornant avec vous seul, je me soulagerai en vous obéissant, en vous représentant nûment ce que je pense.

Je suis fermement persuadé que peu de siècles ont produit de princes en qui Dieu ait si libéralement répandu tant de vertus solides et tant de grands talents qu'on en voit en Mgr le duc de Bourgogne, un esprit vif, vaste, juste, appliqué, pénétrant, laborieux, naturellement porté aux sciences difficiles, curieux de tout rechercher et plein de bonne foi en ses recherches. C'est le riche champ qui vous a

1. Voy. notes à la fin du volume.

été présenté à cultiver, et duquel, aidé par la plus habile main [1] en tout genre et singulièrement formée par le ciel pour l'art d'instruire un prince, vous avez heureusement formé celui-ci à tout ce qu'on en pouvoit attendre pour réparer les profonds malheurs du plus beau royaume de l'Europe, destiné à lui obéir un jour. La nature, qui se plaît à mille jeux différents, avoit mêlé son tempérament d'une ardeur qui, dans la jeunesse d'un prince de ce rang, avoit paru longtemps redoutable; mais la grâce, qui se plaît aussi à dompter la nature, a tellement opéré en lui, que son ouvrage peut passer pour un miracle, par l'incroyable changement qu'elle a fait en si peu de temps, au milieu des plus impétueux bouillons de la jeunesse; et à travers tous les obstacles sans nombre que l'âge, le rang et la situation particulière qui, raffermie par plusieurs années, sans qu'aucun de tous ces dangereux obstacles, toujours subsistants, aient pu l'entamer, ôte toute inquiétude sur sa durée et sa solidité. Dans cet état il n'y auroit rien à désirer, si tout ce qu'il y a de grand, de rare, de merveilleux, d'exquis en lui en tout genre, se montroit aussi à découvert qu'il lui seroit aisé de le faire, et si des bagatelles laissées aux plus grands hommes pour faire souvenir les autres qu'ils ne sont que des hommes, et les préserver de l'idolâtrie, paroissoient moins. Je ne m'arrêterai donc pas à vous faire un portrait de ce prince, qui surpasseroit les forces des meilleurs peintres, et qui vous est si parfaitement connu. Je me contenterai seulement d'en toucher quelques traits, lorsque la matière m'y obligera pour la mieux éclaircir et pour mieux exposer à vos yeux le fond de mes pensées, par rapport aux choses en elles-mêmes et par rapport aux sentiments du monde dans lequel la nécessité et la triste oisiveté de mon

---

1. Fénelon, archevêque de Cambrai, son précepteur.

(*Note de Saint-Simon.*)

état me laissent plus répandu que vous, et plus exposé à ses sottises.

Les devoirs d'un roi étant infinis, il ne semble pas que ce soit un bonheur, pour ceux que Dieu appelle au trône par le droit de leur naissance, d'y monter de bien bonne heure, et puisque dans les états, même de toutes les conditions, la vie privée doit former aux emplois, et de ne s'occuper que de se rendre dignes de ceux auxquels porte naturellement la profession où on se trouve engagé, puisqu'il seroit également inutile et trop immense pour la portée de l'esprit humain de tendre tout à la fois à se rendre capable de tous les emplois possibles, il paroît qu'un prince que la couronne d'un grand État regarde ne doit occuper tous les moments qu'il ne la porte pas encore, qu'à se rendre capable de ce poids par toutes les connoissances qu'il exige, et comme leur nombre est infini, à faire un juste choix des plus importantes, certain que leur acquisition suppléera de reste à toutes les autres, et que le point capital ne consiste qu'en la sagesse de ce discernement, et après l'avoir fait en une application continuelle à s'instruire de ce qu'on s'est proposé de savoir parfaitement; mais il ne semble pas moins nécessaire d'ajouter une seconde partie à cette première, et c'est de faire un tel usage de cette sorte d'étude, qu'un prince ne se contente pas de se rendre capable de l'autorité souveraine, s'il n'arrive encore à persuader à ceux qui seront un jour ses sujets qu'il est déjà et qu'il deviendra de plus en plus digne de leur commander.

Rien n'embrasse mieux tout à la fois ces deux points de vue si principaux que de joindre à la connoissance des sciences qui ouvrent d'abord l'esprit, qui l'aiguisent dans la suite, et, ce qui est bien plus important à un prince, celle de l'histoire de son pays, ce qui renferme bien des choses, d'y joindre, dis-je, la connoissance des hommes, sans laquelle l'esprit le plus éminent et le plus éclairé, ni les précautions les plus exactes ni les plus vigilantes, ne peuvent garantir des ténèbres les plus épaisses qui, répandues dans tout par l'ignorance des instruments de tout, qui sont les hommes, précipitent en des erreurs dont rien ne peut préserver, auxquelles nulle autre connoissance ne peut suppléer, et dont toutes les suites deviennent des abîmes en tout genre. Ce n'est donc pas un médiocre avantage à un prince qui doit régner de vivre assez longtemps sujet, en âge de discernement, pour pouvoir connoître les hommes par une sorte de familiarité et de communication avec eux, qu'écarte ou qu'obscurcit d'ordinaire l'éclat du diadème, et de profiter d'un intervalle de temps dont l'incertitude de la durée ne sert pas peu à lui laisser voir les hommes à peu près tels qu'ils sont, puisque, ne pouvant guère espérer pour le présent et pour le futur qu'avec incertitude d'un prince encore éloigné de la distribution des grâces, et néanmoins approchant souvent et familièrement de lui, la liberté et l'impatience naturelle des hommes ne se trouvant point captivée par la vivacité des vues présentes, et se rencontrant souvent dans l'occasion, résistent difficilement à la longue à les montrer à découvert tels qu'ils sont, et par ce moyen instruisent infiniment un prince d'eux-mêmes et des autres.

Ce raisonnement mal expliqué, mais à la vérité duquel il se trouveroit, je crois, peu de contradicteurs, me conduit à me plaindre de deux choses, l'une réelle, l'autre de l'effet qu'elle produit. C'est que Mgr le duc de Bourgogne ne peut connoître les hommes à la vie qu'il mène, que conséquemment il ne peut en être connu et qu'il ne l'est point en effet ; son temps n'est partagé qu'en deux sortes d'occupations, dont les unes, conformes à son goût, le renferment dans le sérieux et la solitude cachée de son cabinet ; les autres, présentées par les liens de son état, sont par lui tournées de manière à ne l'éloigner pas moins que les premières de cette double connoissance des hommes, si recommandable et base unique du bon usage de toutes les autres. Il est un temps qui doit être principalement consacré à l'instruction particulière des livres, et ce temps ne doit pas être borné à l'âge qui affranchit du joug des précepteurs et des maîtres ; il doit s'étendre des années entières plus loin, afin d'apprendre à user des études qu'on a faites, à s'instruire par soi-même, à digérer avec loisir les nourritures qu'on a prises, à se rendre capable de sérieux et de travail, à se former l'esprit au goût du bon et du solide, à s'en faire un rempart contre l'attrait des plaisirs et l'habitude de la dissipation, qui ne frappent jamais avec tant de force que dans les premières années de la liberté. Mais ce second temps d'étude a déjà été si heureusement rempli, que le pousser au delà de ses justes bornes est un larcin fait à d'autres sortes d'applications, pour lesquelles celles-là n'ont dû servir que de préparations. Il est donc un temps d'amasser et il est un temps de répandre, et c'est ce dernier qui est déjà arrivé depuis longtemps, sans que Mgr le duc de Bourgogne semble le reconnoître, et qui lui échappe avec un dommage infini. Si l'enfance d'un prince étoit capable de percer les raisons des leçons diverses qui lui sont successivement données, il reconnoîtroit que l'intention de ses maîtres n'est que de lui donner une connoissance des différentes sciences également nécessaires pour lui ouvrir l'esprit, lui donner de l'application et de la solidité, le former au travail et au sérieux, le préserver d'une ignorance fâcheuse, mais que leur dessein n'est rien moins que de le pousser dans la suite à ces sciences, et de lui faire perdre un temps destiné aux plus grandes fonctions de l'esprit humain, à devenir un maître lui-même en ces sciences, par elles-mêmes inutiles à tout ce qu'il doit être et sans contredit nuisibles, si, porté à les suivre par son goût et par sa facilité, il continuoit à les cultiver dans la suite, puisque les jours étant limités à un certain nombre d'heures et l'esprit à une certaine mesure d'application, il pervertiroit dangereusement l'ordre de son état et de sa destination en mettant les sciences à la place des autres choses qui doivent uniquement l'occuper.

Ce que l'enfance d'un prince n'est pas capable de pénétrer, la maturité de l'âge le doit faire ; et dès qu'il a atteint une connoissance parfaite des sciences, il doit entrer en garde contre leur attrait, et, pesant désormais leur estime à une juste balance propre à son état, content de s'en être servi à l'usage pour lequel elles lui ont été proposées, il ne doit plus regarder la continuation de l'étude que comme un obstacle aux grandes fonctions où son esprit est appelé, et comme un amusement peu digne de sa naissance, se réservant d'estimer les sciences en elles-mêmes et les particuliers qui, étant nés pour elles, y ont fait d'heureux et utiles progrès, également différent de ceux qui se dédommagent de leur ignorance par un mépris insensé des sciences et superbe des savants, et de ceux aussi qui, n'ayant par leur état que l'oisiveté à combattre, remplissent excellemment la leur par les plus précieux moyens d'orner et d'occuper leur esprit.

Quelque modestie qu'ait conservée Mgr le duc de Bourgogne parmi un si grand nombre de connoissances vastes et profondes, dans lesquelles il surpasse de bien loin tous ceux qui n'en ont pas fait de longues études particulières, il ne peut néanmoins s'empêcher de reconnoître qu'il en a acquis infiniment au delà de son besoin, par conséquent qu'il doit porter sa curiosité et son application à ces autres choses pour lesquelles il est né et pour lesquelles seules il a dû s'instruire. C'est un ouvrier qui, ayant un ouvrage de main à exécuter, s'est fait lui-même tous les outils, tous les instruments dont il peut avoir besoin pour travailler à son ouvrage, auquel il se doit mettre sans délai, sitôt qu'il s'est fourni de tout ce dont il avoit affaire, et qui différeroit vainement et nuisiblement de travailler, si, ayant achevé tous ses outils, il vouloit encore s'en faire d'autres semblables, sans qu'il en eût de nécessité.

On peut, ce semble, rapporter à cette comparaison le trop grand attachement de Mgr le duc de Bourgogne dans son cabinet, et sa trop grande complaisance pour le goût qu'il conserve de l'étude des sciences, et pour le plaisir d'en parler. Quelques mots rares dans des occasions convenables sont bienséants dans la bouche d'un prince qui sait et qui veut exciter et honorer les sciences et les savants ; mais il est aisé, quand on en est plein et qu'on s'y plaît trop, d'excéder en cela et de donner lieu au murmure d'une cour ignorante, mais instruite pourtant que ce n'est pas le fait d'un grand prince, et que cela le distrait par trop de ce qui doit faire son application principale.

Il seroit donc à désirer que Mgr le duc de Bourgogne, moins assidu dans son cabinet après y avoir rempli les devoirs du christianisme, n'occupât toute sa solitude qu'à la lecture des histoires et des choses qui se rapportent à ce que les livres peuvent contribuer à la connoissance des hommes, à la science du gouvernement, et à quelques remarques là-dessus courtes, mais pleines, et qu'il regardât cette sorte d'occupation comme son unique affaire, comme la seule pour laquelle il lui est permis de se dérober à la vue de la cour, et j'ajouterai, sans crainte, comme une sorte de prière qui, dans un homme de son rang, n'est pas moins précieuse devant Dieu que la meilleure prière de ceux dont l'état ne les en distrait point. Rempli de la sorte par cette étude si conforme à l'humanité, et à laquelle elle se porte plus naturellement qu'à aucune autre, Mgr le duc de Bourgogne trouveroit un remède qui lui est nécessaire contre les distractions que les sciences abstraites nourrissent, et que le monde passe si difficilement aux plus grands hommes, bien moins encore à ceux qui doivent devenir les maîtres de tous, et dont, par conséquent, le monde et chaque particulier regardent les distinctions comme un larcin de leurs biens acquis, je veux dire d'une application à eux, à leur parler, à leur répondre, simplement même à les remarquer, à les distinguer au moins de l'air, et par les manières, enfin à s'apercevoir d'eux, monnoie si utile aux princes, ressort si puissant sur les sujets, espèce de dette que l'amour-propre exige avec tant de rigueur, et qu'il est si avantageux aux princes qui soit ainsi exigée, mais que les distractions abolissent en lui ôtant au moins son cours avec peu de grâce qui s'interprète encore plus mal parmi le monde qui en est si avide, par le peu qu'il comprend qu'il doit coûter au prince.

Moins de temps donné au cabinet et plus précieusement employé, comme je viens de le dire, en fourniroit beaucoup plus pour la vie publique qui forme si uniquement les liens réciproques d'un prince et d'une cour qu'il doit regarder comme un abrégé de l'État, et par là même plus d'occasions et de moyens de connoître les hommes par eux-mêmes, ce qui ne s'acquiert que par leur fréquentation. Plus Mgr le duc de Bonrgogne a de devoirs à remplir par la jouissance que Dieu lui accorde encore de la vie précieuse du roi et de Monseigneur, plus il doit être bon ménager du temps qu'il doit donner au monde aux dépens de son cabinet, pour pouvoir fournir à ses devoirs de sujet et de fils, et à ceux où l'engage sa naissance envers la cour et le monde, puisqu'il doit faire assidûment deux cours, et cependant en tenir une soigneusement lui-même; il a cet avantage de voir, dans la conduite de Monseigneur envers le roi, ce que lui-même doit faire envers l'un et l'autre, et il s'y porte si naturellement à souhait que, s'il vouloit ajouter au respect et à l'assiduité du sujet un peu plus de la liberté du fils et du petit-fils, il augmenteroit la dignité de la bienséance de ses manières avec eux, et ne leur plairoit pas moins en leur donnant lieu à un épanchement plus doux avec lui qui, sans rien ajouter à l'amitié et à la confiance qui ne peuvent être désirées plus entières, attireroit peut-être davantage ce qu'on ne peut bien exprimer que par dire se trouver bien à son aise, et les flatteroit plus sensiblement par cette sorte de respect plein d'onction qui n'est permis qu'aux enfants des rois. C'est un remède délicat et doux contre une timidité dont cette naissance et la tendresse des traitements doivent défendre, et à laquelle l'entrée dans les conseils, et ce qui les suit d'intime pour la communication des affaires n'auroit pas dû laisser de ressources, il y a longtemps. Mgr le duc de Bourgogne vient d'en faire un essai en la dernière promotion d'officiers généraux[1], qui n'a pas été moins douce pour le roi que pour lui-même, qui lui a fait un honneur infini parmi ce petit nombre de ceux qui l'ont su, et qui doit lui être un exemple agréable pour le fortifier dans cette conduite multipliée avec sa sagesse ordinaire à l'avenir.

Ce qui vient d'être dit sur les deux grands devoirs de Mgr le duc de Bourgogne doit s'étendre avec encore plus de force sur d'autres devoirs indirects que ceux-là lui imposent par lesquels il achève de remplir si agréablement les principaux, que cela seroit complet pour lui et pour les personnes[2] qu'ils regardent, s'il vouloit prendre un soin plus libre de s'en approcher de plus en plus et de le faire avec un naturel qui achèveroit de charmer, et qu'il se peut dire qu'il doit aux choses passées et au souvenir de ce qui s'est passé ici pendant le cours de la dernière campagne et de l'hiver qui l'a suivie[3].

Entre tant de grâces si radieuses dont le ciel a comblé ce prince, il se peut avancer qu'il n'y en a aucune dont il doive ressentir plus de joie et de secours que de la princesse avec laquelle il se trouve uni par les liens les plus saints et les plus tendres. Comme il n'est question ici que de Mgr le duc de Bourgogne, je retiendrai l'effusion de mon cœur et la pente naturelle de mon esprit sur Mme la duchesse de Bourgogne. Je ne parlerai d'elle que par rapport à son époux, et

---

1. Ancenis, qui est aujourd'hui le duc de Béthune, alors mestre de camp du régiment de Bourgogne, fait brigadier à sa seule prière; Monseigneur n'en a de sa vie tant obtenu. (*Notes de Saint-Simon.*)
2. Mme de Maintenon et Mlle Choin. (*Idem.*)
3. La disgrâce de M. de Vendôme. (*Idem.*)

je ne craindrai point, après tout ce que j'ai dit de grand et d'élevé de lui, de la lui proposer en plus d'une chose pour exemple. Et pour ajouter encore ce mot à ce qui vient d'être dit des devoirs, de quelle grâce n'accompagne-t-elle pas tous les siens, et de quelle réciproque n'en est-elle pas en cela même récompensée? Le désir qu'elle a d'être aimée lui inspire un noble soin et une attention qui lui a gagné tous les cœurs. Vive, douce, accessible, ouverte, avec une sage mesure, compatissante, peinée de causer le moindre malaise, dignement remplie d'égards pour tout ce qui l'approche, elle en fait les constantes délices, et les désirs même désintéressés de tout ce qui en est le plus éloigné. C'est ce qui ne se peut qu'avec beaucoup d'esprit, mais à quoi beaucoup d'esprit ne suffit pas; et c'est pour cela que Mgr le duc de Bourgogne, qui en a tant lui-même, pourroit considérer ces dons dans son épouse, et n'en pas dédaigner l'imitation et les grâces en tout continuelles.

C'est un si grand bonheur que de savoir goûter celui qu'on possède, qu'on doit voir avec ravissement combien le prince se plaît avec la princesse; mais il seroit à désirer aussi que, lui donnant tout le temps dont tous deux doivent être contents et si jaloux, et qu'ajoutant à leur entier particulier ce que la bienséance en exige encore pour sa cour particulière, un milieu plus compassé entre la gravité et la bonté, la liberté des privances et les familiarités trop usurpées, se continssent par son propre exemple, et lui fissent rendre par les jeunes dames[1], le respect qu'elles lui doivent en tout lieu et tout temps, et dont nulle gaieté n'excuse qui en sort ni qui l'endure, bien moins qui y accoutume. Un peu d'attention à les remettre peu à peu dans ce devoir par un air froid et surpris lorsqu'elles s'en écartent, par quelques airs graves, mais toujours polis quand il est à propos, par une petite affectation de silence et de sérieux un peu

---

1. Les trois sœurs Noailles, toutes trois dames du palais. (*Note de Saint-Simon.*)

continuée à l'égard de celles qui en auroient besoin, qui en même temps instruiroit les autres qui en seroient témoins, les corrigeroit bientôt toutes, et feroit un bien plus excellent effet qu'on ne se l'imagine peut-être.

S'il est vrai que ces bagatelles intérieures sont vraiment importantes, combien l'est-il plus de prendre garde qu'il n'échappe au dehors des mouvements peu dignes de l'âge et du rang? Je ne me lasse point de m'indigner du pernicieux usage que le monde en fait, et je gémis sans cesse de voir encore des mouches étouffées dans l'huile, des grains de raisin écrasés en rêvant, des crapauds crevés avec de la poudre, des bagatelles de mécaniques, une paume et des volants déplacés[1], sans y prendre garde des propos trop badins, soutenir avec un audacieux poids les attentats de Flandre, et le trop continuel amusement de cire fondue, et surtout de dessins griffonnés[2], augmenter les insolences par des problèmes scandaleux. Plus ces bagatelles sont petites et paroissent innocentes, plus elles blessent profondément et plus elles enfantent de blasphèmes; c'est une vérité qui ne peut être suffisamment inculquée, et qui doit marcher de front avec les vérités les plus solides et les plus essentielles, puisque tel est le joug de la suprême grandeur que tout se grossit en elle, et que les plus simples inadvertances sont aussitôt tournées en symptômes qui retentissent aisément de tous côtés, encore plus quand les fréquences de ces bagatelles peuvent passer pour des habitudes, que le prince qui s'y laisse échapper, se rend d'ailleurs difficile à se faire voir par l'arrangement de ses journées, et qu'il demeure par là effectivement inconnu.

Cet arrangement des journées est tel dans Mgr le duc de Bourgogne, qu'on ne peut pas contester que sa vie ne s'écoule dans son cabinet, ou parmi une troupe de femmes.

---

1. Pendant [le siége de Lille]. (*Note de Saint-Simon.*)
2. Ces figures de l'abbé Genest. (*Idem.*)

Le monde, indulgent aux vices qu'il éprouve, passeroit même difficilement cette unique compagnie de femmes à un prince qui y seroit porté par ses plaisirs. Combien la trouve-t-il donc surprenante dans Mgr le duc de Bourgogne, dont il ne connoît que trop l'exactitude des mesures qu'il n'est pas capable d'admirer ?

C'est donc cet arrangement qu'il seroit le plus important de rompre comme mauvais et nuisible en soi-même, et comme obstacle encore à ce qu'il y a de meilleur, je veux dire à cette connoissance si essentielle des hommes à laquelle cette assiduité parmi des femmes qui au moins n'apprend rien et perd cependant un temps précieux, sert de barrière continuelle, et pour venir à quelques détails que cette grande matière demande, il seroit infiniment à souhaiter que Mgr le duc de Bourgogne ne se contentât pas de tenir une cour mêlée par un jeu qu'il a néanmoins été excellent d'établir, et qu'il est très à propos d'entretenir pour avoir occasion de parler et de gracieuser le monde, mais qu'il s'accoutumât aussi à un commerce d'hommes plus familier et plus instructif, ce qui ne se peut que par des conversations particulières qui lui concilieroient les esprits et les cœurs, qui les lui feroient pénétrer, et qui le feroient connoître effectivement aux autres. Les occasions en seront continuelles, pourvu qu'une volonté de bonne foi soit le fruit de la persuasion de l'extrême importance et nécessité de le faire. Il aime à se promener : pourquoi se fera-t-il une prison du gros qui l'y accompagne, et pourquoi n'en prendra-t-il point quelqu'un, tantôt un lieutenant général distingué, et puis un autre qui le sera moins, mais qui sera instruit à fond des faits obscurs d'une campagne ? une autre fois un seigneur qui aura en soi autre chose que son nom, ensuite un personnage de plume qui aura négocié ? en un mot une fois des uns, une autre fois des autres, mais presque toujours quelqu'un avec lequel il s'avançât seul hors de sa cour ; et se faisant suivre par son officier des gardes hors de portée de l'entendre, il discoure avec celui qu'il aura pris, et le fasse encore plus discourir lui-même, prenant soin de le mettre à son aise, et surtout en sûreté, et de payer d'attention les moindres choses qu'il lui dira. C'est ainsi que les princes tirent du sein des hommes, avec application, art et discernement, des vérités grandes et petites, mais toujours plus ou moins importantes, qu'ils apprennent à distinguer à quoi ils sont propres, à profiter de leurs lumières, de leurs humeurs, de leurs intérêts; à démêler les choses d'avec les apparences, à tempérer une discrète croyance par une discrète défiance, à se tenir en garde contre les surprises, les artifices, les circonventions, piéges continuels des princes, qui n'ont que ce moyen d'échapper, de savoir ce qu'eux seuls bien souvent ignorent, d'éviter le poison en multipliant les canaux qui conduisent jusqu'à eux; de découvrir la portée, les goûts, les amis, les ennemis, les cabales des hommes; de saisir les instants où la force de toutes ces diverses choses les fait malgré eux s'échapper à eux-mêmes dans le tissu d'une conversation, de les pousser alors d'une manière insensible au nuage de la passion qui s'échauffe en eux, et en ne les rebutant sur rien d'attirer et de profiter de leur confiance qui se refuse si difficilement à un prince qui ne dédaigne pas de la rechercher.

Quand on ne parle qu'à un seul homme, l'idée de favori épouvante aussitôt, mais lorsqu'on multiplie les conversations, dont on couvre le choix d'un air d'indifférence, qu'on est surtout soigneux d'entretenir les gens de parti ou de sentiment opposé, la crainte cesse, l'humanité, l'accès attire, la bonté charme, les vertus, les connoissances, tout l'esprit, tout le grand sens, tout l'usage qu'on en fait se découvre, et en se découvrant se fait admirer, confond l'ignorance et la friponnerie, s'insinue des uns aux autres à qui ces conversations de l'un à l'autre reviennent, et par cette voie si facile un prince connoît et est connu, et profitant du désir public de l'approcher se gagne le cœur de l'esprit de ceux à qui il parle, et par eux de ceux encore à qui il ne parle pas, devient difficile à se tromper et à se méprendre, compte juste sur tout, et, par une attentive combinaison de tout ce qu'il entend, il porte sa vue sur le bon et sur le vrai autant qu'il est donné de le découvrir ici-bas, et se guérit surtout de l'opinion mortelle que la vérité est impénétrable aux princes, dont la condition seroit dès là trop déplorable s'ils ne pouvoient jamais agir qu'à tâtons. Par là encore moins d'espérance et de hardiesse, et plus de danger à les tromper, moins d'attentats et de possibilité à les gouverner, plus d'émulation à se rendre capable et à bien faire, en un mot source féconde de tout bien sans aucun péril à craindre; un temps toujours bien employé, quelque stérilité qui se rencontrât quelquefois en quelques-unes de ces conversations, dont il n'est pas possible qu'il n'y eût toujours quelque chose à recueillir, et qui toutes s'allongent et s'abrègent aisément, se remettent même au gré du prince, mais qui toutes aussi doivent avoir un objet ou proposé à découvert, ou amené dans la conversation avec adresse, et surtout ne pas parler toujours à un homme de son métier; et tant pour apprendre que pour le sonder, le mettre diverses fois sur les affaires présentes, sur la politique, le gouvernement intérieur et extérieur, le commerce, la guerre de terre et de mer, les divers personnages, en un mot sur une matière toujours considérable, pousser les raisonnements et quelquefois les aiguiser en entretenant doucement quelque dispute.

C'est un grand abus que de se persuader que des hommes ne soient pas souvent fort instruits de bien des choses qui ne sont pas de la profession à laquelle ils se sont particulièrement voués. L'esprit et le bon sens portent à tout et sur tout; et encore que cela soit un déréglement, il n'est pas rare de trouver des hommes médiocres dans le métier qu'ils font, meilleurs et plus instructifs à entendre sur d'autres choses, quelquefois même excellents. C'est donc à la patience du prince à ne se rebuter pas, pour tâcher, en développant les hommes, de tirer d'eux tout ce qui se peut sur toutes matières; à son bon esprit à en faire le discernement, et à son bon sens à ne se laisser pas trop facilement frapper des choses, et surtout à se bien persuader que son temps ne peut être plus excellemment employé qu'en ces recherches qui produisent en lui la science des sciences et le fondement des bons conseils à prendre après avec lui-même en résumant ce qu'il a appris et en démêlant bien toutes choses; quelquefois encore Mgr le duc de Bourgogne feroit très-convenablement d'appeler dans son cabinet tantôt un homme, tantôt un autre; mais cela semble devoir être beaucoup plus rare, et réservé à des personnages principaux, ou à ceux qui reviennent de quelque emploi considérable de guerre ou de négociation. J'ajouterai encore que la liberté du tête-à-tête y fera trouver un plus grand profit que dans les conversations de deux ou trois ensemble qui paroissent bonnes seulement pour le salon de Marly et pour des lieux publics de la sorte, dont l'oisiveté se peut mettre de cette manière à profit. Les nouvelles et les occasions qui peu à peu se font naître les unes les autres peuvent aisément servir d'ouverture et comme d'introduction à ces conversations diverses, mais surtout un secret profond jusque des choses les plus indifférentes qui s'y diroient en doit être l'âme et le fidèle sceau, sans quoi elles deviendroient pires qu'inutiles.

Mgr le duc de Bourgogne est depuis si longtemps en habitude d'en garder, et sa sûreté est même si connue, que ce n'est pas là une difficulté pour lui. A l'égard des autres, leur intérêt y seroit tout entière, et les différentes conversations avec différentes personnes un bon moyen de voir si elles y seroient fidèles, et de se conduire conformément avec elles, ou avec plus de réserve, ou par l'exclusion de qui y auroit manqué. Mais comme le dessein de ces conversations ne doit être rien moins pour un prince que de s'y répandre, et qu'il y doit veiller incessamment à demeurer aussi fermé qu'il se peut sans trop rebuter, il ne peut jamais courir aucun risque; il n'est pas nécessaire de dire que la flatterie toujours poison mortel le deviendroit doublement en ces couversations, et qu'un prince qui les lie ne peut jamais être assez en garde contre elle, ni la bannir trop sévèrement par des réponses même dures, sitôt qu'il s'en apercevroit, et j'en dis presque autant d'une complaisance trop poussée. Le temps étant donc partagé de cette manière, Mgr le duc de Bourgogne qui a tant et de si bon esprit, de sens, de justesse, de lumières et de connoissances, occuperoit une partie de ses journées agréablement avec une infinie et double utilité. Quand la promenade manque, à laquelle cette conduite attireroit bientôt tout ce qu'il y a de meilleur, il peut prendre un homme à part au coin d'une chambre du salon de Marly, de la galerie à Versailles, y en appeler deux, quelquefois trois ensemble, les mettre aux mains, les faire discourir, les échauffer un peu avec art, et recueillir comme les abeilles le meilleur suc de ces différentes fleurs. Mais sur toutes choses, il faudroit bannir de ces entretiens toute science, toutes mécaniques, toutes chasses et toutes bagatelles, qu'il faut réserver pour les entretiens et les propos publics, et ne se proposer dans ceux-ci que la double mais centuple utilité que j'ai tâché de représenter.

Que si cette pratique, qu'on ne peut assez relever et qui se lit encore partout avoir été celle de tous les grands hommes chargés de quelque gouvernement ou qui y étoient destinés par leur naissance, a paru depuis assez longtemps s'anéantir en France, on sait qu'il y a des voies de grands princes moins proposées à suivre qu'à admirer, et que la conduite secrète des grands rois doit en quelques rencontres être respectée, par un silence et une vénération qui tient quelque chose du religieux, et qui pour cela même est au-dessus de l'imitation. Je reviens donc à dire que, par cette communication fréquente et familière, on découvre où va le général et le gros du raisonnement, et des sentiments du monde et sur quels fondements ; et le profit qui s'en tire est infini. Le prince montre une estime et une facilité qui, peu à peu, malgré les hommes à qui il parle, lui rend en quelque façon leur poitrine transparente, tandis que le respect qui retient les questions et la trop grande liberté des autres lui conserve à leur égard tous ses voiles sur la sienne. Des hommes qui se croient consultés s'abandonnent aisément à prendre un vif intérêt aux princes et aux choses de l'État, et cette disposition se répand des uns dans les autres. Ceux même qui sont le moins à portée de ces conversations ne peuvent que difficilement s'en défendre, flattés en autrui, dès là que plusieurs y arrivent, de ce qu'ils aimeroient pour eux-mêmes ; et il ne faut pas penser que cet intérêt d'affection ne soit pas un appui pour l'État infiniment utile jusque dans les temps de la plus grande prospérité.

Mais il se présente une grande difficulté dans l'exécution si importante de ces conversations, qui est la crainte qu'une trop scrupuleuse piété inspire à Mgr le duc de Bourgogne de tout entretien qui ne roule pas absolument sur les sciences et les bagatelles, et qui met sa langue et ses oreilles dans de continuelles entraves, et son esprit dans une pénible contrainte qui le raccourcit, et qui lui en empêche les principaux usages qu'il ne tiendroit qu'à lui d'en faire. Son attention à la charité du prochain le conduit à une ignorance entière de ses défauts, et souvent aussi de ses vertus, et la frayeur de la blesser en quoi que ce soit ou d'y donner occasion, va jusqu'à une terreur que les supérieurs des plus saintes maisons regarderoient comme dangereuse en eux pour le petit et simple gouvernement dont ils se trouvent chargés pour un temps. Dieu, qui permet les défauts et les vices dans les hommes et qui défend la calomnie et même la médisance, leur a cependant donné des yeux pour voir et des oreilles pour entendre; et sa providence, dont la sagesse est ineffable et qui a si diversement ordonné des diverses sortes de fonctions de l'esprit humain, commande souvent aux uns ce qu'elle défend aux autres, et forme une harmonie merveilleuse par cette diversité qui tend également à sa gloire et au bien de la société des hommes qui sont les États. Si donc le commun des hommes ne doit voir et entendre qu'à travers la charité qui croit tout et qui souffre tout, et si l'exacte exécution de ce devoir forme la paix et la concorde, pourroit-on attendre le même fruit de cette même conduite fidèlement gardée par ceux qui maintenant sont commis à quelque sorte de gouvernement, et dans ceux encore entre les mains desquels est ou sera remise un jour la souveraine administration du royaume? La confusion, le chaos, les maux extrêmes, les piéges, les méprises grossières, les artifices, les énormes ignorances, en un mot les désordres sans nombre qui en résulteroient, sautent si vivement aux yeux, qu'il est superflu de s'amuser aux preuves, et qu'il faut conclure que cette vigilance, si fort recommandée à ceux qui sont en place, consiste très-principalement à être bien instruits de ce que valent les hommes, à quoi il est impossible qu'ils puissent parvenir sans s'en informer, sans en parler, sans qu'on leur en dise le bien et le mal dans toute leur étendue, et c'est après à eux à rechercher la vérité par des informations multipliées et par un examen où ils apportent tout le discernement dont, quelque esprit et quelque justesse qu'ils aient, ils ne peuvent être capables que par ouvrir toutes leurs oreilles au bien et au mal, et leur bouche à toutes les questions et à tous les propos indirects qui les peuvent conduire par divers chemins à la connoissance de la vérité. Que si des places subalternes donnent, je ne dis pas simplement cette espèce de dispense dans l'usage du précepte de la charité pour la charité même, puisqu'elle est due au public aux dépens du particulier, mais si ces places imposent cette loi nécessaire et indispensable, on doit conclure qu'elle oblige bien plus étroitement ceux dont les emplois sont plus élevés, et à proportion de leur emploi et de leur importance, et plus que tous ceux-là les princes qui sont par leur naissance destinés à régner, surtout quand leur âge est devenu capable de porter leurs devoirs, et qu'ils se trouvent appelés aux affaires.

C'est l'évidence et la force de cette juste considération qui doit non pas affranchir Mgr le duc de Bourgogne de ses scrupules sur la charité du prochain, mais les lui faire changer en d'autres, et l'obliger à porter cette lampe, dont il se sert si soigneusement pour éclairer tous les replis de son cœur et de sa conscience, non plus à l'examen rigoureux de ce trop scrupuleux plus ou moins qui lui sera échappé sur quelqu'un ou aux autres en sa présence, mais bien sur tout ce qu'il auroit dû savoir, et qui lui est échappé par ce dangereux change de scrupules, et dont l'ignorance ne va à rien moins qu'à ce qui vient d'être dit plus haut, et à la perte de ce temps si précieux pour acquérir la connoissance des hommes et leur communiquer la sienne, avant que Dieu lui en diminue les moyens en l'appelant à la couronne, comme j'ai tâché de l'expliquer au commencement de ce Discours.

Cette maxime si sûre, que la charité est due au public aux dépens du particulier, ne peut donc être assez méditée par Mgr le duc de Bourgogne. Il y découvrira que ce qui est défendu à la plupart des hommes entre eux en qualité de discours inutiles, vains, dissipés, légers, de médisance, de calomnie, de prévarication de charité, que tout cela, dis-je, sont les viandes immondes de l'ancienne loi, permises dans la nouvelle, commandées en certains cas; je veux dire que l'usage de tout cela, réglé par la droiture de son intention et par la nécessité et la charge de son état, lui est permis et commandé, et permis et commandé aux autres envers lui, à qui ils doivent toute vérité et toute information par respect pour ce qu'il est, et par la charité qu'ils doivent au public et à l'État, au timon duquel Dieu même l'a mis, et qu'il ne peut tenir avec un bandeau sur les yeux sous aucun prétexte, pour saint qu'il paroisse, sans en devenir à l'instant responsable à l'État et comptable au roi des rois, qui l'a revêtu d'honneur et de gloire à condition expresse d'en acquitter toutes les charges et les devoirs, dont le plus important et le plus continuel est d'être bien instruit des hommes pour se servir d'eux bien à propos. Je sens qu'un prince très-délicat sur la charité du prochain pourroit s'effaroucher aisément de ce qui est dit un peu crûment par rapport à sa délicatesse, par la comparaison des viandes immondes devenues permises et quelquefois commandées ; mais il ne doit pas séparer de cette expression la réflexion du sens auquel elle est proposée, qui réservant aux délations et aux mauvais offices toute l'horreur qui les doit toujours poursuivre et proscrire, conserve également une sage et nécessaire liberté de vérité et de lumières qui doit être le motif des instructions qu'il faut rechercher, et l'âme de l'usage qui s'en doit faire.

Cette matière des conversations, m'ayant comme insensiblement conduit à ce qui leur pouvoit être opposé par la considération de la charité du prochain, me fournit une occasion si naturelle de dire ce que je pense de la dévotion de Mgr le duc de Bourgogne que je ne croirois pas remplir ce que je me suis proposé, si, tout profane que je suis, je ne hasardois d'en découvrir aussi mes pensées. Ce don de Dieu si grand, si saint, si utile, même pour bien gouverner les choses de ce monde, pour le bonheur temporel de ce monde même, ce don si rare, si désirable en tout homme, l'est encore davantage à proportion de leur puissance et de leur élévation; c'est un don qui apprend, avec une singulière excellence, aux grands rois qu'ils ne sont faits que pour le bien et le bonheur de leurs peuples, et que rien n'est plus particulièrement fait pour eux que pour le dernier de leurs sujets. C'est encore ce don qui leur enseigne à pratiquer éminemment cette justice qui s'étend à tout et dont ils sont si étroitement redevables à Dieu et aux hommes, qui leur apprend à découvrir leur petitesse parmi tant de grandeur, et à exercer l'humilité avec une majestueuse douceur, qui augmente leur suprême dignité jusque devant les hommes, et qui leur attire l'hommage de leurs cœurs avec une bénédiction du ciel plus abondante. On ne peut donc regarder sans folie, avec des yeux indifférents, ce grand don dans Mgr le duc de Bourgogne, sur lequel il y a, outre les raisons générales, des grâces infinies à rendre à Dieu pour le merveilleux effet qu'il a produit en lui, comme il a été remarqué au commencement de ce Discours, et sans lequel les plus libertins auroient pu admirer ses grandes qualités également, mais les aimer moins et les redouter davantage. Je suis donc bien éloigné non-seulement de ceux qui n'ont pas honte de s'en plaindre, mais de ceux encore qui lui en désireroient moins, et je tiens fermement qu'il n'est aucun sujet de ce royaume qui, à ne regarder même que son bien temporel, ne doive autant ou presque autant rendre grâces à Dieu de la piété de Mgr le duc de Bourgogne que ce prince lui-même; mais cette puissante conviction de mon esprit ne le ferme pas aux réflexions qui se peuvent faire sur l'austérité qui y est jointe, et qui pourroit être comparée à quelque petite âpreté d'un fruit très-délicieux. Pour expliquer cette importante matière, il est nécessaire de se permettre quelque détail après avoir posé quelques principes qui puissent être reçus.

On n'en doit point chercher ailleurs ici que dans le Saint-Esprit même, parmi les divines Écritures, où on trouve écrit qu'il faut que *les forts supportent les foibles*, ordonnance si conforme à la charité du prochain, dont il étoit mention tout à l'heure; ailleurs, *qu'il faut être sage avec sobriété*. Sage ici doit, ce me semble, comprendre piété, bonnes œuvres, et tout ce qui appartient enfin à cette sagesse qui renferme tout ce qui l'est devant Dieu. Pour peu que l'on médite ces deux passages, on verra bientôt combien ils se soutiennent tous deux, et combien de rapport ils ont l'un à l'autre. Que les forts supportent les foibles, n'est-ce pas ne les point effrayer par des maximes trop sèches et par une conduite trop à la lettre et trop attachée au scrupule, et à une certaine exactitude que tous ne peuvent pas porter? Et garder la sobriété jusque dans la sagesse, n'est-ce pas ne la pas porter au delà de ce que l'ordinaire des hommes et les foibles peuvent aisément faire? Ainsi un sage supérieur est en garde contre le zèle de ses religieux, et en même temps qu'il a les yeux ouverts sur tout ce qui est du précepte véritable de la règle, il les ferme sur un grand nombre de bagatelles qui la rendent plus dure, qui se sont introduites par degrés et en diverses rencontres; et sans y renoncer formellement, parce qu'elles sont pieuses, quoique venues d'ailleurs que de l'instituteur, il est charitablement soigneux de n'y être pas trop exact pour lui-même, de peur de mortifier par son exemple, jusqu'au trouble, les foibles de sa communauté, qui atteignant à peine les observances prescrites et nécessaires, encore qu'ils y soient fidèles, viendroient à s'en dégoûter par ce surcroît qui n'en fait point partie, et dont l'accablement leur feroit peur. Voilà donc cette sagesse sobre qui supporte les foibles, et cette force qui ménage ceux qui en ont besoin jusque dans les monastères, qui fait les plus excellents supérieurs; et pour peu qu'on ait occasion par hasard de fréquenter quelques maisons religieuses, on y aura trouvé bien des exemples très-loués, et très-recommandables par leurs succès, de ce que j'ose en avancer. S'il en est donc ainsi parmi des victimes de pénitences cachées dans le secret de la face de Dieu, et que rien ne détourne de tendre à lui de toutes leurs forces, de quelle indulgence ne sont donc pas redevables aux mondains les exemples qui, en caractérisant celui qui doit être leur maître pour toujours, le leur rendent âprement ou doucement vénérable, les attirent ou les intimident, et les repoussent par des considérations diverses ou les invitent par une puissante facilité!

A ces vérités, il s'en doit ajouter une autre : c'est que la dévotion, qui est de tous les états, doit être différemment pratiquée par tous les états, et qu'elle devient d'autant plus parfaite qu'elle se trouve plus proportionnément mesurée, non en elle-même, mais en sa pratique et en ses effets, à l'état auquel on est appelé. Qu'un religieux ne doive faire un autre usage de sa piété qu'un autre religieux d'un autre ordre, ou qu'un autre du sien même, cela est constant, puisque les divers instituts sont diversement appliqués à l'action et à la contemplation, à la solitude et à l'instruction des autres, et les divers particuliers qui en sont à gouverner les autres en divers degrés d'emplois et à être gouvernés. D'où il résulte que si tous exerçoient leur dévotion en la même manière, que les jésuites voulussent être solitaires, les chartreux enseigner, ainsi du reste, et les supérieurs s'anéantir dans l'humilité, et les inférieurs veiller sur leurs frères et les reprendre, une source si sainte ne laisseroit couler que le poison d'une confusion étrange, qui ne contribueroit à rien moins qu'à la gloire de Dieu et au salut des hommes. Que s'il est donc vrai que les divers instituts et les divers offices des maisons religieuses doivent y diriger diversement la dévotion, cette même nécessité se trouve encore plus formelle dans les divers états du siècle, dont les devoirs et les fonctions, étant si différents, doivent tourner aussi la dévotion de chacun si différemment. Or celle d'un prince, et si proche du sceptre, le doit porter à tout ce qui l'en peut rendre digne, et le faire paroître tel à tout le monde, dont la voie la plus importante et la plus assurée est cette double connoissance des hommes par tous les moyens qui la peuvent acquérir, et une impression d'estime et de vénération qui se tire également de toutes les actions du prince, et qui s'y reporte en même temps, en sorte qu'il est très-vrai de dire que ce réciproque est tel qu'un prince devient recommandable à proportion du mérite de ses actions, et les actions du prince recommandables aussi à proportion de son propre mérite. Il ne peut donc

prendre garde de trop près à ce qui forme le tissu de sa
vie ; et tout grand, tout sublime, tout au-dessus qu'il
puisse être du commun des hommes par des vertus extraordinaires, il doit ménager leur foiblesse en s'abaissant
à garder quelque proportion avec eux, et puisqu'il est
appelé à être un jour l'image de Dieu, il ne doit pas dédaigner de voiler sa face devant eux, de peur que l'éclat de
la lumière dont elle brille ne les épouvante, et ne les fasse
mourir, comme il est écrit que pour cette raison Dieu même
s'est voilé ainsi en se découvrant à quelques-uns de son
peuple ; et comme Dieu n'y perdit rien de son immutabilité,
le prince aussi, par cette sage et nécessaire condescendance,
ne doit pas craindre aucun affoiblissement de ses vertus.

Ainsi donc une assiduité moins exacte à l'office divin, tous
les dimanches et toutes les fêtes de l'année, n'ôteroit rien
devant Dieu à Mgr le duc de Bourgogne des chastes délices
qu'il trouve à ouïr chanter ses louanges, et en se rappro-
chant plus de l'ordinaire des hommes, il les rendroit plus
capables d'admirer en lui les choses principales qui forment
l'essence de la religion. Ainsi une fuite moins rigoureuse de
certaines fêtes qui, dans tous les siècles, ont été nécessaires
pour l'amusement et la majesté des grandes cours, rendroit
en lui la piété plus aimable, je n'ose dire moins terrible.
Ainsi un front plus serein, un air plus aisé, quelque chose
de plus leste en de certaines occasions, dilateroient les cœurs
que la vue du contraire resserre avec crainte. Ainsi un art
plus onctueux et plus doux d'allier la haute piété avec les
bienséances de l'âge et du rang, avec les convenances de
grand prince, dirois-je de fils, en quelques rencontres,
ajouteroient au mérite de l'intention de la victoire sur les
répugnances, celui de la conformité à son état, de la douce
et charitable condescendance pour les autres, de ce voile
enfin sur la splendeur de sa face que les hommes supportent si difficilement sans cela, pour ne pas dire qu'ils ne le
peuvent, et donneroit à la vertu une grâce et une douceur

qui ne la rabaisseroit pas devant Dieu, et qui la rehausseroit infiniment devant les hommes en les rendant capables de l'admirer et de l'aimer avec transport, affranchie alors de ces rides austères, de ces presque involontaires froncements, de cette gêne de précisions qui ne sont pas la vertu, et qui, entées sur elle, font tout fuir en sa présence, et creusent chez les hommes qui en dépendent les plus profondes dissimulations. Elles y sèment une horrible et abondante hypocrisie, et toutes les autres si dangereuses transformations qu'opèrent l'intérêt et l'ambition dans les courtisans et dans ceux qui veulent ou arriver, ou au moins plaire. De là s'élève un mur entre le prince et les hommes, qui devient d'autant plus impénétrable, que sa nature, la plus épaisse de toutes, se trouve aidée de cette crainte de blesser la charité qui supprime avec sécurité tous moyens de percer les masques, par quoi périt avant de pouvoir naître cette double connoissance des hommes, devoir toutefois si grand et si principal d'un prince.

Mais il ne me suffit pas d'avoir tâché d'expliquer l'excellence et la nécessité du devoir d'un prince de connoître les hommes, si je ne m'efforce de représenter aussi l'excellence et la nécessité du devoir d'un prince de se faire connoître aux hommes, ce qui n'a pu jusqu'ici être assez fortement touché. Il n'est personne qui ne convienne que, de l'idée qui se conçoit d'un prince par l'effet des regards curieux qui le percent et des réflexions que l'application y ajoute, ne se forment toutes les démarches d'une cour, et par elle d'un État, qui ont rapport à lui en quelque genre que ce puisse être, que chacun ne s'anime ou ne se ralentisse à bien faire sur la mesure (je parle du gros qui est l'important), sur la mesure d'utilité ou d'inutilité qu'il y voit pour son intérêt, et qu'il ne s'accoutume au travail, ou ne se contente de l'apparence suivant ce qu'il juge qu'il faut ou qu'il suffit; que mesurant son respect et son zèle sur ce qu'il pense du prince, l'un et l'autre ne soit vif ou éteint, et leurs effets de même, suivant ce que son opinion ou l'expérience lui enseigne être le plus profitable, et que de ce prince de tout bien ou de tout mal, qui est le respect de l'opinion d'un prince, ne coulent pour lui tous les déportements de tous ceux qui, en tout genre, composent l'État qui le regarde. Ces vérités si grandes et si solides, que la raison et l'expérience de tous les siècles rendent telles, n'ont besoin que d'un peu de méditation pour en faire sentir tout le poids et toute l'étendue, sans avoir recours à une plus grande explication, et ne demandent qu'un peu d'application à Mgr le duc de Bourgogne, laquelle me force à un court examen qui m'a souvent coûté bien des réflexions amères. Pour y entrer utilement tout d'un coup, il seroit infiniment à désirer que ce prince qui n'a point changé, et qui si constamment est digne que l'on ne change point pour lui, fît quelque comparaison de lui-même pendant ses deux premières campagnes et tout le temps qui les a suivies, jusqu'à son départ pour la dernière, avec lui-même pendant cette dernière campagne et depuis. Jamais le fameux prince de Galles, dont toute l'Europe plaint encore aujourd'hui avec les mêmes élans que l'Angleterre le sort trop promptement tranché, ne fit plus véritablement les délices des siens, le plus doux espoir de son pays, l'admiration la plus attentive de tous les grands hommes de son temps, et de toutes les terres étrangères, que Mgr le duc de Bourgogne dans ces premiers temps. Tout ce qui respire encore en est témoin, et ses modestes yeux n'ont pu refuser de s'en apercevoir eux-mêmes. Qu'est-il donc arrivé depuis qui ait pu affoiblir tant de lustre, et qui ait rendu cet éclat moins vif dans tous les lieux, même les plus reculés, où il avoit pénétré? une pratique de piété la plus simple qui soit conseillée par la vérité même, mais si contraire à l'état de Mgr le duc de Bourgogne, que je crois pouvoir avancer, sans témérité, que de cette pratique de vertu, le comble de toutes les autres pour le commun des hommes, il ne doit pas être sans crainte d'en compter un jour devant Dieu.

Je me garderai bien de tomber dans un détail cruel, qui rouvriroit en moi des plaies encore sanglantes, de ce que j'ose nommer également des deux côtés des attentats, en l'un d'impudence, en l'autre de patience, et dont le châtiment est trop pesamment tombé de ce dernier côté, sans que celui qui est tardivement arrivé à l'autre ait rien produit de solide, que les acclamations les plus fortes et les plus tendres des cœurs, l'espérance et l'admiration la plus vive, la gloire la plus brillante mais la plus solide, qui suivront toujours la jeune mais vénérable princesse qui, si continuellement et si constamment sensible à la gloire de son époux, a triomphé seule, également grande devant Dieu et devant les hommes, par un changement inattendu que seule elle a produit[1] : action si conforme à l'état où la Providence l'a placée, et qui en a si dignement rempli tous les divers et plus importants devoirs. C'est de ces mêmes devoirs que ceux de Mgr le duc de Bourgogne le devoient presser de se souvenir, et de ce qu'ils exigeoient de lui pendant tout le cours de cette campagne dans le rang et la place où il étoit, dont la conservation du respect et des droits sacrés de sa naissance lui étoient si étroitement recommandés par tout ce que la piété bien entendue a de plus indispensable, et auxquels il a donné lieu et audace de penser qu'il ne songeoit pas, alors ni depuis. Les conséquences de cette omission sont telles, que la plus grande application de Mgr le duc de Bourgogne doit se porter incessamment sur elle, comme sur ce qu'il a et qu'il aura jamais de plus important, puisqu'il n'y a rien qui expose un prince à de plus grands ni à de plus continuels dangers que le malheur de s'être rendu soi-même évidemment complice de l'opinion publique, du dedans et du dehors, ou qu'il n'est pas sensible ou qu'il s'est fait une religion de ne l'être pas. J'irois trop loin si j'en disois davantage ; mais l'importance extrême de cette ma-

---

1. La chute sans retour du duc de Vendôme. (*Note de Saint-Simon.*)

tière, qui ne peut être assez comprise, m'a forcé d'aller aussi avant que je fais, et que je n'ai au moins pu me dispenser de faire.

C'est cet amour de l'ordre qui conserve à chaque état ce qui lui appartient, non par attachement, par goût, par amour-propre, mais par respect pour la volonté de Dieu énoncée par la parole muette mais toujours existante des devoirs respectifs des divers états, et par amour pour cette justice distributive qui doit veiller sans cesse, qui est tant recommandée à ceux qui se trouvent revêtus de puissance et sans laquelle toute l'harmonie des états se défigure et se renverse peu à peu d'une étrange manière et jusqu'à un point pernicieux. La négligence de le maintenir remarquée dans un prince, par quelque considération que ce soit, devient bientôt un mobile puissant de trouble qui dégénère en destruction; et il n'est point de motif, pour saint qu'il soit en soi, qui y puisse servir d'excuse devant Dieu ni devant les hommes. Mais il faut mettre des bornes à l'abondance et à l'importance de cette matière, qui est intarissable, et qui se présente presque à tous moments à un grand prince par les occasions continuelles de méditation et de pratique.

Une des choses du monde que doit le plus soigneusement éviter un prince destiné à régner est l'opinion parmi les autres, que, frappé trop fortement de quelque chose, il ne mesure toutes ses connoissances et tous ses choix que là-dessus, et que l'impression que le monde a reçue de la grande dévotion de Mgr le duc de Bourgogne, ne continue à le persuader que ce prince ne juge de l'aptitude et de la capacité même des hommes que par ce qu'il leur croit de piété, et qu'il ne préfère un homme de bien pour tout emploi, sans nulle autre raison que celle de sa vertu. Il suffit de présenter cette pensée toute nue pour en faire apercevoir les suites funestes en réalité, si cette opinion étoit fondée, et que l'exécution en fût réelle, ou même, étant fausse, qu'elle ne cessât point de prévaloir parmi les hommes. C'est aussi ce qui mérite tous les soins et toute l'attention possibles, pour ôter au monde une impression si dangereuse, et si aisément féconde en toutes sortes de grands inconvénients.

On ne peut exagérer assez la funeste croyance qu'a trouvée partout cette prétendue consultation faite en Sorbonne, au moins à plusieurs docteurs particuliers, par ordre de Mgr le duc de Bourgogne : savoir, si dans les conjonctures présentes il est ou il n'est pas permis de faire la guerre au roi d'Espagne. Nier ce fait à Paris et dans les provinces, on s'élève avec impétuosité et on ne souffrira pas, dit-on, qu'on en impose ; le nier à la cour, aux personnages de l'un et l'autre sexe, on sourit et on change dédaigneusement de propos. Si on est plus libre avec eux, ils déclarent leur compassion pour les dupes qui ne le veulent pas croire, et ils finissent souvent par l'indignation. Leur opiniâtreté se soutient par la fréquence et la longueur des entretiens de Mgr le duc de Bourgogne avec son confesseur, auquel on souhaite longue vie, parce qu'on l'estime et qu'on en craindroit un autre. On regarde cette place comme la première dans le conseil du prince, et à l'avenir dans le conseil du roi qu'il sera un jour. On pense avec angoisse que le ministère ne sera plus séparable de la théologie ; que les affaires, que les grâces, que tout enfin deviendra point de conscience et de religion ; et on jette tristement les yeux sur les derniers princes de la maison d'Autriche qui ont porté la couronne d'Espagne. A ces frayeurs des bons se joignent les réflexions malignes des fripons. Toute réplique est exclue, proscrite, inutile ; et voilà de ces inconvénients profonds qu'un prince ne soit pas connu des hommes.

C'est ce qui doit puissamment convier le nôtre de ne perdre plus un seul instant à travailler de toutes ses forces à parvenir à cette double connoissance des hommes si souvent répétée, à y arriver par tous les moyens possibles, à s'en faire une loi par principe de religion, et à renfermer tellement la sienne dans la justesse de ce qu'elle lui impose, par rapport à son état, qu'il s'affranchisse de tout ce qui n'en est pas l'essence par cette douce liberté des enfants de Dieu, qui de l'intérieur se répand aux choses extérieures. Qu'il cesse de mettre sous le boisseau cette pure et brillante lumière que Dieu même, en l'en revêtant, a placée sur le plus haut chandelier ; qu'il paroisse donc tout ce que véritablement il est, et, pour ne point tomber dans la répétition des justes éloges qui ont commencé et qui doivent finir ce Discours, qu'il s'assure qu'il paroîtra, comme autrefois Tite, les délices du genre humain, et que, sans rien perdre de la sainteté de saint Louis, il se montrera aussi grand que les derniers rois ses illustres et magnanimes pères ; que pour cela il n'a qu'à le bien vouloir, puisqu'il ne s'agit que d'en développer la vérité et la réalité au monde, lesquelles sont avec tant d'abondance en Mgr le duc de Bourgogne.

Vous avez si absolument voulu que je vous écrivisse mes pensées sur Mgr le duc de Bourgogne, et qu'en même temps je vous rendisse compte de celles qui ont prévalu dans le monde sur ce prince, que je n'ai pas cru qu'il me fût permis de rien omettre des miennes ni de celles du public. J'ai remarqué, en commençant, que l'oisiveté devenue l'apanage de mon état me répand plus que vous dans le monde, et m'y expose à entendre ses sottises. Vous m'êtes témoin combien souvent et vivement elles m'ont irrité, par rapport à Mgr le duc de Bourgogne ; et, outre le public que je n'ai pas redouté sur cela, j'en ai autant de témoins que d'amis particuliers et ce qu'il y a de personnes principales des deux sexes avec lesquelles je vis en privance. C'est maintenant à votre profonde sagesse et votre judicieux discernement à juger de ce que vous m'avez contraint d'exposer sous vos yeux, et à moi à m'y abandonner sans réserve. La matière en est telle, qu'il ne faut pas un moindre ni un moins ancien respect que celui que je vous ai voué pour vous donner cette marque si singulière de mon entière obéissance. L'usage en sera pour vous seul, s'il vous plaît; et la confiance qu'une longue et douce habitude me commande d'avoir en vous, jointe à celle que vous avez de garder impénétrablement les plus grands secrets de l'État, me fait compter sans crainte que vous ne me garderez pas celui-ci moins religieusement que vous faites ceux-là, puisque vous jugez bien vous-même qu'il m'est d'une importance infinie.

CHAPITRE X.

Crayon de Mgr le duc de Bourgogne pour lors. — Succès de ce Discours. — Intrigue du mariage de M. le duc de Berry. — Obstacles contre Mademoiselle. — Causes de ma partialité sur ce mariage. — Fondement de ma détermination de former une cabale pour Mademoiselle. — Duc et duchesse d'Orléans. — Duc et duchesse de Bourgogne. — Duchesse de Villeroy. — Mme de Lévi. — M. et Mme d'O, par ricochet. — Duc du Maine, par ricochet. — Ducs et duchesses de Chevreuse et de Beauvilliers. — Jésuites. — Nœud intime de la liaison du P. Tellier avec les ducs de Chevreuse et de Beauvilliers. — Maréchal de Boufflers.

Une courte anatomie de ce Discours ne sera pas inutile pour la suite. Il faut dire d'abord que Mgr le duc de Bourgogne étoit né avec un naturel à faire trembler. Il étoit fougueux jusqu'à vouloir briser ses pendules lorsqu'elles sonnoient l'heure qui l'appeloit à ce qu'il ne vouloit pas, et jusqu'à s'emporter de la plus étrange manière contre la pluie quand elle s'opposoit à ce qu'il vouloit faire. La résistance le mettoit en fureur: c'est ce dont j'ai été souvent témoin dans sa première jeunesse. D'ailleurs un goût ardent le portoit à tout ce qui est défendu au corps et à l'esprit. Sa raillerie étoit d'autant plus cruelle qu'elle étoit plus spirituelle et plus salée, et qu'il attrapoit tous les ridicules avec justesse. Tout cela étoit aiguisé par une vivacité de corps et d'esprit qui alloit à l'impétuosité, et qui ne lui permit jamais dans ces premiers temps d'apprendre rien qu'en faisant deux choses à la fois. Tout ce qui est plaisir il l'aimoit avec une passion violente, et tout cela avec plus d'orgueil et de hauteur qu'on n'en peut exprimer; dangereux de plus à discerner et gens et choses, et à apercevoir le foible d'un raisonnement et à raisonner plus fortement et plus profondément que ses maîtres. Mais aussi, dès que l'emportement étoit passé, la raison le saisissoit et surnageoit à tout; il sentoit ses fautes, il les avouoit, et quelquefois avec tant de dépit, qu'il rappeloit la fureur. Un esprit vif, actif, perçant, se roidissant contre les difficultés, à la lettre transcendant en tout genre. Le prodige est qu'en très-peu de temps la dévotion et la grâce en firent un autre homme, et changèrent tant et de si redoutables défauts en vertus parfaitement contraires. Il faut donc prendre à la lettre toutes les louanges de ce Discours.

Ce prince, qui avoit toujours eu du goût et de la facilité pour toutes les sciences abstraites, les mit à la place des plaisirs dont l'attrait toujours subsistant en lui les lui faisoit fuir avec frayeur, même des plus innocents, ce qui, joint à cet esclavage de charité du prochain, si on ose hasarder ce terme, dans un novice qui tend d'abord en tout à la perfection, et qui ignore les bornes des choses, et à une timidité qui l'embarrassoit partout faute de savoir que dire et que faire à tous instants, entre Dieu qu'il craignoit d'offenser en tout et le monde avec lequel cette gêne perpétuelle le mettoit de travers, le jeta dans ce particulier sans bornes, parce qu'il ne se trouvoit en liberté que seul, et que son esprit et les sciences lui fournissoient de reste de quoi ne s'y pas ennuyer, outre que la prière y occupoit beaucoup de son temps. La violence qu'il s'étoit faite sur tant de défauts et tous véhéments, ce désir de perfection, l'ignorance, la crainte, le peu de discernement qui accompagne toujours une dévotion presque naissante, le faisoit excéder dans le contre-pied de ses défauts, et lui inspiroit une austérité qui outroit en tout, et qui lui donnoit un air contraint, et souvent, sans s'en apercevoir, de censeur, qui éloigna Monseigneur de lui de plus en plus et dépitoit le roi même. J'en dirai un trait entre mille qui, parti d'un excellent principe, mit le roi hors des gonds, et révolta toute la cour deux ou trois ans auparavant. Nous étions à Marly, où il y eut un bal le jour des Rois; Mgr le duc de Bourgogne n'y voulut seulement pas paroître, et s'en laissa entendre assez tôt pour que le roi, qui le trouva mauvais, eût le temps de lui en parler d'abord en plaisanterie, puis plus amèrement, enfin en sérieux et piqué de se voir condamné par son petit-fils. Mme la duchesse de Bourgogne, ses dames, M. de Beauvilliers même, jamais on n'en put venir à bout. Il se renferma à dire que le roi étoit le maître, qu'il ne prenoit pas la liberté de blâmer rien de ce qu'il faisoit, mais que l'Épiphanie étant une triple fête et celle des chrétiens en particulier par la vocation des gentils et par le baptême de Jésus-Christ, il ne croyoit pas la devoir profaner en se détournant de l'application qu'il devoit à un si saint jour, pour un spectacle tout au plus supportable un jour ordinaire. On eut beau lui représenter qu'ayant donné la matinée et l'après-dînée aux offices de l'Église et d'autres heures encore à la prière dans son cabinet, il en pouvoit et devoit donner la soirée au respect et à la complaisance de sujet et de fils : tout fut inutile, et, hors le temps de souper avec le roi, il fut enfermé tout le soir seul dans son cabinet.

Avec cette austérité il avoit conservé de son éducation une précision et un littéral qui se répandoit sur tout, et qui gênoit lui et tout le monde avec lui, parmi lequel il étoit toujours comme un homme en peine et pressé de le quitter, comme ayant tout autre chose à faire, qui sent qu'il perd son temps et qui le veut mieux employer. D'un autre côté, il ressembloit fort à ces jeunes séminaristes qui, gênés tout le jour par l'enchaînement de leurs exercices, s'en dédommagent à la récréation par tout le bruit et toutes les puérilités qu'ils peuvent, parce que toute autre chose de plaisir est interdite dans leurs maisons. Le jeune prince étoit passionnément amoureux de Mme la duchesse de Bourgogne; il s'y livroit en homme sévèrement retenu sur toute autre, et toutefois s'amusoit avec les jeunes dames de leurs particuliers, souvent en séminariste en récréation, elles en jeunesse étourdie et audacieuse. On trouvera donc dans cette courte exposition les raisons de bien des traits du Discours qu'on vient de lire, qu'on ne comprendroit pas aisément sans cet éclaircissement, et surtout celle qui m'a fait étendre en raisonnement de piété, pour tourner un peu plus au monde la piété de ce prince qui n'étoit pas susceptible d'écouter, bien moins de se rendre, par d'autres raisons que par celles de la piété même.

Ses deux premières campagnes lui avoient été extrêmement favorables, en ce que, étant éloigné des objets de son extrême timidité et de celui de son amour, il étoit plus à lui-même et se montroit plus à découvert, délivré des entraves de la charité du prochain par les matières de guerre et de tout ce qui y a rapport, qui, dans le cours de ces campagnes, faisoit le sujet continuel des discours et de la conversation; tellement qu'avec l'esprit, l'ouverture, la pénétration qu'il y fit paroître, il donna de soi les plus hautes espérances. La troisième campagne lui fut funeste, comme je l'ai raconté en son lieu, parce qu'il sentit de bonne heure, et toujours de plus en plus, qu'il avoit affaire, chose également monstrueuse et vraie, à plus fort que lui à la cour et dans le monde, et que l'avantageux Vendôme, secondé des cabales qui ont été expliquées, saisit le foible du prince, et poussa l'audace au dernier période. Ce foible du prince fut cette timidité si déplacée, cette dévotion si mal entendue qui fit si étrangement du marteau l'enclume et de l'enclume le marteau, dont il ne put revenir ensuite.

C'est en peu de mots ce qui forme toute la matière de mon Discours, par lequel, après les louanges méritées et ailleurs encore entrelacées pour faire passer ce qui les suit, je tâche de faire voir quel est l'usage que Mgr le duc de Bourgogne doit tirer de son cabinet, l'abus qu'il en fait et dont il ne sort rien de ce qu'il y fait peut-être de plus convenable à son état pour son instruction particulière. Après avoir essayé à faire voir ce qu'il y doit faire en beaucoup moins de temps qu'il n'y en donne, je viens à combattre sa timidité, et si cette expression se peut hasarder, ce pied gauche où il est avec le roi et Monseigneur, avec le monde, par tout ce qu'il m'est possible, et encore avec Mme de Maintenon et Mlle Choin, choses toutes si principales; enfin à combattre son éternel particulier avec Mme la duchesse de Bourgogne seule, que je loue d'ailleurs avec sincérité, et avec ce fatras de femmes qui abusent avec indécence de sa bonté, de ses distractions, de sa dévotion et de ses gaietés peu décentes qui sentent si fort le séminaire. Après avoir parlé des indécences des autres à son égard, je viens aux siennes, et c'est où la plume me tourne dans les doigts, frappé des énormes abus qui se sont faits en Flandre, et de là partout de ces sortes de fautes dont la continuité y ajoute un fâcheux poids. Je m'y arrête néanmoins tout aussi peu qu'il est possible, et je viens à l'objet principal de mon Discours qui est la connoissance des hommes; je m'y étends avec une liberté égale à la nécessité, et j'entre dans un détail de moyens par le besoin d'y conduire comme par la main le prince, et de lui ôter occasion et prétexte de ne savoir comment s'y prendre. En même temps je sens très-bien que ce que je propose avec tant de force et d'étendue est entièrement contraire à l'usage du roi, auprès duquel les anciens ministres, et les nouveaux après eux, n'ont rien craint davantage ni détruit avec plus de soin, d'application et d'industrie; ainsi je pallie cela comme je puis, en me jetant dans l'apothéose à travers laquelle on peut sentir que je ne suis pas convaincu par cet exemple. Jusque-là ce Discours est à la portée de tous les gens du monde.

La manière de penser de Mgr le duc de Bourgogne si austère, si littérale, et la dévotion du duc de Beauvilliers et quoique tout autrement formée et raisonnable, m'ont forcé de me jeter ici dans une discussion du goût de peu de gens, mais sans laquelle ce qui précède n'auroit pu entrer dans la tête du prince ni si aisément dans l'esprit de son ancien gouverneur. J'avois besoin de quelque discussion sur la médisance pour apprivoiser le prince au raisonnement avec les hommes, et sur la dévotion, pour le préparer par des comparaisons monacales à m'écouter sur sa conduite en Flandre pendant sa dernière campagne et à son retour encore, et pour en sentir tous les profonds inconvénients. Cette préparation m'étoit absolument nécessaire pour oser toucher ceux de l'opinion qu'il a donné lieu de prendre; qu'il n'estime et ne mesure rien que par la dévotion, et que tout devient pour lui cas de conscience. On se persuada tellement en effet qu'il avoit fait consulter la guerre d'Espagne, pour, sur l'avis des docteurs, former le sien au conseil, que le roi lui demanda ce qu'il en étoit, et qu'il ne fut pas peu surpris de la réponse nette et précise du prince : qu'il n'y avoit pas seulement pensé. C'est ce qui m'a obligé à traiter en deux mots la messéance de ses longs et fréquents entretiens avec son confesseur, et comme j'avois loué le précepteur pour mieux faire recevoir dès l'entrée tout ce que j'avois à dire, louer aussi ce confesseur pour ne pas choquer le pénitent, et lui mieux faire entrer dans la tête la considération des réflexions et de la comparaison des règnes des derniers rois d'Espagne, et je reviens par tout cela aux grands inconvénients de n'être pas connu des hommes. Les louanges terminent le Discours comme elles l'ont commencé. C'est un adoucissement indispensable devant et après tout ce qu'il y avoit à dire. Mais la grâce, qui avoit commencé par des miracles rapides, acheva bientôt son ouvrage, et en fit un prince accompli. Les petitesses, les scrupules, les défauts disparurent et ne laissèrent plus que la perfection en tout genre. Mais, hélas! la perfection n'est pas pour ce monde, qui n'en est pas digne. Dieu la montra pour montrer sa bonté et sa puissance, et se hâta de la retirer pour récompenser ses dons et pour châtier nos crimes.

Ce Discours, des vérités duquel j'étois plein, fut bientôt jeté sur le papier. Je n'y corrigeai rien du premier trait de plume, et je le lus au duc de Beauvilliers tel qu'il se voit ici. J'ose dire qu'il lui plut extrêmement. De tout son tissu il ne me contesta que deux choses : l'assiduité rigoureuse aux offices de l'Église les fêtes et les dimanches, qu'à la fin il me céda, et les spectacles, que je ne pus jamais lui faire passer. Il loua toute la discussion sur la médisance et sur la dévotion; fut entièrement de mon avis sur la communication avec les hommes, telle que je la proposois; il approuva tout ce que je dis sur M. de Vendôme, que j'avois évité de nommer, et sur la conduite de Mgr le duc de Bourgogne, en sa dernière campagne de Flandre et à son retour. En un mot, tout le Discours se trouva de son goût. Il en voulut une seconde lecture; à mon tour, je le priai de peser l'endroit des mouches, des crapauds, et de ces sortes de badinages que je trouvois moi-même trop frappé; il en convint, mais ces choses lui parurent si importantes à vivement représenter, qu'il ne put consentir à le supprimer ni même à l'adoucir. Je lui fis faire attention sur l'article du confesseur, mais il s'écria d'approbation.

Après cet examen il fut question de l'usage, et ce fut là où s'émut la plus longue et la plus vive dispute que j'aie guère eue avec lui. Il vouloit montrer ce Discours au prince et le lui montrer sous mon nom, en lui racontant naturellement comment il me l'avoit demandé. Je me récriai sur le danger; et après un long combat il ne put obtenir de moi que j'y consentisse, ni moi de lui qu'il en quittât le dessein, tellement qu'il me proposa de nous en rapporter au duc de Chevreuse. Il étoit à Paris, où un grand procès de la duchesse de Luynes contre Matignon le retenoit et nous à Marly le même voyage dont j'ai déjà parlé. J'acceptai ce tiers parti, plutôt dans le dessein de gagner temps et de me consulter, que dans celui d'acquiescer au désir de M. de Beauvilliers, quand même l'avis de M. de Chevreuse y eût été conforme. Mme de Saint-Simon avoit été fort fâchée de l'engagement où je m'étois laissé aller à Vaucresson, dans la crainte que je ne fusse plus maître de mon Discours après que je l'aurois fait. Elle la fut bien davantage quand elle sut la passion du duc de Beauvilliers à le montrer, et elle y résista de toutes ses forces; j'étois combattu entre sa peine et son grand sens si souvent éprouvé, et mon extrême déférence pour M. de Beauvilliers, en tout véritablement aiguisée en cette occasion d'un peu de sot amour-propre. Nous convînmes, elle et moi, d'en passer par l'avis d'un homme fort de nos amis et tout propre à consulter là-dessus, par sa probité, son esprit, sa connoissance du monde, et surtout de Mgr le duc de Bourgogne; ce fut Cheverny, que le roi avoit attaché à lui, et dont j'ai quelquefois parlé. Le Discours fut donc lu entre nous trois. Je fus payé de louanges et Mme de Saint-Simon d'approbation. Il trouva comme elle qu'il étoit très-dangereux à montrer à celui pour qui seul il étoit fait, et même de le lui faire voir par parties, et sans me nommer, parce que j'y étois trop reconnoissable par le style, parce qu'il étoit impossible que le duc de Beauvilliers l'eût demandé à un autre que moi, par le zèle pour le prince, par sa connoissance intime, par cette impatience des choses de Flandre et des calomnies, par la connoissance si particulière de la cour qui y étoit répandue. Ainsi nous convînmes que, quoi que pussent dire et vouloir les deux ducs, je ne permettrois point que ce Discours fût livré à Mgr le duc de Bourgogne, qui, tout saint qu'il étoit, souffriroit peut-être impatiemment, sinon à présent au moins dans la suite, d'être si transparent à mes yeux, et plus encore désapprouvé dans des choses qu'il ne changeroit pas, et dont le changement étoit difficilement espérable.

Cette sage résolution prise, je subis l'examen du duc de Chevreuse à qui j'avois envoyé une copie, afin qu'il eût tout le temps d'y penser. Il approuva extrêmement l'ouvrage, mais il fut heureusement d'avis de ne le point donner, par quoi je sortis d'embarras; mais il me condamna à leur laisser ma copie avec sûreté entière qu'elle ne sortiroit point de leurs mains, et à consentir que, sans faire mention de moi ni du discours même, ils pussent de fois à autre et de loin en loin en lâcher des morceaux détachés au prince, ce qui pouvoit se faire sans danger. M. de Beauvilliers s'y soumit et moi pareillement, après que Cheverny et Mme de Saint-Simon eurent jugé aussi que, de cette façon, il n'y avoit point d'inconvénient. Les deux ducs ignorèrent toujours que Mme de Saint-Simon et moi eussions mis Cheverny dans cette confidence : tel est le malheur des meilleurs princes et les plus attentifs à leur salut, à leur mortification, à leur anéantissement, d'être plus capables de porter les opprobres jusqu'à la dernière indécence et au danger, que les avertissements les plus salutaires et les plus mesurés de leurs plus affidés serviteurs.

Maintenant il est temps d'expliquer une puissante intrigue qui partagea toute la cour. Il faut retourner beaucoup en arrière, parce qu'elle fut commencée longtemps avant tout ceci, et la suivre jusqu'à sa fin pour ne la pas interrompre par des mélanges de ce qui se passa cependant aux armées, dont les divers succès ne veulent pas être suspendus.

J'ai touché légèrement, à l'occasion de la rupture de M. le duc d'Orléans avec Mme d'Argenton, et du règlement du rang des princesses du sang entre elles, quelque chose du désir de M. le duc et de Mme la duchesse d'Orléans de marier Mademoiselle à M. le duc de Berry, du peu qu'il s'étoit passé là-dessus, de la même passion de Mme la Duchesse pour Mlle de Bourbon, et plus en détail de la haine de Mme la Duchesse pour M. et Mme la duchesse d'Orléans, de la liaison de celle-ci avec Mme la duchesse de Bourgogne et de l'extrême et réciproque éloignement de cette princesse et de Mme la Duchesse. Ces deux derniers points sont traités avec étendue à l'occasion des cabales de la campagne de la perte de Lille, et c'est de toutes ces choses qu'il est nécessaire de se souvenir pour bien entendre ce qui va être raconté.

Les obstacles qui s'opposoient à ce mariage de Mademoiselle étoient également nombreux et considérables. En général, un temps de guerre la plus vive et la plus infortunée, la misère extrême du royaume qui ôtoit les moyens de fournir aux choses les plus pressantes, la dépense du mariage, l'apanage à fournir, une double maison à entretenir, l'âge et le naturel de M. le duc de Berry doux et craignant le roi à l'excès, qui n'avoit que vingt-quatre ans, et qui parmi plusieurs commencements de galanteries n'avoit encore su ni les embarquer, ni les conduire, ni en mettre aucune à fin, ce qui devoit guérir les scrupules; l'âge et l'union de Mgr et de Mme la duchesse de Bourgogne qui leur avoit donné des enfants, et qui leur en promettoit pour longtemps encore; enfin la perspective si naturelle d'un mariage étranger, sans comparaison plus décent, et qui pouvoit servir de prétexte à rapprocher l'empereur, ou à détacher le Portugal qui étoit dans la guerre présente une si dangereuse épine à l'Espagne. En particulier, l'état personnel de M. le duc d'Orléans pour qui le roi n'étoit point revenu à fond, à qui Mme de Maintenon ne pardonneroit jamais ce cruel bon mot d'Espagne, la considération du roi d'Espagne, toujours persuadé que, de concert avec les alliés, il avoit voulu usurper sa couronne; l'idée du public et de la cour en France qui n'étoit point déprise de cette même opinion, et qui déjà froncée de voir tous ses princes légitimes si mêlés avec les bâtards, le seroient bien autrement d'un mélange qui remonteroit si près du trône ; enfin il s'agissoit du fils de Monseigneur et de son fils favori : de Monseigneur qui marquoit sans cesse jusqu'à l'indécence sa haine pour M. le duc d'Orléans depuis l'affaire d'Espagne, qui étoit gouverné par les ennemis personnels de ce prince, et par des ennemis, qui ayant la même prétention, au mariage de M. le duc de Berry, se porteroient à tout pour rompre celui de Mademoiselle par Monseigneur, malgré lequel il faudroit l'emporter. L'union récente, et qui s'entretenoit, que les menées qui avoient perdu Chamillart avoient mises entre Mme de Maintenon, Mlle Choin et Monseigneur, et le crédit nouveau qui avoit paru en ce prince sur le roi son père dans l'éclat de cette disgrâce, tout cela se réunissoit contre Mademoiselle, et ne paroissoit pas possible à être surmonté ; de raison d'État aucune, et de famille moins encore s'il se pouvoit avec cette opposition de Monseigneur et cette offense du roi d'Espagne, nulle considération qui pressât un mariage, et si la paix n'en fournissoit point d'étranger, ce qui étoit impossible à croire, le domestique toujours aisé à retrouver dans une des trois branches du sang légitime. Enfin, après ce dont M. le duc d'Orléans avoit été accusé en Espagne, avec ses talents et son esprit, [il sembloit] dangereux à le faire beau-père de M. le duc de Berry pour un temps ou pour un autre.

Tant et de tels obstacles généraux et particuliers, à pas un desquels M. et Mme la duchesse d'Orléans n'avoient quoi que ce fût à répondre, les tenoient dans une inaction glacée et dans un état de désir sans espérance, qui étoit le premier de tous les obstacles à vaincre et qui m'étoient tous bien présents et bien distincts dans l'esprit. Je continuerai ici à parler de moi dans la même vérité que je fais des autres. Un intérêt sensible me faisoit souhaiter le mariage de Mademoiselle avec passion ; je voyois que tout tendoit au mariage de Mlle de Bourbon. Outre qu'elle étoit fille de feu M. le

Duc, je ne pouvois pardonner à Mme la Duchesse ses procédés à mon égard sur l'affaire de Mme de Lussan; et quelques ménagements que j'eusse saisis pour elle à l'occasion de la mort de M. le Duc, il étoit difficile qu'elle me pardonnât les procédés dont j'avois osé payer les siens, et ma liaison intime avec ce qu'elle et sa cabale haïssoit le plus, cabale qui avoit pris pour moi la plus grande aversion depuis les choses de Flandre, et d'Antin seul, que la politique en avoit écarté sur ce périlleux article, aussi attentif à me nuire et pour les choses passées et pour mes liaisons toutes opposées à lui. Je redoutois déjà assez la situation présente de Mme la Duchesse avec Monseigneur, combien plus après le mariage de leurs enfants, qui la porteroit à une grandeur et à une autorité auprès de lui sans bornes pour le présent, et pour le futur, arriveroit par un autre biais à ce que la cabale avoit tâché par les attentats de Flandre, et du même coup écraseroit M. [le duc] et Mme la duchesse d'Orléans et moi, tant d'avec eux que d'avec Mgr le duc de Bourgogne, que de mon chef personnellement.

En même temps je considérois que si Mademoiselle étoit préférée, le crédit et la faveur de Mme la Duchesse se pouvoient balancer auprès de Monseigneur; et qu'en prenant dès ce règne de bonnes et sages mesures pour l'avenir, il n'étoit pas impossible de faire avorter ses grandes espérances de gouverner, et par l'union des enfants de Monseigneur embarrasser cette redoutable cabale qui s'étoit déjà montrée avec une audace si criminelle, et la réduire même sous les fils de la maison. Je me trouvois ainsi dans la fourche fatale de voir dès maintenant, et plus encore dans le règne futur, ce qui m'étoit le plus contraire, ou ceux à qui j'étois le plus attaché, sur le pinacle ou dans l'abîme, avec les suites personnelles de deux états si différents, sans compter le désespoir ou le triomphe, et la part que je pouvois avoir à parer l'un et à procurer l'autre. Il n'en falloit pas tant pour exciter puissamment un homme fort sensible et qui savoit si bien aimer et haïr, que je ne l'ai que trop su toute ma vie. Une seule chose me retenoit, le désir extrême d'un mariage étranger qui, convenable à M. le duc de Berry et à l'État, sauvoit ce rejeton si prochain de la couronne de cette souillure de bâtardise qui me faisoit horreur, et qui ne pouvoit qu'appuyer les bâtards dont le rang m'étoit si odieux.

Dans cette balance de mon esprit, je mis toute mon application à bien examiner les choses, et je vis nettement les menées de Mme la Duchesse, qui saisissoit toutes les avenues, et qui n'oublioit rien pour assurer, hâter, brusquer même le mariage de Mlle de Bourbon. Elle-même avoit fait écarter l'idée d'une étrangère dans l'esprit du roi, qui s'étoit laissé aller à en marquer du dégoût, [parce] que la paix étoit trop éloignée pour différer jusque-là à marier un prince sain et vigoureux, dont le goût pour les femmes lui donnoit du scrupule de ce qui en pourroit arriver, et qui enfin, ennemi de toute pensée de la plus légère et la plus courte contrainte, trouvoit plus commode de choisir dans sa famille qu'au dehors. Je compris donc que, tandis que déçu par le désir et l'espérance d'un mariage étranger, je laisserois couler le temps, celui de Mlle de Bourbon s'avanceroit sourdement et nous tomberoit, et à moi en particulier, un matin sur la tête, qui comme une meule m'écraseroit et froisseroit les princes à qui j'étois attaché, de manière à ne s'en relever jamais. Je vis clairement que je ne pouvois éviter la bâtardise, dès là qu'on étoit réduit à la volontaire nécessité d'un mariage domestique, et ce fut ce qui me détermina à agir.

Cette résolution bien mûrement prise, je repassai dans mon esprit tous les obstacles généraux et particuliers pour m'accoutumer à n'en être point effrayé et pour chercher les moyens de les vaincre. J'en examinai les divers genres ; je les balançai, je les pesai à part et ensemble ; je les pénétrai tous pour me former un plan de conduite pour attaquer à découvert ou en biaisant par à côté, selon leurs diverses natures, les uns indispensables à renverser, les autres trop forts passer à côté et n'en effleurer que le purement nécessaire, persuadé qu'il falloit que je commençasse par l'être moi-même de la possibilité du succès avant d'en pouvoir persuader les autres, et ceux-là mêmes qui y avoient tout intérêt. Je conçus aussi que toutes mes combinaisons devoient être dans ma tête et bien débrouillées, et que nous fussions tous persuadés et d'accord avant de remuer aucune machine. Une triste expérience, mais continuelle, sur la plupart des événements principaux, m'avoit depuis longtemps convaincu que le solide, l'essentiel, le grand avoit changé de place avec la bagatelle, le futile, la commodité momentanée; que les plus importants effets étoient depuis longtemps toujours sortis de cette dernière source, et je compris que je pouvois en tirer un grand parti dans cette occasion.

La plus grande raison contre Mademoiselle étoit celle d'un mariage étranger pour lequel tout parloit. Ce n'étoit point cela qu'il y avoit à combattre par les raisons qui viennent d'en être rapportées. Le roi n'en vouloit point, et il n'y avoit rien à craindre des réflexions qui lui pouvoient être présentées là-dessus par ceux que leur naissance ou leurs places dans le conseil mettoient en droit de le faire. Le silence profond que le roi gardoit toujours avec eux tous sur ces choses intérieures de sa famille, dont lui seul disposoit sans s'ouvrir à personne, rassuroit pleinement là-dessus; à l'égard des autres obstacles, je conçus qu'il n'y avoit de moyen que d'opposer cabale à cabale et puis de lutter d'adresse et de force. Le fondement de tout étoit M. [le duc] et Mme la duchesse d'Orléans, qui s'épuisoient inutilement en désirs et qui les noyoient dans une oisiveté profonde. Je leur mis vivement devant les yeux l'état des choses du côté de Mme la Duchesse, je leur fis sentir sans ménagement quelle seroit leur situation, même de ce règne, si elle réussissoit, et combien pire après, je les piquai d'orgueil, de jalousie, de dépit; croiroiton que j'eusse besoin de tout cela avec eux? et, à force de les exciter par les plus puissants motifs, je les rendis enfin capables d'entendre à leur plus pressant intérêt. La paresse naturelle mais extrême de Mme la duchesse d'Orléans céda pour cette fois, moins peut-être à ce grand intérêt qu'à la puissante émulation d'une sœur si ennemie, et, ce premier pas fait, elle et moi nous concertâmes pour nous aider de M. le duc d'Orléans.

Ce prince, avec tout son esprit et sa passion pour Mademoiselle, qui n'avoit point foibli du premier moment qu'elle étoit née, étoit comme une poutre immobile qui ne se remuoit que par nos efforts redoublés, et qui fut tel d'un bout à l'autre de toute cette grande affaire. J'ai souvent réfléchi en moi-même sur cette incroyable conduite de M. le duc d'Orléans, dont je ne pouvois allier l'incurie avec le désir, le besoin et tant et de si puissantes raisons qui le poussoient à mettre vivement la main à l'œuvre, sans qu'après lui avoir souvent, longuement et fortement représenté, Mme la duchesse d'Orléans en tiers, toutes les puissantes considérations qui le devoient exciter, il se prêtât ensuite à la moindre démarche, et déconcertoit ainsi tous nos projets. Certainement, quelque peu de suite qu'il eût dans l'esprit, quelque mollesse qui lui fût naturelle, quelque peu capable qu'il fût d'agir effectivement sur un plan, quelque légère et foible que fût sa volonté sur toutes choses, il n'est pas possible de croire que ces défauts causassent en lui une conduite si surprenante, si étrange en elle-même et pour nous si radicalement embarrassante; et j'ai toujours soupçonné qu'en sachant plus que personne sur son affaire d'Espagne, cette bride non-seulement l'arrêtoit, mais le persuadoit si pleinement qu'elle étoit obstacle insurmontable au mariage dont il s'agissoit, qu'il ne faisoit que se prêter avec nonchalance et par reprises légères à ce dont nous le pressions souvent, certain qu'il se croyoit de l'entière inutilité de toute démarche et de tout soin, sans toutefois nous en vouloir avouer la cause véritable, et que pour nous mieux cacher il agissoit foiblement, pressé à un certain point, plutôt que de nous déclarer une fois pour toutes sa vraie raison de désespérer et de nous arrêter tout à fait pour s'en épargner les regrets plus à découvert. C'est ce qui me fut d'un travail dur et extrême, parce qu'il ne fallut jamais cesser de forcer de bras auprès de lui, ni de se rebuter des contre-temps continuels de sa part, qui pensèrent plusieurs fois faire tout échouer.

Moins je vis de ressource à espérer de celui qui y avoit le plus grand intérêt, plus je m'appliquai à en trouver d'ailleurs et à former et diriger une puissante cabale, et de plusieurs différentes à en faire une seule qui se proposât puissamment le but où je tendois, puissamment, dis-je, pour son intérêt propre, premier mobile ou plutôt unique de tous les mouvements des cours. Mme la duchesse de Bourgogne, unie avec Mme la duchesse d'Orléans, infiniment mal avec Mme la Duchesse, avoit plus d'un intérêt à la préférence de Mademoiselle sur Mlle de Bourbon; le premier sautoit aux yeux de qui savoit la situation de Mme la duchesse de Bourgogne avec Mme la Duchesse, et celle de Mme la Duchesse auprès de Monseigneur, des volontés duquel elle disposoit absolument, et qui, reliée à lui par le mariage de leurs enfants, usurperoit une puissance sous laquelle tout plieroit sous son règne et dès celui-ci même; Mme la duchesse de Bourgogne tomberoit peu à peu dans un éloignement de Monseigneur qui, approfondi par la dévotion mal entendue de Mgr le duc de Bourgogne et par le dégoût que Monseigneur avoit pris de lui depuis les choses de Flandre, soigneusement entretenu depuis, les plongeroit tous deux dans l'abîme que la cabale dont il a été parlé avoit si hardiment commencé à leur creuser. A ce grand intérêt il s'en joignoit un autre aussi fort sensible et qui avoit sa solidité.

Mme la duchesse de Bourgogne connoissoit le roi parfaitement, elle ne pouvoit ignorer la puissance de la nouveauté sur son esprit, dont elle-même avoit fait une expérience si heureuse. Elle avoit donc à redouter une autre elle-même, je veux dire une princesse au même degré du roi qu'elle, qui, plus jeune qu'elle, le pourroit amuser par des badinages nouveaux et enfantins qui lui avoient si bien réussi, mais qui n'étoient plus guère de son âge, quoiqu'elle s'en aidât encore, et qui lui siéroient d'autant moins alors qu'ils seroient plus de saison pour une autre; que cette autre, égale à elle en rang, en particuliers, en privances,, auroit lieu d'en user autant qu'elle, peut-être plus que si le roi y prenoit; que conduite par sa mère, Mme la Duchesse, elle seroit au fait de tout, ne donneroit prise sur rien par aucuns contre-temps, n'auroit point comme elle un époux à soutenir, et que soutenue elle-même par Monseigneur et par cette terrible cabale qui vouloit perdre Mgr le duc de Bourgogne, et qui ne le pouvoit sans la perdre elle-même, irritée sur l'un par le désir de gouverner, sur l'autre par la même cause et par la passion qui s'y étoit jointe contre elle, depuis qu'elle avoit pour le présent fait avorter ses desseins et perdu leur instrument principal, sa belle-sœur deviendroit un espion dangereux dans le plus intérieur de son sein, par qui les choses les plus innocentes seroient tournées en poison : une rivale cuisante et dominante, à qui tout riroit par la considération de l'avenir, une égale avec laquelle il faudroit se mesurer et compter en toutes choses; épouse enfin du fils favori dont la vie libre plaisoit par conformité à père et à grand-père, tous deux en gêne avec Mgr le duc de Bourgogne, ses scrupules, ses précisions, sa vie à part et cachée dans le littéral de sa dévotion.

Ces deux grands intérêts qui portoient également sur l'agréable et sur le considérable, sur le présent et sur l'avenir, et tout ensemble sur tout ce qu'il peut y avoir de plus important dans la vie, et dont Mme la duchesse de Bourgogne étoit plus capable d'être touchée qu'aucune autre personne de son âge et de son rang, avoient néanmoins besoin de lui être fortement inculqués pour n'être pas suffoqués par le futile et l'amusement du courant des journées. Elle sentoit bien d'elle-même ces choses en général, et qu'il lui étoit essentiel de n'avoir pour belle-sœur qu'une princesse qui ne pût et ne voulût lui faire ombrage, et de qui elle fût maîtresse assurée. Mais quelque esprit, quelque sens qu'elle eût, elle n'étoit pas capable de sentir assez vivement d'elle-même toute l'importance de ces choses, à travers les bouillons de sa jeunesse, l'enchaînement et le cercle des devoirs successifs, l'offusquement de sa faveur intime et paisible, la grandeur d'un rang qu'attendoit une couronne, la continuité des amusements qui dissipoient l'esprit et les journées; douce, légère, facile d'ailleurs, peut-être à l'excès. Je sentis que c'étoit de l'effet de ces considérations sur elle que je tirerois le plus de force et de secours, par l'usage qu'elle en sauroit bien faire avec le roi, et plus encore avec Mme de Maintenon, qui tous deux l'aimoient uniquement; et je sentis aussi que Mme la duchesse d'Orléans n'auroit ni la grâce ni la force nécessaire pour le lui bien enfoncer, à cause de son trop grand intérêt.

Je me tournai donc vers d'autres instruments plus propres, et qui eussent aussi leurs intérêts personnels en la préférence de Mademoiselle. La duchesse de Villeroy m'y parut infiniment propre par tout ce que j'en ai raconté, et par une fermeté souvent peu éloignée de la rudesse qui, jointe au bon sens, tient quelquefois lieu d'esprit, et frappe plus fortement et plus utilement des coups que plus d'esprit avec plus de mesure. Elle étoit depuis longtemps instruite des désirs de Mme la duchesse d'Orléans; je lui fis sentir que ses désirs étoient trop languissants, combien il étoit pressé d'agir avec force, et je suppléai à tout avec grand fruit de ce côté-là. Mme de Lévi me parut un autre instrument triplement considérable. Elle joignoit infiniment d'esprit à une fermeté, qui un peu gouvernée par l'humeur étoit égale, et quelquefois supérieure, à celle de la duchesse de Villeroy. Presque aussi mal qu'elle avec Mme la Duchesse, et dès longtemps bien et ménagée par Mme la duchesse d'Orléans, son intérêt la portoit à Mademoiselle. D'ailleurs sensible au dernier point à l'amitié, et très-bien alors avec Mme la duchesse de Bourgogne, l'intérêt de cette princesse, qui la frappa en entier, la porta rapidement à tout ce que je désirois d'elle. Deux autres raisons me la rendirent encore utile. Nonobstant son âge, elle étoit dès lors à portée de tout avec Mme de Maintenon ; et le hasard ou, pour mieux dire, la Providence voulut qu'ayant été personnellement très-mal avec Mme la duchesse de Bourgogne, et à cause de sa famille fort éloignée de Mme de Maintenon, toutes les deux l'avoient rapprochée, puis goûtée, au point qu'elle était arrivée jusqu'à l'intimité de la princesse, et à toute celle qui se pouvoit espérer de Mme de Maintenon. L'autre raison, c'est qu'elle étoit tendrement aimée, considérée, estimée et comptée dans sa famille, qui pouvoit beaucoup influer sur le mariage, et admise dans ses conseils. Elle me fut un excellent second auprès des ducs et des duchesses de Chevreuse et de Beauvilliers, en sorte qu'elle et moi concertâmes souvent les choses qu'il ne falloit pas leur présenter trop crues, ni toujours par la même main.

De ces deux femmes résulta un troisième instrument, foible à la vérité par un désir constant de tout ménager à la fois, et une politique vaste, mais qui, mis en œuvre selon son talent, nous servit. Ce fut Mme d'O, que de puissantes raisons parmi les dames tenoient dans l'intime confidence de Mme la duchesse de Bourgogne. D'O y servit aussi en sa froide et profonde matière. Il étoit attaché aux ducs de Chevreuse et de Beauvilliers. Il leur étoit redevable en beaucoup de choses, sur toutes d'avoir évité d'être perdu au retour de la campagne de Lille. Le comte de Toulouse étoit intérieurement plus porté pour Mme la duchesse d'Orléans que pour Mme la Duchesse ; et M. du Maine bien plus encore, qui, depuis la mort de M. le Prince, ne regardoit plus cette sœur que comme une ennemie.

Cette raison fut un grand instrument dans la main de Mme la duchesse d'Orléans et de M. d'O pour exciter la peur de M. du Maine, qui de toutes les passions étoit celle qui de tous les genres avoit le plus d'empire sur lui. Ils lui montrèrent les enfers ouverts sous ses pieds par le mariage de Mlle de Bourbon, toutes ses prétentions à la succession de M. le Prince sans ressources, son rang à l'avenir fort en l'air, ses survivances très-hasardées, et le rang de ses enfants perdu, toutes choses à quoi la haine de Mme la Duchesse n'auroit pas grand'peine à réussir dès à présent pour le procès, avec la part que M. le duc de Berry et Monseigneur même ne se cacheroient plus d'y prendre, et dans l'avenir pour le reste, avec la répugnance que Monseigneur y avoit montrée, et qui n'avoit pu être fléchie par les prières du roi les plus touchantes, et pour lui les plus nouvelles, de sorte que ne s'agissant que d'agir auprès du roi dans les ténèbres des tête-à-tête dont il avoit plusieurs occasions tous les jours, et de même avec Mme de Maintenon sur qui il pouvoit tout, et qu'il voyoit seule tant qu'il vouloit, son propre salut le mit d'autant plus puissamment en œuvre qu'il conçut dès lors le dessein de s'en faire payer comptant par le mariage qu'il ne tarda pas à proposer, et à presser de régler, de signer et de déclarer, d'une sœur de Mademoiselle avec son fils qui deviendroit ainsi beau-frère de M. le duc de Berry, qui fut une chose qui me coûta bien du manége à éviter. Telle fut la cabale des femmes, si principales dans les cours, si continuellement dans la nôtre. Je crus que c'en étoit assez pour bien remplir mes vues de ce côté-là, et que le secret, si fort l'âme et le salut de cette affaire, ne souffroit pas qu'on y en mît davantage. Je n'eus sur cela aucun commerce avec les d'O ni avec M. du Maine; mais je lui faisois dire tout ce que je voulois par Mme la duchesse d'Orléans, et savois par elle toutes ses démarches, mais sans jamais proférer un mot d'un rang auquel je ne voulois pas monter aucune inclination pour me réserver entier et libre pour des temps plus heureux, et je me contentai du procès de la succession de M. le Prince, et de la haine qu'il avoit fait éclater, dont toutes les justes conséquences sautaient aux yeux sans que j'eusse à en particulariser aucune. Pour les d'O, jamais je ne leur fus nommé, mais je les dirigeois par la duchesse de Villeroy en gros, qui me rendoit exactement tout le détail qui se passoit d'elle à eux et d'eux à elle; et elle et moi avec la même délicatesse et le même silence sur des rangs qui ne lui étoient pas moins odieux qu'à moi. Le rare est qu'il me fallut presque tout imaginer, mâcher et conduire avec Mme la duchesse d'Orléans même, et souvent encore l'arracher à sa paresse avec effort.

Quelque content que je fusse de ces ressorts, j'estimai qu'il en falloit encore ajouter d'autres, et saisir tous les côtés possibles. Bien que toute la tendresse de Mme de Maintenon fût pour M. du Maine et Mme la duchesse de Bourgogne, et qu'elle n'aimât point Mme la Duchesse qui avait secoué son joug dès qu'elle l'avoit pu, l'avoit toujours depuis négligée de peur de s'y rempêtrer, et à qui même il étoit échappé des moqueries d'elle, je redoutois sur ce mariage les mesures qui, depuis la grande affaire de la disgrâce de Chamillart, subsistoient entre elle et Monseigneur, ses liaisons prises en même temps avec Mlle Choin, ses réserves quelquefois timides avec le roi. Je craignois encore Mme de Caylus, sa nièce, son goût et son cœur, qui la connoissoit parfaitement, qui avoit tout l'esprit et tout le manége possible, que les plaisirs, la galanterie, et des vues ensuite plus solides avoient attachée de tout temps à Mme la Duchesse, bien par elle avec Monseigneur et avec tout ce qui le gouvernoit, mais bien solidement et en dessous, et qui de tout cela comptoit se faire une ressource après sa tante, et plus encore après le roi.

Ainsi je compris qu'il ne falloit rien omettre, parce que

M. le duc de Berry étoit une place que nous n'emporterions que par mine et par assaut; et je parlai puissamment aux ducs de Chevreuse et de Beauvilliers, et aux duchesses leurs femmes, qui avoient grand crédit sur eux, surtout Mme de Beauvilliers. A ceux-là je représentai le schisme radical de la cour, l'abîme certain de Mgr le duc de Bourgogne si Mlle de Bourbon prévaloit, conséquemment le danger futur de l'État, la haine inévitable entre les deux frères, jusqu'à présent si unis par leurs soins, et qui seroit l'ouvrage de leurs épouses et de leur situation forcée, le danger extrême d'attendre un mariage étranger dont le roi étoit tout à fait aliéné, avec les menées si avancées de Mme la Duchesse, le scrupule enfin, pour les hâter, de laisser davantage sans épouse un prince de l'âge et de la santé de M. le duc de Berry. Le fort de mon raisonnement porta sur ces considérations. J'y mêlai celle de l'extinction totale de tout ce qu'il pouvoit rester de l'affaire d'Espagne, et dans l'esprit même de M. le duc d'Orléans, de toute idée nouvelle que pourroit exciter dans d'autres temps la grandeur de Mme la Duchesse et sa propre oppression. Je montrai en éloignement, sur le compte de ce prince, ce que pourroit opérer le retour de Mme des Ursins, si le malheur du roi d'Espagne la rappeloit en France, dont il étoit déjà sourdement question, et je m'adressois à des gens qui ne désiroient pas champ libre à cette femme dans notre cour. Dans ce même esprit, je leur parlai de Mme la duchesse et de d'Antin, ouvertement leurs ennemis, et je sentis que je ne parlois pas à des sourds. Bref, je m'assurai d'eux, j'en obtins l'aveu de leurs craintes et de leurs désirs, enfin je les mis en mouvement, moi en possession d'eux là-dessus, eux en toutes mesures avec moi, et en compte presque journalier de leurs démarches. Ce n'étoit pas peu faire avec des gens de système si fort mesuré, à marches si profondes, si compassées, si difficiles, moines, profès d'indifférence et d'impuissance, mais qui se souvenoient parfois qu'ils n'en avoient pas fait les vœux.

Ce côté-là saisi, je mis la main sur un autre qui n'étoit pas moins important : ce fut les jésuites. L'affaire de mon ambassade de Rome, où d'Antin avoit vainement été mon concurrent, m'avoit appris combien ils le haïssoient; et tout ce qu'ils avoient employé pour l'exclure, jusqu'à son su, me répondoit qu'ils l'en craignoient bien davantage. J'étois bien informé qu'ils n'avoient ni moins d'éloignement ni moins d'appréhension de Mme la Duchesse. Je ne pouvois ignorer qu'ils affectionnoient assez M. le duc d'Orléans, ce que j'avois pris soin de cultiver. Je crus donc facile de profiter de si heureuses dispositions. J'obtins de M. [le duc] et de Mme la duchesse d'Orléans qu'ils fissent confidence de leurs désirs au P. du Trévoux. Ce jésuite avoit été confesseur de Monsieur jusqu'à sa mort. M. le duc d'Orléans, dont la vie ne cadroit pas avec la fonction d'un pareil officier, n'avoit pas laissé de lui en conserver le titre et l'utile, pour faire avec lui la nomination des abbayes et des autres bénéfices de son apanage, dont le roi avoit donné le droit à la mort de Monsieur.

Ce P. du Trévoux, gentilhomme de Bretagne de bon lieu, étoit un petit homme assez ridicule, bon homme, qui se prenoit par l'amitié et la confiance, de fort peu d'esprit, et de sens assez court, et qui avec tout cela ne laissoit pas d'être ami intime et à toute portée du P. Tellier, qui en avoit si peu jusque dans sa compagnie. Mais il n'y avoit que de certaines choses que M. [le duc] et Mme la duchesse d'Orléans pussent dire à ce cerveau étroit, et d'autres qui eussent perdu leur grâce et leur force dans leur bouche. Ce fut à quoi je suppléai amplement et utilement par le P. Sanadon, autre ami intime du P. Tellier, mais à leur insu, parce que je ne voulois pas leur montrer tous mes ressorts, quoique ce fût pour eux que je les misse en œuvre, pour ne les pas ralentir et apparesser par compter trop sur mon industrie. Je fis donc entendre à ce père les mêmes choses qu'ils disoient au P. du Trévoux, mais avec plus de force. Je les paraphrasai de tout ce que j'y pus ajouter, surtout de ce qui pouvoit entrer dans l'intérêt des jésuites, leur donner envie pour l'amour d'eux-mêmes du mariage de Mademoiselle, et toute la frayeur que je pus de celui de Mlle de Bourbon. Comme je parlois à un homme qui étoit pour moi de toute confiance, je le fis nettement et sans mesure; et comme je disois effectivement la vérité, je ne craignis pas de la présenter toute nue et dans toute son âpreté. Cela passa de même façon au P. Tellier; et quoique je fusse fort à portée de lui, ces choses lui firent une tout autre impression de la bouche d'un jésuite bien endoctriné et bien affectionné à moi que de la mienne. Toutefois nous ne laissâmes pas de nous en parler souvent lui et moi avec ce tour.

Les jésuites, à qui rien n'est indifférent, et moins les choses majeures que les autres, c'est-à-dire le P. Tellier, et ce conseil si étroit, si inconnu même des autres jésuites, par qui tout le grand et l'important se régit parmi eux, s'affectionnèrent à celle-ci comme à la leur propre, et se rendirent d'eux-mêmes capables de tout concerter avec nous, et d'entrer en part des conseils et des exécutions. Ils devinrent donc un très-puissant instrument, avec cela d'heureux qu'il étoit de soi très-concordant avec les ducs de Chevreuse et de Beauvilliers, par le plus secret et le plus sensible recoin de la cabale. On se souviendra ici que, lors de l'orage du quiétisme, la politique société se divisa. Le gros, avec le P. La Chaise, le P. Bourdaloue, le P. La Rue, en un mot les jésuites de cour et du grand monde, furent contre M. de Cambrai, mais sans agir. Un petit nombre, et ce qui se peut appeler leur sanhédrin secret, fut pour ce prélat, et le servit sous main de toutes ses forces. Ainsi les puissances de Rome et de France ne furent point choquées, et les bons pères ne laissèrent pas d'aller à leur fait. Ceux-là demeurèrent intimement unis à M. de Cambrai, et par ceux-là en effet la société entière. Dans cette intimité de parti le P. Tellier avoit toujours tenu les premiers rangs, et la liaison étoit d'autant plus étroite qu'elle étoit moins connue, et c'est ce qui avoit le plus contribué au choix que les deux ducs en firent pour confesseur du roi. Je ne l'appris qu'après, mais j'en étois parfaitement instruit lors de ces menées pour le mariage, et c'étoit là le nœud secret de l'union du P. Tellier avec les deux ducs, d'où l'identité de leurs vues en faveur de Mademoiselle tiroit une force dont ne s'apercevoient pas ceux-là mêmes qui étoient le plus avant dans l'intrigue du mariage.

Causant un jour avec M. le duc d'Orléans sur son départ alors pour l'Italie, la conversation tomba sur M. de Cambrai. Il échappa au prince que, si, par de ces hasards qu'il est impossible d'imaginer, il se trouvoit le maître des affaires, ce prélat vivant et encore éloigné, le premier courrier qu'il dépêcheroit seroit à lui, pour le faire venir et lui donner part dans toutes. Ce mot ne tomba pas. J'eus grand soin d'en faire part aux deux ducs, dans le cœur et l'esprit desquels il fonda une bienveillance qui germa toujours, et que je parvins à porter jusqu'à un attachement, dans le secret profond mais intime duquel je fus seul entre eux, mais qui n'auroit pas ployé des gens si vertueux au mariage de Mademoiselle s'ils avoient eu la moindre lueur d'espérance d'un mariage étranger, et s'ils n'eussent pas très-distinctement vu les dangereuses suites de celui de Mlle de Bourbon pour Mgr le duc de Bourgogne, pour toute la famille royale immédiate et pour l'État, quoiqu'en particulier M. de Chevreuse eût déjà assez de liaison avec M. le duc d'Orléans par celles que son pauvre fils, le duc de Montfort, y avoient eues, par le goût des mêmes sciences, et par des dissertations que le duc de Chevreuse ne fuyoit pas, parce qu'il les ramenoit toutes à la religion, à laquelle il vouloit ramener M. le duc d'Orléans. L'accord si peu connu, si sûr, si profond de tous ces ressorts, par des motifs divers et si cachés, fut un bonheur très-rare. Je me gardai bien d'en découvrir toutes les trames et la force à la paresse de

Mme la duchesse d'Orléans, ni à la nonchalance et à l'indiscrétion de M. le duc d'Orléans.

Avec ces secours, je voulus encore m'aider d'un personnage qui, tout abattu qu'il fut auprès du roi, conservoit toute sa juste considération dans le monde et les mêmes accès auprès de Mme de Maintenon, et qui, une fois bien persuadé en faveur de Mademoiselle, étoit capable de porter de grands coups. Ce fut le maréchal de Boufflers. Outre ces fortes raisons, je fus bien aise de l'attirer dans une union de desseins avec le duc de Beauvilliers, et peu à peu les disposer à s'unir solidement pour les suites ; de l'écarter ainsi doucement de la cabale des seigneurs, et d'ôter à ceux-ci tout usage du maréchal, si, éventant la mine par quelque intérêt ou par celui seul de contrecarrer le duc de Beauvilliers, il leur prenoit envie de nuire à Mademoiselle. Je n'eus pas peine à persuader Boufflers, mon ami si particulier, déjà enclin à M. le duc d'Orléans par la confidence qu'il lui avoit faite de sa rupture avec Mme d'Argenton et de ce qui l'avoit accompagnée. Une autre raison le jeta encore vers Mademoiselle : d'Antin étoit ami du maréchal de Villars. On a vu en son lieu combien il tomba dans les cabinets, et parlant au roi, sur la seconde lettre de Boufflers sur la bataille de Malplaquet, que je le sus aussitôt, et que j'en avertis Boufflers à son arrivée de Flandre. Il n'ignoroit pas l'union intime de d'Antin avec Mme la Duchesse, si bien que, ravi de trouver des raisons solides pour le mariage de Mademoiselle, il me donna parole de la servir de tout son pouvoir. Il y avait cela de commode avec le maréchal de Boufflers que promettre et tenir, et bien exécuter, étoit pour lui même chose, et qu'avec ses amis intimes, comme je l'étois, il disoit franchement ce qu'il pouvoit, jusqu'à quel point et comment, tellement qu'on ne prenoit point avec lui de fausses mesures, quand on étoit à cette portée avec lui et qu'il faisoit tant que d'en vouloir bien prendre.

Telles furent les machines et les combinaisons de ces

machines, que mon amitié pour ceux à qui j'étois attaché, ma haine pour Mme la Duchesse, mon attention sur ma situation présente et future, surent découvrir, agencer, faire marcher d'un mouvement juste et compassé, avec un accord exact et une force de levier, que l'espace du carême commença et perfectionna, dont je savois toutes les démarches, les embarras et les progrès par tous ces divers côtés qui me répondoient, et que tous les jours aussi je remontois en cadence réciproque.

CHAPITRE XI.

Adresse de Mme la duchesse de Bourgogne. — Mot vif de Monseigneur contre le mariage de Mademoiselle, qui y sert beaucoup. — Tables réformées à Marly, où le roi ne nourrit plus les dames. — Mme la Duchesse à Marly dans le premier temps de son veuvage, et obtient d'y avoir ses filles. — Marly offert et refusé pour Mademoiselle. — Raisons et mesures pour presser le mariage. — Timidité de M. le duc d'Orléans, qui ne peut se résoudre de parler au roi, et s'engage à peine à lui écrire. — Nul homme logé à Marly au château. — Lettre de M. le duc d'Orléans au roi sur le mariage. — Courte analyse de la lettre. — Petits changements faits à la lettre, et pourquoi. — Difficultés à rendre la lettre au roi. — Étrange timidité de M. le duc d'Orléans, qui enfin la rend. — Succès de la lettre.

Vers la fin du carême, Mme la duchesse de Bourgogne, ayant sondé le roi et Mme de Maintenon, l'avait trouvée bien disposée et le roi sans éloignement. Un jour qu'on avoit mené Mademoiselle voir le roi chez Mme de Maintenon, où par hasard Monseigneur se trouva, Mme la duchesse de Bourgogne la loua, et quand elle fut sortie, hasarda avec cette liberté et cette étourderie de dessein prémédité qu'elle employait quelquefois, de dire que c'étoit là une vraie femme pour M. le duc de Berry. A ce mot Monseigneur rougit de colère et répondit vivement que cela seroit fort à propos pour récompenser le duc d'Orléans de ses affaires d'Espagne. En achevant ces paroles, il sortit brusquement et laissa la compagnie bien étonnée, qui ne s'attendoit à rien moins d'un prince d'ordinaire si indifférent et toujours si mesuré. Mme la duchesse de Bourgogne, qui n'avoit parlé de la sorte que pour tâter Monseigneur en présence, fut habile et hardie jusqu'au bout. Se tournant d'un air effarouché vers Mme de Maintenon : « Ma tante, lui dit-elle, ai-je dit une sottise ? » Le roi, piqué, répondit pour Mme de Maintenon, et dit avec feu que si Mme la Duchesse le prenoit sur ce ton-là et entreprenoit d'empaumer Monseigneur, elle compteroit avec lui. Mme de Maintenon aigrit la chose adroitement, en raisonnant sur cette vivacité si peu ordinaire à Monseigneur, et dit que Mme la Duchesse lui en feroit faire bien d'autres, puisqu'elle en étoit déjà venue jusque-là. La conversation diversement coupée et reprise s'avança avec émotion, et avec des réflexions qui nuisirent plus à Mlle de Bourbon que l'amitié de Monseigneur pour Mme la Duchesse ne la servit.

Cette aventure, que Mme la duchesse d'Orléans sut aussitôt par Mme le duchesse de Bourgogne, et qu'elle me rendit dès qu'elle l'eut apprise, me confirma dans ma pensée qu'il falloit presser et emporter d'assaut sur Monseigneur, en piquant d'honneur le roi contre Mme la Duchesse, lui faire sentir que l'effet de l'empire de cette princesse sur Monseigneur seroit de le lui rendre difficile à conduire, combien plus si elle emportoit avec lui le mariage de leurs enfants ; qu'il ne falloit perdre aucune occasion de bien imprimer au roi la crainte d'avoir à commencer à compter avec Monseigneur, à ménager Mme la Duchesse, à n'oser leur refuser rien, non de ce que Monseigneur voudroit, mais de ce que

Mme la Duchesse lui feroit vouloir, que, de maître absolu et
paisible qu'il avoit toujours été dans sa famille, il s'y verroit à son âge réduit en tutelle par des entraves qui, une
fois usurpées, iroient toujours en augmentant. Je crus également nécessaire d'effrayer Mme de Maintenon, haïe
comme elle l'était de Mme la Duchesse, et originellement
de Monseigneur, laquelle à la longue seroit rapprochée du
roi par lui, par leur fille, par les menées et les artifices de
d'Antin; que son crédit s'affoibliroit par là auprès du roi, et
sans cela encore par les brassières où le roi se trouveroit
lui-même. J'en fis faire toute la peur à Mme la duchesse de
Bourgogne, et pour elle-même encore, par la duchesse de
Villeroy et par Mme de Lévi; à Mgr le duc de Bourgogne,
par M. de Beauvilliers; à Mme de Maintenon par le maréchal de Boufflers; au roi même, par le P. Tellier; et toutes
ces batteries réussirent.

Les choses en cet état, j'estimai qu'il les falloit laisser
reposer et mâcher, ne les point gâter par un empressement
à contre-temps, surtout ne pas exciter Mme la Duchesse
par des mouvements, auxquels ce mot échappé et si fort
relevé par Monseigneur la rendroit attentive, et la laisser
assoupir dans la confiance en ses forces et le mépris de celles
qui lui étoient opposées. Toutes ces mesures gagnèrent la
semaine sainte. Je pris ce temps ordinaire d'aller à la Ferté,
d'où je revins droit à Marly, le premier où le roi alla après
l'audience qu'il m'avait accordée, comme je l'ai dit en son
temps. Je le répète ici pour rendre les époques de toute cette
grande intrigue plus certaines. J'appris en y arrivant une
petite alarme qui ne m'effraya pas, mais dont je me servis
pour faire renouveler, et de plus en plus inculquer à Mme la
duchesse de Bourgogne tout ce qui étoit vrai à son égard et
[à celui] de Mgr le duc de Bourgogne, dont je m'étois servi
d'abord pour l'intéresser puissamment en Mademoiselle, et
qui a été expliqué déjà. J'appris donc qu'un soir, pressée
peut-être plus que de raison sur Mademoiselle par Mme d'O,

et impatientée, elle lui montra du penchant pour un mariage étranger; et plût à Dieu qu'il eût pu se faire ! c'eût bien été aussi le mien, comme je l'ai dit plus haut, mais j'y ai rapporté en même temps les raisons qui le rendoient impossible, et il l'étoit devenu de plus en plus alors, tant par les menées de Mme la Duchesse que par les mesures en faveur de Mademoiselle ; ainsi je ne répéterai rien là-dessus.

Arrivant à Marly, j'y trouvai tout en trouble, le roi chagrin à ne le pouvoir cacher, lui toujours si maître de soi et de son visage, la cour dans l'opinion de quelque nouveau malheur qu'on ne se pouvoit résoudre à déclarer. Quatre ou cinq jours s'y passèrent de la sorte; à la fin on sut et on vit de quoi il s'agissoit. Le roi, informé que Paris et tout le public murmuroit fort des dépenses de Marly, dans des temps où on ne pouvoit fournir aux plus indispensables d'une guerre forcée et malheureuse, s'en piqua cette fois-là plus que tant d'autres qu'il avoit reçu les mêmes avis, sans raison plus particulière, ou qu'au moins elle soit venue jusqu'à moi. Mais le dépit fut si grand que Mme de Maintenon eut toutes les peines du monde de l'empêcher, et par deux fois, de retourner tout court à Versailles, quoique ce voyage eût été annoncé pour dix-huit jours au moins. La fin fut que, au bout de ces quatre ou cinq jours, le roi déclara, avec un air de joie amère, qu'il ne nourriroit plus les dames à Marly; qu'il y dîneroit désormais seul à son petit couvert comme à Versailles; qu'il souperoit tous les jours à une table de seize couverts avec sa famille, et que le surplus des places seroit rempli par des dames qui seroient averties dès le matin; que les princesses de sa famille auroient chacune une table pour les dames qu'elles amenoient, et que Mmes Voysin et Desmarest en tiendroient chacune une, pour que toutes les dames qui ne voudroient pas manger dans leur chambre eussent à choisir où aller. Il ajouta avec aigreur qu'il ne travailleroit plus à Marly qu'en amusements de bagatelles, et que de cette façon, n'y dépensant pas plus qu'à

Versailles, il auroit au moins le plaisir d'y pouvoir être tant qu'il voudroit, sans qu'on pût le trouver mauvais. Il se trompa d'un bout à l'autre, et personne autre que lui n'y fut trompé, si tant est qu'il le fut en effet, sinon en croyant en imposer au monde.

Il fallut établir des tables, comme à Versailles, pour le bas étage de ce qui y avoit bouche à cour, et qui vivoit de la desserte des trois tables qui jusque-là étoient soir et matin servies dans un des petits salons pour le roi et les dames. Il fallut des cuisines aux princesses et d'autres appartenances, et tout aussitôt réparer ce qu'on avoit pris pour cela par des bâtiments nouveaux, qui furent fort étendus pour pouvoir mener plus de monde. Les ateliers et les noms furent changés, mais d'Antin laissa subsister les ouvrages sous une autre face. L'épargne en effet demeura nulle, les ennemis se moquèrent de ce retranchement avec insulte, les plaintes des sujets ne cessèrent point, et l'interruption du courant des affaires, souvent importantes et pressées, ne fit qu'augmenter par l'allongement et la fréquence de ces voyages dont le roi avoit compté de s'acquérir ainsi toute la liberté.

Mme la Duchesse, qui vouloit tenir Monseigneur de près, et qui connoissoit le danger de l'interruption d'un continuel commerce, avoit, contre toute bienséance, dans ses deux premiers mois de deuil, obtenu d'être de tous les voyages de Marly. Ce n'avoit pas été sans peine, sans autre raison toutefois que le roi, qui vouloit que ses tables fussent toujours remplies sans que personne y manquât (et ce ne fut que dans la première huitaine de ce Marly qu'il les retrancha), et qui étoit jaloux aussi que le salon fût toujours vif et plein, craignoit que l'appartement de Mme la Duchesse, qui n'en pouvoit sortir que par le cabinet du roi après son souper, fît une diversion qui éclairciroit fort l'un et l'autre. Elle promit là-dessus l'attention la plus discrète, à laquelle le roi se rendit voyant qu'il falloit céder ou défendre, à quoi il ne voulut pas se porter. Le retranchement des tables, qui suivit de si près le commencement de ce voyage, élargit Mme la Duchesse pour les suites. Elle voulut avoir à Marly Mlles de Bourbon et de Charolois, les deux de ses six filles qui étoient élevées auprès d'elle, et qui avoient eu pour elles deux un méchant petit logement, tout en haut, à Versailles, lorsque Cavoye le quitta pour celui de M. de Duras. Mme la Duchesse allégua l'épargne, l'état de ses affaires et la dépense d'avoir une table et un détachement de sa maison pour ses filles à Versailles, pendant les Marlys. Le roi y consentit. Elle avoit d'autres raisons : elle vouloit en amuser Monseigneur ; suppléer par elles à ce dont son état de veuve l'empêchoit ; accoutumer le roi à leur visage, avec qui il étoit difficile qu'elles ne soupassent pas souvent ; détourner Monseigneur, qui ne pouvoit jouer chez elle dans ces premiers temps et qui s'ennuyoit chez Mme la princesse de Conti, de s'adonner chez Mme la duchesse de Bourgogne, et par ses filles, bourdonnant dans le salon autour de lui, des particuliers momentanés qu'il pouvoit avoir avec Mme la duchesse de Bourgogne, souvent si utiles à faute d'autres que ces gens-là ne savent pas se donner dans leur famille ; enfin les tenir avec lui à jouer chez Mme la princesse de Conti, sa dupe éternelle, qui espéroit se rapprocher de Monseigneur en la servant à son gré, et qui, pour les yeux, étoit une autre elle-même dans le salon, où avec sa cabale, Mme la Duchesse n'ignoroit rien de ce qui s'y passoit de plus futile.

Dès que cela fut accordé, le roi, qui vouloit toujours tenir égale la balance entre ses filles, proposa à Mme la duchesse d'Orléans que Mademoiselle fût de tous les Marlys. Elle étoit à Versailles, son rang étoit réglé avec les princesses du sang ; ainsi nulle difficulté. Cette proposition fut la matière d'une délibération entre M. et Mme la duchesse d'Orléans et moi. Après avoir bien discuté le pour et le contre, nous nous trouvâmes tous trois du même avis de laisser Mademoiselle à Versailles, et de ne s'embarrasser point de voir Mlle de

Bourbon passer les journées dans le même salon, et souvent à la même table de jeu que M. le duc de Berry, se faire admirer de la cour, voltiger autour de Monseigneur, et accoutumer le roi à elle. Ce n'étoit aucune de ces bagatelles qui feroit son mariage; mais d'avoir Mademoiselle à Marly pouvoit rompre le sien, exposée comme elle seroit à toutes les pièces, qu'une malice si intéressée et si connue, et à toutes les affaires les plus fausses ou les plus imprévues, que la même malignité lui susciteroit, soutenues de cette audacieuse cabale, et de Monseigneur même, sous les yeux de M. le duc de Berry qu'on dégoûteroit, du roi qu'on embarrasseroit, et qui se trouveroit infiniment importuné des éclaircissements et des plaintes que Mme la duchesse de Bourgogne ne pourroit pas toujours soutenir, et qui lasseroient la foiblesse de Mme de Maintenon, toutes choses très-dangereuses au mariage et très-inutiles à hasarder. Nous conclûmes donc à remercier, et à ne rien changer à la vie séparée de Mademoiselle, et ce refus fut fort approuvé.

Dans cet état de choses, je fus frappé de l'importance d'aller rapidement en avant. Je sentis toute la force de ces nouvelles mesures de Mme la Duchesse, et je prévis que, plus on perdroit de temps, moins il deviendroit favorable à Mademoiselle. Mme la duchesse de Bourgogne, que je fis presser, fut du même avis; le P. Tellier, avec qui j'avois souvent conféré, et qui passoit deux jours chaque semaine à Marly, pensa de même; M. de Beauvilliers aussi. Un jour que Mme la duchesse d'Orléans se trouva légèrement indisposée, il monta avec moi dans sa chambre, où, dans un coin écarté de la compagnie, il traita cette matière à découvert entre M. le duc d'Orléans et moi, et j'en fus ravi dans l'espérance que cela encourageroit ce prince. Le maréchal de Boufflers fut du même sentiment, et pressa Mme de Maintenon utilement. Je fis en sorte que Mme la duchesse d'Orléans, qui n'étoit pas en état de descendre, fît prier Mme la duchesse de Bourgogne, par la duchesse de Villeroy, de monter chez elle. Je dis que je fis en sorte, parce que, paresse ou timidité, avec un désir extrême, cette princesse ne se remuoit qu'à force de bras. Mme la duchesse de Bourgogne y monta. Le tête-à-tête dura plus d'une heure.

Les fréquents particuliers entre la duchesse de Villeroy, Mme de Lévi, M. et Mme d'O, Mme la duchesse de Bourgogne les uns avec les autres, les miens surtout chez Mme la duchesse d'Orléans, et à toutes heures, quoiqu'ils parussent moins, donnèrent à parler au courtisan curieux et oisif ; ce qui, suivi de cette longue conférence de Mme la duchesse de Bourgogne chez Mme la duchesse d'Orléans, alarma Mme la Duchesse ; dont il résulta que Monseignenr se fronça encore plus qu'à l'ordinaire avec M. le duc d'Orléans, se rengorgea avec Mme la duchesse de Bourgogne, et se montra plus rêveur et plus froid au roi pour en être moins accessible. Toutes ces choses me hâtèrent de plus en plus. Après avoir fort concerté toutes choses, et m'être assuré du succès de diverses tentatives et de Mme de Maintenon, nous proposâmes Mme la duchesse d'Orléans et moi, à M. le duc d'Orléans, de parler au roi. D'abord il se hérissa, mais battu presque sans cesse un jour et demi de suite, et ne pouvant nous résister, armés comme nous l'étions de l'avis et du concert de Mme la duchesse de Bourgogne, de Mme de Maintenon, de M. de Beauvilliers, du maréchal de Boufflers et du P. Tellier, il nous dit franchement qu'il ne savoit comment s'y prendre, que le mariage en soi étoit ridicule à proposer dans un temps de guerre et de misère, et le mariage de sa fille plus fou et plus insensé que nul autre. Mme la duchesse d'Orléans se trouva étrangement étourdie de cet aveu si nettement négatif ; pour moi, il ne me mit qu'en colère.

Je répondis qu'il se faisoit tous les jours tant de sottises gratuites qu'il en pouvoit bien espérer une en sa faveur, et n'être rétenu de la demander, puisqu'elle lui étoit si importante. Je n'y gagnai rien. Après avoir longtemps disputé, il nous dit franchement qu'il n'avoit ni le front ni le courage de parler, et que, s'il le faisoit dans cette disposition, ce seroit si mal qu'il ne feroit que gâter son affaire. Toutefois sans cela elle ne se pouvoit amener au delà des termes où elle se trouvoit conduite, et il s'agissoit de la bâcler sous peine de la manquer sans retour. Réduite en ces termes, et Mme la duchesse d'Orléans, pour ainsi dire pétrifiée de surprise et de douleur, je pris mon parti ; ce fut de proposer à M. le duc d'Orléans, puisqu'il étoit fermé à ne point parler au roi, au moins de lui écrire et de lui rendre sa lettre lui-même. Cette proposition rendit la vie et la parole à Mme la duchesse d'Orléans, qui applaudit à cet avis qu'elle-même avoit mis en avant d'abord à la proposition de parler, et j'y avois résisté comme beaucoup plus foible que la parole, et j'y étois revenu lorsque je ne vis point d'autre ressource. Pour Mme la duchesse d'Orléans, elle crut toujours qu'une lettre qui demeuroit, et qui se pouvoit relire plus d'une fois dans un intérieur de gens favorables, valoit mieux que le discours. Le succès montra qu'elle avoit raison. M. le duc d'Orléans y consentit. Je craignis ses réflexions, et je le pressai d'écrire sur-le-champ. Il logeoit toujours en bas du premier pavillon du côté de la chapelle, avec M. le Prince ou M. le prince de Conti en haut, après leur mort avec M. de Beauvilliers. Le voyage suivant cela fut changé. Il eut pour toujours un logement au château, en haut, de suite de celui de Mme sa femme, où, pour le dire en passant, il n'y avoit eu au château d'hommes logés que les fils de France, et le capitaine des gardes en quartier, et aucune femme mariée que les filles de France et enfin Mme la duchesse d'Orléans. Tant que le roi vécut cela ne fut point autrement, sinon en faveur de M. et Mme la duchesse d'Orléans.

Comme M. le duc d'Orléans sortoit, Mme la duchesse d'Orléans me dit d'un air peiné : « Allez-vous le quitter ? » puis : « N'écrirez-vous point ? » Elle vouloit que je fisse la lettre. Je suivis donc M. le duc d'Orléans qui, en arrivant chez lui, où il n'eut jamais ni plume, ni encre, ni papier, demanda à ses gens de quoi écrire, qui en apportèrent de fort mauvais. Il me proposa que nous fissions la lettre ensemble; mais importuné dès la première ligne, je lui en remontrai l'inconvénient et le priai de faire sa lettre et moi une autre; qu'il choisiroit après, ou corrigeroit et ajouteroit ce qu'il voudroit; et là-dessus je me mis à écrire. Vers le milieu de ma lettre, que je fis rapidement tout de suite, le hasard me fit lever les yeux sur lui, en prenant de l'encre dans ma plume; et je vis qu'il n'avoit pas écrit un mot depuis que nous avions cessé de faire ensemble, et que, couché dans sa chaise, il me voyoit écrire tranquillement. Je lui en dis mon avis en un mot, et continuai. Il me dit pour raison qu'il n'étoit non plus en état d'écrire que de parler. Je ne voulus pas contester. Cette lettre qui emporta le mariage, et qui peint mieux que les portraits l'intérieur du roi, par le tour dont elle s'exprime, pour l'emporter comme elle fit, mérite par ces raisons d'être insérée ici, et n'est pas d'ailleurs assez longue pour être renvoyée aux Pièces. La voici telle que je la fis d'un seul trait de plume en présence de M. le duc d'Orléans, comme je viens de le dire :

« Sire,

« Plusieurs pensées m'occupent et me pénètrent depuis longtemps, que je ne puis plus me refuser de représenter à Votre Majesté, puisqu'elles ne peuvent lui déplaire, et que depuis peu diverses occasions ont tellement grossi dans mon cœur et dans mon esprit les sentiments qu'elles y ont fait naître que je ne puis que je ne les porte aux pieds de Votre Majesté, avec cette confiance que vos anciennes bontés, et, si j'ose l'ajouter, que le sang inspirent; et je le fais par écrit dans la crainte de ma plénitude, qui est telle que j'aurois appréhendé de vous parler trop diffusément. Il y a deux ans, Sire, que Votre Majesté fit naître en moi des espérances flatteuses du mariage de M. le duc de Berry avec ma fille. Elle me fit l'honneur de me dire qu'il n'y avoit point en Europe de princesse étrangère qui lui convînt, et j'ose ajouter que la France ne lui en peut offrir aucune au préjudice de ma fille. J'ai vécu depuis dans ce raisonnable désir que vous-même m'avez accru. Je vois cependant que le temps s'écoule, et qu'en s'écoulant vous prenez plaisir à combler votre famille de nouveaux biens. Quelles grâces à la fois pour Mme la Duchesse que sa pension, celle de son fils, la charge de grand maître et le gouvernement de Bourgogne! Quelle faveur à M. du Maine que la survivance de colonel général des Suisses et Grisons, et de grand maître de l'artillerie pour ses enfants, et un rang qui les égale au mien! Vous m'avez fait son beau-frère, et je suis bien aise de ses avantages; mais qu'il me soit permis de vous représenter, avec toute sorte de respect, que l'état de ma famille est tel, que, si je mourois, il ne seroit pas en la puissance de votre amitié de lui en donner des marques semblables; puisque les honneurs que je tiens de vous ne lui passeroient pas, et que, n'ayant ni gouvernement ni charge, elle ne peut être revêtue de rien, par quoi mes enfants seroient bien moindres en effet, quoique si fort aînés des autres, et vos petits-enfants comme eux. Qu'est-il donc au pouvoir de Votre Majesté de faire, pour eux et pour moi, qu'un mariage que je ne puis douter qui ne soit de son goût, par ce qu'elle m'a fait la grâce de m'en dire le premier, qui réunit tous ses enfants, et qui assure une protection aux miens, quelque dénués qu'ils soient d'ailleurs, jusqu'à l'accomplissement duquel je suis sans cesse entre la crainte et l'espérance? Voilà, Sire, mes raisons de père qui me touchent sensiblement; mais j'en ai d'autres qui me tiennent encore bien plus vivement au cœur, et qui me le serrent, de sorte qu'il n'est pas que vous ne vous intéressassiez à me rendre le repos, si vous étiez informé de tout ce que je souffre.

« Vous avez nouvellement comblé toute votre famille de biens, et moi seul je me trouve excepté. Vous avez cherché à consoler Mme du Maine du chagrin qu'elle s'est voulu faire sur son rang, moi seul je me trouve encore égalé aux princes du sang à votre communion. Je me trouve condamné, en la personne de mes filles, sur le rang que j'avois cru devoir prétendre pour elles. J'étouffe mon chagrin par soumission, et pour vous rendre un plus profond respect. Rien cependant ne me console, et rien ne s'avance pour l'unique chose qui pourroit le faire. Que puis-je penser là-dessus, Sire, sinon de craindre de n'être pas avec Votre Majesté comme j'ose dire que le mérite mon cœur pour elle, ou qu'il se présente un autre obstacle, que je vois depuis longtemps se former avec art et se grossir de même? Car pour la conjoncture des temps, tout apprend, et ces derniers exemples, que vous êtes trop grand, trop absolu, trop maître pour qu'une semblable raison arrête ce que vous voulez faire; et puisque l'état des princesses de l'Europe est tel que le mariage de M. le duc de Berry ne peut rien influer à la paix, votre amitié et votre autorité peuvent trouver les expédients nécessaires de passer en ma faveur, comme vous avez fait pour les autres, par-dessus la conjoncture des temps. Mon malheur est donc tel que je ne puis plus attribuer le silence sur ce mariage qu'à votre volonté, et j'en mourrois de douleur, et qu'à l'éloignement qu'on ne cesse de donner contre moi, avec toute la malignité et l'artifice possible, à celui dont la bonté et l'équité naturelle, l'ancienne amitié pour moi en rendroit tout à fait incapable sans un crédit aussi grand, et dont l'augmentation continuelle ne promet qu'une division que rien ne pourra éteindre dans votre maison si j'en deviens la victime, dans un temps surtout où, contents ou jamais, on ne devroit avoir aucune aigreur de reste. C'est donc, Sire, mon extrême et respectueuse tendresse pour votre personne, mon attachement pour celle de Monseigneur, qui plus que tout me fait du désir de me voir rapprocher de Votre Majesté et de lui par les liens les plus étroits et les plus intimes, et qui, d'ailleurs, terminant toute aversion, et me donnant lieu de m'unir par ma seconde fille avec Mme la Duchesse, liera son fils à M. le duc de Berry par un honneur semblable à celui que mon fils en recevra lui-même. Ces considérations sont telles que j'espère enfin qu'elles toucheront le bon cœur de Votre Majesté, et je lui demande avec toute l'instance dont peut être capable, avec le plus profond respect, Sire, de Votre Majesté,

« Le très-humble, » etc.

J'avois tâché de faire entrer dans cette lettre tout ce qui pouvoit porter à une détermination prompte : une préface touchante par le respect, la confiance et le souvenir que la pensée de ce mariage étoit d'abord venue du roi; une énumération ensuite des prodigieux bienfaits si récemment répandus sur Mme la Duchesse et sur M. du Maine; une comparaison forte, mais légère, de sa nudité, en faisant délicatement souvenir le roi qu'il l'avoit marié, et ne faisant que montrer, comme à la dérobée, la grandeur de sa naissance en leur comparaison; ne tirer droit que parce que ses enfants étoient aussi ses petits-enfants, flatterie la plus puissante sur le roi. J'essaye de découvrir avec douceur et sacrifice les divers griefs de rang, et de montrer qu'en tout il ne peut y avoir de dédommagement que le mariage. Passant de là à des tendresses bienséantes à un neveu et à un gendre si élevé, je présente l'empire de Mme la Duchesse sur Monseigneur, avec la force précisément nécessaire pour se faire sentir, et la mesure propre à écarter de soi l'amertume; d'où, après les louanges, l'excuse de Monseigneur et une échappée de tendresse pour lui, sort tout à coup une menace qui sans rien exprimer dit tout, et le dit avec force, sans toutefois pouvoir blesser; de là, se rabattant sur l'union, propose de la rendre effective par un autre mariage, et adoucit ainsi tout ce qui a échappé de fort, mais laisse ces idées vives en leur entier, en finissant tout court par des tendresses les plus pressantes de terminer enfin ce mariage.

Dès que la lettre fut achevée, je la lus à M. le duc d'Orléans, qui de bonne foi, ou de paresse, la trouva admirable, sans y vouloir changer rien. Comme je l'avois écrite rapidement et d'une petite écriture, dont je me sers pour écrire vite et me suivre moi-même, je me défiai des mauvais yeux de M. le duc d'Orléans; ainsi je la lui donnai pour voir s'il la liroit bien. La précaution fut sage. Il ne put en venir à bout, de sorte que je m'en allai chez moi en faire une copie qu'il pût lire, avec promesse de la lui porter le soir même chez Mme la duchesse d'Orléans. Il étoit tard quand je l'eus achevée. Je trouvai Pontchartrain à table, chez qui je devois souper, et que je quittai au sortir de table, pour aller chez Mme la duchesse d'Orléans. Cela fit deux contre-temps qu'il n'y eut pas moyen d'éviter et qui me fâchèrent. Pontchartrain étoit d'une curiosité insupportable, grand fureteur et inquisiteur, sur ses meilleurs amis comme sur les autres; cette arrivée à table, et cette retraite immédiatement après, le mit en éveil et sa compagnie, quoiqu'ils n'eussent pu rien remarquer en moi pendant le souper, et dans la suite il ne m'épargna pas les questions, qui ne lui acquirent pas la moindre lumière. L'autre fut que je trouvai le roi retiré. Cela fut cause que je ne voulus pas m'arrêter chez Mme la duchesse d'Orléans, où elle et M. le duc d'Orléans m'attendoient avec impatience. Ils voulurent me retenir à lire la lettre, mais je me contentai de leur laisser la copie que j'avois faite pour leur donner, et ne voulus pas être remarqué pour sortir si tard de chez elle. Je n'y gagnai rien. On le sut, on en fut en curiosité, mais elle fut peu satisfaite. Le lendemain ils me remercièrent l'un et l'autre plus en détail.

M. le duc d'Orléans avoit copié la lettre et brûlé la copie

qu'il en avoit de moi, et sa lettre étoit toute cachetée. Ils me dirent qu'ils avoient un peu abrégé la préface, omis la communion du roi, et adouci cette phrase, *trop grand, trop absolu, trop maître*, et que du reste elle avoit été copiée mot pour mot. S'ils y avoient fait d'autres changements, ils me les auroient dits tout de même ; ainsi j'ai inséré ma lettre ici en marquant ces changements. Le préambule abrégé, je l'avois fait tel qu'il étoit pour disposer le roi à n'être pas effarouché ; la communion, grief qui me touchoit à la vérité, mais qui ne blessoit pas moins le rang de M. le duc d'Orléans, je l'avois mise pour faire sentir au roi que ce prince étoit maltraité pour l'amour des autres, et l'exciter d'autant au seul dédommagement qu'il pouvoit lui donner ; je sentis à l'instant la double raison qui l'avoit fait supprimer à Mme la duchesse d'Orléans : l'intérêt de M. son fils que, depuis le règlement fait contre sa prétention pour ses filles, elle ne pouvoit espérer de faire plus que prince du sang ; et celui des bâtards égalés en tout aux princes du sang, qui lui étoit encore bien plus cher que celui de M. son fils, chose monstrueuse, mais qui se trouvera bien au net dans la suite. L'adoucissement de la phrase, je n'en compris pas la raison, d'autant que rien ne flattoit plus le roi que l'opinion et l'étalage de son autorité, et qu'il s'agissoit là de l'en piquer pour l'engager à forcer Monseigneur ; mais la lettre étant copiée et cachetée, et ces changements au fond n'altérant rien d'important à représenter, je ne fis nul semblant de ne les approuver pas. Mme la duchesse d'Orléans fut fort touchée de l'énumération des grâces nouvellement faites à Mme la Duchesse et à M. du Maine, de la mention du poids de ce pouvoir de Mme la Duchesse sur Monseigneur, surtout de la menace mêlée de tendresse ; et elle espéra beaucoup de l'effet de cette lettre.

Il fut après question de la donner au roi, et ce ne fut pas une petite affaire. La confidence en fut faite à Mme la duchesse de Bourgogne, et par elle à Mme de Maintenon, de la lettre s'entend, non du vrai auteur, et toutes deux l'approuvèrent, mais pressèrent de la remettre. La même confidence fut aussi faite au P. Tellier par le P. du Trévoux, afin qu'elle fût plus obligeante par cette voie que par la mienne, comme venant plus purement de M. [le duc] et de Mme la duchesse d'Orléans. Le confesseur promit d'agir en conséquence. Lui et moi en conférâmes, et il tint bien sa parole. Je la fis aussi à M. de Beauvilliers pour Mgr le duc de Bourgogne. Elle n'alla pas au delà, pour en mieux conserver le secret dans le pur nécessaire au succès. Pour rendre cette lettre, il falloit trouver une jointure où le roi et Mme de Maintenon, toute bien intentionnée qu'elle étoit, fussent de bonne humeur; où elle passât la journée à Marly, car elle alloit presque tous les jours à Saint-Cyr, et ces jours-là le roi ne la voyoit que le soir; où le P. Tellier fût à Marly, qu'il n'y venoit que le mercredi ou souvent le jeudi jusqu'au samedi; enfin éviter que d'Antin vît donner la lettre, qui étoit toujours dans les cabinets, et qui, sur une démarche aussi peu ordinaire, ne manqueroit pas d'alarme et de soupçons, et de les donner à l'instant à Monseigneur et à Mme la Duchesse, qu'il s'agissoit sur toutes choses de maintenir dans la tranquille sécurité qu'ils avoient prise. Tant de choses à ajuster à la fois étoient affaire bien difficile. Toutefois le hasard les présenta toutes le vendredi et le samedi suivant, sans que l'extrême timidité de M. le duc d'Orléans à l'égard du roi eût osé en profiter, quoique sa lettre toujours en poche.

Cependant Mme la duchesse de Bourgogne pressoit sans cesse Mme la duchesse d'Orléans, tant de sa part que de celle de Mme de Maintenon. Huit jours après, le vendredi matin, je sus par Maréchal que le roi se portoit bien, et avoit été gaillard avec eux à son premier petit lever; que Mme de Maintenon ne sortoit point de chez elle de tout le jour; car elle avoit un autre petit appartement avec une tribune sur la chapelle qu'on appeloit le Repos, sanctuaire tout particulier où elle alloit souvent se cacher quand elle n'alloit pas à Saint-Cyr. Le P. Tellier étoit à Marly comme tous les vendredis; et de grande fortune, d'Antin étoit allé faire une course à Paris. Je trouvai M. le duc d'Orléans dans le salon, comme le roi revenant de la messe entroit chez Mme de Maintenon, comme il faisoit toujours à Marly quand elle y étoit les matins. Je dis à M. le duc d'Orléans ce que j'avois appris, je lui demandai combien de temps encore il avoit résolu de garder sa lettre en poche. Je lui dis que j'étois bien informé que Mme la duchesse de Bourgogne et Mme de Maintenon même blâmoient fort sa lenteur. Je lui appris que le monde s'apercevoit à son air rêveur et embarrassé qu'il avoit quelque chose dans la tête, et que la visite et le tête-à-tête de Mme la duchesse de Bourgogne chez Mme la duchesse d'Orléans, et nos divers particuliers, avoient été fort remarqués. Il vouloit, il n'osoit. Nous fûmes ainsi trois bons quarts d'heure en dispute dans ce salon, rempli à ces heures-là des plus considérables courtisans qui nous voyoient et que je mourois de peur qui ne nous remarquassent. Enfin le roi passa de chez Mme de Maintenon chez lui, et le salon se vida dans le petit salon entre-deux, et dans sa chambre. Alors je pressai M. le duc d'Orléans de toute ma force d'aller donner sa lettre. Il s'avançoit vers le petit salon, puis tournoit le dos à la mangeoire. Moi toujours l'exhortant, je le serrois de l'épaule vers le petit salon, je faisois le tour de lui pour le remettre entre ce petit salon et moi quand il s'en étoit écarté, et ce manége se fit à tant de reprises que j'étois sur les épines de ce peu de gens du commun restés dans le grand salon, et des courtisans qui, du petit, nous pouvoient voir pirouettant de la sorte, à travers la grande porte vitrée. Toutefois je fis tant qu'à force de propos, de tours, et d'épaule, je le poussai dans le petit salon, et de là encore avec peine jusqu'à la porte de la chambre du roi, tout ouverte. Alors il n'y eut plus à rebrousser, il fallut pousser jusque dans le cabinet. Restoit s'il oseroit enfin y donner sa lettre.

J'entrai lentement pour ne pas traverser la chambre avec lui, et je gagnai la croisée la plus proche du cabinet, dans la profondeur de laquelle on me fit place sur un ployant, où je m'assis auprès du maréchal de Boufflers, avec M. de Bouillon, M. de La Rochefoucauld, le duc de Tresmes et le premier écuyer, en attendant que le roi sortît pour prendre d'autres habits et aller dans ses jardins. Je n'avois pas été trois ou quatre *Pater* assis que je vis avec surprise sortir M. le duc d'Orléans, qui brossa la chambre et disparut. Je ne fis que me lever et me rasseoir avec les autres, bien en peine de ce qui s'étoit pu passer dans des instants si courts. Le roi fut assez longtemps sans sortir. Enfin il vint, changea d'habit, et alla à la promenade, où je le suivis. Tant à son habiller qu'à sa promenade j'observai soigneusement son maintien. Jamais homme n'en fut plus le maître; mais comme il étoit impossible qu'il se pût douter que qui que ce fût de ce qui l'environnoit sût que M. le duc d'Orléans devoit lui avoir donné une lettre, je voulus voir s'il seroit gai, ou sérieux et concentré. Je ne le trouvai rien de tout cela, mais entièrement à son ordinaire, de sorte que je demeurai fort en peine de ce que la lettre étoit devenue. Après quelques tours, le roi s'arrêta au bassin des carpes, du côté de Mme la Duchesse. M. le duc d'Orléans l'y vint joindre sans se trop approcher de lui. Un peu après, le roi tourna pour se promener ailleurs. Je me tins en arrière, M. le duc d'Orléans aussi, dans l'impatience réciproque de nous parler. Il me dit qu'il avoit donné sa lettre, que d'abord le roi surpris lui avoit demandé ce qu'il lui vouloit, qu'il lui avoit dit : rien qui lui pût déplaire, qu'il le verroit par sa lettre, et que ce n'étoit pas chose dont il pût aisément lui parler; que sur cette réponse, le roi, plus ouvert, lui avoit dit qu'il la liroit avec attention, sur quoi il étoit sorti pour ne pas laisser refroidir la première curiosité; et qu'en effet, étant près de la porte, il avoit tourné un peu la tête, et vu que le roi ouvroit sa lettre. Ce mot dit, nous rejoignîmes la queue de la suite du roi, pour nous mêler et reparoître séparément. Je me sentis bien soulagé d'une si grande affaire faite, et j'avoue que ce ne fut pas sans émotion que j'attendis le succès de mon travail.

L'attente ne fut pas longue. J'appris le lendemain, par M. le duc d'Orléans, que le roi lui avoit dit qu'il avoit lu deux fois sa lettre; qu'elle méritoit grande attention; qu'il lui avoit fait plaisir de lui écrire plutôt que de lui parler; qu'il désiroit lui donner contentement, mais que Monseigneur seroit difficile, et qu'il perdroit son temps pour lui en parler. En même temps je sus de Mme la duchesse d'Orléans que le roi avoit lu la lettre, dès le vendredi au soir, chez Mme de Maintenon, entre elle et Mme la duchesse de Bourgogne; qu'il l'avoit goûtée, louée, et approuvé le désir et les raisons qu'elle contenoit; que Mme de Maintenon et Mme la duchesse de Bourgogne l'avoient fortement appuyée; que leur embarras étoit Monseigneur, sur lequel ils avoient fort raisonné ensemble, et conclu qu'il falloit l'y faire consentir avec douceur et amitié, bien prendre son temps, n'en point perdre, et que ce fût le roi qui parlât pour forcer d'autant plus Monseigneur qui ne lui avoit encore jamais dit non à rien. C'étoit de Mme la duchesse de Bourgogne que Mme la duchesse d'Orléans tenoit tout ce récit. Peu de jours après, nous sûmes par le P. du Trévoux que le roi avoit parlé de la lettre au P. Tellier en même sens que je viens de le dire; que le confesseur l'avoit confirmé dans ces sentiments, l'avoit affermi sur Monseigneur et persuadé de finir tout le plus tôt qu'il seroit possible. Dans cette heureuse situation je fus d'avis que M. [le duc] et Mme la duchesse d'Orléans ne gâtassent rien par un empressement que l'engagement si formel du roi rendoit pire qu'inutile, et gardassent une conduite unie et serrée pour ne réveiller pas Mme la Duchesse et les siens, et ne troubler pas leur sécurité parfaite, tandis que la mine se chargeoit sous leurs pieds sans qu'ils s'en aperçussent, et que le feu étoit déjà au saucisson, et que l'effet n'en pouvoit être que fort peu éloigné. Ils m'en crurent. Leur joie, qu'ils contraignoient au dehors, étoit sans pareille, la mienne étoit égale à la leur, mais elle ne fut pas sans amertume.

CHAPITRE XII.

Attaques de Mme la duchesse d'Orléans à moi pour faire Mme de Saint-Simon dame d'honneur de sa fille, devenant duchesse de Berry. — Mesures pour éviter la place de dame d'honneur. — Audience de Mme la duchesse de Bourgogne à Mme de Saint-Simon sur la place de dame d'honneur. — Situation personnelle de Mme la duchesse d'Orléans avec Monseigneur, guère meilleure que celle de M. le duc d'Orléans. — Projet d'approcher M. et Mme la duchesse d'Orléans de Mlle Choin. — Curieux tête-à-tête là-dessus, et sur la cour intérieure de Monseigneur, entre Bignon, ami intime de la Choin, et moi.

Dès les premiers temps du mouvement effectif de ce mariage, Mme la duchesse d'Orléans me demanda, d'un ton trop significatif pour n'être pas entendu, qui on pourroit mettre dame d'honneur de sa fille si elle devenoit duchesse de Berry. Je saisis donc incontinent sa pensée, et lui répondis exprès, d'un ton ferme et élevé, de faire seulement le mariage, et qu'elle aviseroit après de reste à une dame d'honneur, dont elle ne manqueroit pas. Elle se tut tout court, M. le duc d'Orléans ne dit pas un mot, et je changeai sur-le-champ de discours. De ce moment, jusqu'à la grande force de l'affaire, elle ne me parla plus de dame d'honneur; mais, deux jours avant que je fisse la lettre dont il vient d'être parlé, elle dans son lit et moi tête à tête avec elle, au milieu d'une conversation très-importante sur le mariage : « Pour cela, interrompit-elle tout à coup en me regardant attentivement, si cette affaire réussit, nous serions trop heureux si nous avions Mme de Saint-Simon pour dame d'honneur. — Madame, lui répondis-je, votre bonté pour elle vous fait parler ainsi. Elle est trop jeune et point du tout capable de cet emploi. — Mais pourquoi ? » interrompit-elle, et se mit sur ses louanges en tout genre.

Après l'avoir écoutée quelques moments je l'interrompis à mon tour, en l'assurant qu'elle ne convenoit point à cette place ; et je me mis à lui en nommer d'autres, les plus dans son intimité ou dans sa liaison. A chacune elle trouvoit un cas à redire, que je combattois à mesure vainement. Sur une entre autres tout à fait son intime et aussi extrêmement de mes amies, elle me fit entendre qu'il y avoit eu un court espace de sa vie qui ne cadroit pas avec la garde d'une jeune princesse. Je souris et je dis que par cela même elle y étoit plus propre ; que rien n'étoit plus rare qu'une femme aimable sans galanterie, mais qu'il étoit si extraordinaire de n'en avoir eu qu'une seule en sa vie, conduite modestement et finie sans retour ni rechute, que cela devoit tenir lieu d'un mérite fort singulier. Mme la duchesse d'Orléans sourit à son tour ; elle me répondit que rien n'étoit plus avantageusement tourné pour cette dame que ce que je disois, mais qu'il falloit que je lui avouasse aussi qu'une femme aimable qui n'avoit jamais eu ni galanterie ni soupçon étoit fort au-dessus de celle qui n'en avoit eu qu'une ; que c'étoit une chose encore bien plus rare, et que Mme de Saint-Simon étoit celle-là. Je convins de cette vérité, mais je me rabattis tout court sur l'âge, le peu de capacité à cet égard, et je continuai tout de suite à lui en nommer un grand nombre, et elle de ne s'accommoder d'aucune. J'en pris occasion de la trouver aussi trop difficile, et de lui dire que, pour soulager sa mémoire et la mienne, je lui apporterois une liste de toutes les dames titrées, parce que je comprenois bien qu'avec l'étrange exemple et si nouveau des deux dames d'honneur de Madame on n'en voudroit point d'autres pour une duchesse de Berry ; que dans ce nombre il étoit impossible qu'il ne s'en trouvât plusieurs très-convenables, et qu'elle-même en demeureroit convaincue. Cela dit, je changeai tout de suite de propos.

Le lendemain j'allai chez elle, ma liste en poche, résolu de lui bien faire entendre que mes réponses n'étoient pas modestie, mais refus absolu civilement tourné. Je trouvai chez elle un très-petit nombre de compagnie très-familière ; mais il falloit le tête-à-tête pour reprendre les propos de la veille. Je tournai doucement la conversation sur le grand nombre de tabourets, je parvins naturellement à les faire nommer, et, sous prétexte de soulager la mémoire, de tirer la liste de ma poche disant, en regardant bien Mme la duchesse d'Orléans, que je l'y avois oubliée depuis quelques jours que j'en avois eu besoin. Je la lus et la remis dans ma poche après lui avoir ainsi témoigné que je lui tenois promptement parole, autant que cela se pouvoit sans être seuls, résolu, après ce que je venois de faire, de ne remettre pas ce propos le premier avec elle, qui devoit bien entendre ce que je pensois là-dessus, et qui ne l'entendit que de reste, mais qui avoit résolu de ne le pas entendre. Ce redoublement d'attaque si vive, et si à découvert, me donna beaucoup d'inquiétude, et à Mme de Saint-Simon encore plus. Elle et moi abhorrions également une place si au-dessous de nous en naissance et en dignité ; et, bien que nous comprissions que l'orgueil royal n'y mettroit qu'une femme assise, nous ne voulions pas au moins que ce ravalement portât sur nous. Nous crûmes donc qu'il étoit à propos de prendre nos mesures de bonne heure, moi de parler net au duc de Beauvilliers, et Mme de Saint-Simon à Mme la duchesse de Bourgogne, puisque d'en dire davantage à Mme la duchesse d'Orléans, après ce qui s'étoit passé avec elle, n'arrêteroit ni ses désirs ni ses pas, et ne serviroit au contraire qu'à la faire agir à son insu et plus fortement.

Cette résolution prise, je fis souvenir le duc de Beauvilliers de ce que je lui avois dit, il y avoit deux ans, lorsqu'on crut, et non sans quelque fondement, que M. le duc de Berry alloit épouser la princesse d'Angleterre. Je lui exposai ce qui s'étoit passé entre Mme la duchesse d'Orléans et moi; je lui réitérai mon éloignement et celui de Mme de Saint-Simon pour une telle place. Je l'assurai que, si on venoit jusqu'à nous la donner, nous la refuserions; et je le conjurai d'en détourner la pensée si ceux qui ont ou qui prennent droit de choisir venoient à l'avoir et qu'elle lui fût communiquée, et il nous approuva et me le promit. De retour à Versailles, nous contâmes notre fait au chancelier sous le sceau de la confession. Il fut bien étonné que le mariage en fût là. Il étoit aliéné de M. le duc d'Orléans par le tissu de sa vie, et plus encore par son affaire d'Espagne. Il pensoit d'ailleurs sainement sur un mariage étranger, tellement qu'il me reprocha beaucoup d'avoir si utilement travaillé, et il ne s'apaisa qu'à peine, lorsque je lui eus fais sentir combien, sans ce mariage, celui de Mlle de Bourbon étoit certain et imminent, fille comme Mademoiselle d'une bâtarde, ce que, avec raison, il ne pouvoit supporter. Il trouva que nous pensions dignement de ne vouloir point de la place de dame d'honneur et sagement de prendre là-dessus des mesures de bonne heure.

Mme la duchesse de Bourgogne continuoit sans interruption depuis bien des années de témoigner une amitié solide à Mme de Saint-Simon, dont elle lui avoit toujours donné des marques. Le chancelier approuva fort que, les choses en cet état, elle s'adressât à elle. Mme de Saint-Simon lui fit donc demander une audience, de façon que cela fût ignoré, s'il étoit possible, et, pour en mieux tenir le secret, elle se servit de Mme Cantin, première femme de chambre, plutôt que des dames du palais si fort de nos amies, dont nous voulûmes éviter la curiosité. L'audience fut aussitôt accordée que demandée. Mme de Saint-Simon se rendit chez Mme la duchesse de Bourgogne à onze heures du matin, comme elle sortoit de son lit, qui à l'instant la fit entrer dans son cabinet, et asseoir sur un petit lit de repos auprès d'elle. Après le premier compliment, Mme de Saint-Simon lui dit qu'étant toute sa ressource, et toujours sa ressource éprouvée, elle venoit à elle lui demander une grâce avec confiance, mais avec instance de ne pas être refusée; qu'elle avoit balancé longtemps, mais que la chose pressant et ne pouvant craindre de manquer à la fidélité du secret, puisqu'il s'agissoit d'un mariage qu'elle-même désiroit et faisoit.... A ces mots Mme la duchesse de Bourgogne l'interrompit en l'embrassant avec empressement : « Le mariage de M. le duc de Berry, dit-elle, et vous voulez être dame d'honneur ? J'y ai déjà pensé. Il faut que vous la soyez. — C'est justement de ne la pas être que je viens vous demander. »

A cette repartie, on ne peut rendre quel fut l'étonnement de Mme la duchesse de Bourgogne. Après un moment de silence, elle demanda la raison d'un éloignement qui la surprenoit tant, et lui dit à quel point elle en étoit étonnée. Mme de Saint-Simon répondit que peut-être lui paroîtroit-il étrange qu'elle prît ainsi des devants auprès d'elle sur une chose dont l'occasion n'existoit pas encore, et sur une place qu'elle seroit plus éloignée que personne de croire qu'on la lui voulût donner; que, pour l'occasion, elle étoit instruite par moi, si avant dans l'affaire, de l'état si prochain auquel elle se trouvoit; que, sur la place, elle ne pouvoit pas douter que Mme la duchesse d'Orléans ne l'y désirât, par tout ce qu'elle m'avoit dit, dont elle lui conta le détail; que, ne craignant donc point de parler à faux sur l'un ni sur l'autre, ni de s'adresser mal sur tous les deux, elle venoit à elle lui demander à temps, et avec toute l'instance dont elle étoit capable, de lui éviter une place dont je ne voulois point, et elle beaucoup moins encore ; que tout son désir étoit borné à une place de dame du palais auprès d'elle ; qu'elle avoit tout son cœur et tout son respect ; qu'elle ne pouvoit regarder une autre qu'elle, ni souffrir d'être mise ailleurs ; et que, si elle ne devenoit point dame du palais, elle seroit contente et heureuse de demeurer à lui faire sa cour, pourvu qu'elle n'eût point d'attachement ailleurs. Mme la duchesse de Bourgogne lui fit là-dessus toutes les amitiés imaginables. Elle lui dit ensuite que c'étoit par amitié pour elle et par intérêt pour soi, comptant sur son attachement avec goût et confiance, qu'elle avoit aussitôt pensé à elle pour dame d'honneur dès qu'elle avoit vu le mariage en apparence de se faire ; que cette belle-sœur, fille de M. et de Mme d'Orléans, étant de sa main et de son choix, elle comptoit vivre beaucoup avec elle, par conséquent vivre beaucoup avec celle qui sera sa dame d'honneur ; avoir avec elle un particulier de confiance nécessaire sur mille choses ; qu'une dame d'honneur avec qui elle ne seroit pas fort libre la contraindroit donc beaucoup ; et qu'une sur l'attachement véritable de qui elle ne pourroit pas compter l'embarrasseroit continuellement ; que dans cette vue elle avoit jeté les yeux sur elle, comme la seule convenable à cette place, qui eût ces qualités à son égard ; que, pour ce qui étoit de dame du palais, il étoit vrai que cela ne lui conviendroit plus après avoir été dame d'honneur de la duchesse de Berry ; mais que la duchesse de Lude, déjà si infirme, n'étoit point éternelle ; qu'elle la pourroit très-bien et très-dignement remplacer ; qu'elle le souhaitoit passionnément, et que dans cette vue encore elle avoit songé à la faire dame d'honneur de la duchesse de Berry, pour ôter par là l'obstacle de sa jeunesse, et l'approcher cependant du roi, s'il lui falloit bientôt à elle une autre dame d'honneur.

Après les remercîments Mme de Saint-Simon répondit, sur le fait de sa dame d'honneur, que l'autre place l'en éloigneroit plutôt que de l'en approcher ; et sur ce que

Mme la duchesse de Bourgogne lui répliqua avec vivacité qu'elle vouloit bien qu'on sût, et la duchesse de Berry la première, quand il y en auroit une, qu'une duchesse de Berry étoit faite pour lui céder ses dames quand il lui plairoit de les vouloir prendre, Mme de Saint-Simon lui représenta que, si elle ne s'acquittoit pas de l'emploi suivant ce qu'on attendroit d'elle, ce seroit une exclusion pour la première place; que, si au contraire elle y réussissoit, ce seroit une raison de l'y laisser; qu'ainsi à tous égards elle ne pouvoit entrer dans la pensée que cette place lui pût servir à en avoir une à laquelle elle n'avoit jamais osé songer, s'étant toujours bornée à lui être plus particulièrement attachée par une place de dame du palais. Elle se rabattit ensuite sur son incapacité, que Mme la duchesse de Bourgogne releva par toutes sortes de marques d'estime, sur quoi Mme de Saint-Simon lui représenta fortement la différence extrême de se bien acquitter des fonctions de dame d'honneur auprès d'elle, à qui à présent il n'étoit plus question de rien dire, mais seulement de la bien faire servir ou de la suivre, ou auprès d'une princesse de moins de quinze ans, dont il faudroit devenir la gouvernante, et répondre de sa conduite à tant de différentes personnes et au public; qu'elle ne se sentoit ni force ni capacité pour bien remplir tous ces différents devoirs, et moins encore d'humilité pour en essuyer le blâme; que, si elle avoit le bonheur de se conduire elle-même au gré du monde, et d'une manière qu'on la jugeât capable d'en bien conduire une autre, elle redoutoit si fort le poids de cette attente, que, trop contente de cette opinion qu'on vouloit bien avoir d'elle, elle s'en vouloit tenir là sans hasard; que d'ailleurs, outre son invincible répugnance à gouverner et à contredire, comme il ne se pouvoit éviter qu'il n'y eût bien des choses à dire et à faire faire à un enfant contre son goût, elle ne pouvoit se résoudre à passer pour sotte si elle ne faisoit faire ce qu'il faudroit, ni en le faisant à devenir la bête de la princesse auprès de qui elle seroit mise; et qu'elle ne s'y résoudroit jamais. Mme la duchesse de Bourgogne n'oublia rien, avec tout l'art et l'esprit possible, pour combattre ces raisons; et finalement lui dit que Mademoiselle ayant père et mère et grand'mère à la cour, et elle par-dessus eux tous, ils se chargeroient de sa conduite et de celle de sa dame d'honneur.

Après quantité de raisonnements, Mme de Saint-Simon tint ferme. Elle lui avoua qu'elle craignoit encore que, si en exécutant ses ordres sur la conduite de la princesse et sur la sienne elle se brouilloit avec la future duchesse de Berry, elle n'en fût que peu approuvée; et que la princesse ensuite en faisant mieux, ou tournant les choses d'une autre façon auprès d'elle, elle-même enfin par douceur, par complaisance, par amitié pour Mme sa belle-sœur, ne vînt à la blâmer elle-même, et à se refroidir d'estime et de bonté pour elle. A cette nouvelle difficulté Mme la duchesse de Bourgogne opposa les protestations d'un côté, les reproches de l'autre, de la croire capable de cette foiblesse et de cette légèreté. Après avoir fort insisté là-dessus, elle mit le doigt plus particulièrement sur la lettre, et fit entendre qu'elle comprenoit bien qu'elle et moi trouvions cette place au-dessous de nous, sur quoi Mme de Saint-Simon s'étant modestement et brèvement étendue [1], Mme la duchesse de Bourgogne lui dit qu'il falloit vivre selon les temps; que d'ailleurs, quant à présent, elle et sa belle-sœur seroient égales en rang et en toutes choses. Après avoir quelque temps battu là-dessus, et avoué pourtant ce que Mme de Saint-Simon en avoit dit, elle lui représenta notre situation à la cour, les ennemis que j'y avois, les espèces de disgrâces que j'avois essuyées, avec combien de temps et de peine j'en étois sorti; que cette place y seroit un puissant bouclier, un chemin facile de me mieux faire connoître, d'être plus

1. Nous avons reproduit fidèlement le texte du manuscrit, quoique le mot *étendue* paraisse inexact; les précédents éditeurs l'ont remplacé par *défendue*.

approché du roi, assuré des agréments de toutes les sortes. Elle s'étendit fort sur ces avantages qu'un homme de mon esprit pouvoit solidement pousser. Elle ajouta qu'il étoit flatteur que j'eusse été choisi pour l'ambassade de Rome, à l'âge où j'étois lors de ce choix; et elle, au sien, regardée comme si convenable à la place dont il étoit à présent question, la première de la cour à remplir, puisque celle d'auprès d'elle n'étoit point vacante; qu'on savoit si fort que nous ne voulions point aller à Rome; que cela, joint avec notre dégoût pour la place de dame d'honneur dont il s'agissoit, irriteroit le roi, et lui feroit demander avec justice ce que nous voulions donc, puisque les deux premiers et plus considérables emplois pour homme et pour femme, enviés et désirés de toute la cour en tout âge, ne nous sembloient pas convenables à nous, et dans la situation d'âge et de fortune où nous nous trouvions; que l'envie et la jalousie du monde en crieroit encore bien plus haut contre nous; qu'enfin, nous nous avisassions bien, et que nous comprissions qu'un refus ne se pardonneroit point et nous romproit le cou pour jamais. Après les remercîments proportionnés à la bonté avec laquelle elle entroit dans toute la discussion de cette affaire, Mme de Saint-Simon convint qu'un refus nous noieroit en effet sans retour; que c'étoit aussi pour l'éviter qu'elle s'adressoit à elle, puisque enfin nous étions fermement résolus au refus si les choses en venoient là. Après quelques autres propos plus généraux, Mme la duchesse de Bourgogne lui dit qu'elle ne voyoit point d'autre dame d'honneur à faire qui convînt, non-seulement à elle, mais à la place; et le tout, après beaucoup d'amitiés, se termina à promettre enfin à Mme de Saint-Simon qu'elle tâcheroit d'empêcher que la place lui fût offerte, puisque elle et moi étions si obstinés au refus, qu'elle ne comprenoit pas; que, néanmoins, il pourroit bien arriver que la chose se feroit sans elle, ou que, se faisant avec elle, elle ne seroit pas maîtresse de rien empêcher, mais qu'elle promettoit de bonne foi d'y faire tout son possible, encore que ce fût contre son goût et contre son sentiment.

Après une audience si favorable et si longue, car elle dura jusques après midi et demi, Mme de Saint-Simon sortit du cabinet, et trouva la toilette dans la chambre, et des dames qui attendoient à y faire leur cour, dont elle fut bien fâchée, surtout des dames du palais de nos amies intimes qui s'y trouvèrent; mais nous tînmes bon au secret, qui par sa nature n'étoit pas le nôtre. Mme de Saint-Simon me fit le récit de son audience, de laquelle nous fûmes bien contents, persuadés tous deux que Mme la duchesse de Bourgogne arrêteroit Mme la duchesse d'Orléans; que le choix ne se feroit pas sans la première; que sûre comme elle étoit, et ayant donné sa parole, elle la voudroit et la pourroit tenir; tellement que dans une pleine et juste espérance d'avoir de toutes parts écarté le danger, et les princes n'ayant pas accoutumé de prendre les gens par force pour des places après lesquelles tant d'autres ne sont pas honteux de soupirer, même en public, nous comptâmes en être en repos. Nous n'avions en effet oublié aucune des voies possibles de détourner cette place de nous, aucun des meilleurs, des plus forts, des plus directs moyens à pouvoir employer d'avance, mais à temps; ainsi rendu au calme et à la liberté d'esprit, je me rendis aussi aux soins de ne pas laissé refroidir ce qui avoit été si bien reçu sur le mariage, ni les mouvements, tous si justes et si bien ensemble de notre part, pour le brusquer, tandis que Mme la Duchesse et les siens, si sûrs de Monseigneur et si peu avertis de nos menées, vivoient dans une parfaite sécurité.

Dès la fin du voyage de Marly l'embarras du roi sur Monseigneur, grand et de bonne foi, nous avoit fort embarrassés nous-mêmes. Il s'agissoit d'un mariage pour le fils de Monseigneur, d'un mariage domestique et particulier, où le bien de la paix, ni l'honneur ou l'avantage de l'État n'avoient aucune part, conséquemment où un père de cinquante ans devoit en avoir davantage. On a vu combien personnellement il étoit éloigné de vouloir du bien à M. le duc d'Orléans, et à quel point il étoit livré à ceux dont le double intérêt étoit d'entretenir et d'augmenter cette aversion, et quel étoit ce double intérêt. Maintenant il faut dire que Mme la duchesse d'Orléans n'étoit guère mieux avec lui de son propre chef, avec cette différence de M. son mari que c'étoit par sa pure faute, et par ces sortes de fautes qui se font le plus sentir : c'est ce qu'il faut expliquer. Monseigneur, très-refroidi avec Mme la princesse de Conti, dont l'ennui et l'aigreur le mettoit en continuel malaise, ne savoit que devenir, parce que ces princes-là, et lui plus que pas un, n'ont pire lieu à se tenir que chez eux. D'Antin, je parle de loin, qui avoit peut-être meilleure opinion de Mme la duchesse d'Orléans que de Mme la Duchesse, voulut le tourner vers la première; et, dans l'espérance de recueillir de sa connoissance les fruits d'une liaison si avantageuse pour elle, il n'oublia rien pour la former.

Monseigneur ne pouvoit guère se délivrer du réduit continuel qu'il s'étoit fait chez Mme la princesse de Conti depuis tant d'années, dont l'affaire de Mlle Choin venoit de bannir toute la confiance et la douceur, qu'en se faisant un autre réduit chez une des deux autres bâtardes, et il ne lui importoit pour lors chez laquelle des deux, moins conduit en tout par son choix que par le hasard ou par l'impulsion d'autrui. Mme la duchesse d'Orléans, qui auroit dû être charmée d'une si heureuse conjoncture, ivre de sa grandeur et de sa paresse de corps et d'esprit, ne vit que de l'ennui, des complaisances, des amusements à donner, des mouvements de corps à essuyer pour des parties de chasse, d'Opéra et de petits voyages. Elle devenoit non plus la divinité qu'on alloit adorer, mais la prêtresse d'une divinité supérieure dont sa maison deviendroit le temple. Son orgueil ne put s'y ployer, peut-être moins que sa paresse. Son dédain ferma son esprit à toute politique, et à toute vue d'un futur que l'âge et la santé du roi montroient fort éloigné; point d'enfants à établir; au-dessous d'elle de penser aux besoins de l'avenir. Elle fut sourde aux cris de d'Antin et si froide aux avances réitérées de Monseigneur, [elle mit] tant de langueur et de négligence à le recevoir chez elle, qu'il s'en aperçut bientôt avec un dépit qu'il n'oublia jamais, et se livra à Mme la Duchesse, qui le reçut avec les grâces, les jeux et les ris, et qui ne songea qu'à profiter d'une si bonne fortune par se lier Monseigneur de façon qu'elle se rendît en tout maîtresse de son temps et de son esprit, et y réussit de la manière la plus complète. Ainsi Mme la duchesse d'Orléans fit à sa sœur, avec qui alors elle n'étoit point encore mal, un présent volontaire de l'intimité parfaite qui se lia entre Monseigneur et elle, ouvrit la porte à son triomphe et à tout ce qui en sortit après contre elle, en se la fermant à elle-même, et croupit longues années sur son canapé, non-seulement sans regret d'une faute si démesurée, mais avec un orgueilleux et dédaigneux gré de l'avoir commise. Il ne tint encore après qu'à elle de se rapprocher de Monseigneur, chez Mme la Duchesse, où, à son refus, d'Antin l'avoit tout à fait jeté; mais les mêmes misérables raisons qui l'avoient empêchée de le vouloir chez elle, quelque dépit aussi de voir sa sœur en profiter, l'en détournèrent encore. L'éloignement, puis l'inimitié des deux sœurs vint ensuite, et se combla enfin par les occasions qui naquirent et dont j'ai touché quelques-unes, et où Monseigneur, tout à sa façon pesante et indolente, ne fut pas tout à fait neutre. Ainsi, Mme la duchesse d'Orléans se vit réduite à continuer, par raison et par nécessité, ce qu'[un sentiment qu']on ne peut s'empêcher de nommer folie lui avoit fait commencer. Dans cette situation de M. [le duc] et de Mme la duchesse d'Orléans, chacune à part et ensemble, si fâcheuse avec Monseigneur, je ne cessai de pourpenser, à part moi, quels pourroient être les moyens d'émousser dans ce prince tant de pointes hérissées, et de le rendre capable de se ployer volontairement au mariage de la fille de deux personnes dont il étoit si fortement aliéné. Je sentis l'extrême danger de démarches, qui d'elles-mêmes avertiroient la cabale contraire de penser à soi et à Mlle de Bourbon. D'autre part, l'affaire commençoit imperceptiblement à pointer par tous les mouvements qui ne s'étoient pu cacher à Marly ; et je fus bien étonné que, rencontrant le premier écuyer, avec qui j'étois fort libre, dans la porte de l'antichambre du roi, dans la galerie, une après-dînée qu'il n'y avoit personne, il m'arrêta, me dit qu'il y avoit des compliments à me faire, et qu'on savoit bien que je faisois le mariage de Mademoiselle avec M. le duc de Berry. J'en sortis par hausser les épaules, couper court et admirer les beaux bruits. De bruits, il n'y en avoit pas le moindre ; c'étoit transpiration à un homme toujours fort informé, que j'eus grand'peur qui ne perçât plus loin, qui nous fut un nouveau motif de serrer la mesure. Je ne pus me persuader que le roi bâclât l'affaire, de lui à Monseigneur, avec tant d'autorité et si court que Mme la Duchesse et les siens n'eussent le temps de se tourner ; et je ne trouvois pas, sans de pernicieux écueils, la manière de marier le fils de Monseigneur malgré un tel père, si ce père, aigri de lui-même et violemment poussé par tous ceux qui pouvoient tout sur lui, augmentoit tacitement son ressentiment par un consentement forcé, et je n'étois pas à dire mon avis avec colère à Mme la duchesse d'Orléans, sur sa conduite à l'égard de Monseigneur, et sa manière conséquente d'être avec lui, qu'elle-même m'avoit racontée.

Venant, à part moi, à l'examen des personnages de la cabale opposée, pour voir à en détacher quelqu'un qui pût nous servir puissamment auprès de Monseigneur, je considérai que d'Antin, si intimement uni à Mme la Duchesse par tant de liens anciens et nouveaux, et par une si gaande conformité de vie, de mœurs et d'esprit, n'étoit pas l'instrument qu'il nous falloit ; Mme de Lislebonne et sa sœur encore moins, avec tout ce qu'on a vu ici plus d'une fois de leurs

vues, de leurs hautes menées et de leurs vastes projets.
Enfin je ne vis de ressource, s'il y en pouvoit avoir, qu'en
Mlle Choin, qui eût assez de pouvoir sur Monseigneur, et
assez d'indépendance de la cabale et de Mme la Duchesse
même, pour oser entreprendre, si elle le vouloit, de le
rendre plus accessible au mariage de Mademoiselle; et je
crus qu'il ne seroit peut-être pas impossible de le lui faire
vouloir, en lui faisant sentir qu'il y alloit de son intérêt; je
conçus donc le dessein de traiter cette matière en la tâtant
d'abord, puis en l'approfondissant plus ou moins, selon que
j'y verrois jour, mais sans m'ouvrir du tout sur le mariage,
avec Bignon, intendant des finances, le plus intime ami et
confident qu'eût la Choin, et fort le mien, duquel je m'étois
déjà servi utilement en contre-poison auprès d'elle, et par
elle auprès de Monseigneur, lorsque l'affaire de Mme de
Lussan me brouilla avec Mme la Duchesse.

Je proposai ce dessein à Mme la duchesse d'Orléans, qui le
goûta fort, à M. le duc d'Orléans ensuite, qui l'approuva
aussi. Tous deux le discutèrent, puis moi avec eux. Ils jugèrent qu'à tout le moins, la tentative n'étoit qu'honnête et
respectueuse de leur part; qu'il n'y avoit rien à risquer en
s'y conduisant sagement; que le temps pressoit. Ils me donnèrent donc toute commission de parler en leur nom. Ainsi
je vis Bignon dans cette chambre que le chancelier son oncle
m'avoit forcé de prendre chez lui au château, et là, tête à
tête, je l'entretins des brigues et des cabales qui partageoient
la cour. Je le mis sur celles de la cour intime de Monseigneur. Comme de moi à lui, je lui parlai sur le peu de retour que M. le duc d'Orléans sentoit avec tant de peine de
Monseigneur à lui; je lui vantai en même temps celui du roi
et celui de Mme de Maintenon vers lui qui devenoit tous les
jours plus intime. Je lui dis que M. et Mme la duchesse
d'Orléans avoient une estime infinie pour Mlle Choin; qu'il
étoit vrai que leur respect pour Monseigneur y entroit bien
pour quelque chose, mais qu'il étoit vrai aussi que tout ce

qui paroissoit et revenoit de la conduite si sage, si mesurée si unie de cette personne, la manière si soumise et si intime avec laquelle elle entretenoit Monseigneur avec le roi, donnoit d'elle une haute opinion, et allumoit M. [le duc] et Mme la duchesse d'Orléans un désir sincère de la voir et de devenir de ses amis; que je savois combien soigneusement elle évitoit l'éclat et le monde, mais que, ayant bien voulu lier dans les derniers temps avec feu M. le prince de Conti, quoiqu'il en fût à l'extérieur si mal avec le roi, et de plus si bien avec Mme sa belle-sœur, il seroit encore plus convenable que Mlle Choin voulût bien lier avec M. [le duc] et Mme la duchesse d'Orléans, maintenant si unis et si bien avec le roi et avec Mme de Maintenon, avec laquelle elle étoit si bien elle-même. Bignon me répondit, en tâtant, par les mesures infinies d'obscurité et de dégagement, que Mlle Choin gardoit. Je n'étois pas à savoir en combien de choses elle entroit, avec quelle liberté elle tenoit chez elle, en sa petite maison de la rue Saint-Antoine, cour plénière de ce qu'il y avoit de plus important, où n'étoit pas admis qui vouloit, mais par goût et par choix des personnes, et non par crainte d'en trop voir; mais ce n'étoit pas le cas de disputer et de contredire. J'entrai donc avec docilité dans ce qu'il voulut, pour ne pas choquer un esprit plein et médiocre au plus, duquel seul je pouvois me faire un instrument. Par cette méthode, je le conduisis peu à peu à l'aveu de diverses choses, et singulièrement à la part entière que cette fille avoit eue en tout ce que Monseigneur avoit fait auprès du roi contre Chamillart, sans quoi, me dit-il, ce ministre n'eût jamais été chassé de sa place. De ce que Bignon me dit qu'elle s'étoit conduite de la sorte de concert avec Mme de Maintenon, j'en pris thèse pour lui représenter que Mme de Maintenon aimoit tendrement Mme la duchesse d'Orléans, et protégeant sincèrement M. le duc d'Orléans à cette heure, rien ne seroit plus convenable à Mlle Choin que de se prêter aux désirs d'amitié dont Mme de Maintenon lui donnoit l'exemple après le roi même si parfaitement revenu sur son neveu; que j'irois plus loin avec lui, qui étoit mon ami, en faveur de son amie; que je pouvois l'assurer qu'en cela elle feroit chose agréable au roi, et qui le seroit infiniment à Mme de Maintenon, et que, pour n'avoir nulle réserve avec lui, je ne balancerois pas à épuiser la matière. Je lui dis donc que l'union présente de Mlle Choin avec Mme la Duchesse, et celle de toutes deux avec Mlle de Lislebonne et Mme d'Espinoy et tout ce côté-là, n'étoit qu'apparente et ne pouvoit subsister au delà du règne sous lequel nous étions. Que tous ensemble aspiroient à gouverner un prince qui, n'étant que Dauphin, les faisoit tous compatir, dans la vue de se soutenir et de ne se commettre point à une lutte prématurée, mais qui éclateroit à l'instant que ce prince devenu roi, chacun alors voudroit saisir le timon. Je m'étendis ensuite à mon gré sur les deux Lorraines, tant pour le pomper que pour lui en donner, et par lui à son amie, les plus sinistres pensées, qui néanmoins étoient vraies et solides, et radicalement telles. Je n'eus pas été bien loin là-dessus qu'il sourit et me dit que, pour celles-là, Mlle Choin les connoissoit bien à peu près telles que je les lui dépeignois; qu'elle vivoit avec elles avec tous les dehors d'amitié et de cette liaison ancienne qu'il n'étoit pas à propos de rompre, mais que, bien convaincue des retours qu'elle en devoit attendre en leur temps, il y en avoit déjà beaucoup qu'il n'y avoit plus de confiance réelle, et que son amie se précautionnoit; qu'ainsi il étoit inutile de lui en dire là-dessus davantage, puisqu'il les connoissoit bien, et son amie encore mieux, et dans le sens dont je lui en parlois.

Dilaté à l'extrême en moi-même sur un si précieux chapitre, et sûr d'un sentiment si important, quoique j'en eusse déjà soupçonné quelque chose par l'évêque de Laon, frère de Clermont, perdu pour la Choin lorsqu'elle fut chassée par Mme la princesse de Conti. Je tournai court où j'en voulois; je me mis sur Mme la Duchesse, mais avec mesure, pour ne pas décréditer par une apparence de haine ce que je voulois persuader. Je pris le même tour que j'avois pris sur les deux Lorraines et avec la même vérité; je dis que Monseigneur, devenu roi, allumeroit dans le courage de Mme la Duchesse une telle volonté de gouverner seule, et si violente que depuis longtemps elle se mettoit en tout devoir de pouvoir satisfaire et qui commençoit bien déjà à transpirer que vainement Mlle Choin prétendroit-elle pouvoir modérer autrement qu'en lui en ôtant les moyens; que par une familiarité et un empire que de jour en jour elle acquéroit plus grands sur Monseigneur, joints aux avantages de son rang, elle se rendroit très-dangereuse à Mlle Choin, quelle que pût être cette fille à l'égard de Monseigneur; qu'il pouvoit se souvenir de ce que je lui avois dit, il y avoit déjà longtemps, de l'attaque contre elle faite à Monseigneur avec tant d'audace, quoique avec peu de succès, qui manifestoit bien ses plus secrètes pensées; et que Mlle Choin avoit et auroit en elle la plus redoutable ennemie qu'elle trouveroit jamais; que le grand intérêt de gouverner seule lui rendroit telle, quelques mesures qu'elle prît et qu'elle crût prendre avec elle. Bignon se souvint très-bien du fait que je lui avois raconté autrefois, et qu'il me dit alors avoir rendu à son amie, sur laquelle il avoit fait impression dans ce temps-là. Mais il me dit cependant que Mlle Choin comptoit absolument sur l'amitié de Mme la Duchesse, dont elle croyoit pouvoir ne pas douter; qu'il ne croyoit pas lui-même qu'elle s'y trompât, ni qu'elle en pût être séparée, convenant cependant avec moi de la solidité de ce que je lui représentois de tant de volonté et tant d'avantages dans cette volonté de gouverner absolument, et par conséquent seule, dans Mme la Duchesse, aussitôt que la couronne tomberoit sur la tête de Monseigneur; et dans cet aveu je crus entrevoir que le cœur de Mlle Choin avoit moins de part à cette liaison intime avec Mme la Duchesse que l'esprit, qui sentant l'attachement incroyable de Monseigneur pour cette sœur, que Bignon me releva beaucoup, ne croyoit pas qu'il fût sûr pour elle de lui laisser naître aucun soupçon sur leur intimité, Mme la Duchesse toujours présente, elle presque toujours absente, et Mme la princesse de Conti encore palpitante par des restes de bienséance et de considération. Que ce fût cœur ou esprit qui produisît dans la Choin cette union intrinsèque avec Mme la Duchesse, ce n'étoit pas chose aisée à nettement pénétrer; et bien que cette alternative ne me pût être indifférente pour des temps éloignés, c'étoit pour l'objet présent la même chose; et dans le fond, désirs à part, quelques raisons qu'eût Mlle Choin de craindre Mme la Duchesse, tout sens, toute sagesse, toute raison étoit pour qu'elle la ménageât si parfaitement, dans la position où elles se trouvoient l'une et l'autre, qu'elle lui ôtât tout son soupçon de défiance et de jalousie, ce qu'elle ne pouvoit avec une personne d'autant d'esprit et d'application que l'étoit celle-là, avec l'air futile de ne songer qu'à s'amuser et à se divertir elle et les autres, que par un entier abandon à elle pour le temps présent, qui étoit justement ce que je voulois tâcher d'ébranler. Dans ce dessein je continuai à m'étendre sur tout le danger de la puissance de Mme la Duchesse, sur son peu de cœur, de foi, de principes en tout genre, et en louanges sur la conduite de Mlle Choin avec elle; mais je remontrai à Bignon qu'au milieu de tout cela un abandon effectif à elle seroit le comble de l'imprudence; qu'il me paroissoit que, sans offenser Mme la Duchesse, elle pouvoit entendre à quelque liaison avec M. [le duc] et Mme la duchesse d'Orléans, d'autant plus sûrement que ni à présent, pour l'amitié de Monseigneur, ni dans d'autres temps pour le timon de toutes choses, elle n'auroit point à lutter avec eux; qu'il pouvoit arriver des conjonctures où cette liaison lui deviendroit utile à elle-même; qu'elle étoit bien avec Mgr et Mme la duchesse de Bourgogne, ce qui lui seroit toujours important à ménager, quelle qu'elle fût, et à bien ménager de plus en plus; qu'elle savoit à quel point Mme la duchesse de Bourgogne et Mme la Duchesse étoient mal ensemble, et y devoient être, et au contraire l'union étroite qui lioit Mme la duchesse de Bourgogne et Mme la duchesse d'Orléans; que, quoi qu'il arrivât, c'étoit là ce qui environnoit le trône le plus près; que M. le duc d'Orléans étoit le seul homme du sang royal en âge et en expérience de figurer, qui, écarté de Monseigneur par les artifices de Mme la Duchesse, trouveroit tôt ou tard dans sa naissance, dans son état d'homme connu pour en être un, dans sa liaison avec Mgr et Mme la duchesse de Bourgogne, des ressources pour se rapprocher de Monseigneur; que les choses étant donc en effet telles que je les lui représentois, il ne pouvoit nier qu'il ne fût au moins sûr et honnête pour Mlle Choin, et même bon, de se laisser approcher par M. [le duc] et Mme la duchesse d'Orléans, qui, pour le dire encore une fois, étoit lui, si bien avec le roi, si intimement avec Mgr et Mme la duchesse de Bourgogne, si recueilli de Mme de Maintenon, avec qui Mlle Choin étoit si bien elle-même, d'entrer au moins en connoissance avec des personnes de cet état, qui ne pouvoient en aucun temps lui faire d'ombrage, quitte après pour lier plus ou moins avec eux, selon qu'elle s'en accommoderoit et le jugeroit à propos.

Bignon trouva si fort que je lui parlois raison, qu'il entra en discussion avec moi du personnel de M. [le duc] et de Mme la duchesse d'Orléans. Imbu par les sarbacanes ennemies, il ne me cacha pas que Mlle Choin craignoit M. le duc d'Orléans, et en pensoit d'ailleurs peu favorablement. Je lui répondis là-dessus avec une sorte d'ouverture qui lui plut, et qui, sans blesser ce prince, donna plus de confiance au reste de mes propos. Ensuite je lui dis que je comprenois que Mlle Choin pouvoit être peinée de la liaison qui avoit paru si longtemps entre M. le duc d'Orléans et Mme la princesse de Conti, mais que je lui disois avec vérité que depuis longtemps aussi un reste d'honnêteté et de bienséance avoit succédé à une amitié plus étroite ; qu'il devoit comprendre que, outre l'aliénation produite par la querelle du rang de Mademoiselle, le pauvreteux personnage que Mme la princesse de Conti faisoit auprès de Mme la Duchesse avoit extrêmement refroidi M. le duc d'Orléans ; que, même au dernier voyage de Marly d'où nous arrivions, M. le duc d'Orléans, étant entré chez Mme la princesse de Conti, l'avoit extrêmement déconcertée pour l'avoir trouvée tête à tête avec Mme de Bouzols, si intime de Mme la Duchesse, et fort proche l'une de l'autre, écrivant sur une table et comme en conférence importante ; qu'après le premier trouble, Mme la princesse de Conti l'avoit excusé en disant qu'elle faisoit une réponse au prince de Monaco qui lui avoit écrit sur la mort de M. le Duc, et à qui elle n'avoit pas encore fait réponse, sans que M. le duc d'Orléans lui eût fait aucune question, et sans aucune apparence, depuis deux mois de la mort de M. le Duc, ni que Mme de Bouzols eût aucune liaison avec M. de Monaco. Bignon fit assez d'attention à cette bagatelle, que le hasard m'avoit à propos fournie, pour me faire espérer que cette amitié apparente blessoit son amie plus que toute autre chose ; mais après m'avoir toujours rebattu sa crainte du caractère de M. le duc d'Orléans, nous parlâmes fort à fond de celui de Mme la duchesse d'Orléans, pour laquelle il me dit que Mlle Choin n'avoit que de l'estime, et puis nous traitâmes de la manière de se voir qui pour cette princesse ne laissoit pas d'être une difficulté. Je la levai bientôt en l'assurant qu'elle iroit à Paris dès que Mlle Choin voudroit, et que toutes deux en même ville conviendroient bientôt d'un lieu pour se voir. Enfin Bignon me dit que, quelque éloignement qu'il eût de se mêler d'aucune affaire avec son amie, qui même n'en avoit pas moins aussi et le lui avoit souvent témoigné, tout ce que je lui disois lui paroissoit si bon, si peu engageant pour elle, si utile à la concorde et [à] l'union de toutes les personnes principales, et si raisonnable en soi, qu'il se chargeroit volontiers d'en rendre compte à son amie, à deux conditions : la première, qu'il me nommeroit à elle, pour donner, me dit-il, plus de poids à son discours, et ne lui point faire de mauvaise finesse ; la deuxième que M. [le duc] et Mme la duchesse d'Orléans, qu'il sentit bien qui me faisoit agir, lorsqu'il les verroit en leur faisant sa cour ou ailleurs, ignoreroient jusque avec lui-même qu'il entrât en rien de tout cela. Je lui permis l'un et lui promis l'autre, après quoi il m'assura qu'il feroit incessamment tout son possible pour persuader son amie de voir au moins Mme la duchesse d'Orléans, mais que, Monseigneur allant ce jour-là à Meudon, où il devoit demeurer huit ou dix jours, il ne pourroit sitôt voir son amie. Il convint avec moi qu'aussitôt qu'il l'auroit vue, il m'enverroit prier à dîner pour éviter jusqu'aux apparences de rendez-vous, et que je n'y manquerois pas, pour savoir la réponse.

Après un entretien si long, si confident, si fort approfondi, je conçus quelques espérances, et M. [le duc] et Mme la duchesse d'Orléans encore plus. Ce ne fut pas sans admirer ensemble en quelle réduction on vivoit, et la singularité non jamais assez admirée de ce besoin général de tout le monde, et des plus proches du trône, de passer par Mme de Maintenon pour aller au roi, et par Mlle Choin pour aller jusqu'à Monseigneur, et cela en même temps avec l'humilité des avances d'une part, l'orgueil des réserves de l'autre, et la nécessité avec l'incertitude d'une secrète et difficile négociation pour, à toute condition, obtenir audience, et que deux créatures de si vil aloi voulussent bien prêter chez elles quelques précieux moments aux désirs empressés et réitérés de ce qu'il y avoit de plus important, de plus grand et de plus proche de la couronne. Je ne voulus pas effaroucher M. le duc d'Orléans de l'éloignement que cette Choin avoit pris de lui, mais je le confiai à Mme la duchesse d'Orléans.

CHAPITRE XIII.

Le roi résolu au mariage. — Contre-temps de Mme la duchesse d'Orléans adroitement réparé. — M. [le duc] et Mme la duchesse d'Orléans éconduits entièrement de tout commerce avec Mlle Choin. — Conférence à Saint-Cloud. — Horreurs semées sur M. le duc d'Orléans et Mademoiselle. — Le roi fait consentir Monseigneur au mariage. — Mme la Duchesse, etc., en émoi. — Déclaration du mariage. — Souplesse de d'Antin. — M. [le duc] et Mme la duchesse d'Orléans très-bien reçus de Monseigneur, et fort mal de Mme la Duchesse.

Cependant l'affaire traînoit trop à mon gré. Je n'avois pas compté de détacher Mlle Choin de Mme la duchesse, aussi peu, dans l'inespérable cas que ce détachement se fît, que ce fût assez promptement pour en faire un instrument en faveur de Mademoiselle. Mon but n'avoit été que d'émousser l'intimité, de jeter des craintes et des nuages qui s'augmentassent avec du soin et du temps, et cependant de la rendre moins empressée pour le mariage de Mlle de Bourbon. Au bout de sept ou huit jours que nous fûmes revenus de Marly, je pressai M. le duc d'Orléans de parler au roi, au moins en monosyllabes, de la lettre qu'il lui avoit donnée. Après bien des instances il le fit un matin. Ce même matin, comme j'étois dans la petite chambre de Mme la duchesse d'Orléans seul avec elle, M. le duc d'Orléans y entra, venant de chez le roi ; il nous conta tout joyeux qu'aussitôt qu'il lui avoit ouvert la bouche, le roi, en l'interrompant, lui avoit répondu que sa lettre l'avoit entièrement persuadé de ses bonnes raisons, et de lui donner toute satisfaction; qu'il comptât qu'il vouloit faire le mariage de sa fille avec son petit-fils; qu'il en étoit encore à trouver l'occasion d'en parler comme il falloit à Monseigneur, parce qu'il prévoyoit sa résistance et qu'il la vouloit vaincre en toutes façons; qu'il sentoit bien aussi que les retardements ne feroient qu'augmenter l'obstacle, mais qu'il le laissât faire et qu'il ne se mît point en peine, et qu'il feroit bien et bientôt.

Une si favorable réponse et si décisive nous combla de joie. Nous conclûmes que, pour engager le roi de plus en plus sans l'importuner en l'excitant davantage, Mme la duchesse d'Orléans se trouveroit le soir de ce même jour chez Mme de Maintenon lorsque le roi y entreroit, où il n'y avoit presque personne de contrebande pour elle; que là elle le remercieroit comme d'une chose faite de ce qu'il avoit dit le matin à M. le duc d'Orléans. Comme elle n'avoit pas accoutumé d'y aller sans affaire, Mme de Maintenon et Mme la duchesse de Bourgogne, qui y étoit à son ordinaire, lui demandèrent avec surprise ce qui l'amenoit. La sienne fut extrême lorsque toutes les deux lui dirent de se bien garder d'exécuter son dessein, qui étonneroit le roi, gâteroit tout à fait son affaire. Le roi survint si promptement, qu'elles n'eurent pas le temps de lui en dire davantage, et le roi, la trouvant là, l'embarrassa encore plus en lui demandant ce qu'elle venoit y faire. A l'instant Mme de Maintenon prit la parole pour elle, et répondit qu'elle l'étoit venue voir un peu sur le tard; et Mme la duchesse d'Orléans ajouta quelques propos sur la difficulté de la trouver seule entre son retour de Saint-Cyr et l'arrivée du roi chez elle. Le roi lui dit que puisqu'elle étoit venue elle pouvoit s'asseoir un peu. Elle, qui vit là plusieurs dames ou du palais ou de la privance de Mme de Maintenon qui ne vidoient point pour couler dans le grand cabinet à l'ordinaire, eut parmi son trouble l'esprit assez présent pour trouver à leur donner le change. Elle parla bas à Mme de Maintenon sur ses deux filles cadettes qu'elle avoit pris le dessein de mettre en religion, et s'aida du prétexte de la petite surdité de Mme de Maintenon pour, en parlant bas d'un air de mystère, laisser entendre aux dames quelques mots de ses filles et du couvent, à quoi Mme de Maintenon, qui entra aussitôt dans sa pensée, aida elle-même. Peu après, Mme la duchesse de Bourgogne fit signe à Mme la duchesse d'Orléans de s'en aller, qui se retira infiniment déconcertée, ne sachant plus où elle en étoit, entre ce que M. le duc d'Orléans lui avoit dit le matin et ce qui venoit de lui arriver en un lieu si instruit, et si avant entré dans ses intérêts.

Le soir même elle se trouva au souper auprès de Mme la duchesse de Bourgogne à table, et après dans le cabinet. Elle s'éclaircit avec elle, et apprit que tout ce que M. le duc d'Orléans lui avoit dit étoit vrai ; que le roi en avoit parlé en mêmes termes à Mme de Maintenon et à elle, mais qu'il avoit si fort en tête qu'il n'en parût rien, qu'elles avoient jugé qu'il seroit choqué de la trouver chez Mme de Maintenon, parce que cela feroit une nouvelle, et plus choqué encore si elle lui parloit ; ce qui les avoit engagées à lui conseiller de n'en rien faire ; et en effet le roi avoit paru mal content de la trouver là. Mme la duchesse de Bourgogne ajouta que depuis quelques jours le roi tournoit Monseigneur pour lui parler ; qu'il remarquoit que Monseigneur le sentoit et l'évitoit en particulier, et lui paroissoit rêveur et morgué ; que cela peinoit et embarrassoit le roi, et lui faisoit désirer qu'il ne se fît aucune démarche qui réveillât davantage Mme la Duchesse, afin de lui donner lieu de se rassurer de ce qui l'avoit alarmée des mouvements du dernier Marly, et à Monseigneur d'être moins en garde et froncé avec lui. Il est vrai que la visite de Mme la duchesse d'Orléans fit tout aussitôt du bruit ; mais sa présence d'esprit y mit le remède. Le dessein de mettre ses filles en religion avoit été entendu de quelques dames parmi cet air de secret, et passa aussitôt pour l'objet de la visite. La chose me revint de la sorte par des dames du palais de mes amies, et nous en rîmes bien, M. [le duc] et Mme la duchesse d'Orléans et moi.

Le roi retourna à Marly le lundi 26 mai, et c'est le seul

voyage que j'aie manqué depuis l'audience qu'il m'avoit accordée. M. [le duc] et Mme la duchesse d'Orléans, qui trouvèrent que je leur y manquois fort m'en écrivirent souvent, et me firent aller plusieurs fois à l'Étoile et à Saint-Cloud faire des repas rompus pour avoir lieu de m'entretenir sans afficher les rendez-vous. J'en avois un de ceux-là à Saint-Cloud le jour de l'Ascension (29 mai), mais Bignon m'ayant envoyé prier à dîner, qui étoit le signal de la réponse dont lui et moi étions convenus, je le mandai à M. le duc d'Orléans, et le priai de faire son repas sans moi, mais de m'attendre au sortir du mien, que j'irois lui dire ce que j'aurois appris. J'allai de bonne heure chez Bignon. Il acheva quelque chose qu'il faisoit dans son cabinet, et me mena après dans sa galerie. Là il me dit qu'il avoit raconté à Mlle Choin les choses principales de notre conversation, et celles qui étoient les plus propres à la porter à entrer en commerce avec M. [le duc] et Mme la duchesse d'Orléans, qu'elle se sentoit très-obligée à leur désir, mais que n'étant que déjà trop vue, elle ne vouloit augmenter ni le nombre ni l'éclat de ceux qu'elle voyoit; que les uns étoient de ses amis particuliers, les autres des gens que Monseigneur avoit désiré qu'elle vît; qu'elle ne voyoit personne de nouveau d'elle-même, mais seulement par Monseigneur, et de lui-même sans qu'elle le proposât, et quantité de fausses excuses et de verbiages semblables, qu'elle l'avoit même grondé de s'être chargé de la commission. Puis s'ouvrant avec moi davantage, il me dit franchement qu'elle craignoit à tel point le caractère de M. le duc d'Orléans que pour rien au monde, elle ne lieroit avec lui, qui d'ailleurs étoit trop mal avec Monseigneur pour qu'elle l'osât faire; qu'à l'égard de Mme la duchesse d'Orléans, elle l'estimoit et seroit volontiers portée à la voir, mais qu'au point où elle en étoit avec Mme la Duchesse, et dont celle-ci étoit mal avec cette sœur, elle croiroit lui manquer essentiellement si elle entroit en commerce avec son ennemie; que, quoi que Bignon eût pu lui dire sur Mme la Duchesse, il n'avoit pu l'ébranler, et qu'il n'étoit pas possible pour peu que ce fût de l'en détacher; qu'encore que Mlle Choin pût connoître de Mme la Duchesse, elle se louoit tellement de son amitié et de ses soins qu'elle se persuadoit que le tout étoit sincère ; qu'en un mot, elle lui avoit fermé la bouche sur M. et Mme la duchesse d'Orléans, et défendu de lui en jamais plus parler, non en air de chagrin et de colère, mais au contraire d'amitié, comme ayant si fortement pris son parti là-dessus que rien n'étoit capable de la faire changer, par quoi elle n'en vouloit pas être tourmentée. C'en fut assez pour me fermer la bouche à moi-même.

Je remerciai fort Bignon, qui ne désira point que je rendisse ce détail à M. [le duc] et à Mme la duchesse d'Orléans, mais bien que je leur disse clairement que Mlle Choin s'excusoit respectueusement de les voir sur l'obscurité qu'elle recherchoit, avec force beaux compliments, et que je leur fisse entendre que toute tentative étoit désormais superflue. Je dis encore deux mots à Bignon en conformité de notre conversation de Versailles, afin qu'il ne demeurât pas convaincu que son amie eût raison, comme en effet il ne le demeura pas, avec quoi nous mîmes fin à ce propos, et moi à mon dessein de ce côté-là. Je parus gai à l'ordinaire pendant le dîner, je demeurai du temps après avec la compagnie pour ne point laisser sentir d'empressement, et je vins ensuite chez moi prendre six chevaux et m'en aller à Saint-Cloud. J'y trouvai M. [le duc] et Mme la duchesse d'Orléans à table avec Mademoiselle et quelques dames, dans une ménagerie la plus jolie du monde, joignant la grille de l'avenue près le village, qui avoit son jardin particulier, charmant, le long de l'avenue. Tout cela étoit, sous le nom de Mademoiselle, à Mme de Maré sa gouvernante. Je m'assis et causai avec eux; mais l'impatience de M. le duc d'Orléans ne lui permit pas d'attendre sans me demander si j'étois bien content et bien gaillard. « Entre-deux, » lui dis-je, pour éviter de troubler le repas, mais il se leva de table aussitôt, et m'emmena dans le jardin.

Là je lui rendis compte du peu de succès de la négociation, et par ce récit, quoique ménagé, je l'affligeai beaucoup. Il revint à table parler bas à Mme la duchesse d'Orléans; le reste du repas fut triste et abrégé. En sortant de table elle m'emmena dans un cabinet, où je fus assez longtemps seul avec elle, et où sur la fin M. le duc d'Orléans nous vint trouver. Je leur dis que cette impatience de savoir, et cette tristesse après avoir su, convenoit mal avec la compagnie et avec le domestique, et deviendroit nouvelle, et matière de curiosité; qu'il falloit se promener et après cela raisonner. M. le duc d'Orléans, toujours extrême, dit qu'il ne s'en soucioit point; et sur la chose même nous tint des propos d'aller planter ses choux dans ses maisons, qui ne revenoient à rien et qui lui étoient ordinaires quand il étoit mécontent. Mme la duchesse d'Orléans fut de mon avis. Enfin à grand'peine nous visitâmes la ménagerie qu'ils me montrèrent, d'où nous allâmes nous promener en calèche dans les jardins de Saint-Cloud. Sur le soir, ayant mis pied à terre dans ceux de l'orangerie, ils s'y promenèrent tous deux quelque temps seuls avec moi à l'écart. Je leur dis que pour tout ceci il ne falloit pas perdre courage; que dès l'entrée de l'affaire nous avions compris qu'elle ne s'emporteroit que d'assaut; que dans la suite cette pensée de Mlle Choin m'étoit venue comme une chose bonne à tenter, mais fort peu sûre à s'y appuyer; qu'au fond c'étoit une honnêteté qui ne pouvoit être prise qu'en bonne part par cette créature, et par Monseigneur même, quoique rejetée; que le meilleur étoit que je m'étois tenu parfaitement clos et couvert sur le mariage, dont je n'avois pas laissé sentir le moindre vent; qu'au fond nous avions toute la force et l'autorité pour nous, puisqu'ils avoient Mme la duchesse de Bourgogne, Mme de Maintenon et le roi même déclarés pour le mariage, lequel s'en étoit nettement expliqué avec M. le duc d'Orléans; que c'étoit ces voies qu'il falloit suivre et suivre vivement; que ceci marquoit deux choses : la première qu'il étoit perdu si le mariage ne se faisoit point; l'autre que, s'il retardoit, il ne se feroit jamais, partant que c'étoit à lui à prendre ses mesures là-dessus. Je ne leur rendis point les détails que Bignon m'avoit engagé à taire, mais je leur en dis assez pour leur faire bien sentir le tout.

J'étois convenu avec M. [le duc] et Mme la duchesse d'Orléans qu'ils feroient confidence à Mme de Maintenon et à Mme la duchesse de Bourgogne de leur démarche auprès de Mlle Choin, mais sans me nommer, ni le canal de cette démarche. Elles l'avoient goûtée, et le roi, à qui elles l'avoient dit, l'avoit approuvée. Ma raison d'en avoir été d'avis étoit de leur marquer dépendance et confiance entière pour les engager de plus en plus, et, si la démarche ne réussissoit pas, leur faire plus de peur de l'éloignement de Monseigneur, et du concert et du pouvoir sur lui de la cabale qui le dominoit. Je conseillai donc fortement à M. [le duc] et à Mme la duchesse d'Orléans de faire un grand usage de ce refus. Je leur inculquai le plus fortement qu'il me fut possible, que, si dans ce reste de Marly ils ne venoient à bout du mariage, jamais il ne se feroit, parce que l'ardeur du roi diminueroit, son embarras sur Monseigneur augmenteroit, les impressions de la lettre qui avoit déterminé le roi s'éloigneroient et s'effaceroient, Monseigneur, par Mme la Duchesse et par les Meudons, où la Choin étoit toujours, se fortifieroit, l'affaire ainsi éloignée s'évanouiroit par insensible transpiration; que par cela même qu'ils seroient, eux, justement fâchés, touchés, mécontents, [ils deviendroient à charge au roi, qui, embarrassé avec eux de ses ouvertures, et outré qu'ils vissent à découvert qu'il n'osoit parler ni exiger de Monseigneur, s'éloigneroit absolument d'eux, tellement que, mal pour le présent, ils devoient penser ce qu'ils pourroient devenir pour l'avenir, surtout si la même foiblesse d'une part, et la même force de cabale de l'autre, emportoit le mariage de Mlle de Bourbon, comme il y avoit peu à en douter. Après un raisonnement si nerveux, et que tous deux approuvèrent sans le moindre débat, Mme la duchesse d'Orléans rentra au château pour écrire au P. du Trévoux. Je suivis M. le duc d'Orléans à rejoindre la compagnie, qui un moment après s'éparpilla.

M. le duc d'Orléans se mit à l'écart avec Mademoiselle, et moi par hasard avec Mme de Fontaine-Martel. Elle étoit fort de mes amies et très-attachée à eux, et, comme je l'ai rapporté en son lieu, c'étoit elle qui m'avoit relié avec M. le duc d'Orléans. Elle sentit bien à tout ce qu'elle vit là qu'il y avoit quelque chose sur le tapis, et ne douta point qu'il ne s'agît du mariage de Mademoiselle. Elle me le dit sans que j'y répondisse, ni que je lui donnasse lieu de le croire par un air trop réservé. Prenant occasion de la promenade de M. le duc d'Orléans avec Mademoiselle, elle me dit confidemment qu'il feroit bien de hâter ce mariage s'il voyoit jour à le faire, parce qu'il n'y avoit rien d'horrible qu'on n'inventât pour l'empêcher; et sans se faire trop presser elle m'apprit qu'il se débitoit les choses les plus horribles de l'amitié du père pour la fille. Les cheveux m'en dressèrent à la tête. Je sentis en ce moment bien plus vivement que jamais à quels démons nous avions affaire, et combien il étoit pressé d'achever. Cela fut cause qu'après nous être promenés assez longtemps après la fin du jour, je repris M. le duc d'Orléans comme il rentroit au château, et lui dis qu'encore un coup il avisât bien à ses affaires, qu'il n'y avoit aucune ressource pour lui si le mariage ne se faisoit, et qu'en comptant bien là-dessus il ne comptât pas moins que, si dans le reste de ce Marly il ne l'emportoit jusqu'à la déclaration, jamais il ne se feroit.

Soit par ce qui avoit précédé, soit par cette vive reprise, je le persuadai, et le laissai plus animé et plus encouragé d'agir que je ne l'avois encore vu. Il s'amusa je ne sais où dans la maison. Je fis encore quelques tours de parterre avec Mme de Maré, ma parente et mon amie de tout temps, où on me vint dire que Mme de Fontaine-Martel me demandoit au château. En y entrant on me fit passer dans le cabinet où Mme la duchesse d'Orléans écrivoit. C'étoit elle qui, sous cet autre nom, m'avoit envoyé chercher. Mme de Fontaine-Martel lui avait dit dans cet entre-deux de temps l'horreur dont elle m'avoit glacé, et Mme la duchesse d'Orléans en vouloit raisonner avec moi. Nous déplorâmes ensemble le malheur d'avoir affaire à de telles furies. Elle me protesta que l'apparence n'y étoit pas même avec une étrangère, combien moins avec une fille, que M. le duc d'Orléans avoit tendrement aimée dès l'âge de deux ans, où il pensa se désespérer dans une grande maladie qu'elle eut, pendant laquelle il la veilloit jour et nuit, et que toujours depuis cette tendresse avoit été la même, et fort au-dessus de celle qu'il avoit pour son fils. Nous convînmes qu'il étoit non-seulement cruel et inutile d'en parler à M. le duc d'Orléans, mais dangereux pour n'augmenter pas son embarras et ses peines, mais aussi qu'il n'y avoit pas une minute de temps à perdre pour finir le mariage. Enfin ils partirent dans la ferme résolution de redoubler de force et de courage pour précipiter le mariage, et de faire leurs derniers efforts pour une très-prompte conclusion.

Dès le lendemain vendredi, ils firent bon usage auprès de Mme la duchesse de Bourgogne et de Mme de Maintenon du refus opiniâtre de Mlle Choin, que je leur avois porté à Saint-Cloud, qui, par Mme la duchesse de Bourgogne et Mme de Maintenon, passa au roi avec tout l'assaisonnement nécessaire le même soir du vendredi. Le lendemain matin samedi, M. le duc d'Orléans parla au roi, et lui demanda avec cette sorte de hardiesse qui quelquefois ne lui déplaisoit pas, quand ce n'étoit pas pour le contredire, ce qu'il faisoit dans ses cabinets de d'Antin qui y étoit toujours, et qui étoit si bien avec Monseigneur, s'il ne lui étoit pas bon à lui faire entendre raison. Le roi rejeta cette ouverture avec cette sorte de mépris pour d'Antin, qui persuaderoit aux gens des dehors qu'un homme est perdu, mais qui aux intérieurs et aux connoisseurs ne faisait qu'augmenter l'opinion du crédit de ce même homme, parvenu à toute familiarité, et dont l'apparent mépris ne servait qu'à cacher tout son pouvoir à celui-là même qui, croyant de bonne foi le mépriser, et le voulant parfois montrer aux autres dans des occasions importantes, n'en étoit que moins en garde contre lui, et de plus en plus en proie à l'autorité qu'il lui laissoit usurper sur lui-même. Mais le roi, pressé de la sorte sans le trouver mauvais, et par cette proposition de se servir de d'Antin, piqué de son propre embarras sur Monseigneur qu'il voyoit clairement aperçu, et [dont] il craignit les suites, promit de nouveau, et si positivement, à son neveu qu'il agiroit incessamment, qu'il n'y eut pas matière à réplique.

En effet, le lendemain matin dimanche, le roi saisit enfin Monseigneur dans son cabinet, où, après un court préambule, il lui proposa le mariage. Il le fit d'un ton de père mêlé de ton de roi et de maître, qu'adoucit la tendresse avec une mesure si juste et si compassée, qu'elle ne fit que faciliter, sans donner courage à la résistance, manière rare, mais très-ordinaire et facile au roi, quand il vouloit s'en servir. Monseigneur hésita, balbutia; le roi pressa, profitant de son trouble. Je n'entre pas dans un plus grand détail, parce qu'il n'en est pas venu jusqu'à moi davantage. Finalement Monseigneur consentit et donna parole au roi, mais il lui demanda la grâce de suspendre la déclaration de quelques jours pour lui donner le temps de s'accoutumer et d'achever de se résoudre avant que l'affaire éclatât. Le roi donna à l'obéissance et à la répugnance de son fils le temps illimité qu'il lui demanda, et encore une fois prit sa parole pour éviter toute remontrance et tout effort de cabale, le pria de se vaincre le plus tôt qu'il pourroit, et de l'avertir dès qu'il pourroit souffrir la déclaration.

Le coup décisif ainsi frappé, le roi, infiniment à son aise, le dit à son neveu une demi-heure après, lui permit de porter cette bonne nouvelle à Mme la duchesse d'Orléans, trouva bon qu'il en parlât à Mme la duchesse de Bourgogne et à Mme de Maintenon uniquement et à la dérobée, et imposa sur tout le reste un silence exact à sa bouche et jusqu'à sa contenance. M. le duc d'Orléans lui embrassa les genoux, car il étoit seul avec lui, lui exprima sa juste reconnoissance, et le supplia instamment de ne lui pas refuser d'avancer une si grande joie à Mademoiselle, en lui répondant de son secret. Après l'avoir obtenu, il lui représenta avec respect, mais sans empressement, pour ne le pas gêner, combien Madame auroit lieu de se plaindre de lui, s'il ne la mettoit pas dans la confidence. Le roi trouva bon que, sous le même secret, il le lui dît aussi, en la priant de sa part de ne lui en parler pas à lui-même. M. le duc d'Orléans alla tout de suite chez Madame, qui, ne s'étant jamais flattée que ce mariage pût réussir, et ayant parfaitement ignoré toutes les démarches qui s'étoient faites, se trouva tout à coup comblée de la plus extrême joie; de là il monta chez Mme la duchesse d'Orléans, où, à portes fermées, ils se livrèrent ensemble à toute la leur. Bientôt après ils s'en allèrent tous deux à Saint-Cloud, et revinrent de bonne heure, en grand désir de voir la déclaration éclater.

D'Antin avoit écumé depuis le jeudi jusqu'au dimanche, car les dates sont ici importantes, que M. le duc d'Orléans avoit donné une lettre au roi qu'il lui avoit écrite, et s'étoit écrié en l'apprenant qu'il ne comprenoit pas comment il avoit pu faire pour la donner en son absence, tant il fut frappé du fait. Ce fut un trait qui nous revint bientôt, et qui nous montra à plein combien il étoit attentif à espionner et à contraindre M. le duc d'Orléans dans les cabinets du roi, dans la crainte du mariage. Or le jeudi fut le jour que Bignon me fit la réponse négative de Mlle Choin que je fus tout de suite porter le même jour à Saint-Cloud, et le dimanche suivant est le jour auquel le roi parla à Monseigneur, et tira parole de lui pour le mariage. Entre ces deux jours-là je n'ai pu démêler celui où d'Antin apprit que M. le duc d'Orléans avoit donné une lettre au roi; mais ce ne fut certainement que ce jeudi même ou un des deux [jours] suivants. Par ce qui suivit, et que j'expliquerai en son lieu, je ne puis douter que la Choin, à qui Bignon voulut me nommer, et à qui je permis, comme je l'ai dit, se hâta d'avertir Monseigneur et Mme la Duchesse de la démarche que M. [le duc] et Mme la duchesse d'Orléans avoient faite, vers elle par moi, par l'entremise de Bignon.

Ces notions, qui se suivirent coup sur [coup] si fort en cadence, après des mouvements peu éloignés qui avoient été remarqués à l'autre Marly, réveillèrent la cabale; et comme elle n'étoit pas intéressée au secret sinon de ses notions, il en échappa à quelqu'un d'eux assez pour que, dès le samedi au soir, veille du dimanche que le roi parla enfin à Monseigneur, il se murmurât bien bas dans le salon quelque bruit sourd et incertain du mariage comme d'une chose qui s'alloit faire, mais qui demeura entre les plus éveillés et les plus instruits. Monseigneur, qui n'avoit osé résister au roi pour la première fois de sa vie, lui demanda peut-être ce délai illimité de la déclaration, dans l'embarras où il se trouva avec Mme la Duchesse et sa cabale, qui, sur ce que je viens d'expliquer, étoit bien en émoi, mais fort éloignée de croire rien d'avancé, et que Monseigneur voulut avoir le temps de les y préparer. Quoi qu'il en soit, le lundi 2 juin, le lendemain du jour que le roi avoit parlé la première fois à Monseigneur, le roi prit en particulier M. le duc de Berry le matin, et lui demanda s'il seroit bien aise de se marier. Il en mouroit d'envie, comme un enfant qui croit en devenir plus grand homme et plus libre, et en qui on avoit pris soin des deux côtés d'en nourrir le désir. Mais il étoit tenu de longue main dans la crainte secrète de Mlle de Bourbon et dans le désir de Mademoiselle, par Mgr le duc de Bourgogne et surtout par l'adresse de Mme la duchesse de Bourgogne, avec qui il vivoit dans la plus intime amitié et confiance. Il sourit donc à la question du roi et lui répondit modestement qu'il attendroit sur cela tout ce qui lui plairoit de faire sans empressement et sans éloignement. Le roi lui demanda ensuite s'il n'auroit point de répugnance à épouser Mademoiselle, la seule en France, ajouta-t-il, qui pût lui convenir, puisque, dans les conjonctures présentes, on ne pouvoit songer à aucune princesse étrangère. M. le duc de Berry répondit qu'il obéiroit au roi avec plaisir. Aussitôt le roi lui déclara qu'il avoit le dessein de faire incessamment le mariage, que Monseigneur y consentoit, mais il lui défendit d'en parler. Sortant de chez le roi, M. le duc de Berry fut courre le loup avec Monseigneur et Mgr le duc de Bourgogne, et la chasse même fut assez longue.

Cette même journée, M. [le duc] et Mme la duchesse d'Orléans l'allèrent encore passer à Saint-Cloud. Il faisoit déjà chaud alors, et le roi sortoit plus tard pour la promenade. Monseigneur ne lui avoit point reparlé du mariage, mais d'Antin le devina ou le sut par Monseigneur, et se tourna lestement à en hâter la déclaration pour s'en faire un mérite. En cette saison le roi donnoit chez lui les premiers temps de l'après-dînée au ministre qui aux jours d'hiver travailloit le soir avec lui chez Mme de Maintenon, se promenoit après, rentroit tard chez elle et y travailloit seul et souvent point. D'Antin, occupé de son projet, entra par les derrières dans les cabinets aussitôt que le travail fut achevé. Il y hasarda des demi-mots qui firent que le roi lui dit le mariage. Il applaudit avec cet engouement de flatterie qu'il avoit si fort en main et qui lui coûtoit si peu pour les choses qui le fâchoient le plus et avec cette liberté qu'il savoit usurper si à propos; il dit au roi qu'il ne savoit pas pourquoi [on faisoit] un mystère d'une affaire aussi convenable et déjà même si découverte, qu'à l'heure même qu'il en faisoit un secret dans son cabinet, plusieurs gens s'en parloient à l'oreille dans le salon. En ce moment Monseigneur entra dans le cabinet, ou naturellement et revenant de la chasse, ou de concert avec d'Antin pour lui en procurer le gré, et s'épargner la peine de reparler au roi de chose qui lui étoit si peu agréable. Le roi et d'Antin continuèrent cette conversation devant lui. Cela donna occasion et courage au roi de lui demander que lui en sembloit, et d'ajouter tout de suite que, puisque la chose commençoit à se savoir, autant valoit-il aller de ce pas, avant la promenade, faire la demande à Madame. Monseigneur s'y laissa aller comme il avoit fait au mariage, mais pour cette fois sans résistance.

A l'instant le roi envoya chercher Mgr le duc de Bourgogne, à qui, pour la forme, ils dirent ce qu'il savoit bien, et aussitôt après sortirent tous trois par le second cabinet, vis-à-vis la porte duquel étoit celle de la chambre de Madame, le petit salon entre-deux, et entrèrent chez elle. Pendant ce moment de Mgr le duc de Bourgogne, d'Antin sortit, s'alla montrer gaiement dans le salon, où il dit ce qui se passoit pour l'avoir dit le premier, et avisant à travers la porte vitrée du salon un laquais à lui dans le petit salon de la Perspective, où tous les valets attendoient leurs maîtres, il l'envoya à pied à Saint-Cloud porter verbalement cette nouvelle de sa part, pour ne perdre pas de temps à seller un cheval et à écrire. Du moment qu'il eut dit ce qu'il savoit, il se fit une telle presse à la porte du petit salon de la chapelle de tout ce qui se trouva dans le salon, qu'on s'y étouffoit à qui verroit passer et repasser le roi. Madame, qui écrivoit à son ordinaire, et qui savoit ce qui se devoit passer, ne douta plus que le moment n'en fût arrivé, dès qu'elle vit entrer chez elle le roi, Monseigneur et Mgr le duc de Bourgogne. Le roi lui fit en forme la demande de Mademoiselle. On peut juger si elle l'accorda et quelle fut son extrême joie. Le roi envoya chercher M. le duc de Berry et le présenta à Madame sur le pied de gendre. Tout cela fut fort court, le roi repassa chez lui par ses cabinets, et de là dans ses jardins. Dès qu'on l'y eut vu entrer, toute la cour fondit chez Madame et de là chez Monseigneur et chez M. le duc de Berry, chacun avide de se faire voir et plus encore de pénétrer les visages. Si peu de gens et depuis si peu en avoient eu de simples soupçons, que cette déclaration subite jeta tout le monde dans le plus grand étonnement. La rage pénétra les uns et jusqu'aux plus indifférents de la cour et de la ville ; ce mariage ne fut approuvé de personne, par les raisons que j'ai expliquées dès l'entrée du récit de cette puissante intrigue. Mais il est des choses dont on ne peut et on ne doit pas rendre raison, et alors il faut laisser dire. Tel fut le coup de foudre qui tomba sur Mme la Duchesse, si à coup[1] au premier voyage de ses filles à Marly. Je n'ai point su ce qui se passa chez elle dans ces étranges moments, où j'aurois acheté cher une cache derrière la tapisserie. M. [le duc] et Mme la duchesse d'Orléans revenoient de Saint-Cloud, lorsqu'ils rencontrèrent ce laquais de d'Antin, qui les arrêta et qui poursuivit après son chemin vers Mademoiselle.

On peut juger du soulagement de M. [le duc] et de Mme la duchesse d'Orléans. En arrivant ils allèrent droit chez Monseigneur, qui étoit à table chez lui, faisant un retour de chasse avec des dames et Mgrs ses fils. Débarrassé de l'éclat et bon homme au fond, il ne voulut pas déplaire au roi par une mauvaise grâce inutile; il prit donc en les voyant entrer un air non-seulement gai, mais épanoui; il les embrassa et les fit embrasser par Mgrs ses fils, leur présentant le second comme leur gendre, et voulut que les plus considérables de la table les embrassassent aussi. Il fit asseoir Mme la duchesse d'Orléans près de lui, lui prit les mains à sept ou huit reprises, l'embrassa cinq ou six autres, but au beau-père, à la belle-mère, à la belle-

---

1. Si à l'improviste.

fille sous ses noms, porta leurs santés à la compagnie, et quoique M. et Mme d'Orléans ne fussent pas à table, les fit boire à lui et faire raison aux autres, en un mot, on ne vit jamais Monseigneur si gai, si occupé, si rempli de quelque chose. Le repas fut allongé, les santés réitérées, en un mot, allégresse complète. De leur vie, M. [le duc] et Mme la duchesse d'Orléans ne furent si surpris que d'une réception si fort inespérée. On peut croire qu'ils n'eurent pas peine à faire merveilles de joie, de reconnoissance, de respect. Mme la duchesse de Bourgogne, qui se tint toujours là, anima tout, et Mgr le duc de Bourgogne fut si aise et du mariage, et de le voir si bien pris, qu'il en haussa le coude jusqu'à tenir des propos si joyeux, qu'il ne pouvoit les croire le lendemain. Monseigneur poussa la chose jusqu'à vouloir mener le lendemain M. le duc de Berry à Saint-Cloud voir Mademoiselle; mais le roi, plus mesuré, dit qu'il falloit qu'elle le vînt voir auparavant, qu'il lui présenteroit le duc de Berry, et que ce ne seroit que le surlendemain, pour donner un jour à la préparation de l'entrevue.

Le retour de chasse et la visite achevée, M. [le duc] et Mme la duchesse d'Orléans, allèrent chez Mme la Duchesse lui donner part du mariage auquel en effet elle en prenoit tant. Soit que dans ces premiers moments elle craignît les compliments et les curieux, soit qu'elle ne sût que devenir, comme il arrive dans ces crises d'angoisses, elle étoit sortie de chez elle et se promenoit dans les jardins, fort peu accompagnée. Mme la duchesse d'Orléans parla la première, et lui fit excuse de n'avoir pu le lui dire plus tôt sur ce qu'elle arrivoit de Saint-Cloud et ne faisoit que sortir de chez Monseigneur. Le remercîment fut d'un froid à glacer. M. le duc d'Orléans prit un peu la parole pour les soulager toutes deux; ensuite Mme la duchesse d'Orléans, pour adoucir ces premiers moments, ou plutôt pour agir en conformité de la lettre de M. le duc d'Orléans au roi qui détermina le mariage, dit à Mme la duchesse que ce qui lui faisoit un nouveau plaisir dans une affaire si agréable étoit qu'il y avoit dans leur famille de quoi se communiquer une alliance si honorable. A l'instant Mme la Duchesse échappant à elle-même : « Quoi ! votre fille ? répondit-elle d'un ton aigre ; mon fils quant à présent est un trop mauvais parti, ses affaires sont dans un désordre étrange, on lui dispute tout, et on ne sait encore ce qui lui restera de bien, et votre fille est trop jeune pour la pouvoir marier. » Mme la duchesse d'Orléans, à mon avis trop bonne d'avoir dès lors fait cette ouverture, et trop douce de l'avoir après continuée, repartit que M. le Duc auroit toujours de quoi la satisfaire, ce que M. le duc d'Orléans reprit aussi, et Mme la duchesse d'Orléans ajouta l'âge de Mlle sa fille. Mme la Duchesse le disputa pour la soutenir trop jeune, et toutes deux poussèrent jusqu'aux dates et aux époques ; Mme la Duchesse vaincue, conclut plus aigrement encore qu'elle ne vouloit marier son fils de longtemps. La pluie et le beau temps relevèrent quelques moments de silence. Mme la duchesse d'Orléans dit qu'elle avoit beaucoup d'affaires, et pria Mme la Duchesse de tenir sa visite pour reçue, puisqu'elle alloit chez elle lorsqu'elle l'avoit rencontrée dans le jardin. Mme la Duchesse se jeta aux compliments et dit qu'elle monteroit incessamment chez elle. Mme la duchesse d'Orléans la pria de n'en rien faire, M. le duc d'Orléans aussi, enfin ils se quittèrent réciproquement les visites, et se séparèrent, Mme la Duchesse soulagée d'avoir au moins insolenté sa sœur, et celle-ci riant de bon cœur de cette rage montée au point de ne la pouvoir cacher. Je supprime le reste de cette belle journée pour M. [le Duc] et Mme la duchesse d'Orléans ; mais cette visite à Mme la Duchesse m'a paru trop plaisante et trop curieuse pour ne la pas rapporter.

CHAPITRE XIV.

Mme de Blansac, et sa rare retraite, et son rare héritage. — Fortune de ses enfants. — J'apprends la déclaration du mariage de M. le duc de Berry avec Mademoiselle. — Spectacle de Saint-Cloud. — Vive, dernière et inutile attaque de Mme la duchesse d'Orléans à moi, sur la place de dame d'honneur. — Oubli sur l'audience de Mme la duchesse de Bourgogne à Mme de Saint-Simon. — Présentation de Mademoiselle à Marly. — Consultation entre le roi, Mme de Maintenon et Mme la duchesse de Bourgogne, sur une dame d'honneur. — Bruit à Marly sur Mme de Saint-Simon, et mouvements. — Le chancelier, par l'état des choses, change d'avis sur la place de dame d'honneur. — Avis menaçant de nos amis. — Mme la duchesse de Bourgogne nous fait avertir du péril du refus, et de venir à Versailles. — Nous nous résolvons par vive force à accepter. — Conspiration de toutes les personnes royales à vouloir Mme de Saint-Simon. — Singulier dialogue bas entre M. le duc d'Orléans et moi. — Mme la duchesse de Bourgogne me fait parler sur le péril du refus. — Droiture et bonté de cette princesse. — Propos très-francs de moi à M. [le duc] et à Mme la duchesse d'Orléans sur la place de dame d'honneur.

Ce même lundi, 2 juin, nous allâmes, Mme de Saint-Simon et moi, dîner à Saint-Maur avec Mme de Blansac, à qui Mme la Duchesse avoit prêté le petit château, c'est-à-dire la maison que feu M. le Duc avoit eue de la déconfiture de la Touanne, et qu'il avoit enfermée dans ses jardins. J'ai assez expliqué ailleurs quelle étoit Mme de Blansac. J'ajouterai seulement qu'ayant mangé plus de deux millions à elle ou à Nangis, son fils du premier lit, et mieux encore sans avoir jamais, elle ni Blansac, montré aucune dépense, elle emprunta cette maison pour y prendre du lait, et y est demeurée vingt ans sans en sortir : sur la fin de sa vie elle revint à Paris, où elle devint riche par la succession de M. de Metz, qui jusqu'à la mort, lui dit et lui fit dire qu'il ne lui donneroit rien, et qui en même temps qu'il l'en persuadoit lui avoit tout donné, comme il parut par son testament. Les deux fils du premier et du second lit de Mme de Blansac ont été plus heureux que père et mère. Nangis est mort maréchal de France, chevalier de l'ordre et chevalier d'honneur de la reine avec toute sa confiance; l'autre, outre ce grand bien de M. de Metz, enrichi par d'autres voies dont il n'a négligé aucune, a eu un brevet de duc, en épousant une fille du duc de La Rochefoucauld. Il me faut passer cette courte digression assez mal placée, mais dont je n'aurois su où placer mieux la singularité.

Revenant de Saint-Maur où nous avions passé presque la journée avec l'abbé de Verteuil, frère du duc de La Rochefoucauld que nous y avions mené, rentrant chez moi sur les sept heures du soir, je trouvai un billet de M. le duc d'Orléans qu'un de ses gens avoit apporté fort peu après midi, comme cela m'arrivoit souvent pendant ce Marly. Je n'ouvris le billet que lorsque, monté chez ma mère, j'y fus seul avec elle et Mme de Saint-Simon; le dessus étoit de l'écriture de M. le duc d'Orléans, le dedans, fort court, de celle de Mme la duchesse d'Orléans, dont les trois premiers mots étoient ceux-ci : *Veni, vidi, vici.* Elle ajoutoit que je verrois bien que c'étoit M. le duc d'Orléans qui les avoit dictés, et sans en dire davantage, m'imposoit le secret jusqu'à la déclaration qui ne tarderoit pas. Après ma première effusion de joie, à laquelle, par un secret pressentiment, Mme de Saint-Simon ne prit qu'une part de complaisance, j'entrai en inquiétude du délai de la déclaration. Tandis que j'agitois ce qui pouvoit la retarder, on m'annonça un valet de pied de M. le duc d'Orléans qui, sans lettre me vint apprendre de la part de Mademoiselle la déclaration de son mariage, et qu'elle m'envoya dans l'instant qu'elle l'eut apprise, par le laquais que d'Antin lui avoit dépêché de

Marly. Alors ma joie fut complète : le triomphe et la sûreté de ceux à qui j'étois attaché, la surprise et l'extrême dépit de ceux à qui je ne l'étois pas, l'amour-propre d'un tel succès où j'avois eu une part si principale en tant de sortes, la différence entière qui en résultoit pour ma situation présente et future, toutes ces choses me flattèrent à la fois. J'écrivis aussitôt à M. [le duc] et Mme la duchesse d'Orléans qui le lendemain matin mardi me mandèrent de les aller trouver ce même jour à Saint-Cloud, de bonne heure.

Ce voyage fut bien différent du dernier, où je leur avois porté la négative de la Choin. Mme de Saint-Simon et moi trouvâmes Saint-Cloud retentissant de joie. La foule brillante y étoit déjà ; tout s'empressa de me témoigner sa joie : je fus complimenté de chacun, environné sans cesse. A un accueil si surprenant, je me crus presque le visité. La plupart me parlèrent de cette grande affaire comme de mon ouvrage, ce que je ne fis jamais semblant d'entendre. Environné, accolé, entraîné de part et d'autre, dont Mme de Saint-Simon eut aussi toute sa part, je fus poussé à travers ce vaste appartement, au fond duquel étoit Mademoiselle avec Mme la princesse de Conti, Mlles ses filles et un groupe de personnes considérables qui de Marly et de Paris étoient accourues. Sitôt que Mademoiselle m'aperçut, elle s'écria, courut à moi, m'embrassa des deux côtés, et tout de suite me prit par la main, laissa là tout le monde, et du salon me mena dans l'orangerie qui y est contiguë, et l'enfila. Là, en liberté de ce grand monde qui ne nous voyoit que de loin, elle se répandit en remercîments dont ma surprise fut telle que je demeurai sans répondre. Elle le sentit et croyant m'en tirer, elle m'y plongea de plus en plus en me racontant les choses principales que j'avois faites ou conseillées sur son mariage, et y mit le comble en m'apprenant que M. le duc d'Orléans lui contoit tout à mesure ; qu'elle n'avoit jamais rien ignoré de tout ce qui s'étoit passé dans cette affaire ; que c'étoit pour cela qu'elle sortoit presque toujours du cabinet de Mme la duchesse d'Orléans dès que j'y entrois et avant qu'on le lui dît, et m'avoua qu'elle avoit souvent observé mon visage entrant et sortant de ces conversations.

A un si étonnant récit je ne pus désavouer la vérité des faits, ni m'empêcher de m'écrier sur la facilité de M. son père à lui faire de telles confidences. Tout cela fut coupé par des témoignages de la plus vive reconnoissance dont l'esprit, les grâces, l'éloquence, la dignité et la justesse des termes ne me surprirent pas moins, mêlés d'élans et de trouble de joie qu'elle ne contraignit pas avec moi. Elle me dit que j'avois tout perdu, et qu'elle m'avoit bien regretté une demi-heure auparavant; que Mme la Duchesse étoit venue avec Mlles ses filles lui faire leurs compliments; que cette bonne tante avoit essayé de voiler son désordre par une joie si feinte, que la sienne s'en étoit augmentée; qu'elle lui avoit présenté Mlles ses filles déjà avec un air de respect, en la suppliant de conserver de la bonté pour elles, à quoi elle avoit malignement répondu qu'elle les aimeroit toujours autant qu'elle avoit fait, m'ajoutant en riant de bon cœur qu'elle n'y auroit pas grand'peine. Mme la Duchesse abrégea sa visite en témoignant son regret de n'avoir pas trouvé M. [le duc] et Mme la duchesse d'Orléans à Saint-Cloud, et se retira comme avec avidité de se délivrer d'un état si violent. Mademoiselle me dit qu'elle l'avoit conduite, et malicieusement affecté de lui céder partout la droite et les portes, quoique toutes ouvertes, et que Mme la Duchesse l'avoit si bien senti, qu'elle lui avoit fait des reproches comme d'amitié de ce qu'elle la traitoit ainsi avec cérémonie, dont elle s'étoit donné le plaisir de ne s'en point départir jusqu'au bout.

Elle me conta ensuite comment M. le duc d'Orléans lui avoit appris son bonheur, combien elle avoit été fidèle au secret, enfin le beau message de d'Antin, dont elle se moqua fort, sur lequel elle m'avoit dépêché aussitôt, sachant tout ce que j'y avois fait. On ne peut comprendre le nombre de choses qui se dirent en tête à tête en nous promenant dans cette orangerie, pendant une demi-heure. La duchesse de La Ferté le vint interrompre, d'où incontinent nous nous retrouvâmes dans le gros du monde, que je laissai aussitôt pour aller faire mes compliments à Madame qui écrivoit, et qui me reçut avec des larmes de joie. En même temps Mme de Saint-Simon étoit environnée de foule et de compliments, et de gens qui lui en faisoient d'autres à découvert sur ce qu'elle alloit être dame d'honneur de la future duchesse de Berry. Elle répondit avec modestie sur son incapacité, son âge, ses empêchements, sur le grand nombre d'autres personnes convenables, et parmi tout cela fit si bien sentir ce qu'elle sentoit elle-même, qu'il lui fut dit par Mme de Châtillon qu'elle se portoit donc elle-même pour trop jeune : à quoi elle répondit très-franchement que oui. Mademoiselle qui à peine la connoissoit, lui fit toutes les prévenances et les caresses imaginables ; enfin cette opinion de la place qu'elle alloit remplir se trouva si répandue parmi ce peuple femelle de la cour, que les bassesses lui furent prodiguées à en avoir honte et pitié, et que ses craintes se renouvelèrent ; elle fut en calèche avec quelque peu de dames au-devant de M. [le duc] et de Mme le duchesse d'Orléans qui venoient de Sceaux, donner part du mariage. L'allégresse fut grande, ils se pressèrent pour les mettre dans leur carrosse, et arrivèrent ainsi dans la cour. Tout y courut ; dès qu'ils m'aperçurent ce furent des cris de joie, et en mettant pied à terre, des embrassades réitérées et des compliments réciproques.

La foule illustre les environna, Madame et Mademoiselle les rencontrèrent et descendirent pour se promener avec eux et se faire voir au peuple, dont fourmilloient la cour et les jardins. En montant en calèche ils me prièrent instamment de les attendre, afin qu'un peu débarrassés d'une cour si nombreuse, ils me pussent entretenir et se répandre avec moi, et je me promenai en les attendant en bonne et grande compagnie. Sitôt qu'ils se furent séparés de Madame, qui retournoit de bonne heure à Marly, ils m'envoyèrent dire de les aller trouver au haut des jardins de l'orangerie. Dès qu'ils me virent, ils quittèrent le gros qui les environnoit, vinrent à moi, s'écartèrent loin de tout le monde, et là me racontèrent tout ce qui s'étoit passé à Marly, et que j'ai expliqué ci-dessus pour conserver l'ordre des temps de chaque chose ; nous nous épanouîmes au port après les dangers courus, nous repassâmes mille choses avec plaisir sur la joie des uns, sur la surprise et le dépit des autres, nous nous divertîmes de l'incroyable souplesse de d'Antin, surtout nous ne pouvions nous lasser de nous parler du procédé si surprenant de Monseigneur, ni moi de les exhorter d'en profiter pour se rapprocher de lui, et d'en saisir ces premiers moments si favorables. Ils me dirent après, que le roi ne donneroit ni maison ni apanage aux futurs époux jusqu'à la paix, et qu'en attendant, ils mangeroient chez Mme la duchesse de Bourgogne, et se serviroient des officiers et des équipages du roi.

Tout en devisant ils me menèrent insensiblement tout de l'autre côté du parterre, où il n'y avoit personne, et fort loin d'où ils m'avoient joint, encore plus de la compagnie qu'ils avoient quittée, que tout à coup M. le duc d'Orléans alla rejoindre, et me laissa seul avec Mme la duchesse d'Orléans.

Elle s'assit sur un banc qui se trouva là, et m'invita de m'y asseoir avec elle. Quelque liberté que j'eusse avec eux, jamais, hors en discours seul avec eux et pour eux-mêmes, je n'en ai séparé le respect, persuadé que, quelque familiarité que ces gens-là donnent, on en est au fond mieux et plus à l'aise avec eux en gardant cette conduite, dont la décence tient aussi à ce qu'on se doit à soi-même. Quoique je dusse être assis et que je le fusse toujours devant M. [le duc] et Mme la duchesse d'Orléans, je ne crus pas devoir m'asseoir sur le même banc tête à tête avec elle, vus surtout à travers ce grand parterre de tout le monde qui étoit demeuré de l'autre côté, et je me tins debout vis-à-vis d'elle; elle acheva assise quelque reste court de discours commencés en gagnant ce banc, puis tout à coup, et sans aucune liaison qui conduisît où elle en vouloit venir, elle me dit que, maintenant que le mariage s'alloit faire, il étoit question d'une dame d'honneur; que j'avois assez mal reçu ce qu'elle m'en avoit jeté d'abord, puis proposé pour Mme de Saint-Simon d'une manière plus expresse; qu'elle ne m'en avoit plus parlé depuis, mais qu'à présent qu'il falloit se déterminer, elle me disoit franchement qu'elle n'en voyoit point d'autre qu'elle pût désirer. Je lui répondis par un remercîment auquel j'ajoutai que je lui avois parlé de bonne foi là-dessus; que Mme de Saint-Simon ne convenoit point à cette place; qu'elle n'en avoit point l'âge; qu'elle n'en avoit point la santé pour les fatigues, ni la capacité pour conduire une si jeune princesse, ni la liberté par nos affaires domestiques et notre situation avec sa mère; que j'étois extrêmement sensible à la bonté qu'elle nous témoignoit, mais que ce seroit y mal répondre que de ne le pas faire avec la même franchise; qu'il y en avoit beaucoup d'autres qui y seroient très-propres, sur qui elle pouvoit jeter les yeux. Elle me répliqua qu'après y avoir bien pensé, sur le peu de goût qu'elle m'avoit vu pour cette place, elle n'en trouvoit aucune sans inconvénient et avec toutes les qualités à souhait, que Mme de Saint-Simon seule, qu'elle m'avouoit qu'elle souhaitoit uniquement et passionnément. Je repartis les mêmes choses, sur chacune desquelles elle me dit en m'interrompant : « Mais c'est notre affaire à nous de voir si nous la voulons bien comme cela, et c'est la vôtre de voir si vous nous la voulez bien donner. »

Après avoir ainsi contesté un bon quart d'heure, elle me dit que son nom pour l'honneur, son mérite et sa réputation pour la confiance, étoit tout ce qu'ils désiroient, qu'après cela elle ne feroit de fonctions qu'autant et en la manière qu'elle pourroit et qui lui plairoit. Rien n'étoit plus flatteur, et les façons de dire ajoutoient encore aux paroles, mais je demeurai ferme sur mes mêmes excuses, si bien qu'après m'avoir un moment regardé avec plus de tristesse : « Je vois bien ce que c'est, me dit-elle, c'est qu'une seconde place ne vous accommode pas, » et à l'instant ses yeux rougissant et s'emplissant d'eau, elle les baissa et demeura fort embarrassée; je le fus moins que je n'aurois dû, parce que mon parti étoit bien pris. Je ne répondis rien à ce qu'elle me dit sur la deuxième place, parce qu'en effet c'étoit cela même qui nous tenoit, et je demeurai deux bons *Miserere* sans parler ni elle aussi, vis-à-vis l'un de l'autre. Enfin je ne sus mieux, pour assurer mon refus, en le ménageant avec le respect dû au rang et à l'amitié, que de sortir de ce silence par une disparate expresse et tout à fait déplacée. « Madame, lui dis-je tout d'un coup et d'un ton ferme, Mademoiselle a bien de l'esprit, et je n'ai pas ouï dire que M. le duc de Berry en ait autant qu'elle. Il faut qu'elle s'insinue tout de son mieux auprès de lui; elle le gouvernera. » Puis me mettant à battre la campagne et à parler précisément pour parler, je continuai assez longtemps, jusqu'à ce que Mme la duchesse d'Orléans ayant repris ses esprits et surmonté son embarras et son dépit, elle fit effort pour rencogner ses larmes, entra dans ce que je disois par cinq ou six paroles, se leva aussitôt brusquement, dit qu'il étoit temps de s'en retourner, et marcha vers son carrosse en silence jusqu'à ce qu'elle eût rencontré quelqu'un.

La foule se rapprocha promptement; et, sans me dire un mot, [elle] me fit une révérence civile et monta en carrosse, [avec] M. le duc d'Orléans et Mme de Castries, et tous trois s'en retournèrent à Marly, non, je pense, sans parler de ce qui venoit de se passer avec moi. Je me remis ensuite parmi le grand monde; et, après fort peu de tours, Mme de Saint-Simon et moi prîmes congé de Mademoiselle, et nous retournâmes à Paris, moins occupés tous deux du brillant spectacle que nous venions de voir que de ce qu'il venoit de m'arriver avec Mme la duchesse d'Orléans. Tout ce qui étoit alors de l'autre côté du parterre avec M. le duc d'Orléans et Mademoiselle, avoient les yeux fichés sur nous, et lui plus qu'aucun, à ce que je remarquai bien. Nous fûmes fort surpris, Mme de Saint-Simon et moi, de cette persévérance, après les refus, l'un général, l'autre si particulier, que j'avois faits à Mme la duchesse d'Orléans, le premier à Versailles, l'autre si exprès à Marly ; et de ce que, après cela, avec toute sa hauteur et sa fierté, elle s'étoit exposée au troisième à Saint-Cloud, au jour de son triomphe. Nous sentîmes bien que cette dernière tentative étoit un concert entre elle et M. le duc d'Orléans, qui, me connoissant bien et comptant que je n'avois pas avec elle la même liberté qu'avec lui, et bien plus de mesure ; je serois moins ferme et plus hors de garde, livré à un tête-à-tête avec elle ; pour quoi de guet-apens ils m'avoient conduit de l'autre côté du jardin, où il n'y avoit personne, et lui s'étoit aussitôt après retiré pour me laisser seul avec elle et me livrer à l'embarras, sans qu'il eût encore osé m'ouvrir la bouche de cette place de dame d'honneur. De tout cela nous conclûmes qu'il n'étoit pas possible de refuser, ni plus nettement ni plus respectueusement que je l'avois fait, et fort difficile qu'après cela ils poussassent leur pointe davantage. Nous nous sûmes bon gré de plus en plus des devants si à propos pris avec M. de Beauvilliers et Mme la duchesse de Bourgogne, sur l'audience de laquelle je m'aperçois que le désir d'abréger ce qui ne regarde que moi m'en a fait omettre une partie essentielle que je restituerai ici.

Après avoir inutilement épuisé toutes les raisons d'incapacité et d'âge, et toutes celles d'attachement personnel pour Mme la duchesse de Bourgogne, Mme de Saint-Simon se jeta sur la délicatesse de sa santé, sur les soins domestiques que je laisserois toujours rouler entièrement sur elle, sur l'âge de ma mère, qui avec toute sorte de justice et de raison demandoit une assiduité auprès d'elle, incompatible avec celle de dame d'honneur d'une si jeune princesse. Elle exagéra même ces trois bonnes raisons fort au delà de leur juste mesure, et pour tout cela ne trouva pas Mme la duchesse de Bourgogne plus flexible. Sur sa santé elle lui répondit qu'on ne prétendoit pas lui demander plus qu'elle pourroit et voudroit faire; que la dame d'atours étoit faite pour porter sans murmure, du moins sans appui, toutes les corvées fatigantes qu'une dame d'honneur de sa sorte ne voudroit pas essuyer; sur les affaires, qu'elle étoit très-louable de s'y attacher, qu'elle l'assuroit de tous les congés qu'elle voudroit, même pour des absences et des voyages à la Ferté, que le roi ne trouveroit point mauvais pendant les voyages de Marly; à l'égard de ma mère, que ce devoir devoit aller toujours avant tout autre; qu'elle y vaqueroit avec liberté, et qu'elle lui répondoit de prendre tout cela sur elle. Mme de Saint-Simon répliqua que tout cela étoit bon en spéculation, mais que pour la pratique il falloit convenir qu'elle seroit impossible; et apporta l'exemple de toutes les autres dames d'honneur, à quoi Mme la duchesse de Bourgogne répondit toujours par les exceptions les plus obligeantes, et finalement ne se rendit, comme je l'ai rapporté, que pour nous éviter de nous perdre totalement par un refus auquel elle vit Mme de Saint-Simon résolue, quoi qu'elle eût pu lui dire.

Toutes ces choses devoient nous rassurer, puisque aucune voie ni aucunes raisons n'avoien été omises et à temps. Néanmoins Mme de Saint-Simon, sujette à espérer peu ce qu'elle désire, ne pouvoit se délivrer d'inquiétude par le désir extrême que nous voyions dans eux tous, jusqu'à ce qu'il y eût une dame d'honneur nommée. Cela ne pouvoit guère être différé, puisque le mariage étoit déclaré, et qu'on n'attendoit pour le célébrer que l'arrivée de la dispense du pape.

Le jour même de la déclaration du mariage, il partit deux

courriers pour Rome : l'un par Turin, adressé par M. le duc d'Orléans à M. de Savoie, à qui, nonobstant la guerre, on donnoit part du mariage, et qui étoit prié en même temps de faire passer et repasser le courrier sûrement et diligemment; l'autre à tout hasard par Marseille, et par la voie de la mer. Mais M. de Savoie en usa en cette occasion avec toute la politesse et toute la diligence possible.

Le mardi, qui étoit le lendemain de ce que je viens de raconter de Saint-Cloud, Mademoiselle alla dîner à Marly avec M. [le duc] et Mme la duchesse d'Orléans, sans voir personne. Au sortir de table, ils la menèrent chez Madame, et de là chez le roi par les derrières, qu'ils trouvèrent dans son grand cabinet environné de Monseigneur, de Mgr [le duc] et Mme la duchesse de Bourgogne, M. le duc de Berry et des principaux officiers seulement des deux sexes. Les dames d'honneur et d'atours de Madame et de Mme la duchesse d'Orléans, et Mme de Maré, gouvernante de Mademoiselle, les y suivirent. Madame présenta Mademoiselle au roi, qui se prosterna, et que le roi releva et embrassa aussitôt, et tout de suite la présenta à Monseigneur, à Mgr [le duc] et à Mme la duchesse de Bourgogne et à M. le duc de Berry, qui tous la baisèrent, puis à toute la compagnie. Le roi, pour ôter tout embarras, avec cette grâce qu'il avoit en tout, défendit à Mademoiselle de dire un mot à personne, à M. le duc de Berry de lui parler, et abrégea promptement l'entrevue. Mme la duchesse de Bourgogne alla montrer un moment Mademoiselle au salon, où tout ce qui étoit à Marly s'étoit rassemblé, et la mena ensuite chez Mme de Maintenon. Au sortir de là, Mademoiselle passa chez Madame, et s'en alla coucher à Versailles, où, le surlendemain jeudi, le roi retourna, contre l'ordinaire, qui étoit toujours le samedi. La raison fut que la Pentecôte étoit le dimanche suivant, 8 juin, et que le roi faisoit toujours ses dévotions la veille.

Nous avions fort balancé, Mme de Saint-Simon et moi, d'aller ou n'aller pas à Versailles, jusqu'à ce qu'il y eût une dame d'honneur. Néanmoins nous crûmes trop marqué de ne nous pas présenter devant le roi, dans une occasion où la bienséance feroit aller chez un particulier en pareil cas, et où le respect menoit à la cour ceux même qui n'y alloient plus que pour de véritables occasions. Comme nous dînions ce jour-là, mercredi, le chancelier et son fils, qui, faute de conseils, dont il n'y avoit jamais le jeudi, le vendredi et la veille de la Pentecôte, étoient venus à Paris, nous envoya prier de passer chez lui après dîner, parce qu'il avoit à nous parler, et voici ce que nous apprîmes d'eux. Le soir du jour de la déclaration du mariage, il fut question de la dame d'honneur dans la petite chambre de Mme de Maintenon, entre elle, le roi et Mme la duchesse de Bourgogne. Le roi proposa la duchesse de Roquelaure. On a vu ailleurs que le roi avoit eu autrefois plus que du goût pour elle, et qu'il lui avoit toujours conservé de l'amitié et de la considération. Par cette même raison, Mme de Maintenon ne l'aimoit pas, et auroit été outrée de la voir nécessairement admise dans tout, singulièrement dans les particuliers, comme il seroit arrivé par cette place. C'étoit une personne extrêmement haute, impérieuse, intrigante, dont le grand air altier rebroussoit tout le monde, et avec cela de la dernière bassesse et de la plus abjecte flatterie, qui la faisoit fort mépriser. Mme de Maintenon profita de tout cela, sourit, et répondit qu'on ne pouvoit mieux choisir si on avoit résolu de faire enrager toute la compagnie, aucun ne la pouvant souffrir. Le roi, avec cet air de surprise, demanda à Mme la duchesse de Bourgogne si cela étoit vrai, qui le confirma, sur quoi le roi dit qu'il n'y falloit donc pas songer.

Là-dessus il tira de sa poche une liste des duchesses, et s'arrêta à Mme de Lesdiguières, veuve du vieux Canaples, dont j'ai parlé en son lieu, et fille du duc de Vivonne, frère de Mme de Montespan. C'étoit une personne de beaucoup de douceur, de mérite, de vertu et d'infiniment d'esprit, de ce langage à part si particulier aux Mortemart, mais qui de sa vie n'avoit vu la cour ni le monde, et qui vivoit avec très-peu de bien dans une grande piété, sans presque voir personne. D'Antin, son cousin germain et son ami intime, en avoit fort parlé au roi, qui en dit du bien, mais qu'elle ne convenoit pas à cause du jansénisme dont elle étoit un peu suspecte. Ce fut un soliloque auquel il ne fut pas répondu un mot.

Mon érection suivant de fort près celle de Lesdiguières, le roi tomba incontinent sur le nom de Mme de Saint-Simon, et dit qu'il n'y voyoit que celle-là à prendre dans toute la liste, qu'il venoit de parcourir des yeux. « Qu'en dites-vous, madame? en s'adressant à Mme de Maintenon. Il m'en est toujours revenu beaucoup de bien; je crois qu'elle conviendra fort. » Mme de Maintenon répondit qu'elle le croyoit aussi, qu'elle ne la connoissoit point du tout, mais qu'on lui en avoit toujours dit toute sorte de bien et en tous genres, et jamais de mal sur aucun. « Mais, ajouta-t-elle, voilà Mme la duchesse de Bourgogne qui la connoît et qui vous en dira davantage. » Mme la duchesse de Bourgogne répondit froidement, la loua, mais conclut qu'elle ne savoit pas si elle conviendroit bien. « Mais pourquoi? » dit le roi, et pressa sur chaque qualité et sur chaque louange qui avoit été donnée, auxquelles toutes Mme la duchesse de Bourgogne consentit, mais ajoutant toujours qu'enfin elle ne croyoit pas qu'elle convînt. Le roi surpris insista sur l'esprit; et Mme la duchesse de Bourgogne, qui ne vouloit pas nuire à Mme de Saint-Simon, mais seulement la servir à sa mode en écartant la place, mollit sur l'esprit, comme moins important que les autres qualités; sur quoi le roi, importuné des difficultés, répliqua qu'il n'en falloit pas tant aussi, tant d'autres qualités se trouvant ensemble, et poussa Mme la duchesse de Bourgogne au point qu'il lui échappa qu'elle doutoit qu'elle acceptât. Le roi, presque piqué, reprit vivement : « Oh! pour refuser, non pas cela, quand on lui dira comme il faut et que je le veux. » Mme la duchesse de Bourgogne le pria de regarder encore dans sa liste, et dit qu'assurément il y en trouveroit qui conviendroient mieux. Le roi, avec action, la repassa encore, et conclut qu'il n'y en avoit du tout que Mme de Saint-Simon, et qu'en un mot il falloit bien qu'elle le fût. Peiné cependant de n'en point trouver d'autre, parce qu'il crut que Mme la duchesse de Bourgogne ne vouloit point Mme de Saint-Simon, il lui demanda si elle avoit quelque chose contre elle. Elle lui répondit que non, mais de manière à ne pas faire tout à fait cesser ce scrupule. Cette matière de dame d'honneur en demeura là pour cette fois.

A ce récit Pontchartrain ajouta que, dès le moment de la déclaration du mariage, tout le monde avoit dit hautement que Mme de Saint-Simon seroit dame d'honneur, mais personne que nous le désirassions, beaucoup que nous ne le voudrions pas, et quelques-uns même que nous refuserions, et que depuis on n'avoit parlé d'autre chose. Il nous dit encore que M. [le duc] et Mme la duchesse d'Orléans avoient affecté de répandre qu'ils m'avoient écrit et dépêché à l'instant qu'ils avoient été assurés du mariage, et qu'ils ne se cachoient point de toutes sortes d'efforts pour que Mme de Saint-Simon fût dame d'honneur, jusque-là que M. le duc d'Orléans lui avoit dit franchement qu'il y faisoit tous ses cinq sens de nature, et que, lui ayant demandé s'il étoit sûr de mes sentiments là-dessus, parce que m'exposer au refus étoit me perdre, M. le duc d'Orléans lui avoit répondu qu'il disoit très-vrai, qu'il savoit bien que je ne voulois pas demander, mais que j'accepterois si on vouloit. Là-dessus, Pontchartrain, qui aimoit à se mêler de tout, quoiqu'en peine de n'avoir point de nos nouvelles et de la froideur de Mme de Lauzun là-dessus, avoit pressé les dames du palais de nos amies d'exciter Mme la duchesse de Bourgogne, qui avoit répondu à Mme de Nogaret qu'elle ne savoit que faire, sachant ce qu'elle savoit.

Pontchartrain se voulut mettre sur les remontrances. Je

l'arrêtai fort court par une sortie que je lui fis sur ce qu'il
se mêloit toujours de ce qu'il n'avoit que faire; que le froid
de Mme de Lauzun et notre silence lui auroient dû faire
comprendre nos sentiments, puisque nous étions bien assez
grands, Mme de Saint-Simon et moi, pour nous aviser tout
seuls qu'il falloit une dame d'honneur, et pour écrire à lui
et à nos amis si nous avions désiré cette place. Il se voulut
défendre sur ce que M. le duc d'Orléans lui avoit dit, sur
quoi je répliquai qu'à ce que j'avois dit à Mme la duchesse
d'Orléans, qui ne pouvoit ignorer, je ne pouvois pas imaginer cette conduite ni ce bruit universel du monde si sottement occupé. Des larmes de Mme de Saint-Simon lui en
dirent encore plus, en sorte que je ne vis jamais homme
plus étonné. Nous passâmes là-dessus dans le cabinet du
chancelier, qui ne le fut guère moins que son fils, quoiqu'il
sût bien que nous ne voulions point de la place, mais [qui
fut surpris] des larmes et de ma colère. Il nous répéta en
peu de mots le fait passé chez Mme de Maintenon, et il
ajouta qu'il savoit sûrement, qu'il y avoit pensé avoir depuis un ordre d'accepter. Mme de Saint-Simon, outrée, lui
répéta tout ce que nous avions fait pour éviter cette place,
ce que son fils qui étoit présent ignoroit, et mes trois refus
si positifs et si nets à Mme la duchesse d'Orléans toutes les
trois seules fois qu'elle m'en avoit parlé, sans que M. le duc
d'Orléans l'eût jamais osé une seule. Je m'exhalai fort là
contre lui de ce qu'il faisoit là-dessus contre mon gré, qu'il
ne pouvoit ignorer; et de ce qu'il avoit dit que j'accepterois,
ne pouvant douter du contraire.

Le chancelier laissa exhaler la colère d'une part, les
larmes de l'autre, puis nous dit que les choses se trouvoient
maintenant en tel état qu'elles le faisoient changer d'avis;
qu'il trouvoit un péril si certain au refus, et si peu réparable, qu'il n'y pouvoit plus consentir. Il nous fit sentir
combien le roi y étoit peu accoutumé, combien il y seroit
sensible; que ce crime à son égard seroit par sa nature

irréparable, et toujours subsistant; que nous nous retrouverions dans un état pire que jamais, et dans une disgrâce dont le roi se plairoit et s'appliqueroit à nous faire porter tout le poids, à nous et aux nôtres, en toutes choses; que plus il avoit pensé, de lui-même, à Mme de Saint-Simon; plus j'étois nouvellement bien remis auprès de lui, dont ce choix étoit une grande marque, plus il voyoit Mme de Saint-Simon souhaitée de toutes les parties intéressées, et unanimement nommée avec une approbation générale, plus il se trouveroit embarrassé d'en faire un autre, plus cet autre lui seroit étranger, incommode, forcé, plus il seroit outré, et plus il se plairoit à appesantir sa vengeance; au lieu que, cédant de bonne grâce à son goût et à sa volonté, toute notre répugnance, qu'il connoissoit bien, nous tourneroit à sacrifice, à gré, à distinction, et à tout genre de bien; et qu'il n'y avoit pas à balancer dans une situation si extrême. Deux heures se passèrent dans cette consultation et cette dispute, qui finit enfin par nous faire résoudre d'aller coucher à Versailles, et, si nous ne pouvions doucement conjurer l'orage, ne nous en pas laisser accabler par un refus qui nous perdroit sans ressource. Nous partîmes donc de chez le chancelier. En chemin le duc de Charost, qui revenoit de Marly, nous arrêta, qui nous apprit à peu près les mêmes choses, et que nos amis avoient chargé de nous dire en arrivant qu'ils ne voyoient point de milieu entre refuser et nous perdre.

Nous n'avions point de logement au château que cette chambre pour nous tenir le jour, que le chancelier m'avoit forcé de prendre chez lui, depuis qu'à la chute de Chamillart nous avions rendu celui du duc de Lorges. Nous allâmes donc descendre chez Mme de Lauzun. Mme la duchesse de Bourgogne, qui avoit reconnu à la livrée un laquais, dans la salle des gardes où elle passoit en arrivant de Marly, l'avoit appelé, et lui avoit demandé à deux reprises si Mme de Saint-Simon venoit ce soir-là; puis, jouant avec

Monseigneur chez Mme la princesse de Conti, où elle vit qu'on vint parler à Mme de Lauzun, elle lui dit avec joie que nous étions apparemment arrivés, sur ce que ce laquais lui avoit dit. Le fait étoit qu'elle avoit ordonné à Mme de Lauzun, par quatre reprises, de demander à Mme de Saint-Simon de sa part que, sur toutes choses, elle ne manquât pas de se trouver à Versailles le soir même du retour de Marly; que nous avisassions bien à ce que nous voudrions faire; que la place de dame d'honneur lui seroit offerte; et qu'elle et moi nous étions perdus sans fond et sans ressource si nous la refusions. La lettre n'étoit point arrivée par la négligence et la paresse des valets; nous ne la sûmes que par le récit de Mme de Lauzun, et sa surprise qu'elle se fût égarée.

Je ne répéterai point la colère, les larmes, les raisonnements. Nous apprîmes là une chose nouvelle avec la confirmation des autres : c'est que Mme la duchesse de Bourgogne, étant seule à Marly dans sa chambre, avec les duchesses de Villeroy et de Lauzun et M. le duc de Berry, à parler de l'affaire du jour, elle lui avoit demandé franchement qui il nommeroit dame d'honneur si le choix lui en étoit laissé. Il se défendit avec embarras. Pour le lever, ces deux dames l'assurèrent qu'elles ne seroient point fâchées de lui en entendre nommer une autre qu'elles, et le pressèrent de se déclarer. Enfin poussé à bout, il dit sans balancer que Mme de Saint-Simon étoit celle qu'il préféreroit, et qu'il souhaitoit uniquement. Mme la duchesse de Bourgogne en dit autant après lui. Tout cela pouvoit être flatteur, mais nous tiroit par le licou où nous ne voulions pas. Il fallut aller voir Mme la duchesse de Bourgogne dans ce cabinet des soirs de Mme de Maintenon. A peine les deux sœurs y parurent qu'elles se trouvèrent environnées. Mme la duchesse de Bourgogne, qui ne se contraignit plus en public de son désir, joignit ses compliments aux autres. Mme de Saint-Simon, dans l'embarras, répondoit qu'on se moquoit d'elle; Mme la duchesse de Bourgogne lui maintint que cela seroit. Le souper du roi produisit d'autres bordées. Pour les éviter je ne sortis point de chez Mme de Lauzun de tout le soir. J'étois si piqué de ce que Pontchartrain m'avoit dit de M. le duc d'Orléans que j'eus besoin, pour ne pas rompre avec lui, de toutes les considérations d'ancienne amitié, de son intérêt pressant qui l'emportoit, de la situation où je me voyois sur le point d'être forcé d'entrer, qui m'approcheroit de plus en plus de lui d'une manière indispensable.

Je le trouvai le lendemain marchant devant le roi qui alloit à la messe. Aussitôt il me joignit et me dit à l'oreille, pour la première fois de sa vie qu'il m'en parla jamais : « Savez-vous bien qu'on parle fort de vous pour nous? — Oui, monsieur, lui répondis-je d'un air très-sérieux, et je l'apprends avec une extrême surprise, car rien ne nous convient moins. — Mais pourquoi? reprit-il avec embarras. — Parce que, lui repartis-je, puisque vous le voulez savoir, une seconde place ne nous va et ne nous ira jamais. — Mais refuserez-vous? dit-il. — Non, lui dis-je avec feu, parce que je ne suis pas comme le cardinal de Bouillon (dont la félonie dont je parlerai venoit d'être consommée). Je suis sujet du roi et lui dois obéir; mais il faut qu'il commande, et alors j'obéirai, mais ce sera avec la plus vive douleur dont je sois capable, et que n'émoussera guère qu'à grand'peine votre qualité de père de la princesse, et qui n'empêchera pas en nous une amertume effroyable. » Avec ce dialogue nous avancions vers la chapelle. Mgr le duc de Bourgogne, qui nous suivoit sur les talons, s'avança encore davantage pour écouter ce que mon émotion lui donnoit curiosité d'entendre, et sourioit, car je tournai la tête et le vis. M. le duc d'Orléans ne répliqua point. Mais mes réflexions augmentant à mesure, je lui demandai, en approchant de la chapelle, s'il pensoit au moins à une dame d'atours raisonnable. Je craignois Mme de Caylus à cause de sa tante et pour beaucoup d'autres raisons; sur quoi, en la lui nommant, il me dit qu'il espéroit que ce ne seroit pas elle.

L'entrée de la tribune mit fin à ce bizarre colloque. Après la messe je montai chez Mme de Nogaret. Dès qu'elle me vit elle me dit qu'elle en étoit dans l'impatience; que Mme la duchesse de Bourgogne l'avoit chargée de me parler sur la place de dame d'honneur, et de me représenter telles et telles choses, les mêmes qu'elle avoit dites à Mme de Saint-Simon dans son cabinet; surtout de me bien faire entendre que j'étois perdu à fond et sans ressources, moi et les miens, si je refusois; que le roi savoit que je n'en voulois point; qu'après avoir cherché qui la pourroit remplir, il n'en avoit trouvé nulle autre que Mme de Saint-Simon; qu'il étoit buté (ce fut le terme) à ce qu'elle acceptât; et que non-seulement le dépit du refus me perdroit, mais la nécessité encore de lui en faire choisir une autre qu'il ne trouvoit point, et de le forcer à la prendre désagréable et malgré lui; ce qu'il ne me pardonneroit jamais, et se plairoit à me faire sentir en tout le poids de sa disgrâce. Alors Mme de Nogaret m'avoua que Mme la duchesse de Bourgogne lui avoit raconté, à la fin de Marly, toute son audience à Mme de Saint-Simon, et lui avoit dit que, pressée par le roi à l'excès sur Mme de Saint-Simon, elle n'avoit pu en sortir, sans mensonge ou sans lui nuire, que par l'aveu de notre résolution au refus, dont le roi s'étoit, conditionnellement, extrêmement irrité, c'est-à-dire si nous y persistions, comme au contraire l'acceptation feroit sur lui un effet tout différent.

Je contai à Mme de Nogaret tout ce qui s'étoit passé là-dessus entre Mme la duchesse d'Orléans et moi, et tout à l'heure encore entre M. le duc d'Orléans et moi, dont le mot lâché que j'obéirois fit un grand plaisir à Mme de Nogaret, dans l'aspect de l'extrême péril où elle nous voyoit. En effet, il étoit sans ressources de tous côtés, présents et futurs, parce que tous s'étoient mis dans la tête cette place avec tant de volonté ou d'intérêt, que le dépit du refus les auroit offensés tous à n'en jamais revenir, et que Monseigneur, le seul d'eux qui n'y prenoit point de part, étoit conduit par tout ce qui m'étoit le plus contraire, et qui, ravis du refus pour eux-mêmes, n'auroient point laissé de nous en faire un crime auprès de lui. Les menaces ne pouvoient pas être plus multipliées, mieux inculquées, ni venir plus nettement de la première main ; et il faut avouer que, dans la dépendance si totale où le roi avoit mis de lui tout le monde, c'eût été folie que s'opiniâtrer contre une volonté si ferme, si entière, et encore si générale. Bientôt après j'appris de la même Mme de Nogaret, que dans le premier moment que Mme la duchesse de Bourgogne l'aperçut depuis, elle lui avoit demandé avec empressement si elle m'avoit vu et avec quel succès ; qu'elle avoit été ravie d'apprendre que nous ne nous perdrions point ; qu'elle se hâta de le dire au roi, pour le tirer de peine, parce que rien ne le met en si aigre malaise que la crainte d'être désobéi, et qu'il s'en sentit en effet très-soulagé et à nous un gré infini.

L'après-dînée j'allai chez Mme la duchesse d'Orléans, que je trouvai dans le cabinet de M. le duc d'Orléans avec lui. Dès qu'elle me vit, elle me dit d'un air plein de joie qu'elle espéroit toujours qu'elle nous auroit. Je répondis, fort sérieux, qu'elle me permettroit d'espérer jusqu'au bout le contraire ; que le respect m'empêchoit de lui répéter ce que j'avois dit le matin à M. le duc d'Orléans, que je croyois bien qui le lui avoit rendu. Elle l'avoua et s'en tint là. Je saisis cette occasion de lui en parler une bonne fois pour toutes. Je lui dis donc qu'il étoit vrai que la seconde place nous répugnoit à l'excès, quelque adoucissement qu'y pût mettre la considération que la princesse étoit leur fille ; qu'indépendamment de tant d'autres raisons qui nous rendoient cette place pesante, elle n'étoit faite ni pour notre naissance ni pour notre dignité ; que Mmes de Ventadour et de Brancas, qui en avoient fait l'étrange planche, avoient toutes les deux étonné le roi, la cour et le monde, qui, à commencer par le roi, ne s'en étoit pas tu ; mais [que le roi] s'y étoit enfin accoutumé, et vouloit sur ces exemples une duchesse pour sa petite-fille ; mais que Mmes de Ventadour et de Brancas s'y étoient jetées toutes deux pour trouver du pain qui leur manquoit absolument, et plus encore pour trouver un asile contre la persécution de leurs maris, l'un plus que jaloux, l'autre plus qu'extravagant, deux motifs les plus pressants qui n'avoient, Dieu merci, aucune application à nous, et qui, dans les autres de même dignité, ne nous rendroient pas la chose meilleure. Elle essaya de relever les différences d'être séparée de tout avec la belle-sœur du roi, ou de se trouver de tout avec sa belle-petite-fille ; de suivre une princesse de l'âge de Madame, ou d'avoir la confiance, à l'âge de Mme de Saint-Simon, d'être mise auprès d'une princesse de celui de la future duchesse de Berry, et par tout ce qui se pouvoit dire avec le plus d'agrément et de flatterie. Je lui répétai qu'en un mot c'étoit la seconde place, que rien ne pouvoit rendre la première ; que j'espérerois jusqu'au bout que Mme de Saint-Simon n'y seroit point, mais qu'au cas que l'absolue nécessité de l'obéissance l'y fît être, j'étois bien aise de lui dire une bonne fois ce qu'il nous en sembloit également à Mme de Saint-Simon et à moi, pour qu'elle en fût bien instruite, et qu'il n'y fallût pas revenir, parce que rien ne me paroissoit si déplacé, ni si de mauvaise grâce, que de chercher à faire sentir qu'on honore sa place, qu'on l'a à dégoût et à mépris ; qu'aussi, après tout ce que je prenois la liberté de lui en dire, je ne lui en parlerois jamais plus ; que Mme de Saint-Simon, forcée de l'accepter, tâcheroit d'en remplir les devoirs comme si elle lui étoit agréable, et n'éviteroit rien plus que d'imiter la maréchale de Rochefort : c'est que la maréchale, qui croyoit avec raison honorer fort sa place de dame d'honneur de Mme la duchesse d'Orléans, la désoloit de plaintes et de reproches ; et puisque je voyois la chose devenir un *faire-le-faut*, je voulus éloigner la crainte de la même chose, après avoir montré tant de répugnance et dit si franchement ce que nous en pensions. J'avois aussi mêlé force reproches sur l'amitié de tout ce qu'ils avoient fait là-dessus malgré notre résistance; et puisqu'il falloit vivre désormais avec eux en liaison nécessaire et plus continuelle que jamais, je crus de la sagesse de n'y arriver que sur le pied gauche, et de hasarder brouillerie, qui ne feroit qu'ôter à une place désagréable en soi tout ce qui d'ailleurs pouvoit, autant qu'il étoit possible, réparer notre dégoût, à quoi je voyois tout si entièrement disposé. Mme la duchesse d'Orléans rit de l'exemple de sa dame d'honneur, et ne se montra pas le moins du monde peinée de tant de dures vérités, et sans que M. le duc d'Orléans eût mis un seul mot dans cette conversation.

CHAPITRE XV.

Motifs de la volonté si fort déterminée de faire Mme de Saint-Simon dame d'honneur de Mme la duchesse de Berry. — Menées pour empêcher que cette place ne fût donnée à Mme de Saint-Simon. — Leur inutilité singulière. — Mme de Caylus arrogamment refusée pour dame d'atours par Mme de Maintenon à Monseigneur. — Je propose et conduis fort près du but Mme de Cheverny pour dame d'atours. — Quelle elle étoit. — Exhortations et menaces par le maréchal de Boufflers, avec tout l'air de mission du roi. — Motifs qui excluent Mme de Cheverny. — Mme de La Vieuville secrètement choisie. — Inquiétude du roi d'être refusé par moi. — Le roi me parle dans son cabinet, et y déclare Mme de Saint-Simon dame d'honneur de la future duchesse de Berry. — Sa réception du roi et des personnes royales. — Je vais chez Mme de Maintenon; son gentil compliment. — Assaisonnements de la place de dame d'honneur. — La marquise de La Vieuville déclarée dame d'atours de la future duchesse de Berry. — Sa naissance et son caractère; et de son mari. — M. le duc d'Orléans mortifié par l'Espagne. — Mouvements sur porter la queue de la mante. — Facilité de M. le duc d'Orléans. — Baptême de ses filles. — Fiançailles. — Mariage de M. le duc de Berry et de Mademoiselle. — Festin où les enfants de M. du Maine sont admis, ainsi qu'à la signature du contrat, pour la première fois. — Le duc de Beauvilliers, comme gouverneur, est préféré au duc de Bouillon, grand chambellan, à présenter au roi la chemise de M. le duc de Berry. — Visite et douleur de la reine et de la princesse d'Angleterre. — Mme de Maré refuse obstinément d'être dame d'atours. — Son traitement. — Causes de ce refus trop sensées. — Tristes réflexions.

Il seroit difficile de comprendre comment le roi et ces autres personnes royales ne furent pas rebutés de nos refus, ni assez piqués pour passer à un autre choix. On ne peut se dissimuler qu'elles ne se crussent une espèce tout à fait à part du reste des hommes, continuellement induits en cette douce erreur par les empressements, les hommages, la crainte, l'espèce d'adoration qui leur étoient prodigués par tout le reste des hommes, une ivresse de cour uniquement [appliquée] à tout sacrifier pour plaire, surtout occupée à étudier, à deviner, à prévenir leurs goûts, et au mépris de la raison et souvent de plus encore, à s'immoler à eux par toutes sortes de flatteries, de bassesses et d'abandon. Il étoit donc fort surprenant de voir des personnes si absolues et si accoutumées à voir tout ramper sous leurs pieds, prévenir leurs moindres désirs, s'opiniâtrer jusqu'à cet excès à nous faire accepter une place qui faisoit l'envie générale, jusqu'à remuer tant de machines en menaces et en flatteries pour ne nous pas livrer à un ressentiment, qui en toute autre occasion auroit eu le plus prompt effet. Mais un motif puissant avoit emporté toute autre considération.

Le roi avoit envie d'approcher Mme de Saint-Simon de sa cour particulière, dès lors que Mme de La Vallière eut la place de dame du palais à la mort de Mme de Montgon. Nous sûmes depuis que ce qui l'avoit empêché d'en disposer pendant six semaines fut qu'il la destinoit à Mme de Saint-

Simon, et qu'il espéra par ce délai lasser Mme la duchesse
de Bourgogne, qui, entraînée par les Noailles et par des
raisons de femmes de leur âge, fit tant d'instance pour obtenir Mme de La Vallière, qu'à la fin le roi s'y rendit. Heureusement que j'avois demandé cette place, parce qu'il se
publia sur notre résistance à celle-ci, que je trouvois même
celle des dames du palais au-dessous des duchesses. L'imputation étoit pitoyable. La reine en avoit eu plusieurs, elle
avoit eu encore Mlle d'Elbœuf, Mme d'Armagnac, la princesse de Bade, fille d'une princesse du sang, femme d'un
souverain d'Allemagne, qui dans leur service de dames du
palais ne différoient en rien des autres, sans préférence,
sans distinction, mêlées avec les dames du palais duchesses,
et sans dispute ni prétentions de rang, en toute égalité ensemble. Outre cette bonne volonté, le roi, à qui la seule
complaisance mêlée de la crainte de la cabale de Mme la Duchesse avoit fait vouloir le mariage qui approchoit les bâtards
de M. le duc de Berry (et c'en étoit là le grand et secret ressort), au même degré qu'eût fait celui de Mlle de Bourbon,
ne le vouloit accompagner que de choses agréables à ceux
qui l'y avoient induit et utiles à leurs intérêts. Rien ne leur
étoit plus important que d'avoir dans cette place une personne dont la vertu de tout temps sans atteinte, le bon esprit,
le sens et les inclinations fussent de concert pour une éducation désirable.

Il faut que cette vérité m'échappe : il n'y avoit point de
femme qui eût jamais mérité ni joui d'une réputation plus
pleine, plus unanimement reconnue, ni plus solide que
Mme de Saint-Simon, sur tout ce qui forme le mérite des
plus honnêtes et des plus vertueuses. Il n'y en avoit point
aussi qui en usât avec plus de douceur et de modestie, ni
qui fût plus généralement respectée dans cet âge où elle
étoit ; ni avec cela plus aimée ; jusque-là que les jeunes
femmes les moins retenues n'en pensoient pas autrement et
n'en avoient pas même de crainte, malgré la distance des

mœurs et de la conduite. Sa piété solide, et qui ne s'étoit affoiblie en aucun temps, n'étrangeoit personne, tant on s'en apercevoit peu et tant elle étoit uniquement pour elle. Tant de choses ensemble, et si rares, remplissoient avec abondance toutes les vues de l'éducation, et suppléoient avantageusement au nombre des années. La naissance, les alliances, les entours, les noms, la dignité flattoient extrêmement l'orgueil et l'amour-propre, en sorte qu'il ne se trouvoit en ce choix quoi que ce pût être qui ne satisfît pleinement en tout genre.

L'intimité qui me lioit à M. le duc et à Mme la duchesse d'Orléans, les services que je leur avois rendus, la part que j'avois eue au mariage, rendoient ce choix singulièrement propre. La bonté très-marquée de Mme la duchesse de Bourgogne, et son désir pour Mme de Saint-Simon, mon attachement pour Mgr le duc de Bourgogne qu'on sentoit dès lors n'être pas ingrat, ma liaison plus qu'intime avec tout ce qui environnoit le plus principalement et le plus intérieurement ce prince, ajoutoient infiniment à toute convenance. Ce qui y mettoit le sceau étoit ma situation de longue main si éloignée de Mme la Duchesse et de toute cette cour intérieure de Monseigneur, que venoit de combler la part qu'ils ne savoient que trop, comme j'aurai bientôt occasion de le dire, que j'avois eue à l'exclusion de Mlle de Bourbon et à la fortune de Mademoiselle. Il ne leur pouvoit rester d'espérance que d'avoir occasion de tomber sur la nouvelle fille de France, et alors il importoit au dernier point à tout ce qui la faisoit telle d'avoir auprès d'elle une dame d'honneur qui, non-seulement eût les qualités requises à l'emploi, mais qui fût encore incapable, quoi qu'il pût arriver de radieux dans les suites à Mme la Duchesse et à cette cabale, de s'en laisser entamer à quelques intérêts particuliers que ce pût être, et c'est ce qui ne pouvoit se rencontrer en nulle autre avec la même sûreté, tant par la vertu et la probité de Mme de Saint-Simon, que par un éloignement personnel si peu capable d'aucun changement entre nous et cette cabale. Ce furent, à ce que j'ai toujours cru, ces puissantes raisons qui portèrent M. [le duc] et Mme la duchesse d'Orléans à ne se rebuter de rien et à pousser, s'il faut user de ce terme, l'acharnement jusqu'où il pouvoit aller pour emporter Mme de Saint-Simon.

Mme la duchesse de Bourgogne, dans sa situation avec Mme la Duchesse et cette cabale telle qu'elle a été montrée, comblée par ce mariage, qui étoit de plus son ouvrage, avoit les mêmes raisons, et de plus celles de son aisance, comme elle ne l'avoit pas caché à Mme de Saint-Simon. Ce qui environnoit Mgr le duc de Bourgogne avec le plus de poids pensoit peu différemment, parce que les éloignements et les intérêts étoient les mêmes. Le roi, avec son ancienne prévention que rien n'avoit détruite depuis l'affaire de la dame du palais, pressé par les menées de Mme la duchesse d'Orléans, sûr que Mme de Saint-Simon étoit au moins très-agréable à Mme la duchesse de Bourgogne, instruit peut-être par ce que j'ai rapporté du maréchal de Boufflers de toute la part que j'avois eue à la séparation de M. le duc d'Orléans avec Mme d'Argenton, qui sûrement avec sa mémoire n'avoit pas oublié ce que je lui avois dit sur feu M. le Duc en l'audience du mois de janvier que j'ai racontée, accoutumé au visage de Mme de Saint-Simon par les Marlys et par la voir souvent à la suite de Mme la duchesse de Bourgogne, choses d'habitude qui lui faisoient infiniment, tout cela forma un amas de raisons qui non-seulement le déterminèrent, mais le décidèrent, et une fois déclaré et averti du refus en poussant à bout Mme la duchesse de Bourgogne, il se piqua de n'avoir pas cette espèce de démenti, et il voulut si fermement être obéi qu'il en vint jusqu'à prodiguer les menaces et à nous en faire avertir de tous côtés. Je dis faire avertir, par le lieu qu'il y donna exprès à plusieurs reprises et peut-être, comme on le verra bientôt, par quelque chose de plus fort.

Il ne falloit pas moins qu'un aussi puissant groupe de choses et d'intérêts pour l'emporter sur le dépit de nos refus et sur tout l'art qui fut mis en œuvre pour les seconder, et que je découvris peu de jours après que Mme de Saint-Simon fut déclarée. Mme la Duchesse, d'Antin et toute cette cabale intime outrée du mariage, s'échappèrent à dire que tout étoit perdu si Mme de Saint-Simon étoit dame d'honneur, soit qu'ils regardassent à l'importance d'y avoir quelqu'un dont ils pussent faire usage, au moins qui pût être accessible, enfin neutre, s'ils ne pouvoient mieux. Ils considérèrent comme un coup de partie de l'empêcher de l'être. Les prétendants et les curieux de cour, qui regardoient cette place d'un autre œil que nous ne faisions, et qui pour eux ou pour les leurs l'ambitionnoient, les ennemis dont on ne manque jamais, tous enfin, occupés de la crainte que cette place ne me frayât chemin à mieux, se distillèrent l'esprit à travailler à la détourner. Faute de mieux, ils cherchèrent une ressource dans l'exactitude de la vie de Mme de Saint-Simon : ils furetèrent de quel côté elle penchoit, qui étoit son confesseur, et ils se crurent assurés de l'exclure, lorsqu'ils eurent découvert que c'étoit depuis longues années M. de La Brue, curé de Saint-Germain de l'Auxerrois, mis en place et protégé par le cardinal de Noailles, et qui passoit pour suspect de jansénisme.

Ce crime, auprès du roi, étoit le plus irrémissible et le plus certainement exclusif de tout. Être de la paroisse de Saint-Sulpice, passer sa vie à la cour, n'avoir jamais cessé d'être dans la piété, quoique sans enseigne, et ne se confesser, ni à sa paroisse de Saint-Sulpice, ni à Versailles, ni aux jésuites, et aller de tout temps à ce curé étranger et si suspect, leur parut une preuve complète qu'ils surent bien faire valoir. Leur malheur voulut que cette accusation portée au roi le trouva si décidé pour Mme de Saint-Simon, qu'elle ne fit que l'alarmer, lui à qui il n'en auroit pas fallu davantage pour ne vouloir jamais ouïr parler de ce choix, bien qu'arrêté, s'il s'en étoit moins entêté, ce qui lui étoit entièrement inusité; et, sans perquisition, l'affaire auroit été finie : ce qui avoit rompu le cou à bien des gens qui ne se doutoient pas du comment ni du pourquoi, et ce qui étoit avec lui d'une expérience certaine. On n'oublia rien pour réaliser les soupçons sur le curé, mais on ne trouva que de la mousse qui ne put prendre. On fit toutefois tout l'usage qu'on put de ces choses. Le roi s'en alarma, mais ce fut tout, et voulut s'éclaircir contre sa coutume en ce genre. Il s'adressa au P. Tellier, et il ne pouvoit consulter un plus soupçonneux ennemi du plus léger fantôme.

Le P. Tellier étoit assuré sur mon compte par mon ancienne confiance au P. Sanadon, son ami et de même compagnie; il savoit par lui dans quelle union nous vivions, Mme de Saint-Simon et moi, depuis le jour de notre mariage. Il étoit dans la bouteille avec moi de celui que nous avions fait réussir; il me courtisoit comme j'ai commencé ailleurs à en dire quelque chose, par rapport à Mgr le duc de Bourgogne et à ses plus intimes entours avec lesquels il me savoit indissolublement lié depuis que j'étois à la cour; il glissa donc avec le roi sur le sieur de La Brue, dont il ne dit pas grand bien, mais sans rien de marqué, parce qu'il n'y avoit pas matière; il répondit nettement de moi et, par moi, de Mme de Saint-Simon, parce qu'il savoit que nous étions unis en toutes choses. Il affermit le roi dans le choix qu'il avoit résolu, et l'assura qu'en tout genre il n'y en avoit point de si bon à faire, tellement que le poison se tourna en remède, et que ce qui avoit été si malignement présenté pour exclure Mme de Saint-Simon de cette place, et par le genre d'accusation de toute espérance et de tout agrément, opéra précisément le contraire.

Je ne sus que longtemps après par M. le duc d'Orléans cette ferme parade du P. Tellier. Il eut peine et à me l'avouer et à me la dissimuler pour ne pas trop découvrir cette espèce d'inquisition, pourtant fort connue déjà, et pour ne pas perdre aussi le mérite qu'il s'étoit acquis auprès de moi, d'autant plus grand que je ne pouvois le deviner, et que, sans ce bon office, nous nous trouvions perdus de nouveau sans savoir pourquoi, et sûrement sans retour. On peut juger de la rage de la cabale de manquer un coup si à plomb pour toujours et si continuellement certain. Nous eûmes bien quelque vent, avant la déclaration de la place, mais fort superficiellement, de ces manéges. Le curé de Saint-Germain, peu curieux de pénitentes considérables, mais attaché d'estime à Mme de Saint-Simon, tâcha de lui persuader de le quitter, par la considération des effets pour toute la vie, et sans ressource, de ce genre de soupçon; mais aucune n'entra là-dessus dans son esprit ni dans le mien, persuadés l'un et l'autre de la liberté et de la simplicité avec lesquelles on doit se conduire en choses spirituelles, qui ne doivent jamais tenir aux temporelles, beaucoup moins en dépendre. Depuis sa nomination on lui fit des attaques indirectes pour changer de confesseur, qui ne durèrent guère, parce qu'elle en fit doucement mais fermement sentir l'inutilité. Elle n'en a jamais eu d'autre tant que ce sage et saint prêtre a vécu, près de quarante ans depuis. Tel est l'usage des partis de religion quand les princes s'en mêlent.

Notre parti enfin amèrement pris, après tout ce que j'ai raconté, de céder à la violence, nous commençâmes à penser à éviter une dame d'atours avec qui il auroit fallu compter. Mme de Caylus étoit, à cause de sa santé, la seule de cette sorte. Elle avoit précisément toutes les raisons contraires à celles qui déterminoient au choix de Mme de Saint-Simon; de tout temps liée avec Mme la Duchesse, et, dans les derniers, autant que les défenses de sa tante lui en pouvoient laisser de liberté; insinuée par cette princesse et par Harcourt, son cousin, assez avant auprès de Monseigneur pour s'en faire une ressource pour l'avenir, et un appui même pour le présent s'il arrivoit, faute de sa tante. Cela étoit bien éloigné de ce que, pour abréger, je dirai toute notre cabale. Mme la duchesse de Bourgogne de plus la craignoit et ne la pouvoit souffrir, excitée peut-être par la jalousie brusque et franche de la duchesse de Villeroy du goût toujours subsistant de son mari pour elle, bien que commencé longtemps avant son bail, et dont l'éclat avoit fait chasser Mme de Caylus de la cour. Mme la duchesse d'Orléans avoit bien compris qu'elle penseroit à cette place, et à cause de Mme de Maintenon, se trouvoit embarrassée de lui en barrer le chemin, quoiqu'elle ne se fût encore pu déterminer à personne.

Cet embarras ne fut pas long : elle m'apprit qu'aussitôt que le mariage fut déclaré, Monseigneur avoit parlé à Mme de Maintenon en sa faveur pour cette place, que Mme de Maintenon fut outrée de ce détour de sa nièce qui, au lieu de lui parler elle-même, avoit cru l'emporter par une recommandation de ce poids en ce genre, et que dans sa colère il lui étoit échappé de dire qu'elle vouloit bien que Monseigneur sût que, si elle eût voulu que Mme de Caylus eût une place, elle avoit bien assez de crédit pour y réussir sans lui ; mais qu'il ne lui arriveroit jamais de la laisser mettre dans aucune après la vie qu'elle avoit menée, pour se donner le ridicule de faire dire qu'elle mettoit sa nièce auprès d'une jeune princesse pour la former à ce qu'elle avoit pratiqué, et à ce qui l'avoit fait chasser avec éclat. Ce propos, pour une dévote soi-disant repentie, s'oublioit un peu de la poutre dans l'œil et du fétu de l'Évangile. Mme de Caylus qui le sut, et cela n'avoit pas été dit à autre dessein, en tomba malade. N'osant plus rien tenter, ni espérer là-dessus, ni même témoigner son chagrin à sa tante, elle s'en dédommagea secrètement avec ses plus intimes par les plaintes les plus amères.

La pensée me vint de faire dame d'atours la femme de Cheverny, duquel j'ai parlé plus d'une fois, et qui étoit fort de mes amis. La naissance et la place du mari auprès de Mgr le duc de Bourgogne, et les entours si proches de la femme avoient de quoi satisfaire du côté de l'orgueil, et le reste étoit à souhait. La femme étoit fille du vieux Saumery et d'une sœur de M. Colbert, cousine germaine par conséquent, et en même temps fort amie des duchesses de Chevreuse et de Beauvilliers. Avec cela rompue au monde, quoique toujours dans Versailles elle allât fort peu; beaucoup d'esprit et de sens, de l'agrément dans la conversation, et qui avoit très-bien réussi à Vienne et à Copenhague, où son mari avoit été envoyé, et ambassadeur. J'en parlai à M. et à Mme de Beauvilliers qui, à la vue du danger, avoient été fort ardents à nous faire résoudre d'accepter. Ils furent ravis de ma pensée, qui d'ailleurs entroit dans leur projet d'unir étroitement la future duchesse de Berry à Mgr [le duc] et à Mme la duchesse de Bourgogne, à quoi il étoit important de former cette nouvelle cour des gens principaux qui eussent les mêmes vues. Ils n'étoient pas même indifférents qu'elle se composât de gens fort à eux autant que cela se pourroit sans paroître par leur maxime d'embrasser tout, pourvu que cela ne leur coûtât rien du tout, et qu'on ne s'en aperçut pas. Dès que ce choix fut résolu entre nous et M. et Mme de Chevreuse, j'en parlai à M. [le duc] et à Mme la duchesse d'Orléans. Ils s'étoient servis de Cheverny pour sonder Monseigneur par du Mont. Quoique cela n'eût pas réussi, le gré en étoit demeuré, de sorte que Mme de Cheverny fut aussitôt acceptée que proposée. Mme la duchesse de Bourgogne y entra fort dès le lendemain, à qui Mme la duchesse d'Orléans et Mme de Lévi en parlèrent, et la résolution en fut prise tout de suite entre Mme la duchesse de Bourgogne et Mme de Maintenon. Cheverny, quoique vieux et sans enfants, y consentit avec joie par le goût et l'habitude de la cour. Jamais partie ne fut si promptement et si bien liée.

Cela fait, nous comptâmes tout devoir plus que rempli d'avoir cédé et demeuré trois jours à Versailles, où nous ne pouvions paroître nulle part sans essuyer de fâcheux compliments. Je dis à M. [le duc] et à Mme la duchesse d'Orléans, et nous fîmes dire aussi à Mme la duchesse de Bourgogne que nous n'y pouvions plus tenir, et nous nous en retournâmes à Paris la veille de la Pentecôte, où nous barricadâmes bien notre porte et où Mme de Saint-Simon se trouva fort incommodée de tous ces chagrins et d'une si étrange violence. Au bout de huit jours, persécuté par nos amis, je retournai seul à Versailles. Au bout du pont de Sèvres, le maréchal de Boufflers qui revenoit à Paris m'arrêta, et me fit mettre pied à terre pour me parler à l'écart. Il m'avoit écrit le matin que mon absence de la cour ne pouvoit plus se soutenir sans être de très-mauvaise grâce. Il me confirma la même chose, puis me témoigna que le roi étoit en peine si j'obéirois; que cette inquiétude le blessoit toujours, quoique Mme la duchesse de Bourgogne lui eût dit, et de là se mit à m'exhorter comme sur une chose nouvelle, et à me faire entendre nettement qu'un refus me perdroit sans ressource, et avec des tons et des airs de réticence si marqués, et toujours ajoutant qu'il savoit bien ce qu'il disoit, et qu'il savoit bien pourquoi il me le disoit, que je ne doutai point que le roi ne l'en eût expressément chargé. Le maréchal savoit que j'étois enfin résolu; il me rencontroit allant à Versailles, pourquoi il m'avoit écrit; il n'avoit donc rien à me dire, pourquoi donc m'arrêter, m'exhorter, me menacer? car il me dit encore qu'on m'enverroit si loin et si mal à mon aise que j'aurois de quoi me repentir longtemps. Pourquoi tout ce propos, désormais inutile, avec cette inquiétude du roi s'il n'avoit pas eu ordre de lui de le faire, et de s'assurer bien de l'obéissance qu'il craignoit tant de hasarder?

Je sus à Versailles que ce qui retenoit la déclaration de la dame d'honneur étoit l'indétermination sur la dame d'atours. Mme de Saint-Simon n'osa demeurer à Paris que peu de jours après moi. Nous étions cependant fort mal à notre aise parmi les divers regards, les propos différents, et sûrement les mauvais offices qui pleuvent toujours sur les personnes du jour. Cela me détermina à presser M. [le duc] et Mme la duchesse d'Orléans de faire finir ces longueurs importunes. La dame d'atours étoit toujours le rémora; Mme la duchesse de Bourgogne et Mme de Maintenon s'étaient butées pour Mme de Cheverny.

Avec tout son mérite elle avoit un visage dégoûtant, dont le roi, qui se prenoit fort aux figures, ne se pouvoit accommoder. Elle et son mari avoient essuyé le scorbut en Danemark, dont peu de gens du pays et beaucoup moins d'étrangers échappent. Ils y avoient laissé l'un et l'autre presque toutes leurs dents, et eussent peut-être mieux fait de n'en rapporter aucune. Ce défaut, avec un teint fort couperosé, faisoit quelque chose de fort désagréable dans une femme qui n'étoit plus jeune, et qui avoit pourtant une physionomie d'esprit. En un mot, ce fut un visage auquel le roi qui en étoit fort susceptible ne put jamais s'apprivoiser. C'étoit son unique contredit qui n'en eût pas été un pour tout autre que le roi. Mme de Maintenon et Mme la duchesse de Bourgogne, qui ne vouloient qu'elle et qui à force de barrer toute autre avoient compté de surmonter cette fantaisie, s'y trompèrent. A force d'attention à saisir toute occasion de lui parler en faveur de Mme de Cheverny elles achevèrent de l'éloigner. Il s'imagina une cabale en sa faveur; c'étoit la chose qu'il haïssoit le plus, qu'il craignoit davantage et où il étoit le plus continuellement trompé. Il le dit même nettement à Mme de Maintenon et à Mme la duchesse de Bourgogne, qui ne purent jamais lui en ôter l'idée. Finalement, lassé de ce combat, il leur déclara qu'il ne pouvoit supporter d'avoir toujours le visage de Mme de Cheverny à sa suite, et souvent à sa table et dans ses cabinets, et se détermina au choix de Mme de La Vieuville, qui fut en même temps résolu.

Dès que cela fut fait, il voulut déclarer le choix de Mme de Saint-Simon, et il le déclara le dimanche matin 15 juin. M. le duc d'Orléans me dit à la fin de la messe du roi qu'il l'alloit faire, et deux heures après il me conta qu'avant la messe, étant avec le roi et Monseigneur dans les cabinets à parler de cela, le roi lui avoit encore demandé avec un reste d'inquiétude : « Mais votre ami, je le connois, il est quelquefois extraordinaire, ne me refusera-t-il point? » que, rassuré sur ce qu'il lui avoit dit de ma comparaison du cardinal de Bouillon, le roi avoit parlé de ma vivacité sur diverses choses vaguement, mais avec estime, néanmoins comme embarrassé à cet égard et désirant que j'y prisse garde, ce qu'il ne dit à son neveu sûrement que pour que cela me revînt; que Monseigneur avoit parlé de même, mais honnêtement; que lui, saisissant l'occasion, avoit dit que depuis qu'il étoit question de cette place, il ne doutoit point qu'on ne m'eût rendu de mauvais offices comme lors de l'ambassade de Rome, sur quoi le roi avoit répondu avec ouverture que c'étoit la bonne coutume des courtisans. Là-dessus ils allèrent à la messe.

En revenant de la messe, le roi m'appela dans la galerie, et me dit qu'il me vouloit parler, et de le suivre dans son cabinet. Il s'y avança à une petite table contre la muraille, éloigné de tout ce qui étoit dans ce cabinet, le plus près de la galerie par où il étoit entré. Là il me dit qu'il avoit choisi Mme de Saint-Simon pour être dame d'honneur de la future duchesse de Berry; que c'étoit une marque singulière de l'estime qu'il avoit de sa vertu et de son mérite, de lui confier, à trente-deux ans, une princesse si jeune et qui lui étoit si proche, et une marque aussi qu'il étoit tout à fait persuadé de ce que je lui avois dit, il [y] avoit quelques mois, de m'approcher si fort de lui. Je fis une révérence médiocre et répondis que j'étois touché de l'honneur de la confiance en Mme de Saint-Simon à son âge, mais que ce qui me faisoit le plus de plaisir étoit l'assurance que je recevois de Sa Majesté qu'elle étoit persuadée et contente. Après cette laconique réponse, qui en tout respect lui laissoit sentir ce que je sentois moi-même de la place, il me dit assez longtemps toutes sortes de choses obligeantes sur Mme de

Saint-Simon et moi, comme il savoit mieux faire qu'homme du monde lorsqu'il savoit gré, et qu'il présentoit surtout un fâcheux morceau qu'il vouloit faire avaler. Puis, me regardant plus attentivement avec un sourire qui vouloit plaire : « Mais, ajouta-t-il, il faut tenir votre langue, » d'un ton de familiarité qui sembloit en demander de ma part, avec lequel aussi je lui répondis que je l'avois bien tenue, et surtout depuis quelque temps, et que je la tiendrois bien toujours. Il sourit avec plus d'épanouissement encore, comme un homme qui entend bien, qui est soulagé de n'avoir pas rencontré la résistance qu'il avoit tant appréhendée, et qui est content de cette sorte de liberté qu'il a trouvée, et qui lui fait mieux goûter le sacrifice qu'il sent sans en avoir les oreilles blessées. En même temps il se tourna le dos à la muraille, qu'il regardoit auparavant, un peu vers moi et moi vers lui; et d'un ton grave et magistral, mais élevé, il dit à la compagnie : « Mme la duchesse de Saint-Simon est dame d'honneur de la future duchesse de Berry. » Aussitôt chorus d'applaudissement du choix et de louange de la choisie; et le roi, sans parler de dame d'atours, passa dans ses cabinets de derrière.

A l'instant j'allai à l'autre bout du cabinet vers Monseigneur, qui de Meudon y étoit venu pour le conseil, et lui dis, en m'inclinant foiblement, que je lui faisois là ma révérence en attendant que je pusse m'en acquitter à Meudon. Il me répondit, mais froidement en me saluant, qu'il étoit fort aise de ce choix, et que Mme de Saint-Simon feroit fort bien. Je voulus aller ensuite à Mgr le duc de Bourgogne qui étoit éloigné, mais il fit la moitié du chemin, où sans me laisser le loisir de parler, il me dit avec épanouissement, et me serrant la main, que je savois combien il avoit toujours pris et prenoit part en moi, que rien n'étoit plus de son goût que ce choix; et me comblant de bontés et Mme de Saint-Simon d'éloges, me mena au bout du cabinet, où je me tirai à peine d'avec ce qui y étoit assemblé sur mon passage. J'eus plutôt fait de sortir par la porte de la galerie qu'on m'ouvrit ; puis, songeant que le chancelier étoit dans la chambre du roi avec les ministres, attendant le conseil, j'allai lui dire ce qu'il venoit de se passer, car pour M. de Beauvilliers il y avoit été présent. Je fus suffoqué de toute la nombreuse compagnie, comme il arrive en ces occasions. Je m'en dépêtrai avec peine et politesse, mais avec sérieux. dédaignant jusqu'au bout de montrer une joie que je n'avois point, comme j'avois soigneusement évité tout terme de remercîment avec le roi et Monseigneur, et comme je l'évitai avec tous, de la réception la plus empressée desquels je ne parlerai pas.

Je mandai aussitôt à Mme de Saint-Simon qu'elle étoit nommée et déclarée. Cette nouvelle, quoique si prévue, la saisit presque comme si elle ne l'eût pas été. Après avoir un peu cédé aux larmes, il fallut faire effort et venir s'habiller chez la duchesse de Lauzun, où malgré les précautions, les portes furent souvent forcées. Les deux sœurs allèrent chez Mme la duchesse de Bourgogne qui étoit à sa toilette, fort pressée d'aller dîner à Meudon, où, non sans cause, Monseigneur lui reprochoit souvent d'arriver tard. L'accueil public fut tel qu'on le peut juger, celui de Mme la duchesse de Bourgogne admirable. En se levant pour aller à la messe, elle l'appela, la prit par la main, et la mena ainsi jusqu'à la tribune. Elle lui dit que, quelque joie qu'elle eût de la voir où elle la désiroit, elle vouloit qu'elle fût persuadée qu'elle l'avoit servie comme elle l'avoit souhaité ; que pour cela elle lui avoit fait le plus grand sacrifice qu'il fût possible de lui faire, parce que, la désirant passionnément, elle avoit mis tout en usage pour en détourner le roi, jusque-là même qu'il avoit cru un temps qu'elle avoit quelque chose contre elle ; qu'à la vérité elle avoit été fort embarrassée, parce que l'aimant trop et la vérité aussi pour lui vouloir nuire, et ayant sur elle le dessein dont elle lui avoit parlé de la faire succéder à la duchesse du Lude, elle n'avoit trop su qu'alléguer pour empêcher le roi de lui donner une place qu'il lui avoit destinée; que néanmoins elle n'avoit rien oublié pour lui tenir parole jusqu'au bout, parce qu'il faut servir ses amis à leur mode et pour eux, non pour soi-même, ce fut son expression; qu'au surplus elle l'avoit fait avertir de notre perte qu'elle voyoit certaine par un refus; qu'elle étoit très-aise que nous nous fussions rendus capables de croire conseil là-dessus; qu'enfin, puisque la chose étoit faite, elle ne pouvoit lui en dissimuler sa joie, d'autant plus librement que, encore une fois, elle lui répondoit avec vérité qu'elle avoit fait contre son gré tout ce qu'elle avoit pu jusqu'à la fin pour détourner cette place d'elle, uniquement pour lui tenir parole; que maintenant que la chose avoit tourné autrement, elle en étoit ravie pour soi, pour la princesse auprès de laquelle on la mettoit, et pour elle-même, parce qu'elle croyoit que cela nous étoit bon et nous porteroit de plus en plus à des choses agréables et meilleures.

Tout ce long chemin se passa en pareilles marques de bonté et d'amitié, parmi lesquelles la princesse parlant toujours, Mme de Saint-Simon eut peine à lui en témoigner sa reconnoissance. Mme la duchesse de Bourgogne finit par lui dire qu'elle l'auroit menée chez le roi sans l'heure qu'il étoit, où elle étoit attendue à Meudon: Madame se mit à pleurer de joie en voyant entrer Mme de Saint-Simon chez elle. Elle l'avoit toujours singulièrement estimée, quoique sans autre commerce que celui d'une cour rare. Elle n'avoit pu se tenir de lui dire à un souper du roi, lorsque Mme de La Vallière fut dame du palais, qu'elle en étoit outrée, mais qu'elle avoit toujours bien cru qu'ils n'auroient pas assez bon sens pour lui donner cette place. Mme de Saint-Simon ne vit point M. [le duc] et Mme la duchesse d'Orléans chez eux, ils étoient déjà chez Mademoiselle, où elle les trouva. L'allégresse y fut poussée aux transports. Mademoiselle dit même en particulier à Mme de Lévi que ce choix rendoit son bonheur complet.

Mme la duchesse d'Orléans ne s'offrit point de mener Mme de Saint-Simon chez le roi ; nous en fûmes surpris. Elle y alla avec la duchesse de Lauzun comme le conseil venoit de lever. Le roi les reçut dans son cabinet. Il ne se put rien ajouter à tout ce que le roi dit à Mme de Saint-Simon sur son mérite, sa vertu, la singularité sans exemple d'un tel choix à son âge. Il parla ensuite de sa naissance, de sa dignité, en un mot, de tout ce qui peut flatter. Il lui témoigna une confiance entière, trouva la jeune princesse bien heureuse de tomber en de telles mains si elle en savoit profiter, prolongea la conversation un bon quart d'heure, parlant presque toujours ; Mme de Saint-Simon peu, modestement, et avec non moins d'attention que j'en avois eue à faire sentir par ses expressions pleines de respect, qu'elle ne se tenoit honorée et ne faisoit rouler ses remercîments que sur la confiance. Mgr le duc de Bourgogne, qu'elle vit chez lui, la combla de toutes les sortes ; et M. le duc de Berry ne sut assez lui témoigner sa joie. Le soir elle fut chez Mme de Maintenon, toujours avec Mme sa sœur. Comme elle commençoit à lui parler, elle l'interrompit par tout ce qui se pouvoit dire de plus poli et de plus plein de louanges sur un choix de son âge, et finit par l'assurer que c'étoit au roi et à la future duchesse de Berry qu'il falloit faire des compliments sur une dame d'honneur dont la naissance et la dignité honoroient si fort cette place. La visite fut courte, mais plus pleine qu'il ne se peut dire. Je fus fort surpris de ce que Mme de Maintenon sentoit et s'expliquoit si nettement sur l'honneur que Mme de Saint-Simon faisoit à son emploi. Nous le fûmes bien plus encore de ce que dans la suite elle le répéta souvent, et en termes les plus forts, en présence et en absence de Mme de Saint-Simon, et à plus d'une reprise à Mme la duchesse de Berry même, tant il est vrai qu'il est des vérités qui, à travers leur accablement, se font jour jusque dans les plus opposés sanctuaires.

Ce même jour Madame, Mademoiselle et M. le duc de Berry même, qui me reçurent avec une extrême joie, s'expliquèrent tout aussi franchement tous trois avec moi sur l'honneur en propres termes, et la satisfaction qu'ils ressentoient d'un choix qu'ils avoient uniquement désiré. J'allai avec M. de Lauzun l'après-dînée à Meudon, où Monseigneur me reçut avec plus de politesse et d'ouverture que le matin.

Le soir, au retour, on m'avertit fort sérieusement qu'il falloit aller chez Mme de Maintenon. Je n'y avois pas mis le pied depuis qu'au mariage de la duchesse de Noailles j'y avois été avec la foule de la cour. Mme de Saint-Simon ni moi n'avions jamais eu aucun commerce avec elle, pas même indirectement, et jamais nous ne l'avions recherché. Je ne savois pas seulement comment sa chambre étoit faite. Il fallut croire conseil. J'y allai le soir même. Sitôt que je parus on me fit entrer. Je fus réduit à prier le valet de chambre de me conduire à elle, qui m'y poussa comme un aveugle. Je la trouvai couchée dans sa niche, et auprès d'elle la maréchale de Noailles, la chancelière, Mme de Saint-Géran qui toutes ne m'effrayoient pas, et Mme de Caylus. En m'approchant, elle me tira de l'embarras du compliment en me parlant la première. Elle me dit que c'étoit à elle à me faire le sien du rare bonheur et de la singularité inouïe d'avoir une femme qui, à trente-deux ans, avoit un mérite tellement reconnu qu'elle étoit choisie, avec un applaudissement universel, pour être dame d'honneur d'une princesse de quinze [ans], toutes choses sans exemple et si douces pour un mari qu'elle ne pouvoit assez m'en féliciter. Je répondis que c'étoit de ce témoignage même que je ne pouvois assez la remercier; puis, regardant la compagnie, j'ajoutai tout de suite, avec un air de liberté, que je croyois que les plus courtes visites étoient

les plus respectueuses, et fis la révérence de retraite.
Oncques depuis je n'y ai retourné. Mme de Maintenon me
dit, en s'inclinant à moi, de bien goûter le bonheur d'avoir
une telle femme, et, en souriant agréablement, ajouta tout
de suite d'aller à Mme de Noailles, qui avoit bien affaire à
moi. Elle l'avoit dit en m'entendant annoncer, la plaisan-
tant de ce qu'elle saisissoit toujours tout le monde. Elle me
prit en effet comme je me retirois, et me voulut parler,
derrière la niche, de je ne sais quel emploi dans mes
terres. Je lui dis que ailleurs tant qu'elle voudroit, mais
qu'elle me laissât sortir de là, où je ne voyois plus qu'un
étang. Nous nous mîmes à rire, et je me tirai ainsi de cette
grande visite.

Le lendemain lundi, tout à la fin de la matinée, Mme de
Saint-Simon fut avec Mme sa sœur à Meudon. Monseigneur
étoit sous les marronniers, qui les vint recevoir au carrosse.
C'étoit sa façon de familiarité quand il étoit en cet endroit,
avec les gens avec qui il en avoit. Quoique avec Mme de
Saint-Simon la sienne fût moins que médiocre, il lui fit
toutes les honnêtetés qu'il put, et la promena dans ce beau
lieu. L'heure du dîner s'approchoit fort. Biron et Sainte-
Maure, fort libres avec Monseigneur, lui dirent qu'il ne
seroit pas honnête de ne pas prier ces dames. Monseigneur
répondit qu'il n'osoit parmi tant d'hommes; que néanmoins
lui et une dame d'honneur serviroient bien de chaperons;
et que de plus le duc de Bourgogne alloit venir, qui l'étoit
plus que personne. Elles demeurent donc. Le repas fut très-
gai, Monseigneur leur en fit les honneurs. Il s'engoua de la
dame d'honneur comme il avoit fait à Marly du mariage;
leurs santés furent bues, et Mgr le duc de Bourgogne fit
merveilles. Il prit après dîner Mme de Saint-Simon un
moment en particulier, et lui parla de son dessein arrêté,
et de Mme la duchesse de Bourgogne, de la faire succéder à
la duchesse du Lude. Mme de saint-Simon en revint si
étonnée, mais si peu flattée, qu'elle ne pouvoit s'accoutu-

mer à croire qu'il n'y eût plus d'espérance d'éviter d'être dame d'honneur.

Ceux qui nous aimoient le moins, les plus envieux et les plus jaloux, ceux qui craignoient le plus que cette place ne nous portât à d'autres et qui avoient le plus cabalé pour y en mettre d'autres, tout se déchaîna en applaudissements, en éloges, en marques d'attachement et d'amitié, avec tant d'excès que nous ne pouvions cesser de chercher ce qui nous étoit arrivé, ni d'admirer qu'une si médiocre place fît tant remuer les gens de toutes les sortes pour nous accabler de tout ce qu'ils ne pensoient point, et de ce dont aussi ils ne pouvoient raisonnablement croire qu'ils nous pussent persuader. Mais telle est la misère d'une cour débellée. Il faut pourtant dire que ce choix fut aussi généralement approuvé que le mariage le fut peu, et que ce qui contribua à cette désespérade universelle de protestations fut l'empressement fixe avec lequel il se fit, malgré nous, par le roi et par toutes les personnes royales, qui ne se cachèrent ni de leur désir ni de nos refus; [ce] qui fut en tout une chose sans exemple.

Le roi y mit tous les autres assaisonements pour rendre la place moins insupportable, sans que nous en eussions dit ni fait insinuer la moindre chose. Il déclara que, tant que M. le duc de Berry demeureroit petit-fils ou fils du roi, les places de la duchesse du Lude et de Mme de Saint-Simon étoient égales. Il voulut que les appointements fussent pareils en tout et de même sorte, c'est-à-dire de vingt mille livres, ce qui égala la dame d'atours à la comtesse de Mailly, et lui valut neuf mille livres d'appointements de même. Il prit un soin marqué de nous former le plus agréable appartement de Versailles. Il délogea pour cela d'Antin et la duchesse Sforce, pour des deux nous en faire un complet à chacun. Il y ajouta des cuisines dans la cour au-dessous, chose très-rare au château, parce que nous donnions toujours à dîner, et souvent à souper, depuis que nous étions à la cour. En même temps le roi déclara que tout le reste de la maison de la future duchesse de Berry seroit formé sur le pied de celle de Madame. Ainsi toute la distinction fut pour Mme de Saint-Simon et pour la dame d'atours, qui en profita à cause d'elle, et cela fit un nouveau bruit. Le personnel a peu contribué à l'étendue que j'ai donnée au récit de l'intrigue de ce mariage, et à ce qui se passa sur le choix de Mme de Saint-Simon; le développement et les divers intérêts des personnes et des cabales, la singularité de plusieurs particularités, et l'exposition naturelle de la cour dans son intérieur m'ont paru des curiosités assez instructives pour n'en rien oublier.

Le jour que Mme de Saint-Simon fut déclarée, Mme de Maintenon manda à la duchesse de Ventadour de faire savoir à Mme de La Vieuville qu'elle étoit dame d'atours de la future duchesse de Berry. Elle vint dès le soir à Versailles. Le roi ne la vit que le lendemain, et en public, dans la galerie en allant à la messe. Elle ne fut reçue en particulier nulle part, et froidement partout, même de Monseigneur, quoique protégée et menée par Mme d'Espinoy. Mme de Maintenon fut encore plus franche avec elle: Elle interrompit ses remercîments, l'assura qu'elle ne lui en devoit aucun, ni à personne, et que c'étoit le roi tout seul qui l'avoit voulue. C'étoit une demoiselle de Picardie qui s'appeloit La Chaussée d'Eu, comme La Tour d'Auvergne, parce qu'elle étoit de la partie du comté d'Eu qui s'étend en Picardie. Elle étoit belle, pauvre, sans esprit, mais sage, élevée domestique de Mme de Nemours où on l'appeloit Mlle d'Arrez [1], et où M. de La Vieuville s'amouracha d'elle et l'épousa, ayant des enfants de sa première femme qui avoit plu au roi étant fille de la reine et qui étoit sœur du comte de La Mothe [2],

---

1. Jérôme, seigneur de La Chaussée d'Eu, prenait le titre de comte d'Arrest. Saint-Simon écrit Arrez et non Aurez, comme on l'a imprimé dans les précédentes éditions.

2. Voy. à la fin du volume une note sur Mlle de La Mothe-Houdancourt, qui avait été une des filles de la reine Anne d'Autriche.

duquel il n'a été fait que trop mention sur le siége de Lille et depuis. Mme de La Vieuville étoit, comme on l'a dit ailleurs, amie intime de Mme de Roquelaure et fort bien avec Mme de Ventadour, Mme d'Elbœuf, Mme d'Espinoy et Mlle de Lislebonne. Son art étoit une application continuelle à plaire à tout le monde, une flatterie sans mesure, et un talent de s'insinuer auprès de tous ceux dont elle croyoit pouvoir tirer parti; mais c'étoit tout; du reste, appliquée à ses affaires, avec l'attachement que donnent le besoin et la qualité de deuxième femme qui trouve des enfants de la première et des affaires en désordre; souvent à la cour frappant à toutes les portes, rarement à Marly. Elle vint aussitôt et plusieurs fois chez Mme de Saint-Simon, en grands compliments et respects infinis. Nous ne la connoissions point, et nous la croyions bonne femme et douce; nous espérâmes qu'elle seroit là aussi commode qu'une autre. L'expérience nous montra bientôt qu'intérêt et bassesses, sans aucun esprit pour contre-poids, sont de mauvaise compagnie. Cette pauvre femme s'attira par sa conduite des coups de caveçon dont elle perdit toute tramontane, sans avoir reçu secours ni consolation de personne, et obtint enfin pardon de Mme de Saint-Simon après bien des soumissions et des larmes.

Son mari étoit une manière de pécore lourde et ennuyeuse à l'excès, qui ne voyoit personne à la cour, et à qui personne ne parloit, quoique cousin germain de la maréchale de Noailles, enfants du frère et de la sœur. Il avoit eu le gouvernement de Poitou et la charge de chevalier d'honneur de la reine, en survivance de son père, en se mariant la première fois. Son père étoit aussi un fort pauvre homme, qui, par la faveur du sien, avoit eu un brevet de duc, et mourut gouverneur de M. le duc de Chartres, depuis d'Orléans, en 1689, un mois après avoir été fait chevalier de l'ordre. C'étoient de fort petits gentilshommes de Bretagne dont le nom étoit Coskaër, peu ou point connu avant 1500 qu'Anne de Bretagne les amena en France. Le petit-fils de celui-là s'allia bien, fut grand fauconnier après le comte de Brissac, et ne laissa qu'un fils, qui fit une grande fortune avec la charge de son père. Il fut premier capitaine des gardes du corps de Louis XIII, chevalier de l'ordre et surintendant des finances en 1623. Il fit chasser Puysieux, secrétaire d'État, à qui il devoit sa fortune, et le chancelier de Sillery, père de Puysieux, et fut payé en même monnoie. Le cardinal de Richelieu, qu'il avoit introduit dans les affaires, le supplanta bientôt après, et le fit accuser de force malversations avec Bouhier, successeur de Beaumarchais, trésorier de l'épargne, dont il étoit gendre. Il fut mis en prison, sortit après du royaume, et son procès lui fut fait par contumace. Après la mort de Louis XIII, il profita grandement de l'affection et de la protection dont la haine de la reine mère contre le cardinal de Richelieu, et plus haut encore, se piqua envers tous les maltraités du règne de Louis XIII. Il fut juridiquement rétabli dans tous ses biens et dans toutes ses charges, même dans celle des finances, et lui et son fils furent faits ducs à brevet, dont il ne jouit qu'un an, étant mort le 2 janvier 1653. Son fils, mort gouverneur de M. le duc de Chartres, avoit acheté, un an avant la mort de son père, le gouvernement du Poitou, du duc de Roannais, quand on l'en fit défaire, et douze ans après la charge de chevalier d'honneur de la reine, du marquis de Gordes. Ils avoient eu autrefois une terre en Artois. Je ne sais d'où ils s'avisèrent de prendre le nom et les armes de La Vieuville; je ne vois ni alliance ni rien qui ait pu y donner lieu, si ce n'est que le choix étoit bon et valoit beaucoup mieux que les leurs. Mais ils n'y ont rien gagné; cette bonne et ancienne maison d'Artois et de Flandre ne les a jamais reconnus, et personne n'ignore qu'ils n'en sont point.

M. le duc d'Orléans, au milieu de sa joie, se trouva embarrassé sur l'Espagne, où il ne pouvoit douter que le mariage ne plairoit pas à cause de lui. Il étoit difficile qu'il se dispensât d'y en donner part. N'osant s'y conduire par lui-même, il hasarda d'en consulter le roi, qui ne fut non plus sans embarras. Après quelques jours de réflexions, il lui conseilla de suivre tout uniment l'usage. M. le duc d'Orléans écrivit donc au roi et à la reine d'Espagne, qui ne lui firent aucune réponse ni l'un ni l'autre, mais qui tous deux récrivirent à Mme la duchesse d'Orléans. Le duc d'Albe affecta de la venir complimenter un jour que M. le duc d'Orléans étoit à Paris, auquel il ne donna pas le moindre signe de vie. On garda même à Madrid peu de mesures en propos sur le mariage. Madame, qui étoit en commerce de lettres avec la reine d'Espagne, lui fit sentir inutilement qu'elle s'en prenoit à la princesse des Ursins; et la reine d'Espagne traita ce chapitre avec Mme la duchesse de Bourgogne avec autant de légèreté et de grâce, qu'en pouvoit être mêlé un dépit amer qui vouloit être senti. M. le duc d'Orléans en fut vivement peiné et mortifié; mais il n'osa en laisser échapper la moindre plainte.

Les dispenses étoient attendues à tous moments, et il n'étoit question que de la prompte célébration du mariage. En ces cérémonies, il s'en pratique une qui s'étend jusqu'aux noces des duchesses, mais qu'elles ont laissée tomber depuis quelque temps : c'est que la fiancée porte une mante, dont j'ai fait la description, il n'y a pas longtemps, à l'occasion des accoutrements de veuve de Mme la Duchesse. La queue de cette mante est portée par une personne de rang égal, lors des fiançailles; et, quand il n'y en a point, par celle qui en approche le plus. Il ne se trouvoit alors ni fille ni petite-fille de France; la fonction en tomboit à la première des princesses du sang. Les filles de M. le duc d'Orléans avoient été mises à Chelles, cela tomboit donc naturellement à Mlle de Bourbon. On peut penser ce qu'il en sembla à Mme la Duchesse et à elle, qui avoient tant espéré ce grand mariage pour la même princesse à qui, en ce cas, Mademoiselle eût porté la mante, et qui se trouvoit dans la nécessité de la lui porter. Ce fut un crève-cœur qu'elles ne purent supporter, et elles se hasardèrent même assez hautement de s'en faire entendre, jusque-là qu'il fut jeté en l'air qu'on pouvoit bien se passer de mante quand personne ne la vouloit porter, car Mme la Duchesse n'étoit pas plus docile pour Mlle de Charolois que pour Mlle de Bourbon. Il y avoit bien encore les filles de Mme la princesse de Conti, mais la chose eût été trop marquée. La cour étoit cependant en maligne attention de voir ce qui arriveroit de cette pique qui commençoit fort à grossir, lorsque le roi, qui avoit fait le mariage, mais qui ne vouloit ni fâcher Monseigneur ni désespérer Mme la Duchesse, qui avoit répandu que c'étoit uniquement pour lui jouer ce tour que Mme la duchesse d'Orléans venoit de mettre ses filles en religion, le roi, dis-je, demanda à M. le duc d'Orléans s'il ne les feroit point venir aux noces de leur sœur.

M. le duc d'Orléans, foible, facile, content au delà de toute espérance, et l'homme le plus éloigné de haine et de malignité, oublia tout ce qui lui avoit été dit là-dessus et tout ce qu'il avoit promis à Mme la duchesse d'Orléans. Au lieu de s'en tirer par la modestie, d'en éviter la dépense, et mieux encore par la crainte de les dissiper par le spectacle de cette pompe, il consentit à les faire venir. Je n'oserois dire que la misère de leur en donner le plaisir eut part à une complaisance si déplacée. Mme la duchesse d'Orléans, au désespoir, imagina de voiler ce retour de ses filles, qui n'étoient encore qu'ondoyées, par le supplément des cérémonies du baptême ; et les fit tenir deux jours avant les fiançailles par Monseigneur et Madame, et par Mme la duchesse de Bourgogne et M. le duc de Berry. Ainsi Mlle de Chartres, qui a depuis été abbesse de Chelles, porta la mante aux fiançailles, où les deux fils de M. du Maine signèrent pour la première fois au contrat de mariage en conséquence de leur nouveau rang.

Le lendemain dimanche, 6 juillet, le mariage fut célébré

sur le midi dans la chapelle par le cardinal de Janson, grand aumônier. Deux aumôniers du roi tinrent le poêle; le roi, les personnes royales, les princes et les princesses du sang et bâtards présents; beaucoup de duchesses sur leur carreaux, tout de suite des princesses du sang et les ducs de La Trémoille, de Chevreuse, de Luynes, son petit-fils de dix-sept ans, Beauvilliers, Aumont, Charost, le duc de Rohan et plusieurs autres sur les leurs; aucun des princes étrangers, mais des princesses étrangères sur leurs carreaux, parmi les duchesses; les tribunes toutes magnifiquement remplies, où je me mis pour plonger à mon aise sur la cérémonie, en bas beaucoup de dames derrière les carreaux, et d'hommes derrière les dames. Après la messe le curé apporta son registre sur le prie-Dieu du roi, où il signa et les seules personnes royales, mais aucun prince ni princesse du sang, sinon les enfants de M. le duc d'Orléans. Ce fut alors que Mme de Saint-Simon partit de dessus son carreau, qui étoit à gauche au bord des marches du sanctuaire, et se vint ranger derrière Mme la duchesse de Berry qui alloit signer. La signature finie, on se mit en marche pour sortir de la chapelle. Il y eut force gentillesses entre Madame et Mme la duchesse de Berry, qui fit ses façons d'assez bonne grâce, et que Madame prit enfin par les épaules et la fit passer devant elle. Chacun de là fut dîner chez soi, le roi à son petit couvert, et les mariés chez Mme la duchesse de Bourgogne, qui tint après jusqu'au soir un grand jeu dans le salon qui joint la galerie à son appartement, où toute la cour abonda.

Le roi, qui tint conseil d'État le matin et l'après-dînée, et qui travailla le soir à l'ordinaire chez Mme de Maintenon, vint sur l'heure du souper chez Mme la duchesse de Bourgogne, où il trouva tout ce qui devoit être du festin, préparé dans la pièce qui a un œil de bœuf, joignant sa chambre, sur une table à fer à cheval, où ils allèrent se mettre quelques moments après. Ils étoient vingt-huit rangés en leurs rangs à droite et à gauche, le roi seul au milieu, dans son fauteuil, avec son cadenas. Les conviés qui y soupèrent, et il n'en manqua aucun, furent Monseigneur, Mgr [le duc] et Mme la duchesse de Bourgogne, M. [le duc] et Mme la duchesse de Berry, Madame, M. [le duc] et Mme la duchesse d'Orléans, le duc de Chartres, Mme la Princesse, le comte de Charolois, car M. le Duc étoit à l'armée de Flandre, les deux princesses de Conti, Mlles de Chartres et de Valois, depuis duchesse de Modène, Mlles de Bourbon et de Charolois, Mmes du Maine et de Vendôme, M. le prince de Conti, que je devois mettre plus tôt, et ses deux sœurs, le duc du Maine, ses deux fils, et le comte de Toulouse, Mme la grande-duchesse, que j'ai oublié à mettre après Mme la duchesse d'Orléans. Aucune femme assise n'entra dans le lieu du festin et fort peu d'autres y parurent, nuls ducs ni princes étrangers, quelques autres hommes de la cour.

Au sortir de table, le roi alla dans l'aile neuve à l'appartement des mariés. Toute la cour, hommes et femmes, l'attendoit en haie dans la galerie et l'y suivit avec tout ce qui avoit été du souper. Le cardinal de Janson fit la bénédiction du lit. Le coucher ne fut pas long. Le roi donna la chemise à M. le duc de Berry. M. de Bouillon avoit prétendu la présenter comme grand chambellan; M. de Beauvilliers, comme gouverneur, eut la décision du roi pour lui, et la présenta. J'y tenois le bougeoir, et je fus surpris que M. de Bouillon ne s'en allât pas et vît donner cette chemise. Mme la duchesse de Bourgogne la donna à la mariée, présentée par Mme de Saint-Simon, à qui le roi fit les honnêtetés les plus distinguées. Les mariés couchés, M. de Beauvilliers et Mme de Saint-Simon tirèrent le rideau chacun de leur côté, non sans rire un peu d'une telle fonction ensemble. Le lendemain matin, le roi fut en sortant de la messe chez Mme la duchesse de Berry. En se mettant à sa toilette, Mme de Saint-Simon lui présenta et lui nomma toute la cour comme à une étrangère, et lui fit baiser les hommes et les femmes titrés, après quoi les personnes royales et les princes et princesses du sang vinrent à cette toilette. Après le dîner, comme la veille, même jeu dans le même salon, où le roi avoit ordonné que toutes les dames se trouvassent parées comme la veille pour recevoir la reine et la princesse d'Angleterre ; car le roi d'Angleterre étoit à l'armée de Flandre, comme l'année précédente.

La reine et la princesse sa fille allèrent d'abord voir Monseigneur qui jouoit chez Mme la princesse de Conti, puis chez Mme de Maintenon où étoit le roi. Elle vint après dans ce salon voir Mgr [le duc] et Mme la duchesse de Bourgogne, et finit par aller chez les mariés, d'où elle retourna à Chaillot, après quoi il ne fut plus du tout mention de noces. La reine et la princesse d'Angleterre, qui s'étoient toujours flattées de ce mariage qui même s'étoit pensé faire, comme je crois l'avoir dit, ne se faisoient aucune justice sur la situation des affaires. Elles étoient désolées. Cela fit que le roi voulut leur épargner la noce, et même toute la cérémonie de la visite que pour cela il régla comme il vient d'être rapporté.

Le grand deuil de Mme la Duchesse lui épargna aussi tout ce spectacle. Monseigneur dit à Mme de Saint-Simon qu'il lui feroit plaisir de faciliter à Mme la duchesse, encore dans son premier deuil, un moment de voir Mme la duchesse de Berry en particulier, ce qui fut promptement exécuté. La visite fut courte. Mme de Saint-Simon en fut accablée de compliments et d'excuses de ce que son état de veuve l'avoit empêchée d'aller chez elle. Le mercredi suivant on alla à Marly. Le roi, qui avoit fait un présent de pierreries fort médiocre à Mme la duchesse de Berry, ne donna rien à M. le duc de Berry. Il avoit si peu d'argent qu'il ne put jouer les premiers jours du voyage. Mme la duchesse de Bourgogne le dit au roi qui sentant l'état où il étoit lui-même, la consulta sur ce qu'il n'avoit pas plus de cinq cents pistoles à lui donner, et qu'il lui donna avec excuse sur le malheur des temps, parce que Mme la duchesse de Bourgogne trouva avec raison que ce peu valoit mieux que rien et ne pouvoir jouer.

Ce voyage de Marly fut l'époque du retour des deux sœurs de Mme la duchesse de Berry à Chelles, et de la liberté de Mme de Maré. Elle avoit été gouvernante des enfants de Monsieur en survivance de la maréchale de Grancey sa mère, puis en chef après elle, et l'étoit demeurée de ceux de M. le duc d'Orléans avec beaucoup de considération. Le roi et Mme de Maintenon comptoient qu'elle seroit dame d'atours de Mme la duchesse de Berry qu'elle avoit élevée, et à qui elle paroissoit fort attachée, et Mademoiselle à elle. Madame et M. [le duc] et Mme la duchesse d'Orléans le vouloient. Jamais on ne l'y put résoudre, quelque pressantes et longues que fussent les instances que tous, jusqu'à Mme de Maintenon, lui en firent. Il faut savoir que la maréchale de Grancey étoit sœur de Villarceau, chez qui Mme de Maintenon avoit tant passé d'étés, et puis à Montchevreuil avec lui, et qui toute sa vie en conserva un souvenir si cher, comme je l'ai dit ailleurs. Ce ne fut qu'aux refus opiniâtres et réitérés de Mme de Maré qu'on nomma une dame d'atours. Elle prétexta son âge, sa santé, son repos, sa liberté. Elle se retira donc avec les regrets de tout le monde, les nôtres surtout. Elle étoit ma parente et de tout temps intimement mon amie, et elle avoit beaucoup d'amis considérables, et plus de sens et de conduite encore que d'esprit. Elle eut des présents, deux mille écus de pension du roi, un logement au Luxembourg, et conserva le sien au Palais-Royal, ses établissements de Saint-Cloud et les douze mille livres d'appointements de M. le duc d'Orléans, avec le titre de gouvernante de ses filles, dont elle ne s'embarrassa plus des fonctions.

Nous ne fûmes pas longtemps sans découvrir la cause de son opiniâtre résistance à demeurer auprès de Mme la duchesse de Berry. Plus cette princesse se laissa connoître, et elle ne s'en contraignit guère, plus nous trouvâmes que Mme de Maré avoit raison; plus nous admirâmes par quel miracle de soins et de prudence rien n'avoit percé, plus nous sentîmes à quel point on agit en aveugle dans ce qu'on désire avec le plus de passion, et dont le succès cause plus de peines, de travaux et de joie; plus nous gémîmes du malheur d'avoir réussi dans une affaire que, bien loin d'avoir entreprise et suivie au point que je le fis, j'aurois traversée avec encore plus d'activité, quand même Mlle de Bourbon en eût dû profiter et l'ignorer, si j'avois su le demi-quart, que dis-je! la millième partie de ce dont nous fûmes si malheureusement témoins. Je n'en dirai pas davantage pour le présent, et je n'en dirai dans la suite que ce qui ne s'en pourra taire; et je n'en parle sitôt que parce que ce qui arriva depuis en tant d'étranges sortes commença à pointer, et à se développer même un peu dès ce premier Marly. Il est temps maintenant de remonter d'où nous sommes partis pour n'interrompre point la suite de ce mariage.

CHAPITRE XVI.

Dépôt des papiers d'État. — Destination des généraux d'armée pareille à la dernière. — Villars se perd auprès du roi et se relève incontinent. — Rare aventure de deux lettres contradictoires de Montesquiou, qui brouille Villars avec lui. — Douai assiégé; Albergotti dedans. — Berwick envoyé examiner ce qui se passoit à l'armée de Flandre. — Récompense d'avance. — Fortune rapide de Berwick, qui est fait duc et pair. — Clause étrange de ses lettres, et sa cause. — Nom étrange imposé à son duché, et pourquoi. — Usage d'Angleterre. — Berwick en Dauphiné; reçu duc et pair à son retour. — Étrange absence d'esprit de Caumartin au repas de cette réception. — Chapelle de Versailles bénite par le cardinal de Noailles, archevêque de Paris, qui l'emporte sur la prétendue exemption. — Mort de la duchesse de La Vallière, carmélite, etc., dont la princesse de Conti drape. — Mort de Sablé. — Mort et caractère du maréchal de Joyeuse. — Villars gouverneur de Metz. — Mort de Renti et de sa sœur la maréchale de Choiseul. — État de l'armée et de la frontière de Flandre, et du siége de Douai. — Entreprise manquée sur Ypres. — Bagatelle à Liége. — Douai rendu. — Albergotti chevalier de l'ordre, etc. — Béthune assiégé; Puy-Vauban gouverneur dedans. — Béthune rendu. — Récompenses. — Entreprise manquée sur Menin. — Retour de nos plénipotentiaires. — Ridicule aventure du maréchal de Villars et d'Heudicourt. — Villars veut aller aux eaux. — Harcourt sur le Rhin mandé à la cour; est reçu duc et pair au parlement. — Va commander l'armée de Flandre. — Aire et Saint-Venant assiégés. — Goesbriant dans Aire. — Force combats. — Ravignan bat un convoi. — Listenois et Béranger tués, le chevalier de Rothelin fort blessé. — Aire et Saint-Venant rendus. — Goesbriant chevalier de l'ordre. — Campagnes finies en Flandre, sur le Rhin et en Dauphiné, sans qu'il se passe rien aux deux dernières.

Jusque fort avant dans le règne de Louis XIV, on n'avoit eu soin sous aucun roi de ramasser les papiers qui concernoient l'État, à l'exception de la partie en ce genre la moins importante à tenir secrète, qui est les finances, laquelle, ayant des formes juridiques, avoit par conséquent des greffes et des dépôts publics à la chambre des comptes. Louvois fut le premier qui sentit le danger que les dépêches et les instructions qui, du roi et de ses ministres, étoient adressées aux généraux des armées, aux gouverneurs, et aux autres chefs de guerre, et même aux intendants des frontières, et de ceux-là au roi et aux ministres, restassent entre les mains de ces particuliers, et après eux de leurs héritiers et souvent de leurs valets, qui en pouvoient faire de dangereux usages, et quelquefois jusqu'aux beurrières dont il est arrivé à des curieux d'en retirer de très-importants d'entre leurs mains. Quoique alors les guerres dont il s'agissoit dans ces papiers fussent finies, et quelquefois depuis fort longtemps, ceux contre qui la France les avoit soutenues y pouvoient trouver l'explication dangereuse de bien des énigmes et l'éclaircissement de beaucoup de ténèbres importantes à n'être pas mises au jour, et peut-être des trahisons achetées, encore plus fatales à découvrir pour les familles intéressées, et pour donner lieu à s'en mieux garantir.

Ces considérations, qu'on ne comprend pas qui n'aient plus tôt frappé nos rois et leurs ministres, saisirent M. de Louvois. Il rechercha tout ce qu'il put retirer d'ancien en ce genre, se fit rendre à mesure ces sortes de papiers, et les fit ranger par année dans un dépôt aux Invalides, où cet ordre a continué depuis à être soigneusement observé, tellement qu'outre la conservation du secret on a encore par là des instructions sûres où on peut puiser utilement. Ce même défaut étoit encore plus périlleux dans la partie de la négociation, et la chose est si évidente qu'elle n'a pas besoin d'explication. Croissy, chargé des affaires étrangères, fut réveillé par l'exemple que lui donna Louvois. Il l'imita pour les recherches du passé, et pour se faire rendre les papiers qui regardoient son département à mesure, mais il en demeura là.

Torcy, son fils, proposa au roi en mars de cette année de faire un dépôt public de ces papiers, qui le trouva fort à propos. Torcy prit pour le roi un pavillon des Petits-Pères, près la place des Victoires, parce qu'il entroit de son jardin dans le leur à l'autre bout duquel est ce pavillon très-détaché et éloigné du couvent, isolé de tout, et où on peut entrer tout droit de la rue. Il y fit mettre en bel ordre tout ce curieux et important dépôt, où les ministres et les ambassadeurs trouvent tant de quoi s'instruire, et qui est soigneusement continué jusqu'à présent, en sorte que les héritiers mêmes des ministres de ces départements et de leurs principaux commis et secrétaires sont obligés d'y mettre tout ce qui se trouve dans les bureaux et dans les cabinets des secrétaires d'État, lorsque par la mort ou autrement ils perdent leur charge. Un commis principal et de confiance particulière est chargé de ce dépôt par département sous le secrétaire d'État en charge et y répond de tout. Pontchartrain ensuite en a fait autant pour le sien de la marine et de la maison du roi. On peut dire que cet établissement n'est pas un des moindres ni des moins importants qui aient été faits du règne de Louis XIV, mais il seroit à désirer que ces autres dépôts fussent placés aussi sûrement et aussi immuablement que l'est celui de la guerre.

Le roi, qui avoit fait une nombreuse promotion militaire, destina les mêmes généraux aux mêmes armées. Le duc de Noailles partit de bonne heure pour le Roussillon : le duc d'Harcourt avoit pris les eaux de Bourbonne et y devoit retourner au mois de mai, pour se rendre de là à l'armée du Rhin. En attendant il étoit au Pallier, château du comte de Tavannes pour éviter le voyage, où Besons eut ordre d'aller conférer avec lui, et de prendre après le commandement de l'armée en l'y attendant pour y demeurer sous lui après.

Villars, choisi pour la Flandre où le maréchal de Montesquiou avoit commandé tout l'hiver, et le devoit seconder pendant la campagne, considéra avec peine le fardeau dont il s'alloit charger. Monté au plus prodigieux comble de faveurs et de privances, de richesses, d'honneurs et de grandeurs, [il] crut pouvoir hasarder pour la première fois de sa vie quelques vérités, parce que, n'ayant plus où atteindre, ces vérités qui déplairoient alloient à sa décharge. Il en dit donc beaucoup à Desmarets et à Voysin sur le triste état des places, des magasins, des garnisons, des fournitures pour la campagne, les manquements de toute espèce, l'état pitoyable des troupes et des officiers, leur paye et la solde. Peu content de l'effet de ses représentations, il osa les porter dans toute leur crudité à Mme de Maintenon et au roi même. Il leur parla papier sur table, par preuves et par faits qui ne se pouvoient contester.

A la levée de ce fatal rideau, l'aspect leur parut si hideux, et tout si fort embarrassant, qu'ils eurent plus court de se fâcher que de répondre à un langage si nouveau dans la bouche de Villars, qui n'avoit fait tout ce qu'il avoit voulu qu'à force de leur dire et de leur répéter que tout étoit en bon état et alloit à merveilles. C'étoit la fréquence et la hardiesse de ses mensonges qui le leur avoient fait regarder comme leur seule ressource, et lui donner et lui passer tout, parce que lui seul trouvoit tout bien, et se chargeoit de tout sans jamais dire rien de désagréable, et faisant au contraire tout espérer comme trouvant tout facile. Le voyant alors parler le langage des autres et de tous les autres, l'espérance en ces prodiges s'évanouit avec tous les appâts dont il les avoit bercés si utilement pour lui. Alors ils commencèrent à le regarder avec d'autres yeux, à le voir comme le monde l'avoit toujours vu, à le trouver ridicule, fou, impudent, menteur, insupportable, à se reprocher une élévation de rien si rapide et si énorme, à l'éviter, à l'écarter, à lui faire sentir ce qu'ils en pensoient, à le laisser apercevoir aux autres.

A son tour Villars fut effrayé. Son dessein étoit bien d'essayer à l'ombre de sa blessure et de tant de manquements à suppléer qui demandoient une pleine santé, de jouir en repos de toute sa fortune, et d'éviter les épines sans nombre et toute la pesanteur d'un emploi qui, au point où il étoit parvenu, ne pouvoit plus lui présenter de degrés à escalader ; mais il vouloit en même temps conserver entiers son crédit, sa faveur, sa considération, ses privances et une confiance qui le fît consulter, et lui donnât influence sur les partis à prendre, les ordres à envoyer aux différentes armées, se rendre juge des coups et de la conduite des généraux, et augmenter son estime auprès du roi par ses propos avantageux sur la guerre, de l'exécution desquels il ne seroit pas chargé. Quand il sentit un si grand changement à son égard sur lequel l'ivresse de son orgueil et de son bonheur n'avoit pas compté, il vit avec frayeur à quoi il s'étoit exposé, et ce qu'il pourroit devenir hors d'emploi, de faveur et de crédit, sans parents et sans amis qui pussent le protéger contre tant d'ennemis et d'envieux, ou plutôt contre tout un public qu'il avoit sans cesse bravé et insulté, et que sa fortune avoit irrité. Il prit brusquement son parti, et comme la honte ne l'avoit jamais arrêté sur rien, il n'en eut point de changer tout à coup de langage, et de reprendre celui dont il s'étoit si bien trouvé pour sa fortune. Il saisit les moments d'incertitude à qui donner le dur emploi de commander en Flandre qui lui étoit destiné, et qu'on lui vouloit ôter sur le point de l'aller prendre. Il recourut, avec cette effronterie qui lui étoit naturelle, à la flatterie, à l'artifice, au mensonge, à braver les inconvénients, à se moquer des dangers, à présenter en soi des ressources à tout, à faire toute facile.

La grossièreté de la variation sautoit aux yeux, mais l'embarras de choisir un autre général sautoit à la gorge, et l'heureux Villars se débourba. Ce ne fut pas tout : raffermi sur ses étriers après une si violente secousse, il osa se donner publiquement pour un Romain qui, au comble de tout, abandonnoit repos et santé et tout ce qui peut flatter, qui n'a plus rien à prétendre, et qui, malgré une blessure qui à grand'peine lui permettoit de monter à cheval, couroit au secours de l'État et du roi, qui le conjuroit de se prêter à la nécessité et au péril de la conjoncture présente. A ces bravades, il ajouta qu'il faisoit à la patrie le sacrifice des eaux, qui l'auroient empêché de demeurer estropié, et il tint là-dessus tant de scandaleux propos, que le duc de Guiche, qui alloit aux eaux pour une blessure au pied, reçue aussi à Malplaquet, mais bien moins considérable que celle de Villars, prit tous ces discours pour soi, et ne le lui pardonna pas.

Le maréchal, moyennant sa blessure, partit pour la frontière dans son carrosse, à petites journées. Pendant son voyage, il arriva une aventure qui eût été fort plaisante si elle n'eût pas été telle aux dépens de l'État. Le maréchal de Montesquiou, qui assembloit l'armée sous Cambrai, qui, comme je l'ai dit, avoit passé l'hiver en Flandre, et qui n'en avoit pas déguisé les désordres au maréchal de Villars, destiné dès lors à y faire la campagne avec lui, écrivit au roi des merveilles du bon état de toutes choses. Le roi fut si aise de ces bonnes nouvelles, qu'il envoya à Villars cette dépêche de Montesquiou. Le hasard fit que ce courrier atteignit Villars en chemin, deux heures après qu'il eut reçu une longue lettre de Montesquiou, remplie d'amertume et de détails les plus inquiétants sur tout ce qui manquoit aux places, aux magasins, aux troupes, en un mot de tous côtés.

Villars, bien moins surpris de l'une que de l'autre, n'en fit point à deux fois; sur-le-champ il renvoya au roi le courrier qu'il venoit d'en recevoir, et le chargea de la lettre dont je viens de parler et de celle qui lui avoit été envoyée, et, avec ces deux contradictoires de même date et du même homme, il ne fit que joindre un billet au roi et un autre à Voysin, par lesquels il les prioit de juger à laquelle des deux lettres ils devoient ajouter le plus de foi, et continua son voyage, ravi du bonheur de présenter, aux dépens d'un autre et si naturellement, les mêmes vérités qui l'avoient conduit si près de la disgrâce et de la chute, et de montrer tout le poids du fardeau dont il alloit se charger. Les suites n'ont point montré dans le roi l'effet de ce rare contraste; mais il devint public tout aussitôt par Villars même, qui se garda bien de s'en taire, et l'éclat en fut épouvantable. Les deux maréchaux ne s'en parlèrent point, mais on peut juger de l'union que cette aventure dut mettre entre eux, et quel spectacle pour l'armée, qui n'avoit d'ailleurs ni estime ni affection pour eux, qui aussi ne s'étoient pas mis en soin de se concilier ni l'un ni l'autre.

Le prince Eugène et le duc de Marlborough, qui ne vouloient point de paix, et dont le but étoit de percer en France, l'un par vengeance personnelle contre le roi et [pour] se faire de plus en plus un grand nom, l'autre pour gagner des trésors, [ce] qui étoit à chacun leur passion dominante, avoit résolu de profiter de l'extrême foiblesse et du délabrement de nos troupes et de nos places pour pousser pendant cette campagne leurs conquêtes le plus avant qu'ils pourroient. Albergotti, lieutenant général, et Dreux, maréchal de camp, avoient eu ordre d'aller à Douai, où ils eurent à peine le temps de donner ordre aux choses les plus pressées, qu'ils furent investis et la tranchée ouverte du 4 au 5 mai. Pomereu, frère du feu conseiller d'État et ancien capitaine aux gardes, avoit eu ce gouvernement en se retirant. Il y avoit diligemment pourvu à tout ce qu'il avoit pu. Il compta pour moins le dégoût de se voir commandé dans sa place, que la démarche d'en sortir au moment d'un siége. Il passa donc sur toute autre considération, et fut d'un grand et utile secours à Albergotti pendant tout ce siége. La garnison y étoit nombreuse et choisie, les munitions de guerre et de bouche abondantes; tout s'y prépara à une belle défense. M. le Duc étoit déjà à l'armée, le roi d'Angleterre y arriva sous le nom et l'incognito ordinaire de chevalier de Saint-Georges, comme le maréchal de Villars étoit en situation de pouvoir combattre les ennemis.

Le roi, piqué de ses pertes continuelles, désiroit passionnément une victoire qui ralentît les desseins des ennemis, et qui pût changer l'État de la triste et honteuse négociation qui se traitoit à Gertruydemberg. Cependant les ennemis étoient bien postés. Villars avoit perdu en arrivant sur eux une belle occasion de les battre. Toute son armée avoit remarqué cette faute, il en avoit été averti à temps par plusieurs officiers généraux et par le maréchal de Montesquiou, sans les avoir voulu croire, et il n'osoit chercher à les attaquer après les dispositions qu'il leur avoit laissé le loisir de faire. L'armée cria beaucoup d'une faute si capitale. Villars, empêtré de sentir que ce n'étoit pas à tort, paya d'effronterie et ne parloit que de manger l'armée ennemie avec ses rodomontades usées, tandis qu'il ne savoit plus en effet par où la rapprocher. Dans cette crise que la division des deux maréchaux et le manque d'estime et d'affection des troupes rendoit très-fâcheuse, le roi jugea à propos d'envoyer en Flandre Berwick, comme modérateur des conseils et un peu comme dictateur de l'armée, mais sans autre commandement que celui de son ancienneté de maréchal de France, et encore dans une armée où il n'étoit qu'en passant. La bataille livrée, ou jugée ne la devoir pas être, il avoit ordre de revenir aussitôt rendre compte de toutes choses, pour passer ensuite à la tête de l'armée de Dauphiné, où la campagne s'ouvroit plus tard qu'ailleurs, à cause des neiges et des montagnes.

Mais ce n'étoit plus guère la coutume de rien faire sans une récompense qui devançât l'entreprise et qui mît en sûreté le succès personnel de celui qui en étoit chargé. Usage nouveau, pernicieux à l'État et au roi, qui, de cette façon, avoit de rien formé plusieurs géants de grandeur, et des pygmées d'action dont on n'avoit pas daigné se servir depuis, sinon de quelques-uns, encore par reprise et à défaut d'autres très-senti. Nous étions en l'âge d'or des bâtards. Berwick n'avoit que dix-huit ans lorsqu'il arriva en France en 1688 avec le roi Jacques II, à la révolution d'Angleterre. Il fut fait lieutenant général à vingt-deux ans tout d'un coup, et en servit en 1692 à l'armée de Flandre, sans avoir passé auparavant par aucun grade, et n'ayant servi que de volontaire. A trente-trois ans il commanda en chef l'armée de France et d'Espagne en Espagne avec une patente de général d'armée, et, à trente-quatre ans, mérita, par sa victoire d'Almanza, d'être fait grand d'Espagne et chevalier de la Toison d'or. Il commanda toujours depuis des armées en chef ou dans de grandes provinces, jusqu'en février 1706, qu'il fut fait maréchal de France seul, lorsqu'il n'avoit pas encore trente-six ans. Il étoit duc d'Angleterre, et quoiqu'ils n'aient point de rang en France, le roi l'avoit accordé à ceux qui avoient suivi le roi Jacques, qui avoit donné la Jarretière à Berwick sur le point de la révolution. C'étoit bien et rapidement pousser la fortune sous un roi qui regardoit les gens de cet âge comme des enfants, mais qui, pour les bâtards, ne leur trouvoit non plus d'âge qu'aux dieux.

Il y avoit déjà un an que Berwick, qui vouloit tout accumuler sur sa tête et le partager à ses enfants, avoit demandé d'être fait duc et pair. Le roi à qui de fois à autre il prenoit des flux de cette dignité, qu'il avoit tant avilie, en avoit aussi des temps de chicheté. Berwick donna dans un de ceux-là, et n'avoit pu réussir. En l'occasion dont je parle, il sentit qu'il étoit cru nécessaire, il en saisit le moment; il fit entendre qu'il ne pouvoit partir mécontent, et se fit faire duc et pair. Berwick n'avoit qu'un fils de sa première femme, et il avoit de la seconde plusieurs fils et filles. Il étoit sur l'Angleterre comme les juifs qui attendent toujours le Messie. Il se flattoit toujours aussi d'une révolution qui remettroit les Stuarts sur le trône, et lui par conséquent en ses biens et honneurs. Il étoit fils de la sœur du duc de Marlborough dont il étoit fort aimé, et avec lequel, du gré du roi et du roi d'Angleterre, il entretenoit un commerce secret, dont tous trois furent les dupes, mais qui servoit à Berwick à entretenir d'autres en Angleterre, et à y dresser ses batteries, en sorte qu'il espéra son rétablissement particulier, même sous le gouvernement établi. C'est dans ce principe qu'il obtint la grâce inouïe du choix de ses enfants, et encore de le pouvoir changer tant qu'il voudroit, pour succéder à sa grandeur. Par la même raison il osa proposer, et on eut la honteuse foiblesse de la lui accorder, l'exclusion formelle de son fils aîné dans ses lettres de duc et pair, dans lesquelles il fit appeler tous ceux du second lit.

Son projet étoit de revêtir l'aîné de la dignité de duc de

Berwick et de tous ses biens d'Angleterre ; de faire le second duc et pair, et le troisième grand d'Espagne, où son dessein étoit de chercher à le marier et à l'attacher. Trois fils héréditairement élevés aux trois premières dignités des trois premiers royaumes de l'Europe, il faut convenir que ce n'étoit pas mal cheminer à quarante ans avec tout ce qu'il avoit d'ailleurs ; mais l'Angleterre lui manqua. Il eut beau la ménager toute sa vie outre mesure, en courtiser le ministère, recueillir tous les Anglois considérables qui passoient en France, lier un commerce d'amitié étroite avec ses ambassadeurs en France, jamais il ne put obtenir de rétablissement, tellement que, n'y ayant plus de ressource en France pour l'aîné, après son exclusion de la dignité de duc et pair, il se rejeta pour lui sur la grandesse, l'attacha en Espagne, l'y maria à une sœur du duc de Veragua, lequel mourut après sans enfants, et laissa à cette sœur et à ses enfants plus de cent mille écus de rente, avec des palais, des meubles et des pierreries en quantité, et les plus grandes terres. J'aurai lieu d'en parler plus amplement. Le scandale fut grand de la complaisance qu'eut le roi pour cet arrangement de famille qui mettoit sur la tête d'un cadet la première dignité du royaume après son père, et qui réservoit l'aîné à l'espérance de celle d'Angleterre ; mais le temps des monstres étoit arrivé. Berwick acheta Warties, médiocre terre sous Clermont en Beauvoisis, qu'il fit ériger sous le barbare et le honteux nom de *Fitz-James* : autre foiblesse qu'on eut encore pour lui. Le roi qui passa la chose fut choqué du nom, lequel en ma présence en demanda la raison au duc de Berwick qui la lui expliqua sans aucun embarras, et que voici :

Les rois d'Angleterre en légitimant leurs enfants leur donnent un nom et des armes qui passent au parlement d'Angleterre et à leur postérité. Les armes, qui sont toujours celles d'Angleterre, ont des sortes de brisures distinctes ; le nom varie. Ainsi le duc de Richemont, bâtard de

Charles II, a eu le nom de Lenox; les ducs de Cleveland et Grafton du même roi, celui de Fitz-Roi, qui veut dire fils de roi; le duc de Saint-Albans aussi du même roi, celui de Beauclerc; enfin le duc de Berwick de Jacques II, duc d'York quand il l'eut, mais roi quand il le légitima et le fit duc, celui de Fitz-James, qui signifie fils de Jacques, en sorte que son nom de maison pour sa postérité est celui-là, et son duché-pairie en France, le duché de fils de Jacques en françois, et les ducs en même langue, les ducs et pairs fils de Jacques. On ne sauroit s'empêcher de rire du ridicule de ce nom s'il se portoit en françois, ni de s'étonner du scandale de l'imposer en anglois en France. Le parlement n'osa ou ne daigna souffler. Tout y fut enregistré sans la moindre difficulté sur le nom ni sur la clause; Berwick ne quitta point que cela ne fût fait et consommé, et aussitôt après il s'en alla en Flandre. Il y trouva l'armée des ennemis si avantageusement postée et retranchée qu'il n'eut pas de peine à se rendre au sentiment commun des généraux et officiers généraux de celle du roi, qu'il n'étoit plus temps de songer à l'attaquer. Il recueillit sagement et séparément leurs [avis] sur ce qui s'étoit passé jusqu'alors, et les trouva uniformes dans celui que Villars avoit manqué la plus belle occasion du monde de les attaquer. Berwick, n'ayant rien de plus dans sa mission que de se bien instruire de toutes choses, ne fut pas trois semaines absent. Son rapport consterna fort le roi et ceux qui le pénétrèrent. Bientôt après, les lettres de l'armée mirent tout le monde dans le secret, qui révolta fort contre ce matamore en paroles.

Le duc de Berwick ne fut guère plus de vingt-quatre heures de retour à la cour qu'il partit pour le Dauphiné, et ne put être reçu duc et pair au parlement que le 11 décembre suivant. Cet événement est si peu important à intervertir que je raconterai ici une aventure qui arriva à cette occasion, et dont le court intermède mérite de ne pas être oublié. Nous assistâmes en nombre à cette réception, avec la singularité d'y avoir eu en notre tête bâtards et bâtardeaux, et à notre queue à tous un bâtard d'Angleterre; ce fut matière à réflexions sur le maintien des lois dans cette île, et par quelle protection ferme, solide et constante, et l'interversion de tous les nôtres *ad nutum*. Le duc de Tresmes, ami de Berwick, et accoutumé aux fêtes comme gouverneur de Paris, donna le festin au sortir du parlement, où la plupart des ducs se trouvèrent avec plusieurs autres personnes de considération, entre autres Caumartin, conseiller d'État et intendant des finances, qui étoit fort répandu à la cour et dans le plus beau monde, fort ami du duc de Tresmes, et oncle de sa belle-fille.

Il savoit beaucoup et agréablement jusqu'à être un répertoire fort curieux; il étoit beau parleur et avec de l'esprit, un air de fatuité imposante par de grands airs, et une belle figure, quoique au fond il fut bon homme, et même à sa façon respectueux. Je ne sais par quelle étrange absence d'esprit il s'engagea à table au récit d'un procès bizarre d'un bâtard dont il avoit été autrefois l'un des juges, et s'étendit sur les difficultés qui rouloient toutes sur cette sorte de naissance et sur la sévérité des lois à leur égard, qu'il déploya avec emphase et avec approbation. Chacun baissa les yeux, poussa son voisin [avec] un silence profond que Caumartin prit pour attention à la singularité du fait et aux grâces de son débit. Le duc de Tresmes voulut rompre les chiens plus d'une fois; à toutes Caumartin l'arrêtoit, haussoit le ton et continuoit. Ce récit dura bien trois bons quarts d'heure. On s'étouffoit de manger ou de mâcher, personne n'osa boire de peur d'un éclat de rire involontaire; on en mouroit, et dans la même crainte on n'osoit se regarder. Jamais Caumartin, engoué de son histoire et du plaisir de tenir le dé, ne s'aperçut d'une si énorme disparate. Berwick à qui, comme à l'homme du jour, il adressa souvent la parole, comprit bien qu'il avoit totalement oublié qui il étoit, et ne s'en offensa jamais, mais le pauvre Tresmes en étoit que la sueur lui en tomboit du visage. Il est vrai que l'extrême ridicule d'une scène si entière et si longue me divertit extrêmement, et par les yeux, et par les oreilles, et par les réflexions sur ce contraste du matin et du festin même de ce triomphe des bâtards, et de l'énergique étalage de toute leur infamie et de leur néant.

La nouvelle chapelle étant enfin entièrement achevée, et admirée du roi et de tous les courtisans, il s'éleva une grande dispute à qui la consacreroit. Le cardinal de Janson, grand aumônier, avec tout ce qui est sous sa charge, la prétendoit exempte de la juridiction de l'ordinaire, en alléguoit beaucoup de titres et de preuves, et prétendoit que c'étoit à lui à faire cette cérémonie. Le cardinal de Noailles, archevêque diocésain, s'en tenoit au droit commun, alléguoit qu'il avoit officié avec sa croix devant le roi dans la chapelle, et qu'à tout ce qui s'étoit fait en présence du roi, de mariages, de baptêmes, etc., le curé de Versailles y avoit toujours été présent en étole, ainsi qu'aux convois qui en étoient partis; et il réclamoit la justice et la piété du roi, et son amour de l'ordre et des règles. Il l'emporta, parce qu'il étoit encore bien avec lui et Mme de Maintenon, et dans la vénération de l'un et de l'autre; et il fit la cérémonie le jeudi matin 5 juin en présence de Mgr le duc de Bourgogne. La chapelle s'étoit assez échauffée là-dessus, mais entre les deux cardinaux la dispute se passa avec politesse et modestie. On détruisit incontinent après l'ancienne chapelle, et on ne se servit plus que de celle-là. Nonobstant ce jugement, la chapelle s'est maintenue dans toute sa prétention, le curé dans son usage d'assister en étole comme il fit depuis au mariage de M. le duc de Berry et à tous les autres, et aux baptêmes comme auparavant. Mais il est vrai que depuis aucun archevêque de Paris n'a officié à la chapelle à cause de la difficulté de sa croix, malgré l'exemple antérieur dn cardinal de Noailles; et la seule fois que son successeur y a officié, étant nommé à Paris à une fête de l'ordre, il n'avoit pas encore ses bulles, ainsi il étoit sans croix et sans prétention de l'y faire porter devant lui.

Mme de La Vallière mourut en ce temps-ci aux Carmélites de la rue Saint-Jacques, où elle avoit fait profession le 3 juin 1675, sous le nom de sœur Marie de la Miséricorde, à trente et un ans. Sa fortune, et la honte; la modestie, la bonté dont elle en usa; la bonne foi de son cœur sans aucun autre mélange; tout ce qu'elle employa pour empêcher le roi d'éterniser la mémoire de sa foiblesse et de son péché en reconnoissant et légitimant les enfants qu'il eut d'elle; ce qu'elle souffrit du roi et de Mme de Montespan; ses deux fuites de la cour, la première aux Bénédictines de Saint-Cloud, où le roi alla en personne se la faire rendre, prêt à commander de brûler le couvent, l'autre aux Filles de Sainte-Marie de Chaillot, où le roi envoya M. de Lauzun, son capitaine des gardes, avec main-forte pour enfoncer le couvent, qui la ramena; cet adieu public si touchant à la reine, qu'elle avoit toujours respectée et ménagée, et ce pardon si humble qu'elle lui demanda prosternée à ses pieds devant toute la cour, en partant pour les Carmélites; la pénitence si soutenue tous les jours de sa vie, fort au-dessus des austérités de sa règle; cette fuite exacte des emplois de la maison, ce souvenir si continuel de son péché, cet éloignement constant de tout commerce, et de se mêler de quoi que ce fût, ce sont des choses qui pour la plupart ne sont pas de mon temps, ou qui sont peu de mon sujet, non plus que la foi, la force et l'humilité qu'elle fit paroître à la mort du comte de Vermandois, son fils.

Mme la princesse de Conti lui rendit toujours de grands devoirs et de grands soins, qu'elle éloignoit et qu'elle abrégeoit autant qu'il lui étoit possible. Sa délicatesse naturelle avoit infiniment souffert de la sincère âpreté de sa pénitence de corps et d'esprit, et d'un cœur fort sensible dont elle cachoit tout ce qu'elle pouvoit. Mais on découvrit qu'elle l'avoit portée jusqu'à s'être entièrement abstenue de boire pendant toute une année, dont elle tomba malade à la dernière extrémité. Ses infirmités s'augmentèrent, elle mourut enfin d'une descente, dans de grandes douleurs, avec toutes les marques d'une grande sainteté, au milieu des religieuses dont sa douceur et ses vertus l'avoient rendue les délices, et dont elle se croyoit et se disoit sans cesse être la dernière, indigne de vivre parmi des vierges. Mme la princesse de Conti ne fut avertie de sa maladie, qui fut fort prompte, qu'à l'extrémité. Elle y courut et n'arriva que pour la voir mourir. Elle parut d'abord fort affligée, mais elle se consola bientôt. Elle reçut sur cette perte les visites de toute la cour. Elle s'attendoit à celle du roi, et il fut fort remarqué qu'il n'alla point chez elle.

Il avoit conservé pour Mme de La Vallière une estime et une considération sèche dont il s'expliquoit même rarement et courtement. Il voulut pourtant que la reine et les deux dauphines l'allassent voir et qu'elles la fissent asseoir, elle et Mme d'Épernon, quoique religieuses, comme duchesses qu'elles avoient été, ce que je crois avoir remarqué ailleurs. Il parut peu touché de sa mort, il en dit même la raison : c'est qu'elle étoit morte pour lui du jour de son entrée aux Carmélites. Les enfants de Mme de Montespan furent très-mortifiés de ces visites publiques reçues à cette occasion, eux qui en pareille circonstance n'en avoient osé recevoir de marquée. Ils le furent bien autrement quand ils virent Mme la princesse de Conti draper, contre tout usage, pour une simple religieuse, quoique mère; eux qui n'en avoient point, et qui, pour cette raison, n'avoient osé jusque sur eux-mêmes porter la plus petite marque de deuil à la mort de Mme de Montespan. Le roi ne put refuser cette grâce à Mme la princesse de Conti, qui le lui demanda instamment, et qui ne fut guère de son goût. Les autres bâtards essuyèrent ainsi cette sorte d'insulte que le simple adultère fit au double dont ils étoient sortis, et qui rendit sensible à la vue de tout le monde la monstrueuse horreur de leur plus que ténébreuse naissance, dont ils furent cruellement piqués.

Une autre mort arrivée en même temps parut moins précieuse devant Dieu, et fit moins de bruit dans le monde. Ce fut celle de Sablé, fils de Servien, surintendant des finances, qui avoit amassé tant de trésors, et qui en avoit tant dépensé à embellir Meudon, dont il enterra le village et le rebâtit auprès, pour faire cette admirable terrasse, si prodigieuse en étendue et en hauteur. Il avoit marié sa fille au duc de Sully, frère de la duchesse du Lude, et laissé ses deux fils, Sablé et l'abbé Servien, si connus tous deux par leurs étranges débauches avec beaucoup d'esprit et fort aimable et orné. Sablé vendit Meudon à M. de Louvois, sur les fins Sablé à M. de Torcy, mangea tout, vécut obscur, et ne fut connu que par des aventures de débauche, et par s'être fait estropier lui, et rompre le cou à l'arrière-ban d'Anjou qu'il menoit au maréchal de Créqui. Ainsi périssoient promptement les races des ministres, avant qu'ils eussent trouvé l'art d'établir leurs enfants aux dépens des seigneurs dans les premières charges de la cour, après les grandes.

Le maréchal de Joyeuse mourut aussi à plus de quatrevingts ans, sans enfants d'une fille de sa maison qu'il avoit épousée, dont il étoit veuf, et qui ne fut pas heureuse. Il ressembloit tout à fait à un roi des Huns. Il avoit de l'esprit, de la noblesse, de la hauteur et une grande valeur. Excellent officier général, surtout de cavalerie, très-bon à mener une aile, mais pour une armée, dont il ne commanda jamais aucune en chef, qu'en passant et par accident, la tête lui en tournoit et aux autres aussi, par son embarras et sa brutalité qui le rendoit inabordable. Il étoit assez pauvre et cadet d'un aîné ruiné, excellent lieutenant général, qu'on appeloit le comte de Grandpré, chevalier de l'ordre en 1661, mort il y avoit longtemps, qui traînoit d'ordinaire son cordon bleu à pied, faute de voiture, et qui ne laissa point d'enfants. Ce maréchal de Joyeuse étoit une manière de sacre et de brigand, qui pilloit tant qu'il pouvoit pour le manger avec magnificence. Il avoit eu le gouvernement de Metz et du pays Messin à la mort du duc de La Ferté. Il fut donné deux jours après au maréchal de Villars, en lui conservant les quinze mille livres d'appointements, comme ayant perdu le gouvernement de Fribourg.

Le marquis de Renti le suivit de près dans une grande piété, et depuis quelque temps dans une grande retraite. Il étoit fils de ce marquis de Renti qui a vécu et est mort en réputation de sainteté, et il étoit frère de la maréchale de Choiseul, qui ne le survécut que de quelques mois. C'étoit un très-brave, honnête et galant homme, d'un esprit médiocre et assez difficile, quoique très-bon homme; mais impétueux, médiocre à la guerre pour la capacité, mais honorable et tout à fait désintéressé. Il étoit lieutenant général, et lieutenant général de Franche-Comté, où on ne le laissa guère commander assez mal à propos; mais le titre en est devenu un d'exclusion. Il n'étoit pas riche, et a laissé un fils très-brave et honnête homme aussi, mais que l'extrême incommodité de sa vue a retiré fort tôt du service et presque du monde.

Le maréchal de Villars trouva l'armée assemblée sous Cambrai. Elle étoit de cinquante-sept bataillons et de deux cent soixante-deux escadrons; toutes les places outre cela garnies. Mais ces troupes n'étoient pas bien complètes, même d'officiers. Depuis un mois le prêt leur étoit payé et on leur donnoit du pain passable et quelque viande. Albergotti se défendoit bien dans Douai. Le duc de Mortemart y commanda une sortie qui fit un grand désordre dans les tranchées, tua beaucoup de monde et n'en perdit presque point. L'attaque aussi fut vigoureuse, et de part et d'autre on travailla fort sous terre pour faire des mines et pour les éventer. Outre ce qui faisoit le siége, l'armée des ennemis étoit aussi forte que celle du roi, et tenta une entreprise sur

Ypres. Ils crurent avoir gagné un partisan de la garnison, et par son moyen surprendre la place. Le partisan en avertit Chevilly qui y commandoit, et par son ordre suivit l'entreprise. Les ennemis, pleins de confiance en leur marché, détachèrent deux mille chevaux ou dragons de leur armée, portant chacun un fantassin en croupe, sous prétexte de renforcer leurs garnisons de Lille et de Menin; et le partisan marchoit assez près, à la tête, avec douze ou quinze hommes. Il se présenta à la barrière qu'on lui ouvrit, en même temps ses douze ou quinze hommes furent pris. Le détachement arrivoit; mais il fut averti à temps par le hasard d'un fusil d'un soldat de milice qui étoit dans les dehors, qui tira. A ce bruit, le détachement se crut découvert et s'arrêta. Il se retira aussitôt après. On leur tua ou blessa une cinquantaine d'hommes du feu que la place fit sur eux de tous côtés. Le partisan en eut une petite pension et une commission de lieutenant colonel. Un autre de nos partisans sortit quelques jours après de Namur, trouva moyen de se glisser dans Liége, se rendit maître du corps de garde qui étoit à la porte, marcha à la place, tua celui qui y commandoit, prit toute la garde, pilla la maison du ministre de l'empereur et celle d'un Hollandois qui commandoit dans la ville, et s'en revint avec un assez gros butin et cinquante prisonniers, sans y avoir laissé qu'un homme.

Cependant le siége de Douai s'avançoit. Il s'y étoit passé, le 20 juin, une action considérable. Les ennemis s'étoient rendus maîtres d'une demi-lune. Dreux et le duc de Mortemart les en chassèrent. Ils revinrent et s'établirent sur la berme[1], où un fourneau qui joua à propos les fit tous sauter. Ils perdirent environ deux mille hommes; mais ils revinrent une troisième fois et gagnèrent l'angle de cet ouvrage.

---

1. La berme était un espace de trois ou quatre pieds entre le rempart et le fossé; elle servait à recevoir les terres du rempart qui s'éboulaient, afin que le fossé n'en fût pas comblé.

Deux jours après ils se rendirent maîtres de deux demi-lunes; et comme la brèche étoit fort grande, Albergotti fit battre la chamade le 25. Le duc de Mortemart apporta la capitulation au roi, qui fut toute telle qu'Albergotti la voulut. La brèche étoit capable pour deux bataillons de front. Le roi, content de cette belle défense, et accoutumé à prostituer le collier du Saint-Esprit en récompenses militaires, fit Albergotti chevalier de l'ordre; Dreux, blessé le dernier jour du siége, lieutenant général; et donna à la garnison d'autres récompenses. Albergotti eut aussi en même temps le gouvernement de Sarrelouis, vacant déjà depuis quelque temps par la mort de Choisy; et le duc de Mortemart fut maréchal de camp.

Les ennemis, après avoir réparé et pourvu leur nouvelle conquête, ne perdirent pas de temps à en faire d'autres, dans l'impuissance où Villars leur paroissoit de les en empêcher. Ils marchèrent à Béthune et y ouvrirent la tranchée le 24. Du Puy-Vauban, gouverneur de la place, y commandoit avec quatre mille hommes de garnison. Il n'en avoit pas voulu davantage, et il étoit suffisamment muni et approvisionné. Il fit faire une sortie cette nuit même de l'ouverture de la tranchée, leur tua huit cents hommes et y perdit fort peu. Il y eut force coups de main; mais, après une belle défense, du Puy-Vauban battit la chamade le 28 août, et eut la capitulation telle qu'il la voulut. Il avoit le cordon rouge, le roi y ajouta la grand'croix, et les mille écus de plus, en attendant la première vacance, qui fut une chose tout à fait contre son usage, et donna des récompenses aux principaux de la garnison. Tout à la fin de ce siége, on tenta une entreprise sur Menin. Les troupes détachées furent mal conduites par les guides. Au lieu d'arriver la nuit, elles furent surprises par le jour et s'en revinrent comme elles étoient allées.

Tout au commencement de ce même siége, nos plénipotentiaires arrivèrent de Gertruydemberg, plus que fort fraîchement ensemble. Ils vinrent un matin à Marly, où le roi les entretint assez longtemps dans son cabinet avec Torcy. Ce qui se trouvera là-dessus dans les Pièces m'empêche d'en dire ici d'avantage.

Il arriva au maréchal de Villars une aventure fort ridicule qui fit grand bruit à l'armée et à la cour. Sa blessure, ou les airs qu'il en prenoit, lui faisoit souvent tenir la jambe sur le cou de son cheval à peu près comme les dames. Il lui échappa un jour, dans l'ennui où il se trouvoit dans son armée, qu'il étoit bien las de monter à cheval comme ces p...... de la suite de Mme la duchesse de Bourgogne, qui, par parenthèse, étoient toutes les jeunes dames de la cour et les filles de Mme la Duchesse. Un tel propos, tenu en pleine promenade par un général d'armée peu aimé, courut bientôt d'un bout à l'autre du camp, et ne tarda guère à voler à la cour et à Paris. Les dames cavalières s'offensèrent, les autres prirent parti pour elles; Mme la duchesse de Bourgogne ne put leur refuser de s'en montrer irritée et de s'en plaindre. Villars en fut tôt averti, et fort en peine d'un surcroît d'ennemis si redoutables, dont sa campagne n'avoit pasa besoin. Il se mit dans la tête de découvrir qui l'avoit décelé. Il fit si bien qu'il sut à n'en pas douter que c'étoit Heudicourt qui l'avoit mandé; et il en fut d'autant plus piqué que, pour faire sa cour à sa mère, ce mauvais ange de Mme de Maintenon, et à Mme de Montgon sa sœur, il l'avoit adomestiqué, protégé, et, chose fort étrange pour le maréchal, lui avoit souvent, non pas prêté, mais donné de l'argent, dont il étoit toujours fort dépourvu par sa mauvaise conduite et l'avarice de son père qui mangeoit tout à son âge avec des créatures.

La vieille Heudicourt et sa fille étoient mortes, mais Heudicourt, fort protégé du roi par Mme de Maintenon, à cause de sa défunte mère, étoit demeuré comme l'enfant de la maison partout où étoit le maréchal de Villars. C'étoit un drôle de beaucoup d'esprit, qui excelloit à donner des ridicules, à la plaisanterie la plus salée, aux chansons les plus immortelles, et qui, gâté par la faveur qui l'avoit toujours soutenu, ne s'étoit contraint pour personne, et par cette même faveur et par l'audace et le tranchant de sa langue s'étoit rendu redoutable. Il n'avoit point d'âme, grand ivrogne et débauché, point du tout poltron, et une figure hideuse de vilain satyre. Il se faisoit justice là-dessus ; mais hors d'état d'espérer de bonnes fortunes, il les facilitoit volontiers, étoit sûr dans cet honnête commerce, et s'étoit acquis par là beaucoup d'amis de la fleur de la cour, et encore plus d'amies. Par contraste à sa méchanceté, on ne l'appeloit que le *petit bon*, et le petit bon étoit de toutes les intrigues, en menoit quantité, et en étoit un répertoire. C'étoit parmi les dames à la cour à qui l'auroit, dont pas une n'eût osé se brouiller avec lui, à commencer par les plus hautes. Cette protection que personne n'ignoroit le rendoit encore plus hardi, tellement que le maréchal de Villars se trouva dans le dernier embarras. Toutefois, après y avoir bien pensé, il eut recours à l'effronterie qui toujours l'avoit si utilement servi.

Pour cela il envoya chercher une quinzaine d'officiers généraux, tous considérables par leur poids à l'armée, ou par leurs entours à la cour, et Heudicourt avec eux. Quand il les sut tous arrivés, il sortit de sa chambre, et alla où ils étoient, avec ce que le hasard y avoit conduit d'autres gens, comme il en fourmille toujours de toute espèce chez le général qui vouloit faire une scène publique. Là, il demanda tout haut à chacun de ceux qu'il avoit mandés, et l'un après l'autre, s'ils se souvenoient qu'il eût dit telle chose qu'il répéta. Albergotti, revenu à l'armée après avoir fait, au sortir de Douai, un tour de huit ou dix jours à Paris et à la cour, prit en matois la parole le premier, répondit qu'il se souvenoit qu'il avoit parlé ainsi des vivandières et des créatures du camp, et jamais d'autres. Nangis, le prince de Rohan, le prince Charles, fils de M. le Grand, et tous les autres, ravis d'une si belle ouverture, la suivirent l'un après l'autre, et la confirmèrent jusqu'au dernier. Alors Villars, dans le soulagement qu'on peut juger, insista pour faire mieux confirmer et consolider la chose, puis, éclatant contre l'inventeur d'une si affreuse calomnie, contre l'imposteur qui l'avoit écrite à la cour, adressa la parole à Heudicourt qu'il traita de la plus cruelle façon du monde. Le petit bon, qui n'avoit pas prévu qu'il seroit découvert ni la scène où il se trouvoit, fut étrangement interdit, et se voulut défendre ; mais Villars produisit des preuves qui ne purent être contredites. Alors le vilain, acculé, avoua sa turpitude, et eut l'audace de s'approcher de Villars pour lui parler bas ; mais le maréchal, se reculant et le repoussant avec un air d'indignation, lui dit de parler tout haut, parce que, avec des fripons de sa sorte, il ne vouloit rien de particulier. Alors Heudicourt, reprenant ses esprits, se livra à toute son impudence. Il soutint qu'aucuns de tout ce qui étoit là et que Villars avoit interrogé, n'osoient lui déplaire en face, mais [qu'ils] savoient fort bien tous la vérité du fait, telle qu'il l'avoit écrite ; qu'il pouvoit avoir tort de l'avoir mandée, mais qu'il n'avoit pas imaginé que dite en si nombreuse compagnie et en lieu si public, elle pût demeurer secrète, et qu'il fît plus mal de la mander que tant d'autres qui en avoient pu faire autant.

Le maréchal, outré de colère d'entendre une réponse si hardie, et au moins si vraisemblable, lui reprocha ses bienfaits et sa scélératesse. Il ajouta que, quand la chose seroit vraie, il n'y auroit pas moins de crime à lui de la publier qu'à l'inventer, [après] toutes les obligations qu'il lui avoit ; le chassa de sa présence ; et quelques moments après le fit arrêter et conduire au château de Calais. Cette violente scène fit à l'armée et à la cour autant de bruit que ce qui l'avoit causée. La conduite suivie et publique du maréchal fut approuvée. Le roi déclara qu'il le laissoit maître du sort d'Heudicourt ; Mme de Maintenon et Mme la duchesse de

Bourgogne, qu'elles l'abandonnoient ; et ses amis avouoient que sa faute étoit inexcusable. Mais la chance tourna bientôt. Après le premier étourdissement, l'excuse du petit bon parut valable aux dames qui avoient leurs raisons pour l'aimer et pour craindre de l'irriter ; elle la parut aussi dans l'armée, où le maréchal n'étoit pas aimé. Plusieurs de ceux qu'il avoit si publiquement interrogés se laissèrent entendre que, dans la surprise où ils s'étoient trouvés, ils n'avoient pas voulu se commettre. On en vint bassement à cette discussion que cette allure du maréchal, et son prétendu propos ne pouvoit aller aux vivandières et aux autres femmes des armées, qui alloient toutes à cheval jambe deçà, jambe delà, au contraire des dames, surtout de celles qui montoient à cheval avec Mme la duchesse de Bourgogne. On contesta jusqu'au pouvoir des généraux d'armée de se faire justice à eux-mêmes de leurs inférieurs, pour des choses personnelles et où le service n'entroit pour rien : en un mot, Heudicourt, au sortir de Calais, où il ne fut pas longtemps, demeura le petit bon à la mode, en dépit du maréchal. Tant de choses lui tournèrent mal cette campagne qu'il prit la résolution de s'en aller aux eaux. Il fit tant qu'il l'obtint.

Harcourt, qui ne faisoit qu'arriver à Strasbourg après les avoir prises tout à son aise, eut ordre de revenir, et la permission de faire le voyage à petites journées dans son carrosse. Peu de jours après être arrivé, il se fit recevoir duc et pair au parlement. Il demeura plus d'un mois à Paris, et s'en alla après dans son carrosse à petites journées à Dourlens, où il avoit rendez-vous avec le maréchal de Villars ; et de là l'un à l'armée de Flandre, l'autre droit à Bourbonne sans passer à Paris ni à la cour, ce qui parut assez extraordinaire et peu agréable. Ainsi un boiteux en remplaça un autre, et un général aussi peu en état de fatiguer que celui à qui il succédoit. L'un commença, l'autre finit par Bourbonne ; et Harcourt par la Flandre qu'il avoit évitée d'abord.

Il y trouva une grande désertion dans l'armée, et les ennemis devant Aire et Saint-Venant à la fois. Chevilly, qui commandoit à Ypres, informé que les ennemis faisoient partir un grand convoi de Gand, fit sortir de sa place Ravignan, maréchal de camp, la nuit, avec deux mille cinq cents hommes. Ravignan trouva le convoi à Vive-Saint-Éloi ; il y avoit quarante-cinq balandres[1] chargées de munitions de guerre et de bouche, escortées au bord de l'eau par treize cents hommes, dont huit cents Anglois et six cents chevaux. Ravignan les attaqua brusquement ; les treize cents hommes furent tous tués, noyés ou pris, et la cavalerie qui prit la fuite de bonne heure, perdit au moins moitié. Le fils du comte d'Athlone et presque tous les principaux officiers furent pris. Après cette expédition, Ravignan éloigna ses troupes, brûla les quarante-cinq balandres, et fit sauter treize cents milliers de poudre qui détruisirent le village de Vive-Saint-Éloi. On crut que cette affaire coûta près de trois millions aux ennemis.

Aire et Saint-Venant se défendoient toujours. Il y eut de grosses actions aux deux siéges. La tranchée avoit été ouverte à Aire en deux endroits à la fois, le 12 septembre. Goesbriant, gendre de Desmarets, y commandoit, et y faisoit de grandes sorties. Le chevalier de Selve en fit aussi à Saint-Venant, dans une desquelles Listenois fut tué. Le chevalier de Rothelin eut les deux cuisses percées à Aire, et à Saint-Venant. Béranger, colonel de Bugey, fort estimé, fut tué. Ce régiment fut donné à son frère, et celui de Listenois au sien, Goesbriant fit abandonner aux ennemis l'attaque du côté du château, et par deux fois les fours à chaux qui étoient à la tête des ouvrages de la place, mais que lui-même abandonna à la troisième attaque. Il les repoussa aussi du chemin couvert qu'ils vouloient emporter, où le second fils du comte de La Mothe fut tué. Ils le furent

---

1. Bateaux plats.

encore jusqu'à trois fois le 2 novembre à une grande attaque qu'ils firent, mais enfin Goesbriant capitula le 8 novembre, et obtint toutes les conditions qu'il demanda. Il rendit en même temps le fort Saint-François, faute de vivres à y mettre. Saint-Venant s'étoit rendu quelque temps auparavant. Ainsi finit la campagne en Flandre, qui fut la dernière du duc de Marlborough. Les armées entrèrent en quartiers de fourrage, et incontinent après en quartiers d'hiver. M. d'Harcourt avoit eu pendant ce siége quelque petit soupçon d'apoplexie, qui ne fut rien. La fin de la campagne lui vint à propos ; le maréchal de Montesquiou demeura pour tout l'hiver à commander en Flandre, d'où tous les officiers généraux non employés l'hiver, et les particuliers, ne tardèrent pas à revenir. Goesbriant, comme Albergotti, fut chevalier de l'ordre ; et force récompenses à sa garnison.

Sur le Rhin la campagne se passa toute à chercher tranquillement à subsister, et finit en même temps que celle de Flandre. Le duc de Berwick passa la sienne en chicanes et en observations. M. de Savoie ne la fit point. Il étoit mal content de l'empereur, qu'il menaça même de songer à ses intérêts particuliers. La récompense d'un démembrement de quelque chose du Milanois étoit un objet qui entretenoit la mésintelligence, et qui, pour le déterminer, l'empêcha de faire cette année de grands efforts. Il faut maintenant voir ce qui s'est passé d'ailleurs, dont il n'eût pas été à propos d'interrompre la campagne de Flandre, par la même raison que celles d'Espagne et de Roussillon, qui seront rapportées après, demandent à l'être tout de suite.

CHAPITRE XVII.

Situation du cardinal de Bouillon. — État de la famille du cardinal de Bouillon, et ses idées bâties dessus. — Cardinal de Bouillon, furieux de la perte d'un procès, passe à Montrouge [et] à Ormesson. — Évasion du cardinal de Bouillon, que le prince d'Auvergne conduit à l'armée des ennemis, où il reçoit toutes sortes d'honneurs. — Lettre folle du cardinal de Bouillon au roi. — Analyse de cette lettre.

Le cardinal de Bouillon languissoit d'ennui et de rage dans son exil dont il ne voyoit point la fin, quoique l'adoucissement qu'il en avoit obtenu lui eût donné des espérances. Incapable de se donner aucun repos, il avoit passé tout ce loisir forcé dans une guerre monastique. Il avoit voulu soutenir, et même étendre, sa juridiction d'abbé de Cluni sur les réformés. Ceux-ci, profitant de la disgrâce, n'oublièrent rien pour secouer ce que la faveur passée leur avoit fait subir de joug. Ce ne furent donc que procès de part et d'autre sur ce que les moines traitoient d'entreprises, et le cardinal de révolte. Il n'étoit pas douteux que l'abbé de Cluni ne fût général de cet ordre et le supérieur immédiat de la congrégation. Il ne l'étoit pas non plus qu'il ne fallût être moine pour pouvoir être général et en exercer l'autorité. La grandeur de cette abbaye en collations immenses l'avoit fait usurper par des séculiers puissants. Les cardinaux, les premiers ministres, les princes du sang qui l'eurent en commende prétendirent les mêmes droits que les abbés réguliers ; et la dispute, avec divers succès, n'avoit point cessé jusqu'au temps que le cardinal de Bouillon eut cette abbaye.

La division qui s'y étoit mise par la réforme tout à fait séparée en tout des religieux anciens avoit augmenté les différends. Ceux-ci, aussi peu réformés que leurs abbés, tenoient presque tous pour lui contre les réformés ; et la passion de posséder les bénéfices claustraux ou affectés aux religieux étoit une pomme de discorde dont l'abbé savoit profiter. De là, duplicité d'offices et de titulaires, de bénéfices, de la collation de l'abbé et de l'élection des religieux ; et une hydre de procès et de procédés entre eux, où l'abbé étoit toujours compromis et presque toujours partie. On a vu l'éclat que le cardinal de Bouillon fit contre Vertamont, premier président du grand conseil, sur un arrêt très-important qu'il prétendit que ce magistrat avoit falsifié. Il renouvela ses plaintes contre le grand conseil, même sur un procès d'où dépendoit une grande partie de sa juridiction. Il prétendit que ce tribunal tiroit pension de l'ordre de Saint-Benoît dont toutes les causes lui étoient attribuées, et qu'aucune de leurs parties n'y pouvoit avoir justice. La chose alla si loin qu'elle fut longtemps devant le roi, et lui en espérance qu'elle seroit évoquée pour être jugée au conseil de dépêches[1]. Le chancelier, trouvant qu'il y alloit de l'honneur de la magistrature d'attirer cette affaire devant le roi, et, qu'après cet éclat le grand conseil aussi n'en pouvoit demeurer juge, prit un tempérament, et proposa au roi de la renvoyer à la grand'chambre à Paris. Le cardinal, fort affligé de ce renvoi, ne laissa pas de faire les derniers efforts de crédit par sa famille, qui sollicita tant qu'elle put, et se trouva à l'entrée des juges, où je ne crus pas leur devoir refuser d'aller avec eux. L'affaire dura longtemps, et nonobstant tous ces soins elle fut perdue. Ce fut la dernière goutte d'eau qui fait répandre l'eau d'un verre trop plein,

---

1. Conseil où l'on traitait des affaires de l'intérieur du royaume et où s'expédiaient les dépêches pour les gouverneurs, intendants et autres magistrats chargés du gouvernement des provinces. Voy. à la fin du t. Ier, p. 445, la note sur les *Conseils du roi*.

et qui consomma la résolution que le cardinal de Bouillon rouloit depuis longtemps dans sa tête et qu'il exécuta pendant le siége de Douai.

Avant d'entrer dans ce récit, il faut se souvenir de l'état de la famille du cardinal de Bouillon, pour mieux entendre les idées auxquelles il se livra. Sa grand'mère, seconde femme du maréchal de Bouillon, étoit fille du fameux fondateur de la république des Provinces-Unies, et sœur des électrices palatines et de Brandebourg. Sa mère étoit Berghes[1], dont la maison toujours bien alliée a tenu un rang distingué parmi la première noblesse des Pays-Bas, quoique directement sortie par mâles de Jean, sire de Glimes, bâtard de Jean II, duc de Lothier, c'est-à-dire de Brabant, et légitimé par lettres du 27 août 1344, à Francfort, de l'empereur Louis de Bavière. La comtesse d'Auvergne, première femme de son frère, et la seule dont il ait eu des enfants, étoit héritière du marquisat de Berg-op-Zoom par une Witthem, sa mère, et le père de cette comtesse d'Auvergne étoit fils de Jean-Georges, comte de Hohenzollern, que l'empereur Ferdinand III fit prince de l'empire. La seconde femme du même comte d'Auvergne étoit Wassenaer, de la première noblesse de Hollande, des mieux alliés et fort souvent dans les grands emplois de la république. Le prince d'Auvergne, son neveu, après avoir déserté, comme il a été dit, avoit épousé la sœur du duc d'Aremberg à Bruxelles. C'étoit là des alliances qui donnoient au cardinal de grandes espérances du côté des Pays-Bas, et le prince Eugène étoit fils d'une sœur de la duchesse de Bouillon, belle-sœur du cardinal. [De] ses deux sœurs, l'une avoit épousé le duc d'Elbœuf, dont le duc et le prince d'Elbœuf; l'autre un oncle paternel de l'électeur de Bavière et de Mme la Dauphine, qui étoit

1. Éléonore-Catherine-Fébronie de Berg ou Berghes, morte le 14 juillet 1657. Il en est souvent question dans les *Mémoires* du cardinal de Retz.

mort sans enfants en 1705, et elle l'année suivante, aussi en Allemagne.

De toutes ces alliances, il espéra assez de crédit dans les Provinces-Unies, dans les Pays-Bas et à Vienne, pour procurer au prince d'Auvergne, à qui dans cette chimère il persuada sa désertion, d'assez grands établissements qui, aidés du service et des grades militaires, et de ses terres dans ces pays-là, le portassent au stathoudérat comme sorti du fameux prince d'Orange, dont la mémoire est encore si chère à la république qu'il a fondée. Dans cette chimère, il avoit fait faire à sa sœur de Bavière, qui étoit riche, un testament par lequel elle donna tous ses biens au prince d'Auvergne, au préjudice de M. de Bouillon et de ses enfants, et au défaut de toute postérité du prince d'Auvergne à la maison de Bavière. Le dessein du cardinal étoit d'enrichir ce prince d'Auvergne et sa branche, et d'intéresser en lui, en ses biens et en sa branche, la maison de Bavière par cette substitution qui la regardoit. Il se repaissoit donc de ces idées et des heureux arrangements qu'il avoit ménagés pour en disposer les succès, tandis qu'il erroit d'abbaye en abbaye, qu'il tuoit le temps en voyages à petites journées, et qu'il guerroyoit avec ses moines. En même temps il épargnoit, avec un soin qui pouvoit passer pour avarice, les grands revenus dont il jouissoit en bénéfices immenses et en patrimoine, dont il n'avoit jamais voulu se dessaisir; et il amassoit pour les futures contingents dont l'ennui et le dépit de sa situation le tentoit, et pour lesquels il vouloit toujours être préparé. Dans cet esprit il fit passer beaucoup d'argent en pays étrangers, et ne garda que le nécessaire, le portatif et des pierreries, pour être en liberté de faire toutefois et quantes tout ce qu'il voudroit.

Dans ces pensées, outré de ne voir point de fin à son exil ni aux entreprises de ses moines, il profitoit de l'adoucissement de son exil, qui lui permettoit d'aller et de venir sans s'approcher trop près, pour aller de ses abbayes de

Bourgogne à celle de Saint-Ouen de Rouen ; et il obtint dans ce voyage la liberté de s'arrêter quelques jours aux environs de Paris, sans toutefois entrer dans la ville. Outre le plaisir d'y voir sa famille et ses amis, il espéra que ce nouvel adoucissement influeroit sur son procès, prêt à juger à la grand'chambre, et lui donneroit moyen d'y veiller avec plus de succès. Il vint donc s'établir pour quelques jours dans le village de Montrouge, et ce fut là qu'il apprit qu'il avoit entièrement perdu son procès, et sans retour toute juridiction sur les moines réformés de la congrégation de Cluni, à l'égard desquels il ne lui étoit rien laissé de plus qu'à tous les abbés commendataires du royaume. A cette nouvelle la rage où il entra ne se peut exprimer. Les fureurs, les injures, les transports, les cris épouvantèrent ; il ne se posséda plus, et se livra tout entier au plus violent désespoir : vingt-quatre heures ne purent apaiser une agitation si violente. Le Nain, son rapporteur ; le procureur général, depuis chancelier, dont l'avis et les conclusions ne lui avoient pas été favorables ; le parlement entier étoient l'objet de ses imprécations. Le lendemain il passa la Seine au bac des Invalides, et s'en alla à Ormesson chez Coulanges qui lui étoit fort attaché.

Dans ce même temps il se faisoit une tentative pour son retour, il parut même que le roi n'y résisteroit pas longtemps ; mais le moment n'en étoit pas encore venu, et ce délai, qui concourut avec la perte de ce procès, acheva de lui tourner la tête et de précipiter sa résolution. Il n'avoit vu à Montrouge que ses neveux d'Auvergne et ses gens d'affaires. Il ne voulut voir personne à Ormesson que les mêmes, deux ou trois amis particuliers, quelques gros bonnets des jésuites, comme les PP. Gaillard et de La Rue, qui étoient tout à lui, encore les fit-il attendre longtemps avant de les voir, par grandeur ou par humeur. Il demeura une quinzaine à Ormesson, où apparemment il arrangea toutes les mesures de sa fuite, sans sortir presque de sa chambre. Comme il avoit la liberté de toutes ses abbayes, il changea son voyage de Normandie en celui de Picardie, séjourna peu à Abbeville, et gagna Arras, où il avoit l'abbaye de Saint-Waast; de là, feignant d'aller voir son abbaye de Vigogne, il partit dans son carrosse, monta à cheval en chemin, et piqua au rendez-vous qu'il avoit pris, qu'il manqua de quelques heures.

On sut assez tôt à Arras qu'il avoit pris la fuite pour débander un détachement après lui; il fut au moment d'y tomber, mais à force de courre çà et là, il donna enfin dans un gros de cavalerie ennemie avec lequel son neveu le cherchoit, bien en peine de ce qu'il étoit devenu. Là, il vomit ce qu'il retenoit sur son cœur depuis tant d'années, en ce premier moment de liberté. Dès qu'ils furent assez avancés pour être en sûreté, il mit avec son neveu pied à terre dans un village où ils conférèrent ensemble, puis remontèrent à cheval et arrivèrent à l'armée des ennemis.

Aussitôt le prince Eugène et le duc de Marlborough le vinrent saluer, et lui présenter l'élite de l'armée. Ils lui demandèrent l'ordre, il le leur donna, et ils le prirent; en un mot, ils lui rendirent et lui firent rendre les plus grands honneurs. Un pareil changement d'état parut bien doux à cet esprit si altier et si ulcéré, et lui enfla merveilleusement le courage. Il paya ses nouveaux hôtes par les discours qui leur furent les plus agréables sur la misère de la France, que ses fréquents voyages par les provinces avoient montrée à ses yeux, sur son impuissance à soutenir la guerre, les fautes qui s'y étoient faites, le mauvais gouvernement, les mécontentements de tout le monde, l'épuisement extrême et le désespoir des peuples; enfin il ne les entretint que de ce qui les pouvoit flatter, et n'oublia rien de tout ce que peut la perfidie et l'ingratitude, en qui un si prodigieux amas de bienfaits est tourné en poison et en espérance de piédestal à une nouvelle et indépendante grandeur, dans le même esprit de félonie qui anima ses pères et qui leur a bâti cette prodigieuse fortune dont les établissements immenses n'ont pu gagner ni satisfaire eux ni leur postérité. Le roi apprit cette évasion par un paquet adressé à Torcy, laissé par le cardinal à Arras, sur sa table. C'étoit une lettre au roi avec une simple adresse à Torcy de deux mots. Cette lettre est une si monstrueuse production d'insolence, de folie, de félonie, que sa rareté mérite d'être insérée ici. Jusqu'au style est extravagant qui, à force d'entasser tout ce dont ce cœur et cette tête regorgeoit, rend cette lettre à peine intelligible.

« Sire,

« J'envoie à Votre Majesté par cette lettre que je me donne l'honneur de lui écrire, après dix ans et plus des plus inouies, des plus injustes et des moins méritées souffrances, accompagnées durant tout ce temps-là de ma part, de la plus constante et peut-être trop outrée, non-seulement à l'égard du monde, mais à l'égard de Dieu et de son Église, patience, et du plus profond silence ; j'envoie, dis-je, à Votre Majesté avec un très-profond respect la démission volontaire, qui ne peut être regardée par personne comme l'aveu d'un crime que je n'ai pas commis, de ma charge de grand aumônier de France et de ma dignité de l'un des neuf prélats commandeurs de l'ordre du Saint-Esprit qui a l'honneur d'avoir Votre Majesté pour chef et grand maître, qui a juré sur les saints Évangiles le jour de son sacre l'exacte observation des statuts dudit ordre, en conséquence desquels statuts je joins dans cette lettre le cordon et la croix de l'ordre du Saint-Esprit, que par respect et soumission pour Votre Majesté j'ai toujours porté sous mes habits depuis l'arrêt que Votre Majesté rendit contre moi, absent et non entendu dans son conseil d'en haut[1], le 11 septembre 1701. En con-

---

1. Il ne faut pas confondre le *conseils d'en haut*, avec les *conseils du roi*, dont il a été question à la fin du t. Ier, p. 445, note. Le conseil d'en haut ne se composait que d'un petit nombre de ministres. Les secrétaires d'État y rapportaient les affaires, tandis que, dans les conseils du roi, cette

séquence, de ces deux démissions que j'envoie aujourd'hui à Votre Majesté, je reprends par ce moyen la liberté que ma naissance de prince étranger, fils de souverain, ne dépendant que de Dieu et de ma dignité de cardinal-évêque de la sainte Église romaine, et doyen du sacré collége, évêque d'Ostie, premier suffragant de l'Église romaine, me donne naturellement : liberté séculière et ecclésiastique dont je ne me suis privé volontairement que par les deux serments que je fis entre les mains de Votre Majesté en 1671, le premier pour la charge de grand aumônier de France, la première des quatre grandes charges de sa maison et de la couronne, et le second serment pour la dignité d'un des neuf prélats commandeurs de l'ordre du Saint-Esprit, desquels serments je me suis toujours très-fidèlement et très-religieusement acquitté, tant que j'ai possédé ces deux dignités, desquelles je me dépose aujourd'hui volontairement, et avec une telle fidélité aux ordres et aux volontés de Votre Majesté, en tout ce qui n'étoit pas contraire au service de Dieu et de son Église, que je désirerois bien en avoir une semblable à l'égard des ordres de Dieu et de ses volontés, à quoi je tâcherai de travailler uniquement le reste de mes jours, servant Dieu et son Église dans la première place après la suprême où la divine providence m'a établi, quoique très-indigne; et en cette qualité qui m'attache uniquement au saint-siége, j'assure Votre Majesté que je suis et serai jusqu'au dernier soupir de ma vie avec le respect profond qui est dû à la majesté royale,

« Sire,

« De votre Majesté

« Le très-humble et très-obéissant serviteur,

« *Signé* le cardinal de Bouillon,

« Doyen du sacré Collége. »

fonction appartenait aux maîtres des requêtes. A l'époque dont parle Saint-Simon, le roi, le Dauphin, le chancelier, le duc de Beauvilliers et le secrétaire d'État rapporteur formaient le conseil d'en haut.

Quoique cette lettre contienne autant de sottises, d'impudence et de folie que de mots, on ne peut s'empêcher d'en faire quelque analyse. Premièrement, il faut avoir bonne haleine et bonne mémoire pour aller jusqu'au bout de la première phrase, et travailler pour démêler les continuels entrelacements de ses parenthèses et de son sens si suspendu. Dans cette phrase autant de faux et de vent que d'insolence. Il a souffert des persécutions qu'il ose reprocher au roi comme les plus injustes, les plus inouïes et les moins méritées. C'est donc lui dire, parlant à lui, qu'il est un tyran, puisqu'il faut l'être pour faire souffrir le plus injustement, et d'une manière inouïe quiconque ne l'a pas mérité. Mais ces souffrances quelles sont-elles? Après avoir longtemps souffert un spectacle de désobéissance publique sur le premier théâtre de l'Europe, et toutes les menées possibles pour s'y faire soutenir par le pape et tout le sacré collége qui le blâmèrent et se moquèrent de lui, le roi lui saisit son temporel, et par famine l'obligea enfin à exécuter l'ordre qu'il lui avoit donné de revenir en France, où son temporel lui fut rendu, et où, pour tout châtiment, il fut exilé dans ses abbayes.

Voilà donc ces souffrances si injustes, si inouïes qu'il a souffertes, ajoute-t-il, avec une patience outrée à l'égard du monde, de Dieu et de son Église. Mais en quoi Dieu et son Église sont-ils intéressés en cet exil? Où est l'offense à Dieu, où le préjudice à l'Église? Quelle part a-t-elle pu y prendre; et à l'égard du monde où est le scandale? Il est entier ainsi que le péché dans la désobéissance et dans la lutte de désobéissance poussée si loin et avec tant d'éclat et non dans une punition devenue nécessaire, pour le faire obéir, adoucie incontinent après par le relâchement de ses revenus, et réduite à un simple exil chez lui dans ses abbayes, c'est-à-dire pour un laïque dans ses terres; et cette patience outrée à le supporter, comment eût-il fait pour ne l'avoir pas? et quel gré peut-il en prétendre? Il envoie, dit-il, sa démission volontaire, et il prend grand soin de la préserver de l'opinion de l'aveu d'un crime qu'il n'a point commis. Il étoit cardinal de la nomination du roi, et il étoit chargé de ses affaires à Rome ; en même temps il avoue lui-même qu'il avoit prêté serment au roi. Dans cet état il tombe en la défiance et en la disgrâce du roi qui le rappelle. Malgré beaucoup d'ordres réitérés et les plus précis, il s'obstine à demeurer à Rome, ose mettre en question si un cardinal est obligé d'obéir à son roi, n'oublie rien pour engager la cour de Rome à prendre parti pour la négative, et donne ce spectacle public de lutte contre le roi.

En quel siècle, en quel pays n'est-ce point là un crime et un crime de lèse-majesté le plus grave après celui du premier chef? Il est égal à celui de la révolte à main armée, puisqu'il n'a pas tenu à lui de faire une affaire d'État et de religion de la sienne particulière et d'armer pour soi la cour de Rome. Avec quel front ose-t-il donc nier ce crime si long et si public jusqu'à la délicatesse de se précautionner contre l'opinion d'un aveu tacite par sa démission, et cette démission il a grand soin de l'inculquer volontaire, et de marquer en même temps la date où elle lui a été demandée : or il conste de cette date, qu'il a désobéi près de dix ans à la volonté du roi là-dessus, et neuf à l'arrêt qui l'a dépouillé, puisque, n'osant avec tout son orgueil continuer à porter l'ordre après que l'ambassadeur du roi eut été chez lui pour lui déclarer et lui faire exécuter cet arrêt, il a eu l'enfance et la misère qu'il avoue ici, et qui ne peut avoir d'autre nom de porter en dessous ce qu'il n'osoit plus montrer en dessus, et témoigna ainsi sa petitesse et sa foiblesse d'une part, et de l'autre son orgueil et son opiniâtreté. Envoyer après dix ans de cette conduite sa démission, et s'évadant du royaume, cela peut-il s'appeler une démission volontaire ? n'est-ce point plutôt une dérision, et dire au roi en effet qu'elle n'est volontaire que parce que rien n'a pu la tirer de lui, tant qu'il n'a pas voulu la donner, et qu'il ne la donne que parce qu'il sort du royaume, et qu'il la veut bien donner? et pour ajouter toute espèce d'insulte, il met dans sa lettre au roi un vieux cordon bleu, sale et gras, avec sa croix du Saint-Esprit, car le cordon étoit tel à la lettre.

L'enflure des dignités dont il se démet n'est digne que de risées. Personne n'ignore qu'à l'institution de l'ordre, Henri III voulant favoriser Jacques Amyot, son précepteur et du feu roi son frère, qui avoit été récompensé de l'évêché d'Auxerre et de la charge de grand aumônier de France, celle de grand ou de seul aumônier de l'ordre fut attachée pour toujours à celle de grand aumônier de France, et sans faire aucunes preuves parce que Amyot n'en pouvoit faire; que par conséquent toujours, depuis, être grand aumônier et porter l'ordre est une seule et même chose, sans rien de séparé ni de distinct; et qu'ainsi le grand aumônier, quelque grand qu'il soit par soi ou par sa charge, n'est point autre chose qu'un officier de l'ordre, n'en fait point le neuvième prélat, qui tous huit font preuves et sont partagés par moitié en cardinaux et en évêques. C'est donc un pathos très-puéril que fait ici le cardinal de Bouillon, et une cheville très-inutile, que l'énoncé qu'il fait que le roi est grand maître de l'ordre, et qu'il en a juré les statuts à son sacre; il est selon les statuts de dégrader un chevalier de l'ordre pour certains crimes, surtout de félonie, de lèse-majesté, etc., dont il y a de grands exemples et en nombre; à plus forte raison est-il en la disposition du roi de faire défaire un officier de l'ordre de sa charge, dont il y a aussi maints exemples, et de lui en demander la démission. Ce dernier cas s'est vu plus de quinze ans dans M. de Châteauneuf-Phélypeaux, secrétaire d'État, greffier de l'ordre, et le portant au lieu de Castille[1],

---

1. Il s'agit de Jeannin de Castille, et non de la province de Castille, comme on l'a supposé dans l'édition Sautelet, où l'on a, en conséquence, corrigé ainsi la phrase : *au lieu de Castille, où il fut tout ce temps-là exilé.*

qui fut tout ce temps-là exilé et par delà pour refuser sa démission, et qui toutefois ne portoit plus l'ordre, et ne l'a jamais porté depuis qu'au bout de quinze ou seize ans il donna sa démission, et c'est le grand-père maternel du prince d'Harcourt, qui a pris le nom de Guise. Mais l'exemple d'Amyot est bien plus juste encore au cardinal de Bouillon : aussi ingrat que lui, il s'abandonna à la Ligue. Henri IV, commençant à devenir le maître, lui ôta la charge de grand aumônier, et conséquemment l'ordre, qu'il donna au fameux Renauld de Beaune, archevêque de Bourges alors, puis de Sens, qui venoit de lui donner l'absolution et de le communier dans l'église de l'abbaye de Saint-Denis.

Pour un homme qui a autant vécu à la cour que le cardinal de Bouillon, il est difficile de comprendre ce qu'il veut dire ici, quand il y donne sa charge pour la première des quatre grandes de la maison du roi et de la couronne. Premièrement, on lui niera tout court que la charge de grand aumônier soit un office de la couronne, sans qu'il puisse, ni aucun autre, ni le prouver, ni en montrer la moindre trace. Ces offices ont ce privilége particulier qu'ils ne se peuvent ôter aux titulaires, malgré eux, que juridiquement et pour crime. Quand Amyot fut dépouillé, la Ligue étoit encore assez puissante pour le soutenir et pour embarrasser Henri IV, s'il avoit fallu du juridique. Il n'en fut pas seulement question, et Amyot demeura dépossédé et exilé dans son diocèse le reste de ses jours qui durèrent encore quelques années. En second lieu, que veut dire le cardinal de Bouillon avec ses quatre charges de la maison du roi et de la couronne, dont la sienne est la première? A-t-il oublié que rien n'est plus distinct qu'office de la couronne et grandes charges de la maison du roi, dont aucune ne s'est jamais égalée à ces offices? En troisième lieu, où n'en a-t-il pris que quatre, et qui sont-elles à son compte? Le connétable, et par usage moderne le maréchal général, le chancelier et par tolérance le garde des sceaux ; le grand maître, le grand chambellan, les maréchaux de France, l'amiral, le grand écuyer, quoique plus ancien que l'amiral, qui marche au milieu des maréchaux de France, le colonel général de l'infanterie et le grand maître de l'artillerie sont les officiers de la couronne. Ils sont donc plus de quatre, comme on voit, et je ne pense pas qu'aucun d'eux se laissât persuader de céder au grand aumônier. Quant aux grandes charges de la maison du roi, telles que les premiers gentilshommes de la chambre, les gouverneurs des rois enfants et des fils de France, les premiers chefs des troupes de la garde [du roi], le grand maître de la garde-robe, en voilà aussi plus de quatre, et qui ne seroient pas plus dociles que les officiers de la couronne à céder au grand aumônier. On ne sait donc ce que veut dire le cardinal de Bouillon, ou plutôt lui-même ne le sait pas, mais sa bouffissure est si générale, qu'il se loue d'avoir exercé cette charge très-fidèlement et très-religieusement : c'est une absurdité que son extrême orgueil lui a cachée ; fidèlement, dans une désobéissance éclatante et très-criminelle dix ans durant, et, à son sens, il étoit toujours alors grand aumônier, puisqu'il n'avoit pas donné sa démission ; religieusement, ni ses mœurs, ni la cour, ni le monde ne lui rendirent ce témoignage. Voilà pour le personnel, venons maintenant à la naissance.

En conséqnence de ces démissions de la charge et de l'ordre qu'il veut toujours séparer pour amplifier vainement, il reprend, écrit-il au roi, la liberté que lui donne sa naissance de prince étranger, fils de souverain, ne dépendant que de Dieu et de sa dignité de cardinal, etc.; c'est-à-dire que c'est un manifeste adressé au roi sous la forme d'une lettre, par lequel il lui dénonce son indépendance prétendue, et sa très-parfaite ingratitude ; il attente à la majesté de son souverain en abdiquant sa qualité innée de sujet, et encourt ainsi le crime de lèse-majesté en plein. Je ne répéterai point ce qui a été expliqué (t. V, p. 298 et suiv.) de la nature des fiefs de Bouillon, Sedan, etc., de l'état, comme seigneurs de ces fiefs, de ceux qui les ont possédés, de la manière dont ils sont entrés dans la famille du cardinal de Bouillon, du rang que son grand-père, premier possesseur de ces fiefs, a tenu devant et depuis qu'il les a possédés, de celui de la branche de la maison de La Marck qui les possédoit avant lui, et de quelle manière enfin son père obtint ce prodigieux échange de ces fiefs, et le rang de prince étranger. On y voit clairement la mouvance de ces fiefs de Liége et de l'abbaye de Mouzon, et la violence, non aucun autre titre qui [a fait que] par la protection si indignement reconnue d'Henri IV, ces fiefs sont demeurés au grand-père du cardinal de Bouillon. D'où il résulte qu'à ces titres, jamais son grand-père ni son père ne furent souverains ni princes, conséquemment qu'il n'est ni prince étranger ni fils de souverain, et qu'il ment à son roi avec la dernière impudence. Il n'a donc point de liberté de rien reprendre à ce titre par la démission de sa charge, et il demeure tel qu'il étoit auparavant, c'est-à-dire gentilhomme françois de la province d'Auvergne, du nom de La Tour, tel qu'il étoit auparavant, par conséquent sujet du roi comme tous les autres gentilshommes de cette province, laquelle appartient à la couronne; que si son père, en faveur d'un échange déjà si étrangement énorme, que, depuis tant d'années de toute puissance du roi et de toute faveur de M. de Bouillon, il n'a pu être entièrement passé au parlement, le père du cardinal a obtenu pour sa postérité et pour son frère le rang de prince étranger malgré les cris et les oppositions de la noblesse qui le leur fit ôter et qui leur fut rendu, ce que le parlement a toujours constamment ignoré, c'est une grâce fort injuste, mais dont le roi est le maître, et dont le bienfait ne donne pas la manumission de l'état de sujet, et ne peut changer la naissance. C'est donc le dernier degré d'égarement que montre ici le cardinal de Bouillon, duquel se sont toujours bien gardés ceux dont la naissance issue de souverains véritables et actuels ne pouvoit être disputée : tels que les Guise qui, dans le plus formidable éclat de leur puissance, prête à les porter sur le trône, n'ont jamais balancé à se déclarer sujets, au temps même où ils osèrent faire considérer Henri III comme déchu de la couronne, et Henri IV comme incapable d'y succéder. Si l'idée du cardinal de Bouillon pouvoit être véritable, non dans un gentilhomme françois comme lui, mais dans un prince, par exemple, de la maison de Lorraine, il s'ensuivroit que quelque patrimoine qu'il eût en France, en renonçant aux charges qu'il posséderoit, il reprendroit cette liberté qu'allègue le cardinal de Bouillon, et une pleine indépendance ; d'où il résulteroit que jamais les rois ne pourroient être assurés de ceux de cette naissance qui, par elle, seroient en tout temps les maîtres de demeurer ou de n'être plus leurs sujets.

Le cardinal de Bouillon ajoute qu'il est volontairement privé de cette liberté par le serment de grand aumônier, laquelle il reprend par sa démission de cette charge. Encore une fois, ce n'est pas d'un gentilhomme françois tel que lui que je parle, c'est d'un prince de la naissance dont il ose se dire, et dont il n'est pas. Si ce qu'il dit là étoit véritable, lui qui avoit un patrimoine en France, lui et les siens, et rien ailleurs, les princes de la maison de Lorraine établis en France et qui y ont tout leur bien ne seroient donc pas sujets du roi, comme il y en a plusieurs qui n'ont ni charge ni gouvernement, et qui par conséquent ne sont liés à ce titre par [aucun] serment : ce paradoxe est aussi nouveau qu'incompréhensible. Mais par qui et à qui est-il si audacieusement avancé ? Par un gentilhomme originaire de la province d'Auvergne, dont les pères n'ont jamais eu ni prétendu aucune distinction ni supériorité quelconque sur pas une des bonnes maisons de cette province, jusqu'au grand-père du cardinal de Bouillon lorsqu'il eut Sedan et Bouillon, et qu'aucun ne lui passa jamais ni devant ni depuis. Et à qui ? à un des plus grands rois qui aient régné en France, son souverain, duquel son père tint deux fois la dignité de duc et pair, son oncle, la première charge de la milice, un gouvernement de province, la charge de colonel général de la cavalerie, tous deux après avoir pensé renverser l'État, tous deux après avoir vécu d'abolitions[1]; son frère aîné, la charge de grand chambellan et le gouvernement de sa propre province, avec les survivances pour son fils qui, tôt après, s'en montra si ingrat; son autre frère, un autre gouvernement de province, et la charge de colonel général de la cavalerie; eux tous le rang de prince étranger, et lui-même une profusion énorme des plus grands et des plus singuliers bénéfices, le cardinalat en un âge qui l'a porté au décanat et la charge de grand aumônier, avec la faveur la plus distinguée. C'est de cet amas inouï des plus grands bienfaits versés sur deux générations de frères, que le cardinal de Bouillon se fait des armes contre celui-là même dont il les tient, et en parlant à lui. On s'arrête ici, parce que le comble d'ingratitude est trop au-dessus de tout ce qui se pourroit dire, ainsi que de l'insolence.

Peu content d'un si monstrueux orgueil, il revient au dédoublement de son cardinalat pour en multiplier la grandeur, avec une fatuité la plus misérable. Doyen du sacré collège n'est-ce pas être cardinal, n'est-ce pas être évêque d'Ostie, n'est-ce pas être le premier suffragant de Rome, et rien de tout cela peut-il être distinct ou séparé? Mais voici où l'ivresse excelle : c'est la première place après la suprême. Il parle au roi comme il parloit aux paysans de la Ferté lorsqu'il y passa deux mois, et qu'après avoir quelquefois dit la messe à la paroisse, il leur faisoit admirer en

---

1. Les abolitions étaient des lettres du souverain obtenues en grande chancellerie, par lesquelles il abolissait et effaçait un crime qui, de sa nature, n'était pas rémissible, et en vertu de la plénitude de sa puissance, remettait la peine portée par la loi.

sortant, non la grandeur du mystère qu'il venoit de célébrer, mais la sienne, de lui qui étoit prince, et qui avoit la première place après la suprême; qu'ils le regardassent bien, ajoutoit-il parce que jamais ils n'avoient vu cela dans leur église, et qu'après lui cela n'y arriveroit jamais. Ce peuple ne le comprenoit pas; le curé qui avoit de l'esprit, et les honnêtes gens du lieu en rioient entre eux et en avoient pitié. A quelque point d'élévation que la dignité de cardinal ait été portée, la distance est demeurée si grande entre le pape et leur doyen que cette expression favorite du cardinal de Bouillon, qu'il répétoit sans cesse à tout le monde, ne put imposer à personne, et ne peut montrer que le vide et le dérangement de sa tête.

Toute la fin de la lettre n'est qu'une insulte diversifiée en plusieurs façons plus insolentes les unes que les autres. Il s'y récrie sur sa fidélité aux ordres et aux volontés du roi, et il y ajoute cette honnête et respectueuse restriction : en tout ce qui n'étoit pas contraire au service de Dieu et de son Église. C'est donc à dire, et en parlant au roi même, qu'il étoit capable de vouloir des choses qui y étoient contraires, qu'il lui en avoit même commandé. Il appuie encore ici sur sa fidélité; mais fut-elle le principe de toutes les brigues qu'il employa pour se faire élire évêque de Liége contre la volonté et les défenses du roi si déclarées, qu'il ne le manqua que parce que le roi s'y opposa d'une manière si formelle, qu'il fit déclarer au chapitre qu'il préféroit tout autre au cardinal de Bouillon qui avoit les dix voix, même le candidat porté par la maison d'Autriche, ce qui fit changer le chapitre et manquer ce siége au cardinal de Bouillon? Sa fidélité fut-elle le motif qui lui fit employer tant de ruses et de manéges pour tromper le pape et le roi, et réciproquement, persuader à l'un et à l'autre de faire nécessairement son neveu cardinal en contre-poids du duc de Saxe-Zeitz, porté vivement par l'empereur à la promotion duquel le roi s'opposoit plus fortement encore, fourberie dans laquelle le pape et le roi donnèrent si bien, qu'elle ne fut découverte que par la déclaration que le roi fit au pape qu'il aimoit mieux qu'il passât outre à la promotion du duc de Saxe-Zeitz seul, que d'y consentir par celle de l'abbé d'Auvergne ; et pour lors ni de longtemps après, le duc de Saxe ne le fut? Le cardinal de Bouillon étoit alors à Rome chargé des affaires du roi, et abusant de sa confiance, à cet énorme degré. Enfin, pour se borner à quelque chose, étoit-ce fidélité, aux ordres les plus exprès du roi, des affaires duquel il étoit encore chargé à Rome, que toute la conduite qu'il y tint sur la coadjutorerie de Strasbourg et sur l'affaire de M. de Cambrai? et après des traits si étranges et si publics, vanter sa fidélité avec reproche!

Non content d'une effronterie si incroyable, cet évêque, ce cardinal, ce premier suffragant de l'Église romaine, cet homme qui réserve avec tant de religion ce qui la peut blesser dans les ordres du roi, ne craint pas d'ajouter le blasphème le plus horrible, par le souhait qu'il fait tout de suite d'avoir pour les ordres et la volonté de Dieu la pareille fidélité qu'il a eue pour ceux du roi. La protestation qui suit est de même nature, avec les desseins et les motifs qui le faisoient s'évader du royaume : il proteste, dis-je, qu'il tâchera le reste de ses jours de servir uniquement Dieu et son Église dans la place, et c'est là où il paraphrase et multiplie si follement la grandeur de cette place, où la Providence, dit-il, l'a établi, quoique indigne. Ce dernier mot est la seule vérité qui lui soit échappée dans toute cette lettre. Mais c'est au roi à qui il dit que la Providence l'y a établi, à ce même roi qui l'a nommé cardinal dans un âge qui l'a porté au décanat, à ce même roi malgré le rappel duquel, faisant ses affaires à Rome, il s'y est cramponné avec tant d'artifice, puis de désobéissance publique jusqu'à ce qu'il l'eût recueilli. Il ajoute après que cette qualité l'attache uniquement au saint-siége, c'est-à-dire l'affranchit de tout autre attachement, et de celui du roi qui l'a nommé cardinal, et de qui lui et les siens tiennent tout; mais la fin de sa lettre, où il arrive ainsi, se signale par deux déclarations qui portent encore plus que tout le reste le crime sur le front. Il assure le roi qu'il sera jusqu'au dernier soupir de sa vie, avec le respect le plus profond qui est dû à la majesté royale, son très-humble et très-obéissant serviteur. Cette expression du respect qui est dû à la majesté royale avertit bien clairement le roi par sa singularité et sa netteté, de se ne pas méprendre au respect qu'il lui porte, et de ne pas prendre pour sa personne ce qui n'est dû qu'à sa couronne, et pour fin, en supprimant le nom de sujet, il en dénie la qualité avec encore plus de force qu'il n'a fait dans tout ce tissu de sa lettre, qui peut passer, quoiqu'un grand galimatias, pour un chef-d'œuvre d'ingratitude, d'audace et de folie.

CHAPITRE XVIII.

Réflexion sur le rang de prince étranger; son époque. — Temporel du cardinal de Bouillon saisi. — Ordre du roi au parlement de lui faire son procès. — Conduite de sa maison. — Lettre du roi au cardinal de La Trémoille. — Réflexions sur cette lettre. — Cardinal de Bouillon, etc., décrétés de prise de corps par le parlement, qui après s'arrête tout court, et les procédures tombent. — Réflexion sur les cardinaux françois. — De Bar, faussaire des Bouillon, se tue à la Bastille. — Baluze destitué et chassé. — Arrêt du conseil qui condamne au pilon son *Histoire généalogique de la maison d'Auvergne*; bon à voir. — Collations du cardinal de Bouillon commises aux ordinaires des lieux. — Tout monument de prétendue principauté ôté des registres des curés de la cour, et des abbayes de Cluni et de Saint-Denis, par ordre du roi. — Nouvelles félonies du cardinal de Bouillon à Tournai. — Duc de Bouillon bien avec le roi; sa femme et ses fils mal, et ses neveux. — Duc de Bouillon parle au roi et au chancelier. — Écrivant au roi, [il] n'avoit jamais signé sujet, et ne put être encore induit à s'avouer l'être. — Articles proposés au roi, à faire porter de sa part au parlement, sur la maison de Bouillon. — Justice et usage de ces articles. — Fausse et criminelle rature dans les registres du parlement. — Le roi ordonne à d'Aguesseau, procureur général, de procéder sur ces articles au parlement, qui élude et sauve la maison de Bouillon. — Infidélité de Pontchartrain en faveur du cardinal de Bouillon. — Reflexions. — Mort du prince d'Auvergne. — Le roi défend à ses parents d'en porter le deuil, et fait défaire le frère de l'abbé d'Auvergne d'un canonicat de Liége. — Cardinal de Bouillon se fait abbé de Saint-Amand contre les bulles données, sur la nomination du roi, au cardinal de La Trémoille. — Le roi désire inutilement de faire tomber la coadjutorerie de Cluni. — Extraction, fortune et mariage du prince de Berghes avec une fille du duc de Rohan. — Perte du duc de Mortemart au jeu. — Le secrétaire du maréchal de Montesquiou passe aux ennemis avec ses chiffres.

Tel est le danger du rang de prince donné à des gentilshommes françois, inconnu avant la puissance des Guise, même pour ceux de maison souveraine, et pour des gentilshommes avant le règne de Louis XIV. Devenus princes, ils deviennent honteux de demeurer sujets. Le vicomte de Turenne, ainsi que ses pères, étoit demeuré fidèle et avoit très-bien servi Henri IV jusqu'au moment que ce monarque lui procura Bouillon et Sedan. Ce fut l'époque de ses félonies [1], dout le reste de sa vie et celle de ses deux fils fut un tissu, comme le remarquent toutes les histoires, et que ses fils n'abandonnèrent que par la difficulté de les plus soutenir; et par les monstrueux avantages que le cardinal Mazarin leur procura dans ses frayeurs personnelles pour s'en faire un appui. Tel est aussi le danger de permettre à ceux de ce dangereux rang des alliances étrangères. Mais ces réflexions, qui naissent abondamment, ne doivent pas trouver ici plus de place.

Quoique ce fût la morsure d'un moucheron à un éléphant,

---

1. Crime commis par un vassal contre la foi qu'il devait à son seigneur.

le roi s'en sentit horriblement piqué. Il avoit en sa main la vengeance. Il reçut cette lettre le 24 mai ; la remit le lendemain 25 à d'Aguesseau, procureur général, lui fit remarquer qu'elle étoit toute de la main du cardinal de Bouillon, et lui ordonna de la porter au parlement, et d'y former sa demande de faire le procès au cardinal de Bouillon comme coupable de félonie. Le roi rendit en même temps un arrêt dans son conseil d'en haut, qui, en attendant les procédures du parlement, mit en la main du roi tout le temporel du cardinal, et dit que sa lettre est encore plus criminelle que son évasion. Ses neveux, exactement avertis, vinrent ce même jour 25 à Versailles. Ils n'osèrent d'abord se présenter devant le roi. Les ministres, qu'ils virent, leur dirent qu'ils le pouvoient faire. Ils ne furent point mal reçus. Le roi leur dit qu'il les plaignoit d'avoir un oncle si extravagant. Mme de Bouillon, qui étoit ou faisoit la malade à Paris, écrivit au roi des compliments pleins d'esprit et de tour, et on verra bientôt pourquoi cette lettre d'une femme qui avoit son mari si à portée du roi, que le roi n'aimoit point et qni n'alloit pas deux fois l'an lui faire sa cour ; mais tout étoit concerté, et M. de Bouillon se trouva à Évreux, qu'on envoya avertir et qui trouva tout cela fait en arrivant pour guider après ses démarches. Le 26 le roi écrivit au cardinal de La Trémoille, chargé de ses affaires à Rome, en lui envoyant une copie de [la lettre] du cardinal de Bouillon pour en rendre compte au pape ; il est nécessaire d'insérer ici cette lettre du roi au cardinal de La Trémoille.

« Mon cousin, il y a longtemps que j'aurois pardonné au cardinal de Bouillon ses désobéissances à mes ordres, s'il m'eût été libre d'agir comme particulier dans une affaire où la majesté royale étoit intéressée. Mais comme elle ne me permettoit pas de laisser sans châtiment le crime d'un sujet qui manque à son principal devoir envers son maître, et je puis ajouter encore envers son bienfaiteur, tout ce que j'ai pu faire a été d'adoucir par degrés les peines qu'il avoit méritées. Aussi non-seulement je lui ai laissé la jouissance de ses revenus lorsqu'il est rentré dans mon royaume, mais depuis je lui ai permis de changer de séjour, quand il m'a représenté les raisons qu'il avoit pour sortir des lieux où j'avois fixé sa demeure. Enfin je lui avois accordé, sans même qu'il me l'eût demandé, la liberté d'aller dans telle province et tel endroit du royaume qu'il lui plairoit, pourvu que ce fut à une distance de trente lieues de Paris ; et lorsque, pour abréger sa route, il a passé à l'extrémité de cette ville, il a séjourné aux environs, je ne m'y suis pas opposé. Il supposoit qu'il alloit en Normandie pour régler quelques affaires, qu'ensuite il passeroit à Lyon, mais il crut devoir faire enfin connoître le véritable motif et unique but de son voyage. Au lieu d'aller à Rouen et de passer à Lyon, comme il l'avoit assuré à sa famille, il a fait un assez long séjour en Picardie, et passant ensuite à Arras, il s'est rendu à l'armée de mes ennemis, suivant les mêmes sûretés qu'il avoit prises avec celui de ses neveux qui sert actuellement dans la même armée, et qui dès le commencement de cette guerre avoit donné l'exemple de désertion que son oncle vient de suivre. Le cardinal de Bouillon l'ayant imité dans sa fuite m'a de plus écrit une lettre dont je vous envoie la copie. Il me suffiroit pour punir son orgueil, d'abandonner cette lettre aux réflexions du public, mais il faut un exemple d'une justice plus exacte à l'égard d'un sujet qui joint la désobéissance à l'oubli de son état et à l'ingratitude des bienfaits dont j'ai comblé sa personne et sa maison ; et le rang où je l'ai élevé ne me dispense pas de m'acquitter à son égard des premiers devoirs de la royauté. J'ordonne à mon parlement de Paris de procéder contre lui suivant les lois. Vous communiquerez la lettre qu'il m'a écrite, et vous informerez Sa Sainteté de la manière dont il a passé à mes ennemis, car il est nécessaire que le pape connoisse par des preuves aussi évidentes le caractère d'un homme qui se prétend indépendant. Dieu veuille que cette ambition sans bornes, soutenue seulement par la haute idée de doyen des cardinaux, ne cause pas un jour quelque désordre dans l'Église; car que peut-on présumer d'un sujet prévenu de l'opinion qu'il ne dépend que de lui de se soustraire à l'obéissance de son souverain? Il suffira que la place dont le cardinal de Bouillon est présentement ébloui, lui paroissant inférieure à sa naissance et à ses talents, il se croira toutes voies permises pour parvenir à la première dignité de l'Église, lorsqu'il en aura contemplé la splendeur de plus près, car il y a lieu de croire que son dessein est de passer à Rome. Je doute que ce soit de concert avec Sa Sainteté, et s'il avoit pris quelques mesures secrètes avec elle, je suis persuadé qu'elle se repentiroit bientôt du consentement qu'elle auroit donné. Quoi qu'il en soit, mon intention est que, le cardinal de Bouillon arrivé à Rome, vous n'ayez aucun commerce avec lui, et que vous le regardiez non-seulement comme un sujet rebelle, mais comme se glorifiant de son crime. Vous avertirez aussitôt les François qui sont à Rome, aussi bien que les Italiens qui sont attachés à mes intérêts, de se conformer aux ordres que je vous donne à son égard; sur quoi, je prie Dieu qu'il vous ait, mon cousin, en sa sainte et digne garde. »

Cette lettre reçut peu d'approbation ; on trouva bien peu décent qu'à un manifeste aussi injurieux qu'étoit la lettre du cardinal de Bouillon au roi, un si grand monarque et si délicat sur le point de son autorité, prît de si foibles devants à Rome, et répondît comme par un autre manifeste, qui descendoit dans un si bas détail de justification de l'exil du cardinal de Bouillon; qu'il parût craindre un concert avec le pape d'aller à Rome, et qu'en le montrant il n'y opposât qu'un chimérique soupçon sur le pontificat dont il n'étoit pas possible que le pape pût s'émouvoir. On ne devoit pas espérer, au point où en étoient les cardinaux, de faire trouver bon à la cour de Rome les procédures contre un des leurs, et de plus leur doyen. Cette promptitude et cette manière basse de la prévenir n'étoit bonne qu'à lui faire sentir ses forces, au lieu d'agir, et de la laisser courir après. Le cardinal de Bouillon s'en enorgueillit davantage ; il écrivit au président de Maisons, sur les procédures dont on le menaçoit, une lettre plus violente encore que celle qu'il avoit écrite au roi ; et fit faire des écrits de même style sur l'immunité prétendue des cardinaux de toute justice séculière en quelque cas que ce puisse être, et même de toute autre que de celle du pape conjointement avec tout le sacré collége.

Le parlement, saisi du procès, rendit un arrêt de prise de corps contre le cardinal de Bouillon, le sieur de Certes, gentilhomme, son domestique, qu'il employoit fort dans ses intrigues et qui étoit allé et venu avec beaucoup de hardiesse à l'occasion de celle-ci, et un jésuite qui s'en étoit fort mêlé ; mais quand il fallut aller plus loin, il se trouva arrêté par la difficulté des procédures et cette immunité des cardinaux, confirmée par tant d'exemples que les rois n'ont pu franchir, et que ceux qui ont voulu se faire justice ne l'ont pu qu'en ayant recours aux voies de fait, dont les exemples ne sont pas rares, et dont Rome s'est prudemment tue, si on excepte l'exécution du cardinal de Guise, parce que Rome se vit appuyée de la formidable puissance de la Ligue. Les jésuites, de tout temps aux Bouillon, soutinrent sourdement ce danger de tout leur crédit ; la politique et la conscience s'unirent à ne se pas commettre avec Rome, tellement qu'après tout ce fracas et ce procès même signifié au pape, comme on vient de le voir, tomba de faiblesse et s'exhala, pour ainsi dire, par insensible transpiration. Belle leçon aux plus puissants princes, qui, au lieu de se faire un parti à Rome, en y donnant leur nomination, et de ceux qui l'obtiennent, et de ceux qui l'espèrent et de tout ce qui tient à eux, gens toujours sur les lieux, instruits de tout et agissant pour leur service, et vigilants à la mort des papes à toutes les intrigues qui la suivent, élèvent de leurs sujets à une grandeur inutile à leurs intérêts, par leur absence de Rome où ils n'ont ni parents, ni amis, ni faction, et ne sont bons qu'à envahir trois ou quatre cent mille livres de rente en bénéfices, du demi-quart desquelles un Italien se tiendroit plus que récompensé. [Un cardinal françois] est en France l'homme du pape contre le roi, l'État et l'Église de France; se rend chef et le tyran du clergé, trop ordinairement du ministère, est étranger de lien d'intérêt, de protection, est hardi à tout parce qu'il est inviolable, établit puissamment sa famille, et, quand il a tout obtenu, est libre après de commettre, tête levée, tous les attentats que bon lui semble sans jamais pouvoir être puni d'aucun.

Après tant d'éclat, on se rabattit à des mortifications plus sensibles que n'eussent peut-être été des procédures sans exécution. On se souvint de celle de la chambre de l'Arsenal contre les faussaires, et de son arrêt du 11 juillet 1704 contre la fausseté prouvée et avouée du célèbre cartulaire de Brioude, et contre Jean-Pierre Bar, son fabricateur, qui, se voyant trompé dans l'espérance de protection et d'impunité que lui avoit donnée le cardinal de Bouillon et sa famille, qui l'avoient mis en besogne, se cassa la tête contre les murs de sa chambre à la Bastille, à ce que j'ai su de Maréchal qui fut mandé pour l'aller voir, à qui il ne cacha pas le désespoir qui le lui avoit fait faire, et qui en mourut deux jours après. On s'indigna contre Baluze et cette magnifique généalogie bâtie sur cette imposture qu'il fit imprimer à Paris avec privilége sous son nom, avec le titre d'*Histoire généalogique de la maison d'Auvergne*, de toutes lesquelles choses j'ai parlé en leur temps. On sentit l'énormité d'une complaisance si contradictoire à la vérité et à l'arrêt de l'Arsenal, et on essaya d'y remédier par un arrêt du conseil du 1er juillet 1710, qu'il n'est pas inutile d'insérer ici.

« Sur ce qu'il a été représenté au roi *étant* en son conseil que dans le livre intitulé *Histoire généalogique de la maison* d'*Auvergne*, imprimé à Paris chez Antoine Dezallier, deux volumes in-folio, le sieur Baluze, auteur de cette histoire, avoit non-seulement osé avancer différentes propositions sans aucune preuve suffisante, mais encore que, pour autoriser plusieurs faits avancés contre toute vérité, il avoit inséré dans le volume des preuves plusieurs titres et pièces qui avoient été déclarées fausses par arrêt de la chambre de l'Arsenal du 11 juillet 1704, qui est une entreprise d'autant plus condamnable que, outre le mépris d'un arrêt si authentique et rendu en si grande connoissance de cause, un pareil ouvrage ne peut être fait que pour appuyer une usurpation criminelle et ménagée depuis longtemps par les artifices les plus condamnables, et pour tromper le public dans des matières aussi importantes que le sont les droits ou les prétentions des grandes maisons du royaume ; à quoi étant nécessaire de pourvoir, et tout considéré, le roi *étant* en son conseil a ordonné et ordonne que le privilége accordé par Sa Majesté pour l'impression de ladite *Histoire généalogique de la maison d'Auvergne*, en date du 8 février 1705, sera rapporté pour être cancellé, et qu'il sera fait recherche exacte de tous les exemplaires dudit ouvrage, qui seront déchirés et mis au pilon. Enjoint Sa Majesté au sieur d'Argenson, conseiller d'État et lieutenant général de police à Paris, de tenir la main à l'exécution du présent arrêt, et d'en certifier M. le chancelier dans huitaine. Fait au conseil d'Etat, Sa Majesté y étant, tenu à Versailles, le premier jour de juillet 1710. *Signé* Phélypeaux. »

On imprima quantité d'exemplaires de cet arrêt, on les distribua à pleines mains à qui en voulut, pour rendre la chose plus authentique. Le peu de patrimoine que le cardinal de Bouillon n'avoit pu soustraire fut incontinent confisqué ; le temporel de ses bénéfices étoit déjà saisi, et le 7 juillet il parut une déclaration du roi, qui, privant le cardinal de Bouillon de toutes ses collations, les attribuoit aux évêques dans le diocèse desquels ces bénéfices se trouveroient situés. En même temps, Baluze fut privé de sa chaire de professeur au Collége royal [1] et chassé à l'autre bout du royaume.

Mais tout cela n'alloit pas au fait, et montroit seulement en opposition une indigne complaisance dans un temps, par le privilége donné à ce livre, au mépris de l'arrêt de l'Arsenal antérieur, et une colère impuissante dans un autre. Le roi fut excité contre l'injustice, le désordre et l'abus de ces rangs de princes étrangers donnés à des gentilshommes françois, et il y prêta l'oreille; il donna ses ordres pour la visite de l'abbaye de Cluni, et de tous les monuments d'orgueil qu'en manière de pierre d'attente, le cardinal de Bouillon y entassoit depuis si longtemps, comme descendant des ducs de Guyenne, suivant la fausseté du cartulaire de Brioude, fabriqué par ce de Bar, il descendoit masculinement des fondateurs de Cluni. C'étoit sa chimère de tout temps, que, faute de preuves et de toute vérité ni vraisemblance, il appuya enfin de cette insigne fausseté. Il avoit en attendant multiplié à Cluni les actes et les marques de cette fausse descendance dans les temps de sa faveur et de son autorité, sous prétexte de bienfaits de sa part, et de reconnoissance des moines; il y avoit fait conduire les corps de son père, de sa mère, de plusieurs de ses neveux, et, sous prétexte de piété, se faisoit de leur sépulture des titres et des monuments de grandeur, avec tout l'art, la hardiesse et la magnificence possible.

Le parlement rendit, le 2 janvier 1711, arrêt portant commission au lieutenant général de Lyon de visiter cette abbaye, et d'y faire entièrement biffer et effacer tout ce qui, en quelque façon que ce pût être, en monuments ou en écritures, étoit de cette nature, et cela fut pleinement exécuté.

1. Établissement d'instruction publique qui a porté successivement les noms de *Collége des trois langues* (latine, grecque et hébraïque), *Collége royal* et *Collége de France*. C'est sous ce dernier nom qu'il est encore désigné de nos jours.

Le roi fit rapporter de Paris, de Fontainebleau, de Saint-Germain et de Versailles tous les registres des curés, où la qualité de prince fut rayée, biffée et annotée en marge, que le cardinal de Bouillon y avoit prise aux baptêmes et aux mariages qu'il avoit faits à la cour comme grand aumônier. Le 15 juillet de cette année 1710, il fut envoyé une lettre de cachet à l'abbaye de Saint-Denis, accompagnée d'officiers principaux des bâtiments du roi, pour ôter les armes des Bouillon partout où ils les avoient mises à la chapelle où M. de Turenne est enterré, ce qui fut assez légèrement exécuté. Lors de sa mort, et que le roi fit tant pour sa mémoire, il ne voulut pas que les honneurs prodigués aux héros tournassent en titres pour sa maison : il défendit très-expressément à Saint-Denis tout ce qui pouvoit sentir le moins du monde le prince, surtout ce titre nulle part, et même que ses armes, ou entières ou semées, y fussent souffertes nulle part à son tombeau, ni dans sa chapelle, et c'est ce qui fit que les Bouillon ne voulurent ni inscriptions sur le cercueil ni épitaphe au dehors; mais dans les suites, à force de caresser les moines, d'ouvrir la bourse, d'être faciles sur des collations, enfin d'orner un peu cette chapelle, les armes de la maison, et entières et semées, furent glissées au tombeau et à l'autel, à la voûte et dans les vitrages, même celles du cardinal de Bouillon avec le chapeau, comme ayant fait la dépense.

Ces coups furent très-sensibles aux Bouillon; mais ce n'étoit pas le temps de se plaindre, mais de couler doucement de peur de pis; et sous l'apparente rigueur de l'exécution, de profiter de la foiblesse et du peu de fidélité des gens des bâtiments pour conserver des vestiges, en attendant d'autres temps où ils pussent hasarder encore une fois ce qu'ils y avoient mis une première. Le cardinal de Bouillon éclata sur toutes ces exécutions avec plus d'emportement que jamais. Il avoit dès auparavant gardé si peu de mesure, qu'il avoit officié pontificalement dans l'église de Tournai au *Te Deum* de la prise de Douai, et que, de cette ville où il avoit fixé sa demeure, il écrivit une grande lettre à M. de Beauvau, qui en étoit évêque lorsqu'elle fut prise, et qui ne voulut ni chanter le *Te Deum*, ni prêter serment, ni demeurer, quoi que pussent faire les principaux chefs pour l'y engager; et par cette lettre le cardinal de Bouillon l'exhortoit à retourner à Tournai et à s'y soumettre à la domination présente, et n'y ménageoit aucun venin.

Ces recherches des registres des curés de la cour, et dans les abbayes de Cluni et de Saint-Denis, si promptement suivies des nouveaux éclats du cardinal de Bouillon, jetèrent le duc son frère en d'étranges inquiétudes des suites que cela pourroit avoir. Ce fut la matière de force consultations dans sa famille, et avec ses plus intimes amis. Il avoit auprès du roi le mérite de cinquante années de domesticité et de familiarité, celui de la plus basse flatterie et d'une grande assiduité; et par-dessus ceux-là si puissants auprès du roi, il en avoit un autre qui les faisoit encore plus valoir, c'est qu'il avoit fort peu d'esprit. Il avoit ployé avec art et soumission sous les orages que le cardinal et la duchesse de Bouillon s'étoient attirés, et qui, sans l'avoir jamais directement regardé, n'avoient pas laissé de l'entraîner plus d'une fois dans leur exil. Toutes ces choses avoient touché le roi; il disoit que c'étoit un bon homme; il ne craignoit rien de lui; il le plaignoit de ses proches, et il s'étoit accoutumé à avoir pour lui de la considération et de l'amitié. Son fils aîné étoit mort depuis longtemps dans un reste de disgrâce profonde; le duc d'Albret étoit un homme que le roi ne voyoit jamais, et qu'il n'aimoit point, le chevalier de Bouillon beaucoup moins. Il étoit d'une débauche démesurée et d'une audace pareille qui ne se contraignoit sur rien, qui disoit du roi que c'étoit un vieux gentilhomme de campagne dans son château qui n'avoit plus qu'une dent; et qu'il la gardoit contre lui. Il avoit été chassé et mis en prison plus d'une fois, et n'en étoit pas plus sage. Le comte d'Évreux qui avoit fort plu au roi par l'amitié du comte de Toulouse, et qui avec bien moins d'esprit que ses frères avoit plus de sens et de manége, ne servoit plus depuis la campagne de Lille; il boudoit et ne paroissoit presque plus à la cour. Il ne restoit du comte d'Auvergne que deux fils en France, tous deux prêtres, tous deux sans esprit, l'aîné plein d'ambition et de petits manéges, encore plus d'une débauche qui le bannissoit du commerce des honnêtes gens, et en tout genre fort méprisable et méprisé. Le cadet, qui n'avoit pas ces vices, étoit une manière d'hébété obscur qui ne voyoit personne. Ainsi M. de Bouillon n'avoit point de secours dans sa famille que soi-même.

Dans cet état pressant, il s'adressa au chancelier, puis un matin au roi lui-même qu'il prit dans son lit, avec la commodité, le loisir et le tête-à-tête de cette privance des grandes entrées, où chacun de ce très-peu qui les ont se retire à l'autre bout de la chambre, ou même en sort dès qu'on en voit un d'eux qui veut parler au roi. Là, M. de Bouillon déplora sa condition, les folies de son frère, s'épuisa en louanges au roi, en actions de grâces de ses bienfaits, surtout en reconnoissances de sa sujétion, parce que ce n'étoit qu'en paroles, en compliments, et encore tête à tête; pria, pressa, conjura le roi d'arrêter les effets de sa colère, et, pour un coupable que sa famille avoit le malheur d'avoir produit, ne pas flétrir sa maison. Le roi, quelque temps froid et silencieux, puis peu à peu ramené à ses premières bontés par la soumission de tant de propos affectueux, lui répondit qu'il ne demandoit pas mieux que de continuer à distinguer sa personne et sa famille de son frère rebelle et criminel, mais que la révolte de son frère portant coup pour toute sa maison, par le déni fait à lui-même d'être son sujet, par sa lettre sur le fondement de sa naissance, il ne pouvoit tolérer cette injure sans s'en ressentir, et que c'étoit au duc lui-même à voir ce qu'il pouvoit faire pour donner lieu à éviter ce que ce déni méritoit. M. de Bouillon, fort soulagé par de si bonnes paroles, redoubla de protestations et de fatras de compliments, supplia le roi de trouver bon qu'il en parlât à quelqu'un, et lui nomma le chancelier. Le roi y consentit, et le duc espéra dès lors de sortir bien de cette périlleuse affaire.

Il ne tarda pas d'aller chez le chancelier. Le roi l'avoit instruit, le chancelier ne le lui cacha pas; et comme il savoit très-bien distinguer les choses d'avec les paroles et les propos, il ne tâta point de celles-ci, et proposa de celles-là. Le fait étoit, et ce fait est inconcevable, qu'avec toutes les injures que le duc de Bouillon disoit de son frère au roi, il ne s'estimoit pas plus que lui son sujet; et il avoit droit d'avoir cette opinion, parce que jamais, en écrivant au roi, il n'avoit mis le mot de *sujet*, et que cette omission jusqu'alors lui avoit été tolérée sans aucune difficulté. Or c'étoit là maintenant de quoi il s'agissoit, et à quoi on le vouloit réduire, et c'étoit pour soutenir cet usage dans cette crise que Mme de Bouillon avoit pris occasion d'écrire au roi. Indépendamment de la nature mouvante et jamais souveraine de Sedan et de Bouillon, indépendamment de la manière dont ces fiefs étoient venus et demeurés au grand-père et au père de M. de Bouillon, indépendamment de toutes les félonies qui les leur avoient fait perdre, et de la manière dont le roi s'en étoit saisi, toutes choses bien destructives de souveraineté dans les ducs de Bouillon, le père de celui-ci en avoit fait avec le roi un échange à un avantage en tout genre si prodigieux, qu'il n'avoit pas à s'en plaindre, et celui-ci encore moins depuis le temps qu'il en jouissoit. Avec le rang de prince étranger, la souveraineté, quand elle eût existé, ne pouvoit lui être demeurée, puisqu'il étoit dessaisi et dépouillé volontairement de Bouillon et de Sedan, que le roi possédoit en vertu de l'échange. Le domaine simplement utile [1] laissé à M. de Bouillon n'opéroit rien à cet égard; pas

---

1. C'est-à-dire les revenus des terres séparés des droits de souveraineté.

un mot des droits, de l'effet, de l'exception de la souveraineté, ni d'état personnel de souverain, ni dans le contrat d'échange, ni dans le brevet de rang de prince étranger. Nulle raison, nul prétexte même le plus frivole à M. de Bouillon de n'être et ne s'avouer pas sujet du roi, lui duc et pair, grand chambellan, et qui n'avoit pas même un pouce de terre hors du royaume, ni lui, ni ses enfants.

Le chancelier, avec des raisons si péremptoires, n'en oublia aucune pour lui persuader qu'il n'avoit aucun prétexte pour se soustraire à cette qualité, ni le roi, avec ce qui se passoit, aucun non plus de l'endurer davantage; lui remontra tous les fâcheux inconvénients, et tous en la main du roi, qui pouvoient lui arriver de sa résistance; il essaya de le porter à se reconnoître sujet du roi par un écrit signé par lui, par ses enfants et par ses neveux, tout fut inutile. M. de Bouillon ne connut rien de pis que cet aveu et il espéra tout de sa propre souplesse, de celle du P. Tellier, de ce mélange de bonté et de foiblesse du roi pour lui, surtout de son peu de suite dans ces sortes d'affaires, dont il avoit si souvent fait d'heureuses expériences. Sa famille, néanmoins, qui toute se sentoit si personnellement mal chacun avec le roi, craignit d'irréparables foudres, et le pressa d'accorder au danger et à l'angoisse des conjonctures l'écrit proposé par le chancelier; mais il résista également à eux et à ses plus intimes amis, et leur répondit avec indignation qu'il étoit trop maltraité pour y consentir. Le mauvais traitement consistoit donc à la radiation des faussetés de Bar et de la qualité de prince aux monuments dont j'ai parlé, et à ôter à Saint-Denis ce que le roi n'y avoit jamais voulu permettre, et qu'il avoit expressément défendu lorsqu'il y fit porter M. de Turenne, et ce que, contre ses ordres, ils y avoient frauduleusement mis depuis. En tout autre pays qu'en France cet insolent refus de M. de Bouillon eût suffi seul pour les accabler et surtout pour leur ôter à jamais ce rang de prince qui soutenoit leur chimère, et que ce refus impudent réalisoit autant qu'il étoit en eux, et s'il étoit souffert, autant qu'il étoit au pouvoir du roi à l'égard d'une chose à qui tout fondement de vérité manquoit, mais qui n'en devenoit pas moins dangereuse.

C'est ce qui fit que, sans plus s'arrêter à l'écrit proposé et rejeté par M. de Bouillon avec une fermeté qui découvroit le fond de son cœur, et qui même donné par lui auroit toujours pu passer pour un effet de sa peur et d'une espèce de violence, il fut proposé au roi de prendre un biais plus juridique et plus exempt de tout soupçon, parce qu'il étoit selon les lois, les règles et les formes ; ce fut que le procureur général fît assigner M. de Bouillon, ses enfants et ses neveux pour voir dire :

« I. Que Sedan est fief de Mouzon et arrière-fief de la couronne, ainsi qu'il conste par sa nature, par les lettres patentes de Charles VII, en 1454, comme souverain seigneur de Mouzon, d'où Sedan relevoit, et par jugement en conformité de ces lettres, rendu à Mouzon en 1455, et qu'il n'y a titre ni preuve en aucun temps de l'indépendance de Sedan ;

« II. Que Bouillon est originairement mouvant de Reims, et arrière-fief de la couronne ; cette mouvance acquise en 1127 de Renaud, archevêque de Reims, par Albéron, évêque de Liége, seigneur de Bouillon, et que, passant des évêques de Liége dans la maison de La Marck, ils n'en ont jamais cédé la mouvance ni même la propriété territoriale, qui a sans cesse, jusqu'à ce jour, été réclamée et revendiquée par les évêques de Liége ;

« III. Que Sedan, Bouillon, ensuite Raucourt, Jamets et Florenville, ces trois derniers fiefs sans nulle apparence d'indépendance ni prétention d'eux-mêmes, ont passé par voie d'acquisition de la maison de Braquemont et des évêques de Liége dans la maison de La Marck ;

« IV. Que la maison de La Marck n'a jamais prétendu à la souveraineté par ces fiefs, et a fait actes du contraire, si ce n'est le père de l'héritière, première femme et sans enfants du grand-père de M. de Bouillon et du cardinal son frère, qui se prétendit indépendant; aucun de cette branche de La Marck-Bouillon n'a eu ni prétendu en France, ni en aucun lieu de l'Europe, à la qualité ni à aucun rang de prince;

« V. Que ces fiefs de Bouillon, Sedan et leurs dépendances n'ont été réputés ni dénommés que simples seigneuries, et leurs possesseurs que seigneurs jusqu'au père susdit de l'héritière, qui le premier usurpa, sans titre et sans approbation, le titre de prince de Sedan, et qu'à l'égard de Bouillon il n'a jamais été et n'est encore duché, mais simple seigneurie;

« VI. Que lesdits fiefs ne sont passés de la maison de La Marck dans celle de La Tour ni par acquisition, ni par succession ni à aucun titre qu'elle puisse montrer, mais par la seule protection du roi Henri IV;

« VII. Que lesdits fiefs n'ont pas changé de nature entre les mains de la maison de La Tour, laquelle à ce titre ne peut plus prétendre que n'a fait la maison de La Marck;

« VIII. Que la postérité d'Acfred, duc de Guyenne et comte d'Auvergne, est depuis longtemps éteinte;

« IX. Que mal à propos la maison de La Tour a usurpé, adopté et joint à son nom de La Tour le nom à elle étranger d'Auvergne, puis substitué seul au sien, sans qu'elle en puisse montrer d'autre titre que ce faux cartulaire de Brioude, fait par le nommé de Bar, condamné comme faussaire, et qui en a fait l'aveu, et le cartulaire déclaré faux et condamné comme tel par l'arrêt de la chambre tenue à l'Arsenal du 11 juillet 1704;

« X. Que cette innovation de nom n'est pas plus ancienne que le père du cardinal de Bouillon;

« XI. Que défenses seront faites à ceux de la maison de La Tour de plus prendre le nom d'Auvergne seul ni joint avec le leur, et que le nom d'Auvergne seul ou joint au leur sera rayé ou biffé dans tous les actes ci-devant passés, contrats et autres pièces où il sera trouvé, et dont recherches seront faites;

« XII. Que mêmes défenses et exécutions seront faites à l'égard des armes d'Auvergne pour qu'il ne reste pas trace de telle chimérique prétention;

« XIII. Que les seigneurs de la maison de La Tour sont seigneurs françois, sujets du roi comme toutes les autres maisons nobles du royaume, se diront tous, s'avoueront, se soussigneront tels;

« XIV. Que lesdits seigneurs de La Tour n'ont aucune descendance d'Acfred, duc de Guyenne et comte d'Auvergne, dont la postérité est dès longtemps éteinte; et qu'à titre des fiefs et seigneuries de Bouillon, Sedan, etc., ne pouvant prétendre à la qualité et titre de ce prince, ces titres et qualités seront biffés et rayés partout où ils les auront pris ainsi que dessus, et défenses à eux faites de les prendre ni porter à l'avenir;

« XV. Que lesdits seigneurs de la maison de La Tour seront condamnés à toutes réparations, amendes, dommages et intérêts pour avoir usurpé les noms, armes, titres, usages et prétentions indues, sans droit ni apparence de droit, et à eux entièrement étrangers, et destitués de tout titre à ce faire. »

Les preuves de ces quinze articles qui se trouvent légèrement tracées ci-dessus (t. V, p. 298-326) avoient été solidement examinées avant de proposer ces articles. Ils alloient tous à l'entière destruction de la chimère d'indépendance, de souveraineté, de principauté; ils alloient plus directement au cœur du cardinal de Bouillon, que quoi qu'on eût pu faire contre sa personne, quand bien même on en eût été en possession, et affranchi du bouclier du cardinalat. Tous ces articles étoient vrais, justes, conséquents, n'outroient rien, ils se tenoient dans le fond de la chose dont il s'agissoit entre le roi et les Bouillon, et y procédoient par maximes tirées *ex visceribus causæ*, et par leurs conséquences naturelles. En même temps ils n'attaquoient en rien l'échange dans aucune de ses parties, ils ne touchoient pas même au rang de prince étranger, inconnu au parlement, et grâce au roi, qui n'a besoin d'autre fondement que de sa volonté quand il lui plaît qu'elle soit plus gracieuse pour quelques-uns que juste pour tous les autres, et qui pour la maison de Rohan n'a ni la chimère d'un Acfred ni des prétentions de souveraineté pour prétexte.

Ces articles étoient tous de la plus pure compétence du parlement; et il étoit parfaitement du ministère du procureur général, l'homme du roi et le censeur public, d'y en porter sa plainte. Dès le premier pas, MM. de Bouillon assignés se seroient trouvés dans la nécessité de répondre. S'ils s'étoient sentis hors de moyen de soutenir juridiquement les usurpations de leur faveur et de leurs manéges, comme il est sans doute qu'ils s'en seroient trouvés dans l'entière impuissance et qu'ils eussent acquiescé, toute leur chimère étoit anéantie et par leur propre aveu subsistant à toujours dans les registres du parlement. Si malgré cette impuissance ils avoient essayé de répondre, il est hors de doute encore qu'ils auroient été condamnés avec plus de solennité, et leur chimère, anéantie et proscrite sans retour, auroit servi de châtiment pour eux et de leçon pour d'autres, sans le moindre soupçon de force ni de violence; et c'étoit après au roi à voir s'il lui convenoit, avec tout ce qui se passoit là-dessus avec eux, de leur laisser le rang de prince étranger. Il se trouvera dans les Pièces un mémoire qui fut précipitamment demandé et fait en ce temps-là, et qui auroit été meilleur si l'on avoit eu plus de deux fois vingt-quatre heures à le faire, sur les maisons de Lorraine, de Rohan et de La Tour. Enfin un procès entre le roi et MM. de Bouillon, non pour des terres et de l'argent, comme il en a tous les jours avec ses sujets, mais pour raison de la qualité de sujet, à raison de l'effet de ses propres grâces, de l'effet d'une descendance fausse d'un côté, d'une transmission forcée et sans titre de l'autre, et de plus très-onéreusement échangée pour le roi et dont la nature est un arrière-fief de sa couronne, eût été un très-singulier spectacle, et qui auroit mis en parfaite évidence que la chimère n'étoit que pour un temps, et que les prétentions réelles sur des provinces, comme patrimoine de ses pères, se réservoient pour d'autres temps; on laisse à juger de l'importance et du danger de laisser lieu à ces choses.

Mais si la hardiesse et l'art de MM. de Bouillon a pu, à l'égard du roi, tout ce qu'on vient de rapporter, et des monuments qu'ils se sont faits peu à peu dans les registres des curés de la cour, dans l'abbaye de Cluni, et contre les précautions et les ordres les plus exprès du roi dans celle de Saint-Denis, en voici un trait bien plus difficile à pratiquer. On a déjà dit que le rang et le nom de prince étranger sont inconnus au parlement, qui ne reconnoît de princes que ceux du sang habiles à la couronne; ainsi ce rang accordé par le roi dans sa cour à MM. de Bouillon n'a pu être enregistré au parlement, et le roi n'a jamais songé à le vouloir; quelque puissant qu'il soit, il n'est maître ni des noms ni des descendances, il ne l'est ni des titres antérieurs à lui des terres, ni de la spoliation de sa couronne, ni de son domaine, moins, s'il se peut encore, de son suprême domaine, ni des effets que le droit attache à ces choses; par conséquent il n'a pu et ne peut jamais faire don à personne d'aucune de ces choses, ni en faire vérifier le don au parlement, comme en effet il n'en a enregistré aucun; mais les noms de prétendue souveraineté et principauté de Sedan, Bouillon, etc., se trouvent dans la partie de l'échange qui est enregistrée, le mot de *prétendue* y est rayé. Or cette rature, qui est un attentat, et qui a été soufferte, ne prouve que l'attentat, le crédit pour la tolérance et une hardiesse inouïe et sans exemple comme sans effet, parce qu'il ne se fait ni ne se peut jamais faire de radiation d'un seul mot sur les registres du parlement, qu'en vertu d'un arrêt du conseil ou du parlement qui l'ordonne, et d'une note marginale à côté qui exprime la date et l'arrêt qui l'a ordonnée ; et comme il n'y a ni note marginale ni arrêt qui ait ordonné la radiation de ce mot *prétendue*, il résulte qu'elle est un pur attentat, et que cette radiation est nulle de tout droit.

Ces quinze articles furent donc présentés au roi avec les raisons de leur usage tel qu'il vient d'être expliqué. Il en sentit l'équité et l'importance, et il comprit aussi que le traité d'échange vérifié ne portoit que sur les terres données en échange, sur l'érection d'Albret et de Château-Thierry en duchés-pairies, sur la réservation du simple domaine utile de Bouillon, sur l'abolition des crimes de félonie et autres, mais que le rang de prince étranger accordé aussi et jamais vérifié, ni possible à être présenté au parlement pour l'être, demeuroit toujours en sa main royale à titre de volonté, soit pour l'ôter, soit pour le laisser, quelque arrêt qui pût intervenir dans cette affaire, dont ce rang ne pouvoit être matière. Ainsi, content sur la jalousie de son autorité, il manda Pelletier, premier président, et d'Aguesseau, procureur général, auquel il ordonna de procéder ainsi qu'il vient d'être expliqué.

Ce procureur général, si éclairé, si estimé, de mœurs si graves, se trouva l'ami intime du duc d'Albret, dont la vie et les mœurs répondoient si peu aux siennes, et cette amitié, liée dès leur première jeunesse, s'étoit toujours si bien entretenue depuis, que le duc d'Albret n'avoit d'autre conseil dans ses affaires que d'Aguesseau, et que dans celle de la substitution qu'il eut avec tant d'éclat contre le duc de Bouillon son père, ce fut d'Aguesseau, lors avocat général, qui, à visage découvert, y fit tout, au point que M. de Bouillon, hors d'espérance d'accommodement, n'osa risquer le jugement au parlement de Paris, et fit, par autorité du roi, qui, pour la première fois de sa vie, se voulut bien montrer partial, et le dire, renvoyer le procès au parlement de Dijon. Le procureur général reçut avec grand respect les ordres du roi et force protestations d'obéissance; il fit bientôt naître des difficultés; il reçut de nouveaux ordres; ils furent réitérés; il les voulut du roi lui-même. Il ne s'effraya point de la fermeté que le roi lui témoigna dans sa volonté pour la seconde fois. Il multiplia les difficultés si bien, qu'il donna de l'ombrage sur son intention, et le confirma par la même conduite. Celui par qui tout passoit entre le roi et d'Aguesseau, fatigué d'un procédé si bizarre, détourna deux audiences que ce dernier s'étoient ménagées, et ne pouvant parer la troisième, il s'y trouva en tiers, répondit à tout, aplanit tout, et indigné de ce qu'il ne se pouvoit plus dissimuler, par ce qu'il voyoit du procureur général, il le mit hors du cabinet du roi presque par les épaules.

Pour achever de bien entendre tout ceci, il faut savoir qu'il y avoit trois canaux dans toute cette affaire : celui que je ne nomme point, qui, par extraordinaire, donna les ordres du roi pour Cluni; Pontchartrain, comme secrétaire d'État de la maison du roi, qui en fut naturellement chargé pour Saint-Denis, et qui le fit avec tant d'éclat et de partialité en même temps pour les Bouillon, dont avec raison il tenoit à grand honneur d'avoir épousé l'issue de germaine, que celui qui avoit donné les ordres pour Cluni le fit remarquer au roi, et lui enleva ceux dont par sa charge il devoit être naturellement chargé pour le procureur général; le chancelier, par son office à l'égard du parlement, qui en cela comme en toute autre affaire pensoit et sentoit tout au contraire de son fils. Le procureur général continuoit ses difficultés, et lorsqu'on croyoit l'avoir mis au pied du mur, il en inventa de nouvelles, non sur la chose et le fond qui n'en étoit pas susceptible, mais sur cent bagatelles accessoires dont il composoit des volumes de mémoires en forme de questions raisonnées, dans le dessein d'ennuyer le roi et de lui faire quitter prise, en homme qui connoissoit bien le terrain. Enfin, tout étant arrêté et convenu, il donna parole par écrit à celui qui lui donnoit les ordres du roi, et au chancelier aussi, d'aller en avant sans plus de difficultés, et ils croyoient la chose certaine, quand, à trois jours de là, il revint avec un nouveau mémoire pour montrer comme en éloignement, avec aussi peu de fondement que de bonne foi, la part que les alliés, enflés de leurs succès et excités par le cardinal de Bouillon, pourroient prendre à propos de Bouillon et de Sedan. Ce mémoire étoit encore plein de difficultés, habilement entortillé, expressément diffus et gros, tellement que le roi, à qui il fallut le communiquer, fatigué à la fin et excédé, se dépita, et eut plus tôt fait de céder à une opiniâtreté si soutenue et si importune, que de lire et de discuter ce vaste mémoire, et qu'il aima mieux surseoir l'exécution de ses ordres.

Le chancelier, outré de colère, et de la chose, et du manquement du procureur général à la parole qu'il lui avoit donnée si fraîchement par écrit, le traita en petit procureur du roi de siége subalterne. L'autre adjoint ne l'épargna pas davantage ; tous deux lui reprochèrent son infidélité et sa prévarication. Il fut outré de honte et de désespoir, mais consolé sans doute d'avoir sauvé son bon ami et sa maison d'un naufrage si certain. Le premier président, dont l'avis et la volonté pour procéder fut toujours constante, mais dont la foiblesse d'esprit se sentoit trop de celle du corps, eut à se reprocher de n'avoir pas été assez ferme, ou plutôt de ne se l'être pas montré autant qu'il l'étoit intérieurement là-dessus. Il fut le seul du parlement de ce secret qui fut su de très-peu de personnes. Celui que je ne nomme pas étoit mon ami très-intime, tellement que jour à jour il ne m'en laissa rien ignorer, ni le chancelier non plus. On espéra, y revenir par quelque autre voie : l'occasion s'en offrit bientôt par la prise d'un vaisseau chargé d'argent, de meubles et de papiers du cardinal de Bouillon ; mais Pontchartrain vendu aux

Bouillon, qui avoit la marine dans son département, étouffa la prise et fit tout rendre au cardinal. Telle fut l'issue d'une affaire de cet éclat, où le roi, l'État et tout ce qui le compose avoit un si grand intérêt, et de la colère et des menaces si publiques et si justes d'un roi si absolu, contre un rebelle, auquel sur ce point toute sa maison abhéra nettement en effet; ainsi sont servis les rois qui ne parlent à personne, et les royaumes qui sont gouvernés comme le nôtre.

Le cardinal de Bouillon n'eut pas longtemps à rouler ses grands projets sur la Hollande; il perdit, deux mois après son évasion, le prince d'Auvergne, ce neveu pour lequel il ne songeoit pas à moins qu'au stathoudérat des Provinces-Unies. Il mourut de la petite vérole les derniers jours de juillet, et laissa son oncle dans la plus inexprimable douleur; ce fut le commencement de sa chute aux Pays-Bas, d'où il ne put depuis se relever ni même en Italie. Ce déserteur ne laissa qu'une fille, qui nous ramènera dans peu au cardinal de Bouillon. Longtemps depuis, elle épousa le prince palatin de Sultzbach, et de ce mariage qui dura peu, étant morts tous deux jeunes, est venu le prince de Sultzbach d'aujourd'hui, qui va succéder à tous les États et à la dignité de l'électeur palatin. Le roi, intérieurement piqué, défendit à M. de Bouillon et à tous les parents du prince d'Auvergne d'en porter le deuil, et lui dit tout crûment qu'il étoit réputé mort du jour que, par arrêt du parlement, il avoit pour sa désertion été pendu en Grève, en effigie. On prit la liberté à l'oreille de trouver cela petit, et la marque d'une colère impuissante. Il fit commander en même temps au frère de l'abbé d'Auvergne de se défaire d'un canonicat qu'il avoit à Liége. Sur ce point au moins et sur le deuil il fut obéi.

Le roi avoit donné depuis quelque temps au cardinal de La Trémoille la riche abbaye de Saint-Amand en Flandre, lequel en avoit obtenu les bulles. Cette abbaye étoit depuis tombée au pouvoir des ennemis par les progrès de leurs conquêtes. Le cardinal de Bouillon, qui ne comptoit plus sur aucune des siennes en France, s'avisa sur la fin de l'année, pour le dire ici tout de suite, de s'en faire élire abbé par la moindre partie des moines. Vingt-deux autres protestèrent contre cette élection. Il ne laissa pas d'être curieux de voir ce premier suffragant de l'Église romaine, ce doyen des cardinaux, qui ne dépend plus, à ce qu'il écrit au roi, que de Dieu et de sa dignité, et qui ne veut plus songer qu'à servir Dieu et son Église, se faire élire contre les bulles du pape et, malgré lui et le pourvu, jouir à main armée des revenus de l'abbaye par la protection seule des hérétiques.

Les moines de Cluni furent excités sous main de chercher s'il n'y avoit point de moyens qui pussent leur donner lieu d'attaquer la coadjutorerie de l'abbé d'Auvergne ; le roi même voulut bien qu'ils sussent que cela lui seroit agréable, autre marque d'impuissante colère quand on a en main, avec justice et raison, tout ce qu'il faut pour tirer la vengeance la plus durable et la plus sensible. L'affaire apparemment se trouva si bien cimentée qu'on ne put y réussir.

Le prince de Berghes, de la maison duquel j'ai parlé à propos de la mère du cardinal de Bouillon, revint de l'armée de Flandre, au commencement de la campagne, épouser une fille du duc de Rohan dont il se vouloit défaire à bon marché. Son père étoit gouverneur de Mons lorsque le roi le prit. Celui-ci étoit un très-laid et vilain petit homme, de corps et d'esprit, dont il avoit fort peu, mais il avoit une sœur chanoinesse de Mons, belle et bien faite et d'un air fort noble, qui s'appeloit Mlle de Montigny, qui n'avoit rien, et dont l'électeur de Bavière devint amoureux après qu'il eut quitté Mme d'Arco, mère du comte de Bavière, et l'a été jusqu'à sa mort. Il obtint pour le frère de sa maîtresse une compagnie des gardes du corps du roi d'Espagne à Bruxelles, l'ordre de la Toison d'or, et enfin la grandesse. Il est mort sans enfants plusieurs années après; et sa sœur en est devenue grande dame, de laquelle il n'est pas encore temps de parler.

Avant de quitter la Flandre, il faut dire que le duc de Mortemart étoit venu apporter au roi la capitulation de Douai, et lui rendre compte du siége. On fut étonné qu'un homme si marqué, et par sa charge si fort approché du roi, eût pris une commission si triste, de laquelle il s'acquitta même si mal que le roi en fut embarrassé par bonté. J'aurois dû mettre cet article à la suite de la prise de Douai, c'est un oubli que je répare.

Retourné à l'armée de Flandre, il se mit à jouer tête à tête avec d'Isenghien à l'hombre, qui y jouoit assez mal, et qui n'étoit rien moins que joueur. C'est le même qui, longues années depuis, est devenu maréchal de France. L'amusement grossit bientôt, parce que M. de Mortemart fut piqué d'éprouver la fortune contraire. Tant fut procédé qu'à force de multiplier les séances, d'enfermer M. d'Isenghien chez lui, et d'y grossir les parties, malgré lui, qui gagnoit, et qui avec toute l'honnêteté du monde n'osoit le refuser, malgré ses remontrances et celles des spectateurs, que M. de Mortemart perdit, ce qu'il n'a jamais voulu dire, dont M. d'Isenghien le racquitta enfin, jusqu'à près de cent mille francs. Cette perte fit grand bruit dans l'armée. M. d'Isenghien dont la probité étoit connue, et qui n'étoit ni joueur ni encore moins adroit, avoit eu avec la fortune les meilleurs et les plus honnêtes procédés.

On fut choqué qu'un homme fût capable de faire un tel voyage à un jeu comme l'hombre. Le roi le fut beaucoup, et la cour ne s'en tut pas. M. de Beauvilliers fut au désespoir de la chose, et de son effet, et de tout ce qu'elle lui faisoit envisager.

Ce n'étoit pas le premier chagrin cuisant que lui causa ce gendre, ce ne fut pas aussi le dernier. Sa fille déjà si malheureuse étoit grosse; elle s'en blessa de déplaisir, et en fut à la dernière extrémité, M. de Beauvilliers me parla fort confidemment de toutes ses douleurs. Je l'avois laissé venir là-dessus à cause de ce qui s'étoit passé entre son gendre et moi sur Mme de Soubise, que j'ai raconté en son lieu.

Le payement fit encore beaucoup parler. Les ducs de Chevreuse et de Beauvilliers s'attachèrent trop littéralement au délabrement des affaires du duc de Mortemart, et à la raison de conscience de préférer des dettes de marchands et d'ouvriers qui souffroient, et de gens qui avoient prêté leur bien, à celle qui venoit du jeu et d'une grosse perte; ils en essuyèrent force blâme et force propos du monde, dont M. d'Isenghien continua de mériter l'approbation et les louanges par la continuation des meilleurs procédés. Je ne pus m'empêcher d'avertir MM. de Chevreuse et de Beauvilliers du bruit et de l'effet de cette conduite, et j'eus grande peine à leur faire entendre combien l'honneur étoit intéressé à payer promptement les dettes du jeu, et combien le monde étoit inexorable là-dessus. Enfin M. de Mortemart que le siége de Douai avoit fait maréchal de camp céda son régiment à M. d'Isenghien à vendre, et pour le reste de la somme M. de Beauvilliers prit les délais tels qu'il voulut, et acheva enfin de tout payer.

Une autre aventure y fut plus fâcheuse : le secrétaire du maréchal de Montesquiou, gagné depuis longtemps par le prince Eugène, craignit enfin d'être découvert, et, tout à la fin de la campagne, disparut, et s'en alla à Douai avec tous les chiffres et les papiers de son maître. On changea tous les chiffres, mais on ne put douter que tout ce qu'on avoit cru de plus secret ne l'avoit pas été pour les ennemis.

CHAPITRE XIX.

Art et manége du P. Tellier sur les bénéfices. — Mailly, archevêque d'Arles, passe à Reims. — Janson archevêque d'Arles. — Le Normand évêque d'Évreux — Turgot évêque de Séez. — Dromesnil évêque d'Autun, puis de Verdun. — Abbé de Maulevrier; sa famille; son caractère. — Mort de l'abbé de Langeron. — Cardinal Gualterio met les armes de France sur la porte de son palais à Rome. — Mort de Mme de Caderousse; naissance et caractère d'elle et de son mari. — Ducs d'Avignon; ce que c'est. — Mort du lieutenant civil Le Camus; son caractère. — Argouges lieutenant civil. — Mort de Lavienne, premier valet de chambre du roi. — Mort de la marquise de Laval. — Mort de Denonville. — Duchesse de Luynes gagne un grand procès contre Matignon. — Mort du marquis de Bellefonds. — Le marquis du Châtelet gouverneur et capitaine de Vincennes. — Souper de Saint-Cloud. — Tentative de la flotte ennemie sur Agde et le port de Cette, sans succès. — Situation de l'Espagne. — Mme des Ursins fait un léger semblant de la quitter. — M. de Vendôme de nouveau demandé par l'Espagne. — Le roi d'Espagne en Aragon, à la tête de son armée; Villadarias sous lui. — Duc de Medina-Celi arrêté, conduit à Ségovie, puis à Bayonne, avec Flotte. — Petits exploits des Espagnols. — Staremberg bat les quartiers de l'armée du roi d'Espagne, qui se retire sous Saragosse. — Vendôme va en Espagne, est froidement reçu à la cour, et mal par Mme la duchesse de Bourgogne.

Il s'étoit amassé beaucoup de bénéfices à donner. Le P. Tellier, qui faisoit tout sous terre, et qui n'imitoit en rien le P. de La Chaise, bannit les temps accoutumés de les remplir autant qu'il put, qui étoient les jours de communion du roi, pour mettre les demandeurs en désarroi, éviter de trouver le roi prévenu en faveur de quelqu'un pour qui on auroit parlé à temps, et se rendre plus libre et plus maître des distributions. Il exclut autant qu'il lui fut possible tout homme connu et de nom, et ne voulut que des va-nu-pieds et des valets à tout faire, gens obscurs, à mille lieues d'obtenir ce qu'on leur donnoit, et qui se dévouoient sans réserve aux volontés du confesseur, à l'aveugle, et sans même les savoir, et gens au reste à n'oser broncher après. Il avoit dès lors ses vues, qu'il commençoit à préparer, et pour cela choisit ses gens le mieux qu'il put.

On sut donc à la mi-juillet plusieurs évêchés et grand nombre d'abbayes donnés, le tout ensemble de deux cent quarante mille livres; mais on ne le sut que peu à peu, dans le dessein de faire faire les nominations à son gré, qu'il sentoit bien qu'ils ne le seroient pas à celui du public ni de personne. Il craignit la rumeur qu'exciteroient les listes, comme on les donnoit auparavant; il les supprima, tant pour cette raison que pour n'être pas forcé, par la publicité de la liste et le remercîment au roi, de donner aux nommés ce qui leur étoit destiné s'il n'y trouvoit pas son compte, et en ce cas faire naître quelque scrupule au roi qui changeât la destination. Tellement que ce n'étoit jamais qu'en rassemblant les remercîments qu'on voyoit faire, ou quelquefois rarement par les intéressés, à qui le P. Tellier l'avoit dit, qu'on ramassoit la distribution, qui étoit annoncée verbalement ou par écrit aux nommés, quand il plaisoit au révérend père de le leur dire ou écrire, qui gardoit quelquefois telle nomination *in petto* un mois et six semaines, manége profond que l'impatience de la cour ne put jamais goûter.

De cette nomination-ci, quelques-uns de ceux qui y eurent part méritent d'être insérés ici, pour les choses qui s'y verront en leur temps. M. de Mailly, mon ami, archevêque d'Arles, s'étoit brouillé, et aux couteaux tirés, avec le cardinal de Noailles, à une assemblée du clergé. La fortune des Noailles lui étoit entrée de travers dans la tête. Sa belle-sœur n'étoit que nièce à la mode de Bretagne de Mme de Maintenon, la véritable nièce avoit épousé le duc de Noailles. Les miches et la faveur qui en résultoient pénétroient l'archevêque d'Arles de jalousie, qui, comme je l'ai dit ailleurs, visoit, quoique avec si peu de moyens et d'apparence, au cardinalat, et qui étoit enragé que sa belle-sœur n'eût pas valu un duché et toutes sortes de fortunes à sa maison. Il avoit donc voulu parier[1] dans l'assemblée avec le cardinal de Noailles, et l'avoit picoté, fait contre, rassemblé et soulevé tant qu'il avoit pu. Le succès n'avoit pas répondu à ses désirs : la faveur du cardinal étoit encore entière ; il étoit aimé et estimé dans le clergé ; il y étoit considéré et ménagé ; on ne se le vouloit point attirer pour des bagatelles. Le cardinal, qui vit la mauvaise humeur de l'archevêque, essaya de le ramener avec douceur, politesse et raison ; l'archevêque en fut encore plus piqué, et força le naturel bénin et pacifique du cardinal de lui répondre avec une fermeté et une autorité qui lui fermèrent la bouche, mais qui remplirent son cœur de haine à ne lui pardonner jamais.

Dans ce dessein de vengeance, et dans celui de se faire un épaulement contre le cardinal, il se jeta plus que jamais aux jésuites, à qui il avoit toute sa vie beaucoup fait sa cour. Il n'oublia pas de leur parler du cardinal de Noailles, dont la haine commune le lia intimement avec le P. Tellier. Celui-ci trouva dans l'archevêque d'Arles tout ce qu'il pouvoit désirer d'ailleurs pour en faire un grand usage contre le cardinal de Noaillles : un nom illustre, une alliance avec Mme de Maintenon, une belle-sœur dame d'atours de Mme la duchesse de Bourgogne, un archevêque déjà un peu ancien. Il le falloit mettre en place de s'en pouvoir servir, et pour cela le tirer de Provence ; c'est ce qui le détermina à le faire passer à Reims, dont je ne vis jamais homme si aise que le nouveau duc et pair par toutes sortes de raisons.

Le cardinal de Janson vivoit bien avec les jésuites sans penser en rien comme eux ; ils voulurent hasarder quelque chose dans son diocèse, et mettre le roi de la partie, qui, ne

---

1. Aller de pair.

voyant que par leurs yeux en ces matières, s'y laissa aller ; mais ils eurent affaire à un homme comblé et au-dessus de tout par ses mœurs, par sa fortune et par sa conduite à la cour et dans son diocèse. Il prit l'affaire avec la dernière hauteur, et quand le roi lui voulut parler, duquel avec raison il avoit depuis longtemps la confiance, il lui répondit si ferme que le roi se tut tout court, et que les jésuites demeurèrent depuis dans la crainte et le respect avec lui.

Il avoit un neveu à Saint-Sulpice, fort saint prêtre, mais d'une parfaite bêtise, d'une ignorance crasse, et l'homme le plus incrusté de toutes les misères de Saint-Sulpice qui y ait jamais été nourri. Un tel sujet parut propre au P. Tellier pour en faire un archevêque d'Arles, et pour se bien réconcilier le cardinal de Janson, au moins se faire un mérite auprès du roi de lui proposer son neveu pour en faire tout d'un coup un archevêque, et dans son propre pays.

Le roi, qui goûta fort ce choix, le voulut apprendre lui-même au cardinal de Janson. Celui-ci, qui étoit droit et vrai, au lieu de remercier, s'écria, dit au roi qu'il ne connoissoit point l'abbé de Janson ; qu'il n'étoit point fait pour être évêque ; que ce seroit encore trop pour lui qu'être vicaire d'un curé de campagne, et supplia le roi de l'en croire, et, s'il vouloit lui marquer de la bonté, donner à son neveu de quoi vivre par quelque abbaye de dix ou douze mille livres de rente, qui seroit un Pérou pour lui, et ne l'engageroit à rien. Le cardinal eut beau dire et beau faire, même à plusieurs reprises, le roi le loua fort, mais tint ferme, et l'abbé de Janson fut archevêque d'Arles.

Nîmes fut donné à l'abbé de La Parisière, qui le paya bien à son protecteur, et qui se rendit aussi célèbre en forfaits que Fléchier, son prédécesseur, l'étoit devenu par son esprit, sa rare éloquence, sa vaste érudition, et sa vie et ses vertus épiscopales.

Le Normand eut Évreux. C'étoit un homme fait exprès pour le P. Tellier, un cuistre de la lie du peuple, qui, à force de répéter, puis régenter, après professer, étoit devenu habile en cette science dure de l'école et dans la chicane ecclésiastique, dont il entendoit fort bien les procédures. Je ne sais qui le produisit au cardinal de Noailles, qui le fit son official, et qui dix ou douze ans après, le chassa honteusement, pour des trahisons considérables qu'il découvrit, que les jésuites lui avoient fait faire, et qui l'en récompensèrent par cet évêché.

L'abbé Turgot, aumônier du roi, eut Séez, et le maréchal de Boufflers eut Autun pour son parent l'abbé de Dromesnil, qui passa depuis à Verdun, et y a bâti de fond en comble le plus vaste et le plus superbe palais épiscopal qu'il y ait en France.

Autun avoit été donné à l'abbé de Maulevrier, il y avoit plus d'un an, qui le rendit sans avoir pris de bulles, et à qui on donna l'abbaye de Moutiers-Saint-Jean, de quatorze mille livres de rente, dans son pays, en Bourgogne, outre ce qu'il avoit déjà. Cet abbé de Maulevrier étoit un grand homme décharné, d'une pâleur de mort qu'on va porter en terre, qui s'appeloit Andrault, et qui étoit frère de Mlle de Langeron, qui étoit à Mme la Princesse, et fort comptée à l'hôtel de Condé. Il étoit oncle de Langeron, lieutenant général des armées navales, et de l'abbé de Langeron, si attaché à M. de Cambrai, qui fut chassé avec lui, passa le reste de sa vie chez M. de Cambrai, dans sa plus intime confiance, et qui y mourut à la fin de cette année. Ces Andrault sont si peu de chose que, encore que tout soit comme anéanti en France par la plus que facilité partout où il faut des preuves, je ne sais comment ils ont pu se faire admettre dans le chapitre de Saint-Jean de Lyon; où l'abbé de Maulevrier a été sacristain presque toute sa vie, qui en est une dignité.

Il étoit originairement aumônier de Mme la dauphine de Bavière, et fort bien avec elle. A sa mort, il eut une place d'aumônier du roi. Il n'avoit jamais suivi sa profession, et il étoit tout à fait ignorant, mais grand maître en manéges et en intrigues. Il fut ami intime du P. de la Chaise, absolument livré aux jésuites, dans l'intimité de M. de Cambrai, par conséquent jusqu'à un certain point des ducs de Chevreuse et de Beauvilliers, mais qu'il ne voyoit qu'avec beaucoup de mesure.

Il étoit doux, poli, flatteur, respectueux, obséquieux, obligeant; il vouloit être bien avec tout le monde et il avoit des amis considérables des deux sexes. Très-bien avec Chamillart, aussi bien après avec Voysin, il avoit entièrement apprivoisé Desmarets; des amis de Pontchartrain, et honnêtement seulement avec le chancelier, qui ne s'y fioit pas; à merveille encore avec tous les Villeroy. Mais avec tout son miel, tout son désir de s'insinuer, de se mêler, d'être instruit de tout, d'avoir la confiance des grands et des petits, car il étoit sur tout cela à la ville comme à la cour, et dans le clergé encore, c'étoit un homme à qui il ne falloit pas marcher sur le pied, pétulant et dangereux, qui ne pardonnoit point, et capable de toute espèce de fougasse.

Ses liaisons intimes avec les jésuites et M. de Cambrai l'avoient foncièrement éloigné du cardinal de Noailles, encore qu'il lui fît sa cour, et à tous les Noailles avec de grands ménagements. Il avoit eu deux agences du clergé de suite, et par conséquent été promoteur après de l'assemblée du clergé. Dans cet emploi, il eut des démêlés avec le cardinal de Noailles, dont les ennemis, ses amis à lui, profitèrent pour l'animer, en sorte que les choses allèrent jusqu'à l'audace de sa part, qui, trop poussée en face, lui attira un traitement fâcheux et qui porta sur l'honneur. Cette affaire lui fit un extrême tort dans le monde, où il déchut beaucoup, nonobstant ses appuis. Le P. de La Chaise n'avoit jamais pu résoudre le roi à le faire évêque : ses intrigues, sa liaison avec M. de Cambrai lui avoient déplu, et ce grand nombre d'amis.

Il avoit été accusé, il y avoit plus d'un an, d'une correspondance étroite et cachée avec M. de Cambrai, le roi en avoit parlé au P. Tellier avec colère; cela fut approfondi. Le

P. Tellier, qui le portoit doublement, à cause des jésuites et à cause de M. de Cambrai, lui obtint une audience du roi où il se lava de tout, et le P. Tellier tira sur le temps pour le faire évêque.

L'abbé de Maulevrier étoit vieux et gueux, il aimoit la bonne chère et le jeu; il sentoit que son temps pour l'épiscopat étoit passé, qu'il n'y pourroit rien faire, et qu'il n'auroit qu'à s'ennuyer dans son diocèse. Il ne vouloit plus être évêque que pour l'honneur, et comme, avant Notre-Seigneur les Juives se marioient pour ôter l'opprobre de dessus elles. Il n'eut donc jamais envie que d'être nommé, bien résolu, comme il fit, de rendre son évêché sans en payer de bulles.

Il demeura brouillé avec le cardinal de Noailles. Hors son affaire avec lui, je ne l'ai jamais ouï taxer de fausseté ni d'aucun trait malhonnête, et je ne l'ai vu brouillé ni baissé avec aucun de ses amis; mais pour le gros du monde, il ne revint jamais bien de cette affaire du cardinal de Noailles. Il fut toujours bien avec le cardinal de Bouillon, et fort lié avec les cardinaux de Coislin et de Janson, et avec la plupart des grands prélats.

Les deux grosses abbayes furent données : Saint-Remy de Reims au cardinal Gualterio, qui arbora les armes de France sur la porte de son palais à Rome; et celle de Saint-Étienne de Caen au cardinal de La Trémoille.

J'ai oublié, sur le commencement de cette année, la mort de Mme de Caderousse, sans enfants, la dernière de la maison de Rambures. C'étoit une femme qui n'alloit point à la cour, mais qui, à Paris, étoit fort du monde et du jeu. Son mari, qui s'appeloit Cadart, et qui vouloit se nommer Ancezune, étoit un gentilhomme du comtat d'Avignon, qui portoit le nom de duc de Caderousse, dont il n'étoit pas plus avancé.

Il étoit duc d'Avignon, et ces ducs d'Avignon, que le pape fait, sont inconnus partout, même à Rome, où ils n'ont, non plus qu'ailleurs, ni rang, ni honneur, ni distinction quelconque. A Avignon, ils en ont chez le vice-légat et dans toute cette légation. C'est chose dont les papes ne sont pas avares, et qui se donne assez ordinairement pour de l'argent.

Caderousse étoit un paresseux, grand, bien fait, de beaucoup d'esprit et orné, qui n'avoit guère servi que les dames, et qui n'avoit été qu'un moment fort de la cour. Une longue maladie de poitrine que les médecins abandonnèrent par écrit, et dont Caretti, dont j'ai parlé ailleurs, le guérit, et qui voulut cet écrit des plus fameux médecins de Paris avant de l'entreprendre, commença à lui donner cette grande vogue qu'il eut depuis, et que la guérison de M. de La Feuillade couronna.

Caderousse passa sa vie à Paris, assez dans le beau monde, intime de Mme de Bouillon, et fort des amis de M. de La Rochefoucauld, nonobstant la séparation de lieu. Il aimoit à se mêler, à savoir, surtout à régenter et à dogmatiser, et pour le moins autant à emprunter de qui il pouvoit, et à ne le guère rendre, et tout cela avec les plus grandes manières du monde. Il se mit fort dans la dévotion, et c'étoit merveilles de l'entendre moraliser. Il avoit beaucoup perdu au jeu. Avec tout cela, il étoit considéré et compté, et avoit beaucoup d'amis. Il a vécu fort vieux et toujours fort pauvre.

Le Camus, lieutenant civil, mourut en ce temps-ci. C'étoit la plus belle représentation du monde de magistrat; il l'étoit bon aussi et honnête homme, obligeant, et avoit beaucoup d'amis; mais il étoit glorieux à un point qu'on en rioit et qu'on en avoit pitié. Il étoit frère du premier président de la cour des aides et du cardinal Le Camus; et quand il disoit « mon frère le cardinal, » il se rengorgeoit que c'étoit un plaisir. Pelletier, de sa retraite, demanda cette charge pour d'Argouges qui n'avoit que vingt-six ans, et qui étoit fils de sa fille et de d'Argouges, conseiller d'État, mort longtemps depuis doyen du conseil. Le roi, qui ne refusoit rien à Pelletier, la lui donna.

Lavienne, premier valet de chambre du roi, mourut aussi à plus de quatre-vingts ans. J'ai assez fait connoître ailleurs ce personnage de l'intérieur pour n'en pas dire ici davantage. Chancenay, son fils, avoit sa survivance, et est encore premier valet de chambre.

La vieille marquise de Laval mourut à quatre-vingt-huit ans. Elle étoit fille aînée du chancelier Séguier, sœur de la duchesse de Sully, puis de Verneuil, mère, en premières noces, des duc, cardinal et chevalier de Coislin, et en secondes de la maréchale de Rochefort. Elle avoit beaucoup d'esprit et méchante. Elle laissa un prodigieux bien à l'évêque de Metz, son petit-fils. J'ai parlé d'elle et de ses mariages suffisamment ailleurs.

Denonville mourut aussi, brave et vertueux gentilhomme, qui avoit été gouverneur général de Canada, où il avoit très-bien servi, s'étoit fait aimer, et avoit acquis la confiance de tous les sauvages. Mais à la cour, où M. de Beauvilliers le fit sous-gouverneur des enfants de Monseigneur, rien de si plat. Il ne fut heureux en femme ni en enfants.

La duchesse de Luynes gagna un procès de quatorze ou quinze cent mille livres contre Matignon, sur la succession de Mme de Nemours. Le singulier est que Matignon l'avoit gagné tout d'une voix aux requêtes du palais, et qu'il le perdit tout d'une voix à la grand'chambre. C'étoit à qui auroit ces terres. Ainsi Matignon manqua seulement cette grande portion d'héritage outre ce qu'il en avoit eu.

Le marquis de Bellefonds, petit-fils du maréchal, mourut tout jeune, laissant un fils en maillot, et le gouvernement et capitainerie de Vincennes vacant, qu'il avoit eu de son père, gendre du duc de Mazarin, qui le lui avoit donné. Le roi ne voulut point voir la liste des demandeurs, qui étoit illustre et nombreuse, et à la prière de Mme la duchesse de Bourgogne, appuyée de Mme de Maintenon, il le donna au marquis du Châtelet, qu'il chargea de quelque chose pour l'enfant, et qu'il déchargea par quelque retranchement du soin et de la nourriture des prisonniers du donjon. Cela valut encore dix-huit mille livres de rente.

La marquise du Châtelet étoit fille du maréchal de Bellefonds, dame du palais de Mme la duchesse de Bourgogne, et d'une vertu de toute sa vie, douce, aimable et généralement reconnue, qui faisoit son service sans se mêler de rien. Elle et son mari qui étoit un très-brave homme et très-galant homme, fort vertueux aussi, étoient très-pauvres. On a remarqué que ce fut la seule des dames du palais, et la plus retirée de toutes, qui eut une grâce de la cour. La maréchale de Bellefonds, qui par pauvreté demeuroit à Vincennes, eut un brevet qui lui en assura le logement.

Je passerai légèrement ici sur une aventure qui, entée sur quelques autres, fit du bruit, quelque soin qu'on prît à l'étouffer. Mme la duchesse de Bourgogne fit un souper à Saint-Cloud avec Mme la duchesse de Berry, dont Mme de Saint-Simon se dispensa. Mme la duchesse de Berry et M. le duc d'Orléans, mais elle bien plus que lui, s'y enivrèrent au point que Mme la duchesse de Bourgogne, Mme la duchesse d'Orléans, et tout ce qui étoit là ne surent que devenir. M. le duc de Berry y étoit, à qui on dit ce qu'on put, et à la nombreuse compagnie que la grande-duchesse amusa ailleurs du mieux qu'elle put. L'effet du vin, haut et bas, fut tel qu'on en fut en peine, et ne la désenivra point, tellement qu'il la fallut ramener en cet état à Versailles. Tous les gens des équipages le virent et ne s'en turent pas; toutefois on parvint à le cacher au roi, à Monseigneur et à Mme de Maintenon.

La flotte ennemie, qui se promenoit sur la fin de juillet sur la côte de Languedoc, mit seize cents hommes à terre, qui prirent un petit retranchement qu'on avoit fait devant le port de Cette. Roquelaure envoya un courrier à Perpignan demander secours au duc de Noailles, et un au roi qui y fit marcher trois bataillons. Roquelaure, qui n'avoit pas voulu retirer les troupes qui contenoient le Vivarois et les Cévennes, courut à Cette avec Bâville et trente hommes avec eux. Ils trouvèrent qu'ils s'étoient aussi emparés d'Agde, dont les habitants pouvoient les en empêcher, seulement en leur fermant leurs portes. Le duc de Noailles accourut lui-même à temps avec des troupes, qui fort aisément chassèrent les ennemis du port de Cette, l'épée à la main, en tuèrent trois ou quatre cents, en prirent une centaine; et quantité se noyèrent en se rembarquant à la hâte. Le duc de Noailles avoit amené mille hommes et huit cents chevaux. Ils avoient débarqué trois mille hommes à Cette ou à Agde qu'ils abandonnèrent, et sans aucun dommage en même temps. MM. de Noailles et de Roquelaure n'y perdirent que deux grenadiers.

Il [est] temps de venir aux événements d'Espagne. Ils furent si importants cette année qu'on a cru ne les devoir pas interrompre; ainsi il faut remonter aux premiers mois, pour en voir toute la suite jusqu'à la fin. Elle s'entendra mieux, si on a vu auparavant dans les Pièces le triste succès du voyage de Torcy à la Haye, et les prétentions démesurées et plus que barbares de gens résolus à rompre tout moyen de paix, et qui se flattoient de tout envahir, sur quoi roula et se rompit toute l'indigne négociation de Gertruydemberg. On y verra en quel danger étoit l'Espagne, livrée à sa propre foiblesse, que celle où la France étoit réduite à ne pouvoir secourir, bien en peine de se défendre elle-même, et qui aimoit mieux se laisser une espérance d'obtenir une paix devenue si pressamment nécessaire, en abandonnant l'Espagne d'effet, que de laisser subsister l'invincible obstacle que formoient les alliés à prescrire cette dure condition d'une manière à ne pouvoir être acceptée.

C'est ce qui engagea le roi, pour ôter jusqu'aux apparences, à montrer qu'il en retiroit jusqu'à Mme des Ursins; et Mme des Ursins à faire toute la contenance d'une personne qui va partir et qui ne prend plus qu'un mois ou six semaines pour régler tout à fait son départ. Elle le manda de la sorte à notre cour, qui prit soin de le répandre. Je doute toutefois que cette résolution fût bien prise ici; et je pense qu'on peut assurer sans se méprendre que Mme des Ursins n'y pensa jamais sérieusement, ni Leurs Majestés Catholiques. Cette façon ne fut qu'une complaisance susceptible d'être différée, puis rompue, comme en effet après cette annonce il n'en fut plus parlé.

D'autre part on manquoit tout à fait de généraux en Espagne. M. de Vendôme en prit occasion d'en profiter. La situation où il se trouvoit, et qu'il voyoit s'approfondir tous les jours, lui devenoit de plus en plus insupportable. Il espéra qu'en se faisant demander par le roi d'Espagne, le roi se trouveroit soulagé de l'y laisser aller pour s'en défaire. Il le fit sentir à la princesse des Ursins, qui, de son côté, espéroit, en l'obtenant, montrer aux alliés que la France s'intéressoit toujours essentiellement aux événements de delà des Pyrénées. C'est en effet ce soulagement du roi qui fit l'affaire de M. de Vendôme; mais cette montre aux ennemis qui en résultoit, fut ce qui retarda son envoi jusqu'à ce qu'on eût vu à Gertruydemberg qu'il n'y avoit point de paix à espérer. J'ai déjà parlé de cette demande faite de M. de Vendôme par l'Espagne. Elle fut renouvelée au mois de mars de cette année; et, à la fin de ce même mois, le roi d'Espagne partit de Madrid pour s'aller mettre à la tête de son armée en Aragon.

Villadarias fut choisi pour la commander sous lui. C'étoit un de leurs meilleurs et plus anciens officiers généraux, qui avoit servi longtemps en Flandre sous le règne précédent, qui défendit fort bien Charleroy, lorsqu'en 1693 les maréchaux de Luxembourg et de Villeroy le prirent. Il portoit alors le nom de Castille. Il eut depuis le titre de marquis de Villadarias et le dernier grade militaire de capitaine général. Il avoit été employé au siége de Gibraltar, que le maréchal de Tessé ne put prendre, et il s'étoit retiré depuis chez lui en Andalousie. Il étoit vieux et fort galant homme.

Fort peu de jours auparavant, le duc de Medina-Celi fut arrêté et conduit au château de Ségovie. Mme des Ursins l'avoit mis dans les affaires après qu'elle en eut chassé tous ceux qui avoient eu part au testament de Charles II, et d'autres encore avec qui elle s'étoit brouillée, pour qu'il ne fût pas dit qu'aucun Espagnol n'y avoit de part, et se couvrir elle-même du bouclier d'un nom révéré en Espagne. Elle l'avoit mis dans plusieurs confidences, et, pour s'ancrer, il s'étoit rendu souple à ses volontés. A la fin, il s'en lassa et voulut pointer de son chef. Je ne sais s'il y eut d'autre crime. Quoi qu'il en soit, il fut mis dans le château destiné aux criminels d'État, où étoit aussi Flotte, avec lequel il fut transféré quelque temps après au château de Bayonne par trente gardes du corps, lorsque l'archiduc fit les progrès dont il va être parlé. Dès qu'il fut arrêté, quatre commissaires, gens de robe, furent chargés d'instruire son procès.

Le roi d'Espagne alla de Saragosse à Lerida, où il fut reçu avec de grandes acclamations des peuples et de son armée, avec laquelle il passa la Sègre le 14 mai, et s'avança dans le dessein de faire le siége de Balaguier. Les grandes pluies, qui emportèrent les ponts et firent déborder cette rivière, rompirent le projet, et firent retourner l'armée sous Lerida. Jointe un mois après par les troupes arrivées de Flandre, elle alla chercher celle des ennemis qu'elle ne put attaquer dans le poste d'Agramont. On se contenta d'envoyer Mahoni avec un gros détachement nettoyer le pays de quelques petites villes où l'archiduc avoit établi de grands magasins, qui furent enlevés avec cinq mille habits qui attendoient leurs troupes d'Italie; et Mahoni, après cette petite expédition, revint joindre le roi d'Espagne à Belpuch. Le marquis de Bay commandoit la petite armée d'Estrémadure. Il fit escalader Miranda de Duero par Montenegro, qui prit la place, le gouverneur, la garnison et trois cents prisonniers de guerre qu'ils y gardoient. C'est une place assez considérable de Portugal, qui ouvrit les provinces de Tras-os-Montes et Entre-Duero-et-Minho pour la contribution.

Cependant le comte de Staremberg, qui avoit eu une maladie dont on avoit profité dans ces commencements, se rétablit plus tôt qu'on ne le pensoit, rassembla promptement ses quartiers, marcha au milieu de ceux de l'armée du roi d'Espagne, en enleva et en battit, et obligea cette armée étonnée de se retirer sous Saragosse. Le roi d'Espagne entra dans la ville, où il demeura indisposé, et dépêcha un courrier pour redoubler ses instances pour obtenir du roi M. de Vendôme. Ce mauvais succès tomba tout entier sur Villadarias. Il fut accusé d'imprudence et de négligence. Il fut renvoyé chez lui, et le marquis de Bay mandé de la frontière de Portugal pour le remplacer en Aragon.

Le roi apprit par le duc d'Albe, dans les premiers jours d'août, cette mauvaise nouvelle et la recharge sur le duc de Vendôme. Tout étoit rompu à Gertuydemberg. Ainsi il fut accordé sur-le-champ et mandé. De cette affaire de Catalogne, il n'en avoit coûté qu'environ mille hommes tués ou pris avec quelque bagage. Les ennemis aussi y perdirent quelque monde, et entre autres un prince de Nassau et le lord Carpentier, lieutenant général : ainsi l'effroi et le désordre firent le plus grand mal.

Le duc de Vendôme, qui, par la princesse des Ursins en Espagne, et par M. du Maine ici, ne cessoit depuis plusieurs mois ses efforts pour aller en Espagne, s'y étoit préparé d'avance sourdement, et se trouva prêt à partir dès qu'il en eut obtenu la permission. Il fut donc mandé pour ce voyage. Un peu de goutte et un dernier arrangement domestique l'y retint quelques jours. Il arriva à Versailles le mardi matin 19 août. M. du Maine avoit négocié avec Mme de Maintenon de mener Vendôme chez Mme la duchesse de Bourgogne. La conjoncture leur en parut favorable. Allant en Espagne, demandé par le roi et la reine sa sœur, et y aller sans voir Mme la duchesse de Bourgogne étoit une chose fort désagréable. Le duc du Maine, suivi de Vendôme, arriva donc ce même jour à la toilette de Mme la duchesse de Bourgogne. La rencontre du mardi, jour des ministres étrangers, et de la veille qu'on alloit à Marly, rendit la toilette fort nombreuse en hommes et en dames. Mme la duchesse de Bourgogne se leva pour eux, comme elle faisoit toujours pour tous les princes du sang et autres, et pour tous les ducs et duchesses, se rassit aussitôt comme à l'ordinaire; et, après cette première œillade qui ne se put refuser, elle, qui étoit à sa toilette, comme partout ailleurs, regardante et parlante, et fort peu occupée de son ajustement et, de son miroir, fixa les yeux dessus, et ne dit pas un seul mot à personne. M. du Maine et M. de Vendôme, collé à son côté, demeurèrent très-déconcertés sans que M. du Maine, si libre et si leste, osât proférer un seul mot. Personne ne les approcha et ne leur parla. Ils demeurèrent ainsi un bon demi-quart d'heure dans un silence universel de toute la chambre, qui avoit les yeux sur eux. Ils ne les purent soutenir davantage et se retirèrent à la sourdine.

Cet accueil ne leur fut pas assez agréable pour persuader à Vendôme de s'exposer à une récidive pour prendre congé, et plus embarrassante, parce qu'il auroit baisé Mme la duchesse de Bourgogne, comme tous les princes du sang et autres, les ducs et les maréchaux de France, qui prennent congé ou qui arrivent d'une campagne ou d'un long voyage. Je ne sais s'il ne craignit point l'affront inouï du refus; quoi qu'il en soit, il s'en tint à l'essai qu'il venoit de faire, et partit sans prendre congé d'elle.

Mgr le duc de Bourgogne le traita assez honnêtement, c'est-à-dire beaucoup trop bien. Le duc d'Albe, Torcy et Voysin furent chez lui. Il fit sa cour au roi ce jour-là comme à l'ordinaire, et le lendemain mercredi, il eut une assez longue audience du roi, dans son cabinet, après son dîner, y prit congé de lui, et s'en vint à Paris. Depuis son mariage il n'y avoit été que vingt-quatre heures pour voir Mme la Princesse. Mme de Vendôme n'avoit point été à Anet, où il s'étoit toujours tenu, de sorte qu'ils n'avoient pas eu loisir de faire grande connoissance ensemble.

CHAPITRE XX.

Bataille de Saragosse, où l'armée d'Espagne est défaite. — Ducs de Vendôme et de Noailles à Bayonne ; Monteil à Versailles. — Duc de Noailles va avec le duc de Vendôme trouver le roi d'Espagne à Valladolid. — Stanhope emporte contre Staremberg de marcher à Madrid. — La cour fort suivie se retire de Madrid à Valladolid. — Merveilles de la reine et du peuple. — Magnanimité du vieux marquis de Mancera. — Courage de la cour. — Prodiges des Espagnols. — L'archiduc à Madrid tristement proclamé et reçu. — Mancera refuse de prêter serment et de reconnoître l'archiduc, et de le voir. — Éloge des Espagnols, qui dressent une nouvelle armée. — Insolence de Stanhope à l'égard de Staremberg, qui se retire à Tolède. — Ducs de Vendôme et de Noailles à Valladolid en même temps que la cour. — Le roi va à la tête de son armée avec Vendôme ; la reine à Vittoria ; le duc de Noailles à Versailles, et de là en Roussillon. — Son armée. — Six nouveaux capitaines généraux d'armée. — Paredès et Palma, grands, passent à l'archiduc, qui de sa personne se retire à Barcelone. — D'autres seigneurs arrêtés. — Staremberg, en quittant Tolède, en brûle le beau palais. — Le roi d'Espagne, pour trois jours à Madrid, y visite le marquis de Mancera. — Piége tendu par Staremberg. — Stanhope, etc., emportés et pris dans Brihuega. — Bataille de Villaviciosa perdue par Staremberg, qui se retire en Catalogne. — Belle action du comte de San-Estevan de Gormaz. — Réflexions sur ces deux actions et sur l'étrange conduite du duc de Vendôme. — Zuniga dépêché au roi. — Vains efforts de la cabale de Vendôme. — La cour d'Espagne presque tout l'hiver à Saragosse. — Stanhope perdu et dépouillé de ses emplois. — Duc de Noailles investit Girone. — Misérable flatterie de l'abbé de Polignac sur Marly. — Amelot inutilement redemandé en Espagne, qui ne veut point de l'abbé de Polignac.

Staremberg cependant profita de ses avantages : il attaqua l'armée d'Espagne presque sous Saragosse et la défit totalement. Bay la trouva dans un tel effroi, lorsqu'il y arriva pour en prendre le commandement, qu'il en espéra peu de chose ; aussi toute l'infanterie, qui n'étoit presque [que] milices, jeta les armes dès qu'elle fut attaquée. Les gardes wallones et le peu d'autres corps de troupes ne purent soutenir seuls, ils furent défaits, la cavalerie fut enfoncée; ce fut elle qui fit le moins mal. En un mot, artillerie, bagages, tout fut perdu, et la déroute fut entière. Le duc d'Havrec, colonel des gardes wallones, y fut tué. Ce malheur arriva le 20 août. Le roi d'Espagne étoit demeuré incommodé dans Saragosse, d'où il en fut témoin, qui aussitôt prit diligemment le chemin de Madrid. Bay rassembla dix-huit mille hommes, avec lesquels il se retira à Tudela sans inquiétude de la part des ennemis depuis la bataille.

M. de Vendôme en apprit la nouvelle en chemin, qui prudemment, à son ordinaire, pour soi, se soucia moins de tâcher à rétablir les affaires que de se donner le temps de les voir s'éclaircir, avant que d'y prendre une part personnelle. Il poussa donc à Bayonne le temps avec l'épaule. Le duc de Noailles avoit eu ordre de l'y aller trouver pour prendre des mesures avec lui pour agir du côté de la Catalogne. Ils envoyèrent de là Monteil au roi pour recevoir ses ordres sur leur conférence, et gagner temps en l'attendant. C'étoit un mestre de camp qui servoit de maréchal des logis de la petite armée du duc de Noailles. Il arriva le 7 septembre à Marly; il y fut le même jour assez longtemps dans le cabinet, conduit par Voysin, où Torcy fut mandé. Monteil repartit le 9, et trouva MM. de Vendôme et de Noailles encore à Bayonne. A son arrivée, le duc de Noailles publia qu'il alloit trouver le roi d'Espagne avec M. de Vendôme, et fit en effet le voyage avec lui jusqu'à Valladolid, où ils le rencontrèrent.

L'archiduc joignit le comte de Staremberg après la bataille, en présence duquel le parti à prendre fut agité avec beaucoup de chaleur. Staremberg opina de marcher droit à la petite armée que Bay avoit laissée sur la frontière du Portugal, sous le marquis de Richebourg, de la défaire, ce qui n'auroit coûté que le chemin, de s'établir pied à pied dans le centre de l'Espagne, pour avoir le Portugal au derrière et les ports de mer à côté et à portée, laisser en Aragon un petit corps suffisant à contenir les pays soumis, et faire tête à l'armée battue, lequel petit corps auroit derrière soi Barcelone et la Catalogne, si fort à eux : parti solide qui eût en peu achevé de ruiner les affaires du roi d'Espagne, ne lui eût laissé de libre que le côté de Bayonne, coupoit toute autre communication, et on se saisissoit pied à pied de toute l'Espagne, avec des points d'appui qui n'eussent pu être ébranlés, et qui n'eussent laissé nulle ressource, et aucun moyen dans l'intérieur du pays de se mouvoir en faveur du roi d'Espagne.

Stanhope, au contraire, fut d'avis d'aller tout droit à Madrid, d'y mener l'archiduc, l'y faire proclamer roi d'Espagne, d'épouvanter toute l'Espagne par en saisir la capitale, et de là comme du centre s'étendre suivant le besoin et l'occasion.

Staremberg avoua l'éclat de ce parti, mais il le maintint peu utile, et de plus dangereux. Il allégua le grand éloignement de Madrid des frontières de Portugal, de Catalogne, de la mer et de leurs magasins; que cette ville ni aucune voisine n'a de fortifications, ni toutes ces campagnes de la Nouvelle-Castille aucun château fort; la stérilité du pays, où on ne rencontreroit nulle subsistance, qu'ils trouveroient soustraite ou brûlée; l'affection de ces peuples pour Philippe V; enfin l'impossibilité de conserver Madrid et de se maintenir dans ce centre, et la perte d'un temps si précieux à bien employer.

Ces raisons étoient sans doute décisives, mais Stanhope, qui commandoit en chef les troupes angloises et hollandoises, sans lesquelles cette armée n'étoit rien, déclara que les ordres de sa reine étoient de marcher à Madrid de préférence à tout, si les événements le rendoient possible; qu'il ne souffriroit pas qu'on prît un autre parti, ou qu'il se retireroit avec ses auxiliaires. Staremberg, qui ne pouvoit s'en passer, n'ayant pu vaincre l'inflexibilité de Stanhope, protesta contre un parti si peu sensé, et céda comme plus foible.

Ce fut l'attente de l'archiduc, et cette dispute qui suivit son arrivée, qui les arrêta sans faire un mouvement depuis la bataille, faute capitale, et salut du débris de l'armée qu'ils venoient de défaire.

Dès que Staremberg forcé eut consenti, ils firent toutes leurs dispositions pour l'exécution d'un projet, qui fit grand'peur, mais qui sauva le roi d'Espagne.

La consternation déjà grande dans Madrid y devint extrême, dès que l'on ne put plus douter que l'armée de l'archiduc alloit y arriver. Le roi résolut de se retirer d'un lieu qui ne se pouvoit défendre, et d'emmener la reine, le prince et les conseils. Cette résolution acheva de porter la désolation au comble. Les grands déclarèrent qu'ils suivroient le roi et sa fortune partout, et très-peu y manquèrent; le départ suivit la déclaration de vingt-quatre heures. La reine, tenant le prince entre ses bras, se montra sur un balcon du palais, y parla au peuple accouru de toutes parts, avec tant de grâce, de force et de courage, qu'il est incroyable avec quel succès. L'impression que ce peuple reçut se communiqua partout et gagna incontinent toutes les provinces.

La cour sortit donc pour la seconde fois de Madrid, au milieu des cris les plus lamentables, poussés du fond du cœur, d'un peuple infini qui vouloit suivre le roi et la reine, et qui accouroit de la ville et de toutes les campagnes; et ce ne fut qu'avec toute l'autorité et toute la douceur qui s'y purent employer qu'il se laissa vaincre, et persuader par son dévouement même de retourner chacun chez soi.

Le marquis de Mancera, dont j'ai parlé plus d'une fois, qui étoit le seigneur le plus respecté d'Espagne par sa vertu et par les grands emplois qu'il avoit remplis, voulut suivre, quoiqu'il eût plus de cent ans accomplis. Le roi et la reine, qui le surent, le lui envoyèrent défendre avec force amitiés; il paya de respect et de compliments, et partit en chaise à porteurs ne pouvant soutenir d'autre voiture, au hasard de la lenteur, des partis, des périls et même de l'abandon. Il fit ainsi quelques lieues; mais le roi et la reine, qui en furent avertis, envoyèrent lui témoigner combien ils étoient touchés de son zèle et d'une si rare affection, mais avec des ordres si précis de le faire retourner qu'il ne put désobéir. Ce fut en protestant de ses regrets de ce que l'obéissance lui arrachoit l'honneur de mourir pour son roi, qui étoit le meilleur usage qu'il pût faire de ce reste de vie pour couronner tant d'années qu'il avoit passées au service de ses rois, et qui maintenant le trahissoient par leur excès et leur durée, puisqu'elles le rendoient témoin de ce qu'il eût voulu racheter de tout son sang.

Valladolid fut la retraite de cette triste cour, qui, dans ce trouble, le plus terrible qu'elle eût encore éprouvé, ne perdit ni le jugement ni le courage. Elle se banda contre la fortune, et n'oublia rien pour se procurer tous les secours dont une pareille extrémité se trouva susceptible. Trente-trois grands signèrent une lettre au roi, qu'ils lui firent présenter par le duc d'Albe, pour l'assurer de leur fidélité pour Philippe V, et lui demander un secours de troupes.

En attendant on vit en Espagne le plus rare et le plus grand exemple de fidélité, d'attachement et de courage, en même temps le plus universel qui se soit jamais vu ni lu. Prélats et le plus bas clergé, seigneurs et le plus bas peuple, bénéficiers, bourgeois, communautés ensemble, et particuliers à part, noblesse, gens de robe et de trafic, artisans, tout se saigna de soi-même jusqu'à la dernière goutte de sa substance pour former en diligence de nouvelles troupes, former des magasins, porter avec abondance toutes sortes de provisions à la cour et à tout ce qui l'avoit suivi. Chacun selon ce qu'il put donna peu ou beaucoup, mais ne se réserva rien; en un mot, jamais corps entier de nation ne fit des efforts si surprenants, sans taxe et sans demande, avec une unanimité et un concert qui agit et qui effectua de toutes parts tout à la fois.

La reine vendit tout ce qu'elle put, recevoit elle-même quelquefois jusqu'à dix pistoles pour contenter le zèle, et en remercioit avec la même affection que ces sommes lui étoient offertes, grandes pour ceux qui les donnoient parce qu'ils ne se réservoient rien. Elle disoit à tous moments qu'elle vouloit monter à cheval, se mettre à la tête des troupes avec son fils entre ses bras. Avec ces langages et sa conduite elle se dévoua tous les cœurs, et fut très-utile dans une si étrange extrémité.

L'archiduc étoit cependant arrivé à Madrid avec son armée. Il y étoit entré en triomphe, il y fut proclamé roi d'Espagne par la violence de ses troupes qui traînèrent le corrégidor tremblant par les rues, qui se trouvèrent toutes désertes, la plupart des maisons vides d'habitants, et le peu qu'il en étoit demeuré dans la ville avoit barricadé les portes et les fenêtres des maisons, et s'étoit enfermé sur le derrière au plus loin des rues, sans que les troupes osassent les enfoncer, de peur de combler le désespoir visible et général, et dans l'espérance d'attirer et de gagner par douceur. L'entrée de l'archiduc ne fut pas moins triste que sa proclamation, A peine y put-on entendre quelques acclamations foibles, et si forcées que l'archiduc, dans un étonnement sensible, les fit cesser lui-même. Il n'osa loger dans les palais ni dans le centre de la ville, mais dans l'extrémité, où il ne coucha même que deux ou trois nuits.

Il envoya Stanhope inviter le vieux marquis de Mancera de le venir voir, qui s'en excusa sur son âge plus que centenaire, sur quoi il lui renvoya le même général avec le serment, et ordre de lui faire prêter. Mais Mancera répondit avec la plus grande fermeté qu'il savoit le respect qu'il devoit à la naissance de l'archiduc, et la fidélité qu'il devoit au roi son maître, à qui rien ne l'en feroit manquer ni en reconnoître un autre; et tout de suite pria civilement Stanhope de se retirer, parce qu'il avoit besoin de repos et de se mettre au lit. Il ne lui en fut pas parlé davantage, et il ne lui fut fait aucun déplaisir, ni aux siens. La ville aussi ne souffrit presque aucun dommage. Staremberg fut soigneux d'une discipline exacte qui sentît la clémence, même l'estime et l'affection, pour tâcher de s'en concilier. Cependant leur armée périssoit de toutes sortes de misères. Rien du pays n'y étoit apporté, aucune subsistance pour hommes ni pour chevaux, et même pour de l'argent il ne leur étoit rien fourni. Prières, menaces, exécutions, tout fut parfaitement inutile; pas un Castillan qui ne se crût déshonoré de leur vendre la moindre chose, ni d'en laisser en état d'être pris.

C'est ainsi que ces peuples magnanimes, sans aucun autre secours possible que celui de leur courage et de leur fidélité, se soutinrent au milieu de leurs ennemis, dont ils firent périr l'armée, et par des prodiges inconcevables en reformèrent en même temps une nouvelle et parfaitement équipée et fournie, et remirent ainsi, eux seuls, et pour la seconde fois, la couronne sur la tête de leur roi, avec une gloire à jamais en exemple à tous les peuples de l'Europe, tant il est vrai que rien n'approche de la force qui se trouve dans le cœur d'une nation pour le secours et le rétablissement des rois.

Stanhope, qui n'avoit pu méconnoître la solidité de l'avis de Staremberg dès le premier moment de leur dispute, ne fut pas le moins du monde embarrassé du succès. Il lui échappa insolemment, au milieu de l'entrée de l'archiduc à Madrid, que maintenant qu'il se voyoit avec lui dans cette ville il avoit fait son affaire, puisqu'il avoit exécuté les ordres de sa reine; que c'étoit maintenant celle de Staremberg et à son habileté à les tirer d'embarras; qu'on verroit comment il s'y prendroit, dont peu à lui importoit. Ce pas leur parut en effet si glissant qu'au bout de dix ou douze jours ils résolurent de s'éloigner de Madrid vers Tolède, dont rien ne fut emporté que quelques tapisseries du roi, que Stanhope n'eut pas honte d'emporter, et qu'il eut celle encore de ne garder pas longtemps. Ce trait de vilenie fut même blâmé des siens.

Vendôme et Noailles arrivèrent à Valladolid le 20 septembre, presque en même temps que la cour. Vendôme s'étoit amusé à Bayonne, et depuis en chemin, sous divers prétextes de santé, pour se faire désirer davantage et voir cependant plus clair au cours que prenoient les affaires. Il fut étonné de les trouver telles qu'il les vit après un si grand désastre. La reine, peu de jours après, sachant l'archiduc dans Madrid, se retira avec le prince et les conseils à Vittoria, pour être à portée de France, et sûre d'y pouvoir passer quand elle le voudroit. En même temps, elle envoya toutes ses pierreries à Paris au duc d'Albe, pour lui envoyer tout ce qu'il pourroit trouver d'argent dessus. Le duc de Noailles, après deux ou trois jours de séjour et de conférence, reprit le chemin de Catalogne, et trouva un courrier à Toulouse, qui le fit venir à la cour rendre compte au roi de l'état des affaires en Espagne, et des partis pris à Valladolid. Il arriva à Marly le 14 octobre, eut force longues audiences du roi, et repartit le 28 pour aller attendre à Perpignan le détachement que le duc de Berwick eut ordre de lui envoyer de Dauphiné, où les neiges avoient terminé la campagne. L'armée du duc de Noailles fut en tout de cinquante escadrons et de quarante bataillons, les places fournies, et cinq lieutenants généraux sous lui.

Le roi d'Espagne fit à Valladolid six capitaines généraux, qui en Espagne est le dernier grade militaire; le marquis d'Ayetone, grand d'Espagne; le duc de Popoli, Italien, grand d'Espagne; le comte de Las Torres et le marquis de Valdecañas, Espagnols; le comte d'Aguilar, grand d'Espagne, de qui j'ai souvent parlé et dont j'aurai lieu de parler encore, et M. de Thouy, lieutenant général françois. Il partit incontinent après la reine et le duc de Noailles, et marcha à Salamanque avec le duc de Vendôme et douze mille hommes bien complets, bien armés et bien payés, tandis que le comte de Staremberg faisoit relever de la terre autour de Tolède, où l'archiduc, en partant de Madrid, ordonna à toutes les dames qui étoient demeurées, et dont les maris avoient suivi le roi et la reine d'Espagne, de s'y retirer sous peine de confiscation de biens et de meubles.

Le marquis de Paredès et le comte de Palma, neveu du feu cardinal Portocarrero et si continuellement maltraité par Mme des Ursins, tous deux grands d'Espagne, passèrent à l'archiduc. Le fils aîné du duc de Saint-Pierre fut arrêté; et le marquis de Torrecusa, grand d'Espagne napolitain, le fut aussi, accusé d'avoir voulu livrer Tortose à l'archiduc. Il partit le 11 novembre d'autour de Madrid, prit une légère escorte de cavalerie pour aller en Aragon, où il ne fit que passer, et de là à Barcelone.

Staremberg ne fit pas grand séjour à Tolède, mais en quittant la ville il brûla le superbe palais que Charles-Quint y avoit bâti à la moresque, qu'on appeloit l'Alcazar, qui fut un dommage irréparable. Il prétendit que cet incendie étoit arrivé par malheur, et tourna vers l'Aragon.

Rien n'empêchant plus le roi d'Espagne d'aller voir ses fidèles sujets à Madrid, il quitta l'armée pour quelques jours, et entra dans Madrid le 2 décembre, au milieu d'un peuple infini et d'acclamations incroyables. Il fut descendre à Notre-Dame d'Atocha, dont je parlerai ailleurs, et qui est la grande dévotion de la ville, d'où il fut trois heures à arriver au palais, tant la foule étoit prodigieuse. La ville lui fit présent de vingt mille pistoles. Dans les trois jours qu'il y demeura, il fit une chose presque inouïe en Espagne, et qui y reçut la plus sensible et la plus générale approbation : ce fut d'aller voir le marquis de Mancera chez lui, qui en pensa mourir de joie. Cette visite fut accompagnée de toutes les marques d'estime, de reconnoissance et d'amitié si justement dues à la vertu, au courage et à la fidélité de ce vieillard si vénérable, et de toutes les distinctions possibles. Le roi l'entretint seul de sa situation présente, de ses projets et de tout ce qui lui pouvoit marquer toute sa confiance, puis fit entrer les gens distingués, sans permettre au marquis de se lever de sa chaise. En le quittant il l'embrassa, et ne voulut jamais qu'il mît le pied hors de sa chambre pour le conduire. Je ne sais si aucun roi d'Espagne a jamais visité personne depuis Philippe II, qui alla chez le fameux duc d'Albe qui se mouroit, et qui, le voyant entrer dans sa chambre, lui dit qu'il étoit trop tard, et se tourna de l'autre côté sans lui avoir voulu parler davantage. Le quatrième jour après son arrivée à Madrid, le roi en repartit et alla rejoindre M. de Vendôme et son armée.

Ce monarque presque radicalement détruit, errant, fugitif, sans argent, sans troupes, sans subsistance, se voyoit presque tout à coup à la tête de douze ou quinze mille hommes bien armés, bien habillés, bien payés, avec des vivres et des munitions en abondance, et de l'argent, par la subite conspiration universelle de l'inébranlable fidélité, et de l'attachement sans exemple de tous les ordres de ses sujets, par leur industrie et leurs efforts aussi prodigieux l'une que les autres. Ses ennemis, au contraire, qui, après avoir triomphé dans Madrid de sa défaite, qui pour tout autre étoit sans ressource, périssoient dans la disette de toutes choses, se retiroient parmi des pays soulevés contre eux, qui se voyoient brûler plutôt que de leur fournir la moindre chose, et qui ne donnoient quartier à pas un de leurs traîneurs jusqu'à cinq cents pas de leurs troupes.

Vendôme, dans la dernière surprise d'un changement si peu espérable, voulut en profiter, et fit le projet de joindre l'armée d'Estrémadure que Bay tenoit ensemble, trop foible pour se présenter devant celle de Staremberg, mais en état pourtant de la fatiguer et de percer jusqu'au roi à la faveur de ses mouvements. Il s'en fit donc quantité de prompts et de hardis pour exécuter cette fonction, que Staremberg, débarrassé de la personne de l'archiduc, ne songeoit qu'à empêcher.

Il connoissoit bien le duc de Vendôme, pour, à son retour du Tyrol, lui avoir gagné force marches, passé cinq rivières devant lui, et malgré lui joint le duc de Savoie, comme je l'ai raconté en son lieu. Tout occupé à lui tendre des piéges avec adresse et vigilance, il chercha à l'attirer au milieu de son armée, et de l'y mettre en telle posture qu'il lui pût subitement rompre le cou sans qu'il pût échapper. Dans cette vue il mit son armée en des quartiers dont tous les accès étoient faciles, qui étoient proches les uns des autres, et qui se pouvoient mutuellement secourir avec promptitude et facilité, donna bien ses ordres partout, et mit dans Brihuega Stanhope avec tous ses Anglois et Hollandois. Brihuega est une petite ville fortifiée, dont le château de plus étoit bon, et où l'art avoit ajouté tout ce que le temps avoit pu permettre. Elle étoit à la tête de tous les quartiers de son armée, et à l'entrée d'un pays plain, et nécessaire à traverser pour la jonction du roi avec Bay. En même temps Staremberg étoit à portée d'être joint d'un moment à l'autre par son armée d'Estrémadure, qui s'étoit ébranlée en même temps que Bay avoit fait marcher la sienne, et qui n'avoit ni la distance ni pas une des difficultés que celle de Bay rencontroit pour sa jonction avec celle du roi d'Espagne.

Vendôme, cependant, avec une armée bien fournie, qui croissoit tous les jours par les renforts que chaque seigneur, chaque prélat, chaque ville envoyoit à mesure qu'ils étoient prêts, marchoit toujours sur Staremberg, n'ayant que sa jonction pour objet, et malgré la rigueur de la saison trouvant partout ses logements bien fournis comme dans les meilleurs temps, par les prodiges de soins et de zèle de ces incomparables Espagnols. Il fut informé de la situation où étoit Staremberg, mais en la manière que Staremberg désiroit qu'il le fût, c'est-à-dire qu'il crût Stanhope aventuré mal à propos, en état d'être enlevé et trop éloigné de l'armée de Staremberg pour en être secouru à temps, par conséquent tenté de se commettre à un exploit facile qui lui ouvriroit le passage pour sa jonction avec Bay. En effet les choses parurent ainsi à Vendôme. Il pressa sa marche, fit ses dispositions, et, le 8 décembre après midi, il s'approcha de Brihuega, la fit sommer, et, sur le refus de se rendre, se mit en l'état de l'attaquer.

Incontinent après, sa surprise fut grande lorsqu'il découvrit qu'il y avoit tant de troupes, et qu'en croyant n'avoir affaire qu'à un poste peu accommodé il se trouvoit engagé devant une place. Il ne voulut pas reculer, et ne l'eût peut-être pas fait bien impunément. Il se mit donc à tempêter avec ses expressions accoutumées, aussi peu honnêtes qu'injurieuses, à payer d'audace, et à faire tout ce qui étoit en lui pour exciter ses troupes à diligenter une conquête si différente de ce qu'il se l'étoit figurée, et avec cela si dangereuse à laisser languir.

Cependant le poids de la bévue, s'appesantissant à mesure que les heures s'écouloient et qu'il venoit des nouvelles des ennemis, Vendôme, à qui deux assauts avoient déjà mal réussi, joua à quitte ou à double, et ordonna un troisième assaut. Comme la disposition s'en faisoit, le 9 décembre, on apprit que Staremberg marchoit au roi d'Espagne avec quatre ou cinq mille hommes, c'est-à-dire avec la franche moitié moins qu'il n'en amenoit en effet. Dans cette angoisse Vendôme ne balança pas à jouer la couronne d'Espagne à trois dés : il hâta tout pour l'assaut, et lui cependant avec le roi d'Espagne prit toute sa cavalerie, marcha sur des hauteurs par où venoit l'armée ennemie.

Durant cette marche toute l'infanterie attaqua Brihuega de toutes ses forces et toute à la fois. Chacun des assaillants, connoissant l'extrémité du danger de la conjoncture, s'y porta avec tant de valliance et d'impétuosité que la ville fut emportée malgré son opiniâtre résistance, avec une perte fort considérable des attaquants. Les assiégés, retirés dans le château, capitulèrent incontinent, c'est-à-dire que la garnison, composée de huit bataillons et de huit escadrons, se rendit prisonnière de guerre, et avec elle Stanhope leur général, Carpenter et Wilz, lieutenants généraux, et deux brigadiers, toute leur artillerte, armes, munitions et bagages; et ce fut là où Stanhope, si triomphant dans Madrid, revomit les tapisseries du roi d'Espagne qu'il avoit prises dans son palais.

Tandis qu'on faisoit cette capitulation avec les otages envoyés du château, il vint divers avis de la marche du comte de Staremberg, qu'il fallut avoir une attention extrème à cacher à ces otages qui auroient pu rompre et le château se défendre, s'ils avoient su leur libérateur à une lieue et demie d'eux, comme il y étoit déjà, et qu'il continuoit sa marche à l'entrée de la nuit, après s'être un peu reposé avec ses troupes. La nuit fut pourtant tranquille. Le lendemain matin 11, M. de Vendôme se trouva dans un autre embarras : il s'agissoit en même temps de marcher pour aller recevoir Staremberg déjà fort proche, et de pourvoir à la sortie de Brihuega de cette nombreuse garnison qui y étoit demeurée enfermée durant la nuit, et qu'il falloit acheminer en la Vieille-Castille. Tout cela se fit pourtant fort heureusement. Les régiments de gardes espagnoles et wallones restèrent à Brihuega jusqu'à la parfaite évacuation; et lorsque Vendôme, toujours marchant à Staremberg, vit l'action prochaine, il envoya chercher en diligence son infanterie à Brihuega, avec ordre de n'y laisser que quatre cents hommes.

Alors il mit son armée en bataille dans une plaine assez unie, mais embarrassée par de petites murailles sèches en plusieurs endroits, fort nuisibles pour la cavalerie. Incontinent après le canon commença à tirer de part et d'autre, et presque aussitôt les deux lignes du roi d'Espagne s'ébranlèrent pour charger. Il étoit alors trois heures et demie après-midi, et il faut remarquer que les jours d'hiver sont un peu moins courts en Espagne qu'en ce pays-ci. La bataille commença dans cet instant par la droite de la cavalerie qui rompit leur gauche, la mit en déroute, et tomba sur quelques-uns de leurs bataillons, les enfonça et s'empara d'une batterie que ces bataillons avoient à leur gauche. Un moment après, la gauche du roi d'Espagne chargea leur droite, fit plusieurs charges, poussa et fut poussée à diverses reprises, repoussa enfin, gagna les derrières de leur infanterie, et fut jointe par la cavalerie de la droite du roi d'Espagne, qui avoit battu et enfoncé les ennemis de son côté, par les derrières de cette infanterie de leur droite, qui combattoit la cavalerie de notre gauche avec beaucoup de vigueur et la poussoit sur la réserve. Cette réserve étoit des gardes wallones qui venoient d'arriver de Brihuega. Elles pénétrèrent les deux lignes des ennemis et leur corps de réserve, et poussèrent ce qui se trouva devant elles bien au delà du champ de bataille. Néanmoins le centre espagnol plioit, et la gauche de sa cavalerie n'entamoit pas la droite des ennemis. M. de Vendôme s'en aperçut si fort qu'il crut qu'il falloit songer à se retirer vers Torija, et qu'il en donna les ordres. Il s'y achemina avec le roi d'Espagne et une bonne partie des troupes. Dans cette retraite il eut nouvelle que le marquis de Valdecañas et Mahoni avoient chargé l'infanterie ennemie avec la cavalerie qu'ils avoient à leurs ordres, l'avoient fort maltraitée, et s'étoient rendus maîtres du champ de bataille, d'un grand nombre de prisonniers, et de l'artillerie que les ennemis avoient abandonnée. Des avis si agréables et si peu attendus firent perdre le parti au duc de Vendôme de remarcher avec le roi d'Espagne et les troupes qui les avoient suivis, et de s'avancer, en attendant qu'il fût jour, sur les hauteurs de Brihuega, pour rentrer au champ de bataille, et y joindre les deux vainqueurs. Ils y avoient formé, fort près des ennemis, un corps de cavalerie, et ces ennemis étoient cinq ou six bataillons et autant d'escadrons, qui étoient demeurés sur le champ de bataille ne sachant où se retirer, et qui se firent jour avec précipitation, abandonnant vingt pièces de canon, deux mortiers, leurs blessés et leurs équipages, que la cavalerie victorieuse avoit pillés le soir, et entièrement dispersés sur le champ de bataille. Aussitôt on détacha après les débris de l'armée. Beaucoup de fuyards, de traîneurs et d'équipages furent pris ; mais le comte de Staremberg se retira en bon ordre avec sept ou huit mille hommes, parce qu'il avoit l'avance de toute la nuit. Ses bagages et la plupart des charrettes de son armée et de ses munitions furent la proie du vainqueur.

On ne doit pas oublier une action particulière, dont la piété, la résolution et la valeur, méritent une louange immortelle. Comme on alloit donner le troisième assaut à Brihuega, le comte de San-Estevan de Gormaz, grand d'Espagne, officier général et capitaine général d'Andalousie, vint se mettre avec les grenadiers les plus avancés. Le capitaine qui les commandoit, surpris de voir un homme si distingué vouloir marcher avec lui, lui représenta combien ce poste étoit au-dessous de lui. San-Estevan de Gormaz lui répondit froidement qu'il savoit là-dessus tout ce qu'il pouvoit lui dire, mais que le duc d'Escalona son père, plus ordinairement nommé le marquis de Villena, étoit depuis très-longtemps prisonnier des Impériaux, indignement traité à Pizzighettone, avec les fers aux pieds, sans qu'ils eussent jamais voulu entendre à aucune rançon ; qu'il y avoit dans Brihuega des principaux officiers généraux impériaux et anglois ; qu'il étoit résolu à les prendre pour délivrer son père ou de mourir en la peine. Il donna dans la place avec ce détachement, fit merveilles, prit de sa main quelques-uns de ces généraux, et peu de temps après en fit l'échange avec son père, qui avoit été pris à Gaëte, vice-roi de Naples, les armes à la main, comme je l'ai raconté en son lieu.

J'aurai occasion ailleurs de parler de ce père et de ce fils illustres, morts tous deux successivement majordomes-majors du roi, chose qui n'a point d'exemple en Espagne. Le père surtout étoit la vertu, la valeur, la modestie et la piété même, le seigneur le plus estimé et respecté d'Espagne, et, chose bien rare en ce pays-là, fort savant.

En comptant la garnison de Brihuega, il en coûta aux ennemis onze mille hommes tués ou pris, leurs munitions, artillerie, bagages et grand nombre de drapeaux et d'étendards. Le roi d'Espagne y perdit deux mille hommes. Touy, bien que fort blessé à la main, dont il demeura estropié, à l'attaque de Brihuega, se voulut trouver encore à la bataille qui fut appelée de Villaviciosa, d'une villette fort proche. Il s'y distingua fort et y servit très-utilement. Il fut même fait prisonnier, mais bientôt après relâché quand le désordre commença à se mettre parmi les ennemis. Il faut dire, pour fixer la position, que Brihuega est entre Siguenza et Guadalaxara, et plus près de la dernière qui est sur le chemin de France, à vingt-cinq de nos lieues en deçà de Madrid, lorsqu'on prend le chemin de Pampelune.

Quand on considère le péril extrême, et pour cette fois, si [la chose] eût mal bâté sans ressource, de la fortune du roi d'Espagne dans cette occasion, on en tremble encore aujourd'hui. Celle qu'il avoit trouvée dans le cœur et le courage des fidèles et magnanimes Espagnols, après sa défaite à Saragosse, étoit un prodige inespéré qui, une fois perdue encore, ne pouvoit plus se réparer. Il y en avoit encore moins à espérer de la France dans une seconde catastrophe. Son épuisement et ses pertes ne lui permettoient pas d'entreprendre de relever de telles ruines. Flattée par des pensées ténébreuses de paix, dont le besoin extrême croissoit à tous moments par l'impuissance de se défendre.

elle-même, elle auroit vu la perte de la couronne d'Espagne comme un affranchissement des conditions affreuses d'y contribuer, qui lui étoient imposées, pour obtenir cette honteuse et dure paix après laquelle elle soupiroit avec tant de violence. Au lieu de ménager des forces comme miraculeusement rassemblées, et rétablir peu à peu les affaires, sans les commettre toutes à la fois aux derniers hasards, l'imprudence de M. de Vendôme le fait jeter à corps perdu dans le panneau qui lui est tendu. Sa négligence ne se donne pas la peine d'être instruit du lieu qu'il prétend enlever d'emblée. Au lieu d'un poste il trouve une place lorsqu'il a le nez dessus; au lieu de quelque foible détachement avancé, il rencontre une grosse garnison commandée par la seconde personne, mais la plus puissante de l'armée ennemie, et cette armée à portée de venir tomber sur lui pendant son attaque. Alors il commence à voir où il s'est embarqué, il voit le double péril d'une double action à soutenir tout à la fois contre Stanhope qu'il faut emporter de furie, après y avoir été repoussé par deux fois, et Staremberg qu'il faut aller recevoir, et le défaire; et s'il les manque, leur laisser la couronne d'Espagne sûrement, et peut-être la personne de Philippe V pour prix de sa folie. Le prodige s'achève, Brihuega est emportée sans lui, et sans lui la bataille de Villaviciosa est gagnée. Seconde faute insigne : ce coup d'œil tant vanté par les siens se trouble, il ne voit pas le succès, il n'aperçoit qu'un léger ébranlement du centre. Ce héros qui se récrie si outrageusement à Audenarde contre une indispensable retraite, la précipite ici avec ce qu'il trouve de troupes sous sa main. Et ce même homme qui crut tout perdu à Cassano, qui se retire seul dans une cassine éloignée du lieu du combat, qui y pourpense tristement par où se sauver de ce revers, et qui y apprend par Albergotti, qui l'y découvre enfin, après l'avoir longtemps cherché, que le combat est gagné, qui y pique des deux à sa parole, et s'y va montrer en vainqueur, ce même homme apprend dans

Torija même, où il s'étoit retiré et où il étoit arrivé, que la bataille est gagnée, il y retourne avec les troupes qu'il en avoit emmenées, et quand il est jour il aperçoit toutes les marques de la victoire. Il n'est honteux ni de sa lourde méprise, ni de l'étrange contre-temps de sa retraite, ni d'avoir sauvé Staremberg par l'absence des troupes dont il s'étoit fait suivre, sans s'embarrasser de ce que deviendroient les autres. Il s'écrie qu'il a vaincu, avec une impudence à laquelle il n'avoit pas encore accoutumé l'Espagne comme il avoit fait l'Italie et la France, et qui aussi ne s'en paya pas, tellement qu'après avoir mis le roi d'Espagne à un cheveu de sa perte radicale, il manqua encore, par cette aveugle retraite, de finir la guerre d'un seul coup, en détruisant l'armée de Staremberg, qui ne lui auroit pu échapper, s'il n'avoit pas emmené les troupes, et qui, par cette faute insigne, eut le moyen de se retirer, et toute la nuit devant soi et longue, pour se mettre en ordre et ramasser tout ce qu'il put pour se grossir. Tel fut l'exploit de ce grand homme de guerre, si désiré en Espagne pour la ressusciter, et la première montre de sa capacité tout en y arrivant.

Du moment que le roi d'Espagne fut ramené sur le champ de bataille avec ses troupes par Vendôme, et qu'ils ne purent plus douter de leur bonheur, il fut dépêché un courrier à la reine. Ses mortelles angoisses furent à l'instant changées en une si grande joie qu'elle sortit à l'instant à pied par les rues de Vittoria, où tout retentit d'allégresse ainsi que par toute l'Espagne et surtout à Madrid qui en donna des marques extraordinaires. Don Gaspard de Zuniga, frère du duc de Bejar, jeune homme de vingt-deux ans, qui avoit fort servi en Flandre pour son âge, fut dépêché au roi à qui le roi d'Espagne manda qu'il ne pouvoit lui envoyer personne qui lui rendît un meilleur compte de l'action, où il s'étoit fort distingué. Il le rendit en effet tel, que le roi et tout le monde en admirèrent la justesse, l'exactitude, la netteté et la modestie. J'aurai lieu de parler de lui ailleurs; j'eus loisir et commodité de l'entretenir et de le questionner tout à mon aise chez le duc de Lauzun, tout en arrivant à Versailles, où je dînai avec lui. Il ne cacha ni au roi ni au public rien de ce qui vient d'être expliqué sur le duc de Vendôme, dont la cabale essaya de triompher vainement, pour cette fois. Il étoit démasqué, il étoit disgracié : sa cabale ne put se dissimuler ce que le roi en savoit, et pensoit de cette dernière affaire; elle n'osa s'élever à la cour ni guère dans le monde. Elle se contenta de ses manéges accoutumés dans les cafés de Paris et dans les provinces ignorantes des détails et frappées en gros d'une bataille gagnée. Bergheyck étoit venu faire un tour à Versailles, où il apprit cette grande nouvelle.

Le roi d'Espagne marcha à Siguenza, où il prit quatre ou cinq cents hommes qui s'étoient sauvés de la bataille, et quelque bagage, parmi lequel étoit celui du comte de Staremberg que le roi d'Espagne lui renvoya civilement. Ce général gagna comme il put la Catalogne; le roi d'Espagne mena son armée en Aragon, et s'établit à Saragosse, où il passa une partie de l'hiver, et où après un assez long temps la reine le fut joindre.

Tout tomba sur Stanhope dans le dépit extrême que les alliés conçurent de cette révolution si merveilleuse; les assaillants étoient fort peu supérieurs à ce qu'il avoit dans Brihuega, et il y avoit abondance de munitions de guerre et de bouche, et de l'artillerie à suffisance; le lieu étoit bon, et il savoit le dessein de Staremberg, et pourquoi il l'y avoit mis; que sept ou huit heures de résistance de plus faisoient réussir, et écrasoient tout ce qui restoit de troupes et de ressource au roi d'Espagne. Staremberg, outré d'un succès si différent, et qui changeoit en entier la face des affaires, cria fort contre Stanhope qui pouvoit tenir encore longtemps dans le château. Quelques-uns des principaux officiers qui y étoient avec lui secondèrent les plaintes de Staremberg; Stanhope même n'osa trop disconvenir de sa faute. Il fut contraint de demander congé pour s'aller défendre. Il fut mal reçu, dépouillé de tout grade militaire en Angleterre et en Hollande, et lui et les autres officiers qui comme lui avoient été d'avis de se rendre, ne furent pas sans inquiétude pour leur dégradation et pour leur vie.

Le duc de Noailles investit Girone le 15 décembre. Cette expédition qui est plus de l'année 1711 que de celle-ci y sera remise pour retourner aux choses qui se sont passées et qui ont été suspendues ici, pour n'interrompre point la suite importante des événements d'Espagne. On eut envie d'y envoyer l'abbé de Polignac, ambassadeur. Il brilloit cependant à Marly à son retour de Gertruydemberg. Le roi lui fit voir ses jardins, comme à un nouveau venu. La pluie surprit la promenade sans l'interrompre. Le roi en fit une honnêteté à l'abbé de Polignac, qui étoit l'hôte de cette journée. Il répondit avec toutes ses grâces que la pluie de Marly ne mouilloit point. Il crut avoir dit merveilles; mais le rire du roi, la contenance du courtisan, et leurs propos au retour dans le salon, lui montrèrent qu'il n'avoit dit qu'une fade et plate sottise[1]. L'Espagne ne voulut point de lui, et redemanda instamment Amelot qui y avoit si parfaitement réussi : elle n'eut ni l'un ni l'autre.

1. Saint-Simon a déjà raconté cette anecdote plus haut (t. V, p. 95) avec quelques variantes.

FIN DU SEPTIÈME VOLUME.

NOTES.

I. LE CARDINAL DE POLIGNAC.

Page 102 et suiv.

Le cardinal de Polignac est un des personnages sur lesquels Saint-Simon a donné carrière à sa causticité; il revient souvent à la charge, répète les mêmes anecdotes, et ne manque aucune occasion de décrier les talents diplomatiques du cardinal. Sans entreprendre l'apologie de ce prélat, il est bon de remarquer que d'autres contemporains ont exprimé sur le cardinal de Polignac une opinion tout opposée. Je citerai, entre autres, le marquis d'Argenson, qui a été ministre des affaires étrangères sous Louis XV, et qui ne pèche pas par excès d'indulgence. Voici dans quels termes il parle du cardinal de Polignac[1] :

« Je vois quelquefois M. le cardinal de Polignac, et il m'inspire toujours les mêmes sentiments d'admiration et de respect. Il me semble que c'est le dernier des grands prélats de l'Église gallicane qui fasse profession d'éloquence en latin comme en françois, et dont l'érudition soit très-étendue. Il n'y a plus que lui qui, ayant pris place parmi les honoraires dans l'Académie des belles-lettres, entende et parle le langage des savants qui la composent. Il s'exprime sur les matières d'érudition avec une grâce et une noblesse qui lui sont propres. La conversation du cardinal est également brillante et instructive. Il sait de tout, et rend avec clarté et grâce tout ce qu'il sait; il parle sur les sciences et sur les objets d'érudition comme Fontenelle a écrit ses *Mondes*, en mettant les matières les plus abstraites et les plus arides à la portée des gens du monde et des femmes, et les rendant dans des termes avec lesquels la bonne compagnie est accoutumée à traiter les objets de ses conversations les plus ordinaires.

« Personne ne conte avec plus de grâce que lui, et il conte volontiers; mais les histoires les plus simples, ou les traits d'érudition qui

1. *Mémoires du marquis d'Argenson*, p. 210 et suiv.

paroîtroient les plus fades dans la bouche d'un autre, trouvent des grâces dans la sienne, à l'aide des charmes de sa figure et d'une belle prononciation. L'âge lui a fait perdre quelques-uns de ces derniers avantages, mais il en conserve assez, surtout quand on se rappelle dans combien de grandes occasions il a fait briller ses talents et ses grâces naturelles. Mon oncle, l'évêque de Blois, qui étoit à peu près son contemporain, m'a souvent parlé de sa jeunesse. Jamais on n'a fait de cours d'études avec plus d'éclat; non-seulement ses thèmes et ses versions étoient excellents, mais il lui restoit du temps et de la facilité pour aider ses camarades, ou plutôt faire leurs devoirs à leur place; si bien qu'il est arrivé au collége d'Harcourt[1], où il étudioit, que les quatre pièces qui remportèrent les deux prix et les deux *accessit* étoient également son ouvrage. Étant en philosophie au même collége, il voulut soutenir dans ses thèses publiques le système de Descartes, qui avoit alors bien de la peine à s'établir. Il s'en tira à merveille, et confondit tous les partisans des vieilles opinions. Cependant les anciens docteurs de l'Université ayant trouvé très-mauvais qu'il eût combattu Aristote, et n'ayant point voulu accorder de degrés à l'ennemi du précepteur d'Alexandre, il consentit à soutenir une autre thèse, dans laquelle il chanta la palinodie, et fit triompher à son tour Aristote des cartésiens mêmes.

« A peine fut-il reçu docteur en théologie que le cardinal de Bouillon le conduisit à Rome, au conclave de 1689, où le pape Alexandre VIII fut élu. Dès que l'abbé de Polignac fut connu dans cette capitale du monde chrétien, qui étoit alors le centre de l'érudition la plus profonde et de la politique la plus raffinée, il y fut généralement aimé et estimé. Les cardinaux françois et l'ambassadeur de France jugèrent que personne n'étoit plus propre que lui à faire entendre raison au pape sur les articles de la fameuse assemblée du clergé de 1682. C'étoit une pilule difficile à faire avaler à la cour de Rome; cependant l'esprit et l'éloquence de l'abbé de Polignac en vinrent à bout; il fut chargé d'en porter lui-même la nouvelle en France, et eut, à cette occasion, une audience particulière de Louis XIV, qui dit de lui en françois ce que le pape Alexandre VIII avoit dit en italien : *Ce jeune homme a l'art de persuader tout ce qu'il veut; en paroissant d'abord être de votre avis, il est d'avis contraire, mais mène à son but avec tant d'adresse qu'il finit toujours par avoir raison.* Il n'avoit pas encore mis la dernière main à cette grande affaire lorsque la mort du pape le rappela à Rome. Il assista encore au conclave où fut élu Innocent XII, et revint en France l'année suivante, 1692.

« Environ deux ans après, le roi le nomma à l'ambassade de Pologne dans des circonstances fort délicates. Jean Sobieski se mouroit;

---

1. Maintenant lycée Saint-Louis.

Louis XIV vouloit non-seulement conserver du crédit en Pologne, mais même donner pour successeur au roi Jean un prince dévoué à la France. Le prince s'étoit offert, et Louis XIV avoit chargé très-secrètement l'abbé de Polignac du soin de le faire élire, malgré la reine douairière[1], qui étoit Françoise, mais qui, comme de raison, favorisoit ses enfants, et en dépit de toute cabale contraire. L'abbé, tenant ses instructions bien secrètes, étoit arrivé à la cour de Sobieski un an avant sa mort. Il avoit enchanté tous les Polonois par la facilité avec laquelle il parloit latin. On l'auroit cru un envoyé de la cour d'Auguste, si on ne l'eût entendu parler françois avec la reine, qui se laissa séduire par sa figure et son esprit, mais qui ne pouvoit pas renoncer pour lui à l'intérêt de sa famille. Sobieski mourut, et la diète générale s'assembla pour lui choisir un successeur.

« L'éloquence de l'abbé de Polignac, les promesses et les espérances dont il leurra les Polonois, eurent d'abord tant de succès, qu'une bonne partie de la nation, ayant à sa tête le primat, proclama le prince de Conti; mais, dans le même moment, les sommes qu'avoit répandues l'électeur de Saxe furent cause qu'il y eut une double élection, dans laquelle ce prince allemand fut élu. L'un et l'autre prétendant à la couronne arrivèrent pour soutenir leur parti, et continuèrent d'employer les moyens qui leur avoient d'abord réussi; mais ceux de l'électeur étoient plus effectifs et plus solides : il avoit de l'argent et même des troupes. Au contraire, le prince de Conti, après avoir reçu les honneurs de roi à la cour de France, aborda sur un seul vaisseau françois à Dantzick, et y séjourna pendant six semaines, mais sans avoir d'autres moyens pour faire valoir la légitimité de son élection que la bonne mine et l'éloquence de l'abbé de Polignac. Ces ressources se trouvèrent bientôt épuisées; le prince de Conti et l'abbé même furent contraints de revenir en France.

« Quoique l'on fût trop juste et trop éclairé à la cour de Louis XIV pour ne pas sentir que ce n'étoit pas la faute de l'ambassadeur si sa mission n'avoit pas eu un plus glorieux succès, il fut cependant exilé de la cour pendant quatre ans[2]. Il employa ce temps utilement pour augmenter la masse de ses connoissances, qui étoit déjà si grande. Enfin, en 1702, il fut renvoyé à Rome en qualité d'auditeur de rote. Il y trouva de nouvelles occasions de briller et de se faire admirer, et en fut récompensé par la nomination du roi Jacques d'Angleterre au cardinalat.

« Il étoit prêt à en jouir lorsqu'il fut rappelé à la cour de France dans des circonstances très-critiques. En 1710, on l'obligea de se rendre, avec le maréchal d'Huxelles, à Gertruydemberg, chargé de

1. Fille du marquis d'Arquien.
2. Dans son abbaye de Bonport.

proposer aux ennemis de Louis XIV, de la part de ce monarque même, de se soumettre aux conditions les plus humiliantes pour faire cesser la guerre. Malheureusement, tout l'esprit et toute l'éloquence du futur cardinal y échouèrent. Enfin, deux ans après, il fut nommé plénipotentiaire au fameux congrès d'Utrecht, et il faut remarquer qu'il étoit dès lors nommé à Rome cardinal *in petto*; mais quoique tout le monde sût en Hollande qui il étoit, il ne portoit ni titre ni habits ecclésiastiques; il étoit vêtu en séculier, et on l'appeloit M. le comte de Polignac. Ce fut dans cet état, et sous cet *incognito*, qu'il suivit toutes les négociations d'Utrecht jusqu'au moment de la signature du traité; mais alors il déclara qu'il ne lui étoit pas possible de signer l'exclusion du trône d'un monarque à qui il devoit le chapeau de cardinal. Il se retira, et vint jouir à la cour de France des honneurs du cardinalat.

« Lorsque, après la mort de Louis XIV, il fut exilé dans son abbaye d'Anchin, en Flandre[1], ces bons moines flamands tremblèrent en le voyant arriver dans leur monastère; mais ils pleurèrent et furent au désespoir quand il les quitta, après la mort du cardinal Dubois et du régent. Ils n'étoient point capables de juger de son mérite en qualité de bel esprit, ni de rien entendre à son érudition; mais ils l'avoient trouvé doux, aimable; et, loin de les piller, il avoit embelli leur église et rétabli leur maison.

« Il fut obligé de retourner à Rome à la mort de Clément XI, et il assista aux conclaves où furent élus Innocent XIII, Benoît XIII et Clément XII. Pendant les deux premiers pontificats, il a été chargé des affaires de France à Rome. Cette ville a toujours été le plus beau théâtre de sa gloire; l'on eût dit que l'ancienne grandeur romaine rentroit avec lui dans sa capitale. De son côté, quand il en est revenu, il a paru chargé des dépouilles de Rome, assujettie par son esprit et par son éloquence; et l'on peut dire au pied de la lettre, qu'à son dernier voyage, il a transporté une partie de l'ancienne Rome jusque dans Paris, en plaçant dans son hôtel une collection de statues antiques et de monuments tirés des ruines du palais des premiers empereurs.

« Encore une fois, je ne peux voir le cardinal de Polignac sans me rappeler tout ce qu'il a fait et appris depuis plus de soixante ans; je reste pour ainsi dire en extase vis-à-vis de lui, et en admiration de tout ce qu'il dit. On trouve que son ton est vieilli aussi bien que sa figure. Il est vrai que son ton est passé de mode; mais ne seroit-ce pas à cause que nous avons perdu l'habitude d'entendre parler de

---

1. Le marquis d'Argenson était intendant du Hainaut à l'époque de l'exil du cardinal de Polignac; il est probable que c'est de ce temps que date sa liaison avec lui.

science et d'érudition que M. le cardinal de Polignac commence à nous enuuyer? Car d'ailleurs personne ne traite ces matières avec moins de pédanterie que lui : s'il cite, c'est toujours à propos, parce que, comme il a une prodigieuse mémoire, elle lui fournit de quoi soutenir la conversation sur tous les points, quelque matière que l'on traite. Pour moi, qui ai fait mes études, mais à qui il reste encore bien des choses à apprendre, j'avoue que je n'ai jamais pris de leçons plus agréables que celles qu'il donne dans la conversation. »

MADEMOISELLE DE LA MOTHE-HOUDANCOURT.

Page 329.

Mlle de La Mothe-Houdancourt[1], dont Saint-Simon parle (p. 329 de ce volume), avait vivement excité l'attention de la cour en 1661, et avait été regardée comme une rivale dangereuse pour Mlle de La Vallière. Les Mémoires du temps sont remplis de ces détails. Mme de Motteville raconte que le roi, qui était alors à Saint-Germain, avait pris l'habitude d'aller à l'appartement des filles de la reine. « Comme l'entrée de leur chambre, ajoute-t-elle, lui étoit interdite par la sévérité de la dame d'honneur[2], il entretenoit souvent Mlle de La Mothe-Houdancourt par un trou qui étoit à une cloison d'ais de sapin, qui pouvoit lui en donner le moyen. »

Bussy-Rabutin parle aussi de Mlle de La Mothe dans son *Histoire amoureuse des Gaules*. Après avoir raconté une scène de jalousie entre Louis XIV et Mlle de La Vallière, il ajoute : « Le roi vit, le jour suivant, Mlle de La Mothe, qui est une beauté enjouée, fort agréable et qui a beaucoup d'esprit. Il lui dit beaucoup de choses fort obligeantes ; il fut toujours auprès d'elle, soupira souvent, et en fit assez pour faire dire dans le monde qu'il en étoit amoureux, et pour le persuader à Mme sa mère, qui grondoit sa fille de ne pas répondre à la passion d'un si grand monarque. Toutes les amies de la maréchale s'assemblèrent pour en conférer, et après être convenues que nous n'étions plus dans la sotte simplicité de nos pères, elles querellèrent à outrance cette aimable fille. Mais elle avoit dans le cœur une secrète attache pour le marquis de Richelieu ; ce qui faisoit qu'elle voyoit sans plaisir l'amour que le roi lui témoignoit. »

1. Elle se nommait Charlotte-Éléonore-Madeleine de La Mothe-Houdancourt ; elle épousa, en 1671, Louis-Charles de Lévi, duc de Ventadour.
2. La dame d'honneur était alors la duchesse de Navailles.

Le jeune Brienne donne, dans ses *Mémoires*[1], des détails sur cette passion de Mlle de La Mothe pour le marquis de Richelieu, mais sans en indiquer les suites. Nous les apprenons par des lettres anonymes de cette époque : elles sont adressées par une femme de la cour à Pellisson, qui accompagnait Fouquet en Bretagne.

« Il ne s'est rien passé de considérable en cette cour depuis que vous en êtes parti, que le congé donné à Mlle de La Mothe par la reine mère[2]. Ce fut M. de Guitri qui eut ordre de le lui dire la veille du départ du roi[3]. La reine mère souhaitoit que la chose se fît sans éclat, et que La Mothe se retirât sous prétexte de maladie ou quelque autre raison. Mais elle fut chez Mme la Comtesse[4] le lendemain bon matin, et après avoir appelé Mme de Lyonne au conseil, il fut résolu qu'on engageroit la reine[5] à prier la reine mère en sa faveur. Cette résolution prise, on chercha les moyens d'engager la reine à faire cette prière. On crut que la voie de Molina[6] étoit la meilleure; on la prit, et l'abbé de Gordes fut dépêché vers elle. Molina promit de s'employer de tout son pouvoir et de faire agir la reine.

« En effet, comme la reine mère revenoit de la promenade, elle fut priée de la part de la reine d'entrer dans son appartement seule, et, y étant, la reine la pria avec des termes pressants de pardonner à La Mothe. Elle lui dit qu'elle savoit bien qu'elle n'aimoit pas la galanterie; que si, après ce pardon, La Mothe ne vivoit pas avec la dernière régularité, et ne servoit pas d'exemple aux filles de la reine mère et aux siennes, elle seroit la première à prier la reine mère de la chasser. Voyant que toute cette éloquence étoit inutile, elle fit sortir La Mothe tout en pleurs de son cabinet, où elle avoit été enfermée toute l'après-dînée, qui vint se jeter aux pieds de la reine mère, qui, craignant de s'attendrir, ou, comme elle a dit depuis, ne voulant pas lui reprocher sa mauvaise conduite, passa dans le grand cabinet de la reine, et fut entendre une très-mauvaise comédie espagnole.

« Depuis, La Mothe a fait prier la reine mère par la reine de souffrir qu'elle se retirât au Val-de-Grâce; ce qui lui a été refusé par la

---

1. *Mémoires de Louis-Henri de Loménie, comte de Brienne*, t. II, p. 173, 174 (édit. de 1828).
2. Anne d'Autriche.
3. Le roi partit pour Nantes le 1er septembre 1661.
4. Olympe Mancini, comtesse de Soissons. On prétendait que cette nièce de Mazarin avait voulu donner Mlle de La Mothe pour maîtresse au roi à la place de Mlle de La Vallière.
5. Marie-Thérèse.
6. La Molina était une des femmes attachées au service de Marie-Thérèse. Mme de Motteville en parle dans ses *Mémoires*.

reine mère, parce qu'elle a dit qu'il y alloit trop de monde. On la mit à Chaillot.

« Le sujet de sa disgrâce est conté diversement. Les uns disent qu'elle a écrit une lettre où elle traite le marquis de Richelieu de traître et de perfide, pour l'avoir abandonnée, et que cette lettre a été interceptée ; les autres, que le marquis a voulu se rengager dans ce même commerce avec elle, et qu'on l'a appréhendé ; qu'il lui a écrit une lettre plus tendre que toutes celles qu'il lui avoit écrites autrefois, et qu'on a su qu'il l'avoit écrite. On fait d'étranges contes d'elle, et c'est ce qui fait qu'elle veut entrer dans un couvent que la reine mère lui choisira, parce qu'autrement elle ne pourroit se justifier. »

Le 7 septembre, la même personne revenait encore, dans une lettre adressée à Pellisson, sur la disgrâce de Mlle de La Mothe : « On a fait quatre vilains vers pour l'aventure de Mlle de La Mothe, que Mme de Beauvais[1] a fait chasser. C'est le bon M. de La Mothe[2] qui me les a dits. Il y a une vilaine parole ; mais n'importe ; ce n'est pas moi qui l'y ai mise :

« Ami, sais-tu quelque nouvelle
De ce ce qui se passe à la cour?
— On y dit que la maq.......
A chassé la fille d'amour. »

« Tout le monde blâme M. le marquis de Richelieu[3]. »

III. MADAME LA COMTESSE DE SOISSONS (OLYMPE MANCINI).

Pages 441 et suiv. du tome VI.

Parmi les personnages que Saint-Simon avoit peu connus, et qu'il a traités avec une sévérité excessive, on ne doit pas oublier la comtesse de Soissons (Olympe Mancini) ; il en parle souvent dans ses Mémoires, et entre autres à l'occasion de sa mort (t. VI, p. 441-444 de notre édition). M. Amédée Renée, dans son ingénieux et savant

---

1. Mme de Beauvais, fort connue par ses aventures galantes, était première femme de chambre de la reine Anne d'Autriche.
2. Il s'agit ici de La Mothe Le Vayer, dont on parle plusieurs fois dans cette lettre, ainsi que de Ménage, de Boisrobert, de Nublé.
3. Ces deux lettres furent saisies avec les papiers de Pellisson que le roi fit arrêter en même temps que Fouquet. Elles sont conservées à la Bibliothèque impériale, dans les manuscrits de Baluze.

ouvrages sur les *Nièces de Mazarin*, a relevé plusieurs erreurs de ce dernier passage. Saint-Simon dit (p. 442) « qu'elle (la comtesse de Soissons) fit sa paix et obtint son rappel par la démission de sa charge, qui fut donnée à Mme de Montespan. » Puis il ajoute : « La comtesse de Soissons, de retour, se trouva dans un état bien différent de celui d'où elle étoit tombée. » M. Amédée Renée fait remarquer[1] que ce ne fut que beaucoup plus tard, en 1680, à l'époque où Olympe s'enfuit hors de France, qu'elle se démit de sa charge, qui fut, non point *donnée*, mais vendue par elle, moyennant deux cent mille écus, à Mme de Montespan. Celle-ci l'avoit convoitée pendant tout son règne de favorite, et elle ne l'obtint qu'aux approches de sa disgrâce.

Une assertion plus grave est relative à l'empoisonnement de Marie-Louise d'Orléans, reine d'Espagne, dont Saint-Simon accuse la comtesse de Soissons (t. VI, p. 443). Il prétend que cette princesse mourut peu de temps après avoir bu du lait glacé que lui apporta Olympe Mancini, et il ne manque pas de rapprocher le sort de Louise d'Orléans de celui de sa mère, Henriette d'Angleterre. Nous avons vu (t. III, p. 448) que rien n'était moins certain que l'empoisonnement de Madame. M. Amédée Renée prouve que l'on doit également douter des assertions de Saint-Simon relatives à l'empoisonnement de sa fille[2]. Je me bornerai à résumer ce passage de son livre, et souvent même je le citerai textuellement.

« Saint-Simon, dit-il[3], avait rapporté de son voyage d'Espagne cette anecdote de lait empoisonné; il y ajouta foi sans nul doute, sans regarder de près à l'invraisemblance de l'histoire. Cette reine à qui l'on procure du lait en cachette, comme la chose la plus introuvable, et qui s'en fait apporter par une princesse étrangère, au lieu de s'adresser à son maître d'hôtel, cela ne ressemble-t-il pas à un conte arabe? Il n'est guère étonnant d'ailleurs que les bruits d'empoisonnement qui avaient déjà couru sur la comtesse de Soissons aient donné lieu en Espagne à de nouveaux soupçons et à une sorte de légende populaire. Mais dans une sphère plus élevée, on ne trouve que Saint-Simon qui attribue ce crime à Olympe. Examinons les témoignages contemporains. La palatine, duchesse d'Orléans, qui étoit la belle-mère de la reine d'Espagne, croit à l'empoisonnement comme Saint-Simon, mais il n'est point question de lait à la glace avec elle; elle assure que la jeune reine fut empoisonnée dans des huîtres, ce qui pourrait bien réduire la chose à un simple accident. Elle dit encore, et avec peu de vraisemblance, que ce fut le comte de Mansfeld qui procura le poison à deux femmes de chambre fran-

---

1. *Nièces de Mazarin*, p. 200, note. — 2. *Ibid.*, p. 225 et suiv. — 3. *Ibid.*, p. 226.

çaises. Quant à la comtesse de Soissons, il n'est pas question d'elle ici. »

M. Amédée Renée passe en revue tous les auteurs qui ont parlé de cet événement : Mme de La Fayette, qui raconte que le poison fut donné dans une tasse de chocolat[1]; Mademoiselle, qui croit aussi à un empoisonnement[2], mais sans parler de la comtesse de Soissons; Dangeau, qui raconte que le roi dit en soupant : « La reine d'Espagne est morte empoisonnée dans une tourte d'anguilles; la comtesse de Pernitz, les caméristes Zapata et Nina, qui en ont mangé après elle, sont mortes du même poison. » Enfin, si l'on en croit Louville, qui, par sa position à Madrid, mérite la plus grande confiance, « il n'est pas douteux que cette intéressante princesse, morte empoisonnée en 1689, n'ait payé de sa vie l'inutile empire qu'elle avoit su prendre sur son époux[3]. » Ainsi, de tous les contemporains qui parlent de cet empoisonnement, Saint-Simon reste le seul qui ait accusé de ce crime Olympe Mancini, comtesse de Soissons; et comme son récit est d'ailleurs invraisemblable, l'historien des *Nièces de Mazarin* a rendu un véritable service en le soumettant à une critique sévère.

1. *Mémoires de Mme de La Fayette*, collect. Petitot, t. LXIV, p. 75 et suiv.
2. *Mémoires de Mademoiselle*, collect. Petitot, t. XLIII, p. 389 et suiv.
3. *Mémoires de Louville*, t. II, p. 22.

FIN DES NOTES DU HUITIÈME VOLUME.

TABLE DES CHAPITRES

DU HUITIÈME VOLUME.

Chapitre premier. — 1710. — Première conversation tête à tête avec M. le duc d'Orléans, à qui je propose de rompre avec Mme d'Argenton. — Cérémonial du premier jour de l'an des fils et des petits-fils de France. — Continuation de la même conversation. — J'écris à Besons sur le bureau du chancelier, à qui cela m'oblige de faire confidence du projet, et qui l'approuve. — Concert pris entre Besons et moi. — Deuxième conversation avec M. le duc d'Orléans, le maréchal de Besons en tiers........... 1

Chapitre ii. — Troisième conversation avec M. le duc d'Orléans, le maréchal de Besons en tiers. — Duc d'Orléans fait demander à Mme de Maintenon à la voir. — Propos tête à tête entre Besons et moi. — Singularité surprenante qui m'engage à un serment, puis à une étrange confidence. — Rupture de M. le duc d'Orléans avec Mme d'Argenton. — Colloques entre Besons et moi. — Dons de M. le duc d'Orléans à Mme d'Argenton en la quittant. — Surprise et propos de la duchesse de Villeroy avec moi.. 25

Chapitre iii. — Le roi me donne l'heure de mon audience. — Besons, mandé par Mme la duchesse d'Orléans, me fait de sa part ses premiers remercîments. — Mesures pour apprendre la rupture à Mme d'Argenton. — Naissance, fortune et caractère de Mlle de Chausseraye. — Audience que j'eus du roi. — Succès de mon audience. — Mme d'Argenton apprend que M. le duc d'Orléans la quitte. — Vacarme à la cour et dans le monde à l'occasion de la rupture. — Joie du roi de la rupture, avec qui M. le duc d'Orléans se rétablit, point avec Monseigneur. — Je passe pour avoir fait la rupture, et, par une aventure singulière, je suis pleinement révélé. — Liaison intime entre Mme la duchesse d'Orléans et moi. — Ma première conversation avec elle. — Politique du duc de Noailles, difficile à ramener à M. le duc d'Orléans. — Nancré; son caractère......... 55

Chapitre iv. — Manége de Mme de Maintenon auprès du roi. — Mesures pour faire le maréchal de Besons gouverneur de M. le duc de Chartres avortées. — Inquisition des jésuites. — Division éclatante dans la famille de M. le Prince sur le testament, qui est porté en justice. — Enrôlement forcé de M. le Duc. — Le roi défend aux enfants de M. le Prince tout accompagnement au palais. — Efforts de Mme la duchesse d'Orléans pour me lier avec M. le duc du Maine. — Situation de Mme de Saint-Simon, de la duchesse de Lauzun et de moi, avec M. [le duc] et Mme la duchesse du Maine. — Étrange aventure qui brouille Mme du Maine avec la duchesse de Lauzun, et ses suites. — Mariage du jeune duc de Brancas avec Mlle de Moras. — Point d'étrennes au roi ni du roi cette année..... 78

CHAPITRE V. — Spectacle des maréchaux de Boufflers, Harcourt et Villars. — Éclat du maréchal de Boufflers sur les lettres de pairie de Villars. — Villars fait défendre à Harcourt de se faire recevoir pair avant lui. — Harcourt tombe en apoplexie légère et va aux eaux. — Ambition, manéges, maladie du maréchal d'Huxelles. — Du Bourg fait commandant d'Alsace. — Retour de Rome de l'abbé de Polignac. — Secret étrange et curieux aveu sur lui du duc de Beauvilliers à moi. — Maréchal d'Huxelles et abbé de Polignac plénipotentiaires pour la paix à Gertruydemberg. — Fausseté du maréchal. — Indécence basse sur le maréchal d'Huxelles, plus grande sur l'abbé de Polignac. — Protecteurs des couronnes; explication de ce nom superbe. — Cardinal Ottoboni fait peu à propos protecteur de France; ce qui fait rompre Venise avec le roi. — Retour de l'abbé de Pomponne. — Caractère d'Ottoboni. — Imposture des Chavignard, dits Chavigny, et ce qu'ils sont devenus. — Naissance du roi Louis XV. — Mariage du duc de Luynes avec Mlle de Neuchâtel. — Mariage du duc de Louvigny avec la fille unique du duc d'Humières. — Mariage de Broglio avec une fille de Voysin. — Mariage de Gacé avec la fille du maréchal de Châteaurenauld; et a le gouvernement de son père, sur sa démission. — Le duc de Beauvilliers donne sa charge de premier gentilhomme de la chambre au duc de Mortemart, son gendre..................... 96

CHAPITRE VI. — Bouffonneries de Courcillon, à qui on recoupe la cuisse. — Mort de la duchesse de Foix. — Mort de Fléchier, évêque de Nîmes. — Mort, caractère et testament de l'archevêque de Reims Le Tellier. — Cardinal de Noailles proviseur de Sorbonne. — Mort de Vassé. — Mort de Mme de Lassai. — Mort de Mme Vaubecourt. — Mort de l'abbé de Grandpré; son sobriquet étrange. — Mort de M. le Duc. — Conduite de Mme la Duchesse. — Étrange contre-temps arrivé à M. le comte de Toulouse. — Nom et dépouille entière de M. le Duc donnés à M. son fils. — D'Antin chargé du détail de ses charges, puis de ses biens et de sa conduite. — Saintrailles et son caractère. — Caractère de M. le Duc. — Orgueil extrême de Mme la duchesse d'Orléans; sa prétention de préséance pour ses filles sur les femmes des princes du sang. — Mesures sur cette dispute, et sa véritable cause. — Adroite prétention de la duchesse du Maine de précéder ses nièces comme tante. — Jugement du roi entre les princesses du sang mariées et filles en faveur des premières, où il fait d'autres décisions concernant son sang. — Mécanique des après-soupées du roi. — Le roi déclare son jugement aux parties, puis au conseil, et ne le rend public que quelques jours après, sans le revêtir d'aucunes formes. — Brevet de conservation de rang de princesse du sang, fille, à la duchesse du Maine... 114

CHAPITRE VII. — Premiers pas directs pour le mariage de Mademoiselle avec M. le duc de Berry. — Désespoir et opiniâtreté de Mme la duchesse d'Orléans, du jugement du rang entre les princesses du sang, femmes et filles. — Obsèques de M. le Duc. — Réformations où d'Antin pousse Livry, premier maître d'hôtel, sauvé avec hauteur par le duc de Beauvilliers. — Pension de quatre-vingt-dix mille livres à Mme la duchesse. — Visites en cérémonie. — Ma conduite avec Mme la Duchesse. — Rang pareil à celui de M. du Maine donné sans forme à ses enfants. — Scène très-singulière de la déclaration du rang des enfants du duc du Maine, le soir, dans le cabinet du roi — Les deux frères bâtards, comment ensemble. — Triste accueil public à ce rang. — Ma conduite sur ce rang. — Conduite du comte de Toulouse sur ce rang. — Repentir du roi, prêt à révoquer ce rang. — Adresse de M. du Maine et de Mme de Maintenon, qui se servent de mon nom, dont Mme le duchesse de Bourgogne me fait demander l'explication. — Survivances des charges de M. du Maine données à ses enfants. — Propos à moi du duc du Maine. — Villars reçu pair au parlement. 136

CHAPITRE VIII. — Vendôme, demandé de nouveau pour général par l'Espagne, épouse tristement Mlle d'Enghien. — Mort du duc de Coislin; son caractère. — Hoquet inouï fait par le roi à l'évêque de Metz sur sa succession à la dignité de son frère. — Occasion, cause et fin de ce hoquet. — Habit et manière de signer de M. de Metz. — Évêques d'Espagne, devenus grands par succession, ne portent plus le nom de leur évêché. — Mort, aventures, caractère et singularités de la maréchale de La Meilleraye. — Maison de Cossé.. 158

CHAPITRE IX. — Je retourne à Marly avec le roi. — Propos sur Mgr le duc de Bourgogne, entre le duc de Beauvilliers et moi, qui en exige un discours par écrit.. 172

CHAPITRE X. — Crayon de Mgr le duc de Bourgogne pour lors. — Succès de ce discours. — Intrigue du mariage de M. le duc de Berry. — Obstacles contre Mademoiselle. — Causes de ma partialité sur ce mariage. — Fondement de ma détermination de former une cabale pour Mademoiselle. — Duc et duchesse d'Orléans. — Duc et duchesse de Bourgogne. — Duchesse de Villeroy. — Mme de Lévi. — M. et Mme d'O., par ricochet. — Duc du Maine, par ricochet. — Ducs et duchesses de Chevreuse et de Beauvilliers. — Jésuites. — Nœud intime de la liaison du P. Tellier avec les ducs de Chevreuse et de Beauvilliers. — Maréchal de Boufflers.. 205

CHAPITRE XI. — Adresse de Mme la duchesse de Bourgogne. — Mot vif de Monseigneur contre le mariage de Mademoiselle, qui y sert beaucoup. — Tables réformées à Marly, où le roi ne nourrit plus les dames. — Mme la Duchesse à Marly dans le premier temps de son veuvage, et obtient d'y avoir ses filles. — Marly offert et refusé pour Mademoiselle. — Raisons et mesures pour presser le mariage. — Timidité de M. le duc d'Orléans, qui ne peut se résoudre de parler au roi, et s'engage à peine à lui écrire. — Nul homme logé à Marly au château. — Lettre de M. le duc d'Orléans au roi sur le mariage. — Courte analyse de la lettre. — Petits changements faits à la lettre, et pourquoi. — Difficultés à rendre la lettre au roi. — Étrange timidité de M. le duc d'Orléans, qui enfin la rend. — Succès de la lettre.. 231

CHAPITRE XII. — Attaques de Mme la duchesse d'Orléans à moi pour faire Mme de Saint-Simon dame d'honneur de sa fille, devenant duchesse de Berry. — Mesures pour éviter la place de dame d'honneur. — Audience de Mme la duchesse de Bourgogne à Mme de Saint-Simon sur la place de dame d'honneur. — Situation personnelle de Mme la duchesse d'Orléans avec Monseigneur, guère meilleure que celle de M. le duc d'Orléans. — Projet d'approcher M. et Mme la duchesse d'Orléans de Mlle Choin. — Curieux tête-à-tête là-dessus, et sur la cour intérieure de Monseigneur, entre Bignon, ami intime de la Choin, et moi...................... 250

CHAPITRE XIII. — Le roi résolu au mariage. — Contre-temps de Mme la duchesse d'Orléans adroitement réparé. — M. [le duc] et Mme la duchesse d'Orléans éconduits entièrement de tout commerce avec Mlle Choin. — Conférence à Saint-Cloud. — Horreurs semées sur M. le duc d'Orléans et Mademoiselle. — Le roi fait consentir Monseigneur au mariage. — Mme la Duchesse, etc., en émoi. — Déclaration du mariage. — Souplesse de d'Antin. — M. [le duc] et Mme la duchesse d'Orléans très-bien reçus de Monseigneur, et fort mal de Mme la Duchesse.................. 271

CHAPITRE XIV. — Mme de Blansac, et sa rare retraite, et son rare héritage. — Fortune de ses enfants. — J'apprends la déclaration du mariage de M. le duc de Berry avec Mademoiselle. — Spectacle de Saint-Cloud. — Vive, dernière et inutile attaque de Mme la duchesse d'Orléans à moi, sur la place de dame d'honneur. — Oubli sur l'audience de Mme la duchesse de Bourgogne à Mme de Saint-Simon. — Présentation de Mademoiselle à Marly. — Consultation entre le roi, Mme de Maintenon et Mme la duchesse de Bourgogne, sur une dame d'honneur. — Bruit à Marly sur Mme de Saint-Simon, et mouvements. — Le chancelier, par l'état des choses, change d'avis sur la place de dame d'honneur. — Avis menaçant de nos amis. — Mme la duchesse de Bourgogne nous fait avertir du péril du refus, et de venir à Versailles. — Nous nous résolvons par vive force à accepter. — Conspiration de toutes les personnes royales à vouloir Mme de Saint-Simon. — Singulier dialogue bas entre M. le duc d'Orléans et moi. — Mme la duchesse de Bourgogne me fait parler sur le péril du refus. — Droiture et bonté de cette princesse. — Propos très-francs de moi à M. [le duc] et à Mme la duchesse d'Orléans sur la place de dame d'honneur... 288

CHAPITRE XV. — Motifs de la volonté si fort déterminée de faire Mme de Saint-Simon dame d'honneur de Mme la duchesse de Berry. — Menées pour empêcher que cette place ne fût donnée à Mme de Saint-Simon. — leur inutilité singulière. — Mme de Caylus arrogamment refusée pour dame d'atours par Mme de Maintenon à Monseigneur. — Je propose et conduis fort près du but Mme de Cheverny pour dame d'atours. — Quelle elle étoit. — Exhortations et menaces par le maréchal de Boufflers, avec tout l'air de mission du roi. — Motifs qui excluent Mme de Cheverny. — Mme de La Vieuville secrètement choisie. — Inquiétude du roi d'être refusé par moi. — Le roi me parle dans son cabinet, et y déclare Mme de Saint-Simon dame d'honneur de la future duchesse de Berry. — Sa réception du roi et des personnes royales. — Je vais chez Mme de Maintenon; son gentil compliment. — Assaisonnements de la place de dame d'honneur. — La marquise de La Vieuville déclarée dame d'atours de la future duchesse de Berry. — Sa naissance et son caractère, et de son mari. — M. le duc d'Orléans mortifié par l'Espagne. — Mouvements sur porter la queue de la mante. — Facilité de M. le duc d'Orléans. — Baptême de ses filles. — Fiançailles. — Mariage de M. le duc de Berry et de Mademoiselle. — Festin où les enfants de M. du Maine sont admis, ainsi qu'à la signature du contrat, pour la première fois. — Le duc de Beauvilliers, comme gouverneur, est préféré au duc de Bouillon, grand Chambellan, à présenter au roi la chemise de M. le duc de Berry. — Visite et douleur de la reine et de la princesse d'Angleterre. — Mme de Maré refuse obstinément d'être dame d'atours. — Son traitement. — Causes de ce refus trop sensées. — Tristes réflexions.................................. 309

CHAPITRE XVI. — Dépôt des papiers d'État. — Destination des généraux d'armée pareille à la dernière. — Villars se perd auprès du roi et se relève incontinent. — Rare aventure de deux lettres contradictoires de Montesquiou, qui brouille Villars avec lui. — Douai assiégé; Albergotti dedans. — Berwick envoyé examiner ce qui se passoit à l'armée de Flandre. — Récompense d'avance. — Fortune rapide de Berwick, qui est fait duc et pair. — Clause étrange de ses lettres, et sa cause. — Nom étrange imposé à son duché, et pourquoi. — Usage d'Angleterre. — Berwick en Dauphiné; reçu duc et pair à son tour. — Étrange absence d'esprit de Caumartin au repas de cette réception. — Chapelle de Versailles bénite par le cardinal de Noailles, archevêque de Paris, qui l'emporte sur la prétendue exemption. — Mort de la duchesse de La Vallière, carmélite, etc., dont la princesse de Conti drape. — Mort de Sablé. — Mort et caractère du maréchal de Joyeuse. — Villars gouverneur de Metz. — Mort de Renti et de sa sœur la maréchale de Choiseul. — État de l'armée et de la frontière de Flandre, et du siège de Douai. — Entreprise manquée sur Ypres. — Bagatelle à Liège. — Douai rendu. — Albergotti chevalier de l'ordre, etc. — Béthune assiégé; Puy-Vauban gouverneur dedans. — Béthune rendu. — Récompenses. — Entreprise manquée sur Menin. — Retour de nos plénipotentiaires. — Ridicule aventure du maréchal de Villars et d'Heudicourt. — Villars veut aller aux eaux. — Harcourt sur le Rhin mandé à la cour; est reçu duc et pair au parlement. — Va commander l'armée de Flandre. — Aire et Saint-Venant assiégés. — Goesbriant dans Aire. — Force combats. — Ravignan bat un convoi. — Listenois et Béranger tués, le chevalier de Rothelin fort blessé. — Aire et Saint-Venant rendus. — Goesbriant chevalier de l'ordre. — Campagnes finies en Flandre, sur le Rhin et en Dauphiné, sans qu'il se passe rien aux deux dernières.. 338

CHAPITRE XVII. — Situation du cardinal de Bouillon. — État de la famille du cardinal de Bouillon, et ses idées bâties là-dessus. — Cardinal de Bouillon, furieux de la perte d'un procès, passe à Montrouge [et] à Ormesson. — Évasion du cardinal de Bouillon, que le prince d'Auvergne conduit à l'armée des ennemis, où il reçoit toutes sortes d'honneurs. — Lettre folle du cardinal de Bouillon au roi. — Analyse de cette lettre. 364

CHAPITRE XVIII. — Réflexion sur le rang de prince étranger; son époque. — Temporel du cardinal de Bouillon saisi. — Ordre du roi au parlement de lui faire son procès. — Conduite de sa maison. — Lettre du roi au cardinal de La Trémoille. — Réflexions sur cette lettre. — Cardinal de Bouillon, etc., décrétés de prise de corps par le parlement, qui après s'arrête tout court, et les procédures tombent. — Réflexion sur les cardinaux françois. — De Bar, faussaire des Bouillon, se tue à la Bastille. — Baluze destitué et chassé. — Arrêt du conseil qui condamne au pilon son *Histoire généalogique de la maison d'Auvergne*, bon à voir. — Collations du cardinal de Bouillon commises aux ordinaires des lieux. — Tout monument de prétendue principauté ôté des registres des curés de la cour, et des abbayes de Cluni et de Saint-Denis, par ordre du roi. — Nouvelles félonies du cardinal de Bouillon à Tournai. — Duc de Bouillon bien avec le roi; sa femme et ses fils mal, et ses neveux. — Duc de Bouillon parle au roi et au chancelier. — Écrivant au roi, [il] n'avoit jamais signé sujet, et ne put être encore induit à s'avouer l'être. — Articles proposés au roi, à faire porter de sa part au parlement, sur la maison de Bouillon. — Justice et usage de ces articles. — Fausse et criminelle rature dans les registres du parlement. — Le roi ordonne à d'Aguesseau, procureur général de procéder sur ces articles au parlement, qui élude et sauve la maison de Bouillon. — Infidélité de Pontchartrain en faveur du cardinal de Bouillon. — Réflexions. — Mort du prince d'Auvergne. — Le roi défend à ses parents d'en porter le deuil, et fait défaire le frère de l'abbé d'Auvergne d'un canonicat de Liége. — Cardinal de Bouillon se fait abbé de Saint-Amand contre les bulles données, sur la nomination du roi, au cardinal de La Trémoille. — Le roi désire inutilement de faire tomber la coadjutorerie de Cluni. — Extraction, fortune et mariage du prince de Berghes avec une fille du duc de Rohan. — Perte du duc de Mortemart au jeu. — Le secrétaire du maréchal de Montesquiou passe aux ennemis avec ses chiffres.. 382

Chapitre XIX. — Art et manége du P. Tellier sur les bénéfices. — Mailly, archevêque d'Arles, passe à Reims. — Janson archevêque d'Arles. — Le Normand évêque d'Évreux. — Turgot évêque de Séez. — Dromesnil évêque d'Autun, puis de Verdun. — Abbé de Maulevrier; sa famille; son caractère. — Mort de l'abbé de Langeron. — Cardinal Gualterio met les armes de France sur la porte de son palais à Rome. — Mort de Mme de Caderousse; naissance et caractère d'elle et de son mari. — Duc d'Avignon; ce que c'est. — Mort du lieutenant civil Le Camus; son caractère. — Argouges lieutenant civil. — Mort de Lavienne, premier valet de chambre du roi. — Mort de la marquise de Laval. — Mort de Denonville. — Duchesse de Luynes gagne un grand procès contre Matignon. — Mort du marquis de Bellefonds. — Le marquis du Châtelet gouverneur et capitaine de Vincennes. — Souper de Saint-Cloud. — Tentative de la flotte ennemie sur Agde et le port de Cette, sans succès. — Situation de l'Espagne. — Mme des Ursins fait un léger semblant de la quitter. — M. de Vendôme de nouveau demandé par l'Espagne. — Le roi d'Espagne en Aragon, à la tête de son armée; Villadarias sous lui. — Duc de Medina-Celi arrêté, conduit à Ségovie, puis à Bayonne avec Flotte. — Petits exploits des Espagnols. — Staremberg bat les quartiers de l'armée du roi d'Espagne, qui se retire sous Saragosse. — Vendôme va en Espagne, est froidement reçu à la cour, et mal par Mme la duchesse de Bourgogne.. 408

CHAPITRE XX — Bataille de Saragosse, où l'armée d'Espagne est défaite. — Ducs de Vendôme et de Noailles à Bayonne; Monteil à Versailles. — Duc de Noailles va avec le duc de Vendôme trouver le roi d'Espagne à Valladolid. — Stanhope emporte contre Staremberg de marcher à Madrid. — La cour fort suivie se retire de Madrid à Valladolid. — Merveilles de la reine et du peuple. — Magnanimité du vieux marquis de Mancera. — Courage de la cour. — Prodiges des Espagnols. — L'archiduc à Madrid tristement proclamé et reçu. — Mancera refuse de prêter serment et de reconnoître l'archiduc, et de le voir. — Éloge des Espagnols, qui dressent une nouvelle armée. — Insolence de Stanhope à l'égard de Staremberg, qui se retire à Tolède. — Ducs de Vendôme et de Noailles à Valladolid en même temps que la cour. — Le roi va à la tête de son armée avec Vendôme; la reine à Vittoria; le duc de Noailles à Versailles, et de là en Roussillon. — Son armée. — Six nouveaux capitaines généraux d'armée. — Paredès et Palma, grands, passent à l'archiduc, qui de sa personne se retire à Barcelone. — D'autres seigneurs arrêtés. — Staremberg, en quittant Tolède, en brûle le beau palais. — Le roi d'Espagne, pour trois jours à Madrid, y visite le marquis de Mancera. — Piége tendu par Staremberg. — Stanhope, etc., emportés et pris dans Brihuega. — Bataille de Villaviciosa perdue par Staremberg, qui se retire en Catalogne. — Belle action du comte de San-Estevan de Gormaz. — Réflexions sur ces deux actions et sur l'étrange conduite du duc de Vendôme. — Zuniga dépêché au roi. — Vains efforts de la cabale de Vendôme. — La cour d'Espagne presque tout l'hiver à Saragosse. — Stanhope perdu et dépouillé de ses emplois. — Duc de Noailles investit Girone. — Misérable flatterie de l'abbé de Polignac sur Marly. — Amelot inutilement redemandé en Espagne, qui ne veut point de l'abbé de Polignac........ 423

NOTES.

I. Cardinal de Polignac.................................... 443
II. Mlle de La Mothe-Houdancourt......................... 447
III. Mme la comtesse de Soissons (Olympe Mancini)............... 449

FIN DE LA TABLE DES CHAPITRES.

Ch. Lahure, imprimeur du Sénat et de la Cour de Cassation
rue de Vaugirard, 9.

www.ingramcontent.com/pod-product-compliance
Lightning Source LLC
Chambersburg PA
CBHW070216240426
43671CB00007B/674